A VIDA DE PHILIP K. DICK

ANTHONY PEAKE

A VIDA DE PHILIP K. DICK
O HOMEM QUE LEMBRAVA O FUTURO

Tradução
Ludimila Hashimoto

Copyright © 2013 Arcturus Holdings Limited

Copyright da edição brasileira © 2015, Editora Pensamento-Cultrix Ltda.

Texto de acordo com as novas regras ortográficas da língua portuguesa.

1ª edição 2015.

Todos os direitos reservados. Nenhuma parte deste livro pode ser reproduzida ou usada de qualquer forma ou por qualquer meio, eletrônico ou mecânico, inclusive fotocópias, gravações ou sistema de armazenamento em banco de dados, sem permissão por escrito, exceto nos casos de trechos curtos citados em resenhas críticas ou artigos de revistas.

A Editora Seoman não se responsabiliza por eventuais mudanças ocorridas nos endereços convencionais ou eletrônicos citados neste livro.

Coordenação editorial: Manoel Lauand

Editoração eletrônica: Estúdio Sambaqui

Capa: © Arcturus Publishing

DADOS INTERNACIONAIS DE CATALOGAÇÃO NA PUBLICAÇÃO (CIP)
(CÂMARA BRASILEIRA DO LIVRO, SP, BRASIL)

Peake, Anthony
    A vida de Philip K. Dick : o homem que lembrava o futuro / Anthony Peake ; tradução Ludimila Hashimoto. -- 1. ed. -- São Paulo : Seoman, 2015.

    Título original: A life of Philip K. Dick : the man who remembered the future.
    ISBN 978-85-5503-009-3

    1. Autores americanos – Século 20 – Biografia 2. Dick, Philip K. 3. Ficção científica – Autoria I. Título.

15-01730   CDD-813.54

Índices para catálogo sistemático:
1. Autores americanos : Ficção científica : Biografia 813.54

Seoman é um selo editorial da Pensamento-Cultrix

EDITORA PENSAMENTO-CULTRIX LTDA.
R. Dr. Mário Vicente, 368 – 04270-000 – São Paulo, SP
Fone: (11) 2066-9000 – Fax: (11) 2066-9008
E-mail: atendimento@editoraseoman.com.br
http://www.editoraseoman.com.br
que se reserva a propriedade literária desta tradução.
Foi feito o depósito legal.

Eu gostaria de agradecer a Anne Dick, Ray Nelson, Tim Powers, Claudia Krenz-Bush e Brad Steiger pela gentileza que tiveram em responder às minhas diversas perguntas a respeito das experiências deles com Phil. Eu também gostaria de agradecer à escritora Jamelle Morgan e ao cineasta John Alan Simon pelo auxílio. O meu agradecimento especial, porém, vai para o estudioso de PKD, Nick Buchanan, e à esposa de PKD, Tessa B. Dick, pelo apoio incrível deles durante todo o projeto. Nick teve a gentileza de me dar acesso ao seu imenso acervo de material sobre PKD. Tessa estava sempre disponível para esclarecer o que fosse necessário e para me dar uma fascinante visão pessoal da sua vida com Phil.

Para quem estiver interessado numa análise em andamento a respeito da vida e da obra de Philip K. Dick, uma fonte de informações maravilhosa é a fanzine *PKD Otaku*, cujos volumes passados podem ser baixados de graça na fanpage http://www.philipkickfans.com/resources/journals/pkd-otaku/.

Índice

APRESENTAÇÃO (de Lúcio Manfredi)	9
E SE...? (Prefácio da edição brasileira por Ronaldo Bressane)	17
PREFÁCIO DO AUTOR	23
PARTE UM: A BIOGRAFIA	27
Capítulo Um: O Fim (1982)	29
Capítulo Dois: O Começo (1928-46)	41
Capítulo Três: O Jovem Escritor (1947-53)	65
Capítulo Quatro: O Romancista (1954-58)	81
Capítulo Cinco: O Idílio Burguês (1959-64)	93
Capítulo Seis: Os Anos com Hackett (1965-70)	110
Capítulo Sete: A Vida de Solteiro (1970-71)	125
Capítulo Oito: A Teofania (1972-74)	143
Capítulo Nove: O Bem Pago (1975-80)	165
Capítulo Dez: Os Anos Finais (1979-82)	178
PARTE DOIS: A EXPLICAÇÃO ESOTÉRICA	199
PARTE TRÊS: UMA EXPLICAÇÃO NEUROLÓGICA	265
EPÍLOGO: O HOMEM POR TRÁS DO MITO	285
NOTAS	297

Apresentação

Philip K. Dick nasceu em 16 de dezembro de 1928 e morreu em 02 de março de 1982, aos 53 anos. Deixou uma obra composta de 44 romances e mais de cento e vinte contos. Como qualquer autor com uma produção tão copiosa, nem todos são bons. Mas quando Dick acerta, com precisão cirúrgica, coloca o dedo em cada uma das feridas existenciais do ser humano, essa criatura que vive à mercê de forças que não compreende, perdida num mundo que pode nem ser real. E é isso que o transformou não só num dos maiores escritores que a ficção científica já produziu, mas também num dos principais autores contemporâneos.

Embora tenha se tornado um leitor voraz de ficção científica no fim da infância, Philip K. Dick sempre achou que os livros que escrevia dentro do gênero não passavam de uma maneira de ganhar a vida. O que ele queria mesmo era ser reconhecido pela crítica como um grande nome da literatura, graças aos romances realistas que escrevia nas horas vagas. Um dia, sonhava, esse reconhecimento viria, e ele deixaria os livros de ficção científica para trás. Mas o destino literário de Dick foi selado quando todos os seus romances realistas foram devolvidos por seu agente, que não conseguiu fazer nenhum editor se interessar por eles. Frustrado, Dick resolveu aplicar à ficção científica as mesmas técnicas narrativas que estava desenvolvendo nos romances realistas. O primeiro resultado desse híbrido foi *O Homem do Castelo Alto* que, em 1963, ganhou o Prêmio Hugo, até hoje o troféu mais importante da ficção científica. E ironicamente, quando o reconhecimento literário com que Dick sonhava finalmente chegou, vários anos após sua morte, foi graças justamente aos romances de ficção científica que ele esperava um dia deixar para trás.

Tornou-se um clichê dizer que, enquanto a ficção científica estava preocupada com impérios galácticos, espaçonaves e invasões alienígenas, a obra de Philip K. Dick inovou ao tomar como tema as grandes questões filosóficas e religiosas, como a natureza da realidade, o que é o ser e o que distingue um humano de uma máquina. Esse tipo de bobagem, claro, só pode vir da boca de críticos e jornalistas que não têm a menor familiaridade com o gênero. Não porque esses *não fossem* os temas que obcecavam PKD, mas porque eles já eram moeda corrente, se não desde o início da ficção científica, pelo menos desde a Golden Age dos anos 1940 e 1950, com autores como Frederic

Brown, Alfred Bester, Robert A. Heinlein e, principalmente, A. E. Van Vogt, o principal precursor de Philip K. Dick, que considerava o autor canadense, que escreveu obras como *O Mundo de Zero-A*, como sua principal influência dentro do gênero.

O que distingue Philip K. Dick é seu estilo peculiar de escrever, que tem sido qualificado ao mesmo tempo como anfetamínico e lisérgico – com justa razão, uma vez que boa parte de seus livros foi escrita sob o efeito de anfetaminas (nas quais ele se viciou, reza a lenda, quando um médico as receitou como remédio contra a insônia!), e algumas de suas imagens mais poderosas, como Palmer Eldritch e o Deus Irae, foram inspiradas em visões provocadas por LSD. Mas a influência das drogas no estilo de Dick é menor do que costuma atribuir a mitologia que se criou ao redor dele. Dick tinha um fascínio ambivalente pelas modificações que as substâncias químicas podem induzir na percepção e na mente, mas suas experiências pessoais com alucinógenos apenas potencializaram características que já estavam presentes em sua personalidade complexa e multifacetada.

O leitor de PKD é agarrado pelo pescoço logo no primeiro parágrafo de seus livros e arrastado por um turbilhão vertiginoso, que vai solapando todas as suas certezas, uma a uma. Como na célebre frase de Marx, tudo que é sólido vai se desmanchando no ar a uma velocidade tantalizante: o mundo concreto se revela alucinatório, pessoas que considerávamos de carne e osso (inclusive nós mesmos) são simulacros artificiais, memórias podem ser implantadas ou apagadas (como nos contos "We Can Remember You Wholesale", de onde saiu o filme *O Vingador do Futuro*, e "Paycheck", base do filme homônimo de John Woo), e não existe mais nenhuma linha divisória entre a estabilidade quotidiana e o delírio.

Você acredita estar vivo e descobre repentinamente que já morreu, está perdido no *bardo* (o limbo do budismo tibetano), e tudo o que vê ao seu redor são alucinações kármicas experimentadas no espaço entre duas encarnações (*Ubik* e, sim, é quase a mesma premissa que M. Night Shayamalan usará depois em *O Sexto Sentido*). Ou então é um astro da TV, uma celebridade mundialmente conhecida que, um belo dia, acorda em um mundo onde você nunca existiu: tudo continua exatamente como antes, exceto que ninguém se lembra de você, nem mesmo as pessoas mais próximas. Não há registro algum de sua identidade, e todos os traços de sua passagem pela Terra parecem ter se desvanecido em orvalho (*Fluam Minhas Lágrimas, Disse o Policial*, conceito mais tarde "plagiado" pela efêmera e não obstante excelente série *Nowhere Man*, de 1995). Ou ainda está voltando de férias com a esposa e resolve dar uma passada por sua cidadezinha natal, apenas para descobrir que não só ela é completamente diferente de suas lembranças como, nos arquivos da cidade, consta que você morreu de escarlatina aos nove anos de idade (*The Cosmic Puppets*).

Um homem comum, que leva uma pacata vida suburbana numa cidadezinha dos Estados Unidos da década de 1950, vê sua realidade se esfacelar a seu redor, apenas para descobrir que é o homem mais importante do mundo, que ele e seus familiares não são quem ele pensava ser e que nem mesmo vive na década de 1950. É *Time Out of Joint*, título inspirado em um verso de *Hamlet* ("The time is out of joint. O cursed spite / That ever I was born to set it right!"). Numa das passagens mais impressionantes do livro, uma barraquinha de refrigerantes desaparece diante dos olhos do protagonista, deixando em seu lugar apenas um cartão com as palavras "barraquinha de refrigerantes". Os ecos desse romance, quase uma versão em ficção científica do clássico *Henrique IV* de Pirandello, e que, entre outras coisas, prenuncia o movimento punk dos anos 1970 e 1980, continuarão reverberando décadas depois em *O Show de Truman* e *The Matrix*.

Em *Os Três Estigmas de Palmer Eldritch*, um traficante de drogas, que regressa de uma viagem de dez anos a Proxima Centauri, traz consigo um poderoso alucinógeno que aprisiona seus usuários numa pseudorealidade construída pela mente do traficante, enquanto a droga de *Now Wait for Last Year* (não publicado no Brasil) foi inspirada na filosofia de Kant, e bloqueia o funcionamento das categorias aprioristicas do tempo e do espaço, levando quem a consome a se perder em um labirinto de diferentes futuros *e* diferentes passados. O tempo volta a ser a questão central em *Martian Time-Slip* (também inédito em português), no qual o corpo de um rapaz esquizofrênico vive nos primeiros anos da colonização de Marte, enquanto sua mente vive no futuro, contemplando a destruição e o horror que aguardam os colonos. Já em *Eye in the Sky*, é o espaço que se transforma em um labirinto sem saída, em decorrência de um acidente com um reator atômico, cujas vítimas se veem presas nas múltiplas realidades particulares de cada um deles.

Por sua vez, no premiado e celebrado *O Homem do Castelo Alto*, as pessoas vivem não no mundo que existe (se é que existe algum mundo), mas no que poderia ter existido se os nazistas tivessem vencido a II Guerra Mundial. Mas, diferente das histórias alternativas sobre a II Grande Guerra – um subgênero do subgênero das histórias alternativas, do qual faz parte, por exemplo, o romance *Fatherland*, de Robert Harris –, não se trata de um universo paralelo, e sim de um universo inexistente; e o momento em que um dos personagens, um japonês que nesse outro mundo faz parte da classe dominante, se dá conta disso é uma das grandes epifanias da literatura.

Até mesmo as obras menores de Dick – escritas a toque de caixa para receber da editora a tempo de pagar as contas do mês – apresentam uma explosão de ideias geniais, muitas não plenamente desenvolvidas, outras desenvolvidas insatisfatoriamente, mas nas quais a originalidade do autor pulsa com uma clareza inconfundível. Por exemplo, *Counterclock World*, publicado em Portugal como *Regresso ao Passado*, parte de uma premissa da física, a de que a seta do tempo e a seta da entropia são orientadas no mesmo sentido, e imagina um fenômeno cósmico que invertesse a direção da seta. O tempo começa a andar para trás, o caos se transforma espontaneamente em ordem, as pessoas rejuvenescem em vez de envelhecer – e os mortos levantam de suas tumbas, concretizando a profecia cristã sobre a Ressurreição.

Philip K. Dick é um mestre na arte de suscitar aquele sentimento que Freud denominava *das Unheimlich*, a inquietante estranheza que espreita no coração mesmo das coisas mais familiares. Esse estranhamento é, de fato, uma sensação inexorável de irrealidade que, como o crítico Tzvetan Todorov demonstrou, é a própria essência da literatura fantástica: uma experiência ou acontecimento que rompe com a ordem quotidiana e cria uma impossibilidade de decidir sobre o que é ou não real.

Mas, enquanto na literatura fantástica tradicional, o estranhamento se encerra quando chegamos ao último parágrafo do livro – o que muitas vezes faz com que ela seja utilizada como um instrumento para reafirmar a suposta estabilidade do que costumamos considerar real –, nos melhores romances de Dick (especialmente *Ubik* e *Os Três Estigmas de Palmer Eldritch*), a sensação de irrealidade vaza para fora das páginas, continua nos obsedando mesmo quando fechamos o livro, nos persegue em cada reentrância de nossa casa, de nosso trabalho, de nossa cabeça. Subimos as escadas esperando instintivamente que os degraus possam subitamente desaparecer, andamos pela rua como se deslizássemos sobre uma fina camada de gelo prestes a se quebrar e olhamos no espelho com cautela, temendo ver outro rosto que não o nosso, talvez nem um rosto humano, mas alguma outra coisa que espreita do fundo de nossos pesadelos, com a convicção inconsciente de que é a nossa verdadeira identidade, escamoteada por camadas e camadas de ilusões, mas prestes a irromper à menor fissura, fazendo explodir (para usar as palavras de Walter Benjamin) com este nosso universo concentracionário. O mundo que a obra de Dick nos revela não é um lugar confortável nem seguro, e pode ser que nem sequer seja um lugar, mas um horrível estado de espírito do qual lutamos em vão para nos libertar.

Poucos autores são capazes de evocar um poder de convicção tão forte com sua escrita. É possível que, nesse quesito, ele só seja superado por Kafka, praticamente o irmão mais velho de Dick, compartilhando das mesmas inquietações e obsessões metafísico-religiosas (especialmente *O Processo*, um romance phildickiano por excelência), e pelo E. T. A. Hoffmann do conto "O Vaso Dourado", com suas serpentes mágicas que sussurram sobre outra ordem da realidade e descrevem a vida como o sonho de uma humanidade que vive aprisionada em garrafas de vidro na prateleira de um mago.

O que Dick, Kafka e Hoffmann têm em comum, e que é sua principal fonte de persuasão, é que a irrealidade que assombra seus livros não é um mero artifício literário, destinado a tornar a história mais interessante. Para nossos três autores, assim como uns poucos outros – Thomas Pynchon talvez, William Burroughs e Don DeLillo com certeza, Lovecraft em seus melhores momentos, Poe sempre –, a irrealidade e o horror que ela suscita são uma sensação constante e um sentimento onipresente, que sobrepaira cada momento do dia e visita seus sonhos à noite. Eles *sentem* a instabilidade ontológica do mundo com todas as suas fibras, e como *sentem*, são capazes de fazer com que o leitor também sinta.

Desde criança, Dick teve uma vida marcada por episódios estranhos, que a biografia de Anthony Peake explora em detalhes. Mesmo antes de tomar contato com alucinógenos, Dick tinha visões e ouvia vozes, levando muitos a achar que ele era pura e simplesmente esquizofrênico. Esses episódios alcançaram um clímax dramático no período entre fevereiro e março de 1974, no que ficou conhecido como "o Apocalipse de VALIS", uma série de visões que levaram Dick a acreditar que estava sendo contatado por uma inteligência artificial alienígena, que ele chamou de VALIS – sigla de Vast Active Living Intelligent System. Durante essas visões, Dick também aprendeu que o tempo parou na época do Império Romano, e que tudo o que aconteceu na história depois disso é uma ilusão. Dick passou os últimos anos de vida tentando entender essas experiências, anotando suas reflexões, dúvidas e hipóteses na *Exegesis*, um misto de diário pessoal e tratado filosófico que, quando ele morreu, já estava com mais de oito mil páginas. Apesar de refletir obsessivamente sobre o Apocalipse de VALIS, colocando sob o microscópio cada aspecto da experiência, Dick morreu sem ter chegado a uma conclusão definitiva sobre o que aconteceu durante fevereiro e março de 1974. Às vezes, achava que as visões eram para ser tomadas ao pé-da-letra, que havia mesmo um satélite artificial extraterrestre enviando mensagens para o seu cérebro. Outras vezes, atribuía as visões a uma intervenção divina, quer do Deus bíblico, quer de Santa Sophia, que os antigos gnósticos do séc. III d.C. consideravam como a versão feminina de Deus. Havia momentos, porém, em que o lado racional de Dick falava mais alto, e ele procurava por explicações científicas para o fenômeno, explicações que iam desde a possibilidade de ele ter tido um surto psicótico até a hipótese de que as vozes e visões de 1974 fossem alucinações geradas pelo hemisfério direito do cérebro.

Depois que Dick morreu, leitores, críticos e biógrafos continuaram especulando sobre o Apocalipse de VALIS. Gregg Rickmann, que gravou uma longa entrevista com o autor pouco tempo antes de sua morte, planejava escrever uma biografia para provar que Dick sofria de múltipla personalidade, possivelmente causada por supostos abusos sexuais que Dick teria sofrido na infância. Mas não existe a menor evidência desses abusos, Dick não apresenta nenhuma característica típica dos pacientes de múltipla personalidade, e Rickmann acabou só publicando o primeiro volume da biografia planejada, *To The High Castle*, que saiu em 1989.

Anthony Peake, o autor, tem sua própria teoria, explícita no título do livro. Ele acredita que Philip K. Dick era capaz de acessar um nível mais profundo de consciência, onde o tempo como conhecemos não existe. Não sei se a teoria é ou não correta, cabe ao leitor decidir. Mas, pelo menos, ela explicaria como, mais de meio século atrás, Philip K. Dick foi capaz de antecipar o mundo contemporâneo com uma precisão assustadora. Não que Dick tenha previsto a Internet, computadores e celulares, nem nada parecido. Mas ele escrevia sobre um mundo como o nosso, onde nada é o que parece ser, em que é quase impossível distinguir o real do simulacro, notícias verdadeiras de factóides criados pela mídia, tudo mergulhado numa atmosfera onipresente de irrealidade. Ao afundar em seu próprio inconsciente, Dick topou com algo que dizia respeito não apenas a ele, o radical questionamento ontológico da realidade que tomou conta do mundo a partir das últimas décadas do século XX, e que viria a ser conhecido como "sociedade pós-moderna". Mas topou também com outra coisa, que tem escapado a boa parte (com honrosas exceções) dos pensadores associados ao pós-modernismo: o fato de que essa realidade que está sendo questionada nunca foi verdadeiramente real. O mundo que vivemos, esse mundo sólido, concreto e objetivo, sempre foi um mundo de simulacros, uma alucinação kármica, uma simulação criada por esse computador maluco que levamos dentro de nossas cabeças. Somos todos personagens de Philip K. Dick.

Lúcio Manfredi[*]

---

[*] Lúcio Manfredi é escritor e roteirista, com contos publicados nas antologias: *Intempol* (2000), *Novelas, Espelhos & Um Pouco de Choro* (2001), *Como Era Gostosa a Minha Alienígena* (2002), *Histórias do Olhar* (2003), *Vinte Voltas ao Redor do Sol* (2005), *Dez Contos de Terror* (2009), *Paradigmas 3* (2009), *Galeria do Sobrenatural* (2009) e *Sherlock Holmes – Aventuras Secretas* (2012). Seu primeiro romance, *Dom Casmurro e os Discos Voadores*, foi publicado pela Ed. Leya em 2010.

E se...?

Time present and time past
Are both perhaps present in time future,
And time future contained in time past

T.S. Eliot

Você pode ver Philip Kindred Dick (1928-1982) como um dos mais influentes escritores norte-americanos do século XX. Um homem que dedicou a vida a explorar, através do gênero da ficção científica; a natureza da realidade, as questões de identidade, falso e verdadeiro, dos abusos das substâncias alteradoras de percepção, da paranoia, esquizofrenia e psicopatia, bem como experiências transcendentais de todo tipo – usando para isso uma linguagem sofisticada e vários níveis narrativos, que possibilitam ao leitor navegar, sem escalas, do romance policial às digressões metafísicas, sem jamais cair em armadilhas infantis e fantasiosas. Também pode vê-lo como o prolífico autor de 44 romances e dezenas de histórias curtas que deram origem a filmes tão populares quanto cultuados como: *Blade Runner – O Caçador de Androides, O Homem Duplo, O Vingador do Futuro, Minority Report – A Nova Lei* e outros. Pode ainda vê-lo como um profeta: inteligências artificiais sendo confundidas com seres humanos, a realidade virtual, a possibilidade de apagar ou implantar memórias, a internet como território conectado à psique.

Ou pode ver Philip K. Dick como o único escritor de ficção científica que viveu como se a ficção de seus livros fosse a realidade.

A matéria de que a realidade de PKD era feita sempre foi estremecida pela questão "E se...?". Deste questionamento partem seus livros mais desafiadores, que guardam o poder de nos fazer observar o mundo à volta como se fosse habitado por impostores, farsantes, conspiradores, mentirosos. Esta foi a sensação que tive após ler *O Homem do Castelo Alto*, de 1968. Como bem o sabe o fã de PKD, o livro situa os EUA em uma linha alternativa do tempo em que a Segunda Guerra foi vencida pelo Eixo. É uma premissa tão poderosa que, mal a li na contracapa daquela velha edição da Editora Sabiá, já estava na décima página sendo devorado pelo estranho senso de humor – e de horror – da narrativa.

Como talvez não o saiba o fã do escritor norte-americano até ler esta intrigante biografia escrita pelo inglês Anthony Peake, a tal poderosa premissa foi chupada de outro livro. Pois é: o grande PKD também era um grande picareta. Bem, não totalmente um impostor — Eliot dizia que escritores imaturos copiam; os maduros roubam. PKD tinha lido na faculdade um livro sobre a Guerra da Secessão em que o Sul havia vencido o Norte, *Bring the Jubilee*, de Ward Moore (1953). Este livro já contém uma outra ideia original do *Castelo Alto*: um romance dentro do romance que demonstra a irrealidade daquela realidade. Em 11 de abril de 1961, Eichmann estava sendo julgado em Jerusalém e PKD, germanófilo que era, assistia fascinado aos argumentos do nazista, que redundariam no famoso livro de Hannah Arendt sobre a banalidade do mal. No dia seguinte, aniversário da Guerra Civil, PKD indicou à sua então mulher, Anne, uma leitora voraz, o livro de Moore sobre a Secessão. Ao terminá-lo, Anne afirmou que o mais interessante da trama era uma ideia de romance-dentro-do-romance – justamente o que faz colapsar a questão da realidade. O mash-up Secessão/Eichmann turbinado pela cutucada da mulher foram as faíscas que alimentaram a fornalha de PKD – no usual ritmo febril daqueles dias anfetaminados, ele terminou *Castelo Alto* em semanas. Sessenta anos depois, o romance de PKD é um clássico e o de Moore mera curiosidade. Contudo, o episódio nos mostra um dado incontornável para se compreender a psicologia do escritor: a influência que tiveram em sua vida as mulheres.

Muitas mulheres.

Segundo nos conta Anthony Peake, sendo um notório sociofóbico que detestava festas, reuniões, escritórios e lugares abertos, PKD passou a maior parte dos dias em casa. Mas a condição de ermitão não obnubilou a vocação romântica. Apenas agregou-lhe a profissão de fé no casamento. Foram cinco, povoados por filhos e enteados, sem contar os inúmeros casos a se enrolar na paralela ou ficções platônicas alimentadas durante anos — PKD era desses que acende o fogo da próxima namorada nas brasas da namorada anterior, mas mantém sempre um isqueiro reserva. E foi investigando suas relações com as mulheres que Peake logrou vários insights brilhantes sobre a psicologia perturbada — e perturbadora — de PKD.

Outro ponto a tornar esta leitura instigante é a forma como Peake situa o escritor em sua época, demonstrando-o afinado ao *zeitgeist*: foi careta, foi beatnik, foi hippie, depois, um crítico severo do estilo de vida flower power (no que lembra outro visionário, Hunter S. Thompson) até tornar-se, no fim da vida, um místico supersticioso que refletia os episódios da ficção na própria biografia. A crítica contumaz que se faz às personagens femininas de PKD, por vezes frias, por vezes inacessíveis e por vezes insuportavelmente chatas, guarda ressonâncias com os desastres amorosos de um homem conservador que ficou adulto durante a Segunda Guerra mas que gradativamente foi aderindo aos ideais liberais e progressistas da contracultura dos anos 1960, como o amor livre. PKD tentava entender sua obsessão pelas mulheres – em especial morenas – no livro póstumo *The Dark Haired Girl*. Em permanente metamorfose psíquica, PKD buscava se entender o tempo todo e até escreveu um livro sobre isso: as milhares de páginas da *Exegese*, que compilam seus extravagantes diários — de que a biografia de Peake é a primeira interpretação consistente.

Como dito, PKD foi o único escritor de ficção científica que viveu dentro de uma. A comparação com seus colegas o torna uma avis raríssima. JG Ballard teve uma infância gloriosa — exposta em *O Império do Sol* —, e depois foi piloto de caças supersônicos, mas só virou mesmo escritor de FC quando se tornou um burguês que não saía do subúrbio pois estava imerso na literatura e, viúvo, criava três filhas sozinho. Kurt Vonnegut também teve juventude intrépida – que suscitou a redação de *Matadouro 5* —, mas vivia mais cercado de filhos, enteados e dívidas, como qualquer humano classe média, do que fazendo amizade com ETs. Isaac Asimov era mais um acadêmico divulgador de ciência obcecado pela evolução tecnológica do que um sujeito pessoalmente envolvido com robótica ou viagens interestelares. Arthur C. Clarke estava mais ocupado com passeios com rapazes do Sri Lanka do que com as explorações da NASA (que maldade... ele também foi um grande ativista pró-gorilas e pai dos satélites artificiais geoestacionários para comunicação). E Ray Bradbury, que me disse não ser um escritor de FC ("a única FC que escrevi foi *Fahrenheit 451*", me gritou ao telefone, irritado com as perguntas sobre o *Fahrenheit 9/11* de Michael Moore), escreveu livros "mainstream", policiais, de ensaios e de poesia, e era aquele vovô bonachão que todos sonhamos ter.

PKD não. PKD era doidão mesmo. De dar medo.

PKD viveu DE FATO em mundos alternativos. Acreditava ser um *precog*. Viajava no tempo. Induzia a imersão em realidades paralelas mediante uso de substâncias psicoativas. Recebia mensagens de espíritos, de extraterrestres e de entidades de outro espaço-tempo. Tinha total certeza de ser um sujeito vindo do futuro que narrava para si mesmo o passado. Todos temas de sua literatura – que PKD tomava a sério para a própria vida.

PKD seria o que hoje chamamos de psiconauta. Um sujeito cuja psique é tão aberta e alerta aos sinais, tão pirada em conspirações, tão prenhe de associações de ideias e fatos e tão autoconsciente dos ecos do futuro no passado que não raro ele a conectava, sem dar seta, ao mundo exterior.

Uma das definições de esquizofrenia é justamente a incapacidade em discernir entre as realidades externa e interna. Porém, como rebateria PKD em sua blague paradoxal, "realidade é aquela coisa que, quando você para de acreditar nela, não desaparece". Conta Peake que esquizofrenia leve, transtorno bipolar, autismo e Asperger foram cogitados por amores e amigos para explicar o caráter instável de PKD. Mais prosaico, Peake sugere que as odisseias mentais do autor de *Fluam Minhas Lágrimas, Disse o Policial* eram embaladas por problemas de saúde como pressão baixa, dentes inflamados e outros advindos do uso continuado de anfetaminas. Por seu surpreendente diagnóstico final, jamais saberemos de fato onde estariam os limites entre médico e monstro, entre mágico e louco, na vida e na obra de PKD.

E quem é Peake para lançar tal aposta? Trata-se de um cara tão ambivalente e contraditório quanto o próprio PKD. Para começar, o inglês é um estudioso da gnose, em especial do gnosticismo cristão – que designa um conjunto de crenças de natureza filosófica e religiosa muito antigas, influenciadas por Sócrates e Platão, cujo princípio básico assenta-se sobre a ideia de que há em cada humano uma essência imortal que transcende o próprio humano. Neste sentido ser humano é visto como um ser divino que caiu na Terra de forma desastrosa – e que só pode se libertar dessa condição através de uma Revelação. De acordo com Peake, PKD foi acometido por diversas revelações, da infância aos últimos dias. Teria até visto a própria morte, "caído no chão entre o sofá e a mesinha de centro".

Peake é também um pesquisador de experiências de quase-morte e déjà vu, de que se ocupa em *Is There Life After Death?: The Extraordinary Science of What Happens When We Die* (2009). Nele, o inglês converge gnosticismo, física quântica e a célebre tese de John William Dunne, em que passado, presente e futuro podem coexistir simultaneamente. Segundo a teoria do inventor e filósofo irlandês, o futuro penetra na nossa consciência através dos sonhos; já o passado emerge como uma sequência de déjà vus. Esta hipótese de Dunne, que encontra ressonâncias em aspectos da cabala e do taoísmo, chegou a influenciar escritores do porte de Jorge Luis Borges — que lança mão da teoria para maquinar o desfecho do magistral conto "O jardim de Veredas que se bifurcam" (de *Ficções*). Borges, aliás, foi a quem a grande autora de ficção-científica Ursula LeGuin sempre comparou PKD, ao demonstrar a abrangência da metafísica em sua literatura. De maneira análoga a PKD, Borges e Dunne, Peake clama em seus livros que os seres humanos estão vivendo as mesmas vidas seguidamente – uma versão do eterno retorno similar à confrontada por Bill Murray no clássico filme Feitiço do Tempo.

Todo fã de PKD sabe que o mais perturbador acontecimento de sua vida é conhecido como *2-3-74* – os meses de fevereiro e março de 1974, quando o escritor foi atingido por um "raio rosa" e teve visões fantásticas. Em uma das alucinações, PKD haveria previsto que o filho teria um problema congênito que o mataria; alarmado, ao levar o filho ao hospital, descobriu que o problema era verdadeiro: se o pai não tivesse interferido, o filho estaria morto. Este episódio fez com que o escritor relesse sua vida inteira à luz de seus supostos talentos precognitivos. Uma das conclusões a que o escritor chegou é que ainda vivia no tempo dos primeiros cristãos sob o nome de Elias, o profeta. Outra conclusão é de que tudo o que escreveu lhe foi ditado por ele mesmo no futuro. Estas espantosas descobertas estão registradas na caudalosa *Exegese*. E assinam embaixo da tese de Peake, para quem a mente consciente consiste em duas entidades semi-independentes, e uma delas sabe o que vai acontecer no futuro.

Controverso, Peake tem sido seguidamente confrontado por céticos e cientistas (ele não tem formação em ciências; estudou história, sociologia e depois formou-se na London School of Economics) por suas teses aproximando paranormalidade, xamanismo, física quântica, espiritualismo e gnose, comprovadas por experimentos empíricos e métodos polêmicos. Neste sentido, PKD parece o personagem ideal para confirmar suas hipóteses. Peake também tem um jeito meio "KDickeano" de ver as coisas: logo no início, sugere que PKD teria previsto que Peake escreveria sua biografia. Seu nome teria sido citado em um romance de 1965, *Regresso ao Passado*, em que o personagem Anarch Peak lidera um grupo religioso prestes a renascer – e seria uma espécie de Messias; no livro, o tempo corre no sentido reverso (como em *O Curioso Caso de Benjamin Button* de F. Scott Fitzgerald). "Interprete como quiser", envenena Peake.

"Interprete como quiser" é o que parece sussurrar PKD em sua *Exegese* ao lançar afirmações, suspeitas, fatos, coincidências, sincronicidades e déjà vus cada vez mais esquisitos para confirmar a tese à que se abraçou ao fim da vida: a de que o futuro está no passado, e vice-versa. A teoria retorna de tempos em tempos, não raro abraçada por cristãos como PKD. O Padre Antonio Vieira, em sua *História do Futuro*, acreditava nisso, propondo que o *Novo Testamento* fosse um espelho do *Velho*, e que, portanto, até fatos de Portugal poderiam ser lidos à luz da Bíblia e mesmo previstos (Dom Sebastião sendo a versão lusitana de Jesus). O curioso é que Peake interpreta a *Exegese* à luz de suas teorias gnósticas – algo até então não realizado na fortuna crítica de PKD — somente para, em sua conclusão, em vez de confirmar a narrativa que o escritor faz da própria vida, lançar sombras, dúvidas e suspeitas sobre as afirmações de PKD. Peake recorre a múltiplos relatos, a livros como a magnífica biografia romanceada de Emmanuel Carrère, *Je Suis Vivant et Vous Êtes Morts*, além de depoimentos e cartas de ex-mulheres – testemunhas confiáveis dos mais bizarros eventos – para demonstrar que PKD poderia, na realidade, ter agido o tempo todo feito um mitômano ao apresentar-se como um ser do futuro. Tais contradições confirmam PKD como um adorável mentiroso com traços psíquicos paranoide-esquizoides.

Uma das citações favoritas de PKD provém da carta de Paulo aos coríntios: "O que no passado víamos como enigma no futuro veremos através de um espelho, claramente" – citação corrompida no título de *O Homem Duplo* (*A Scanner Darkly*): "No futuro veremos tudo através de um scanner, confusamente". Ao final da biografia, o leitor poderá escanear o mundo à sua volta e vê-lo povoado por impostores, farsantes, conspiradores, mentirosos – entre eles, o autor de *Androides Sonham com Ovelhas Elétricas?* e o autor deste livro. Ler Philip Kindred Dick através do espelho distorcido de Anthony Peake torna esta biografia muito mais rica do que a gasta imagem do genial escritor de FC que tinha visões religiosas após ingerir doses cavalares de anfetamina e LSD. Ao contrário de reduzir o personagem, Peake fez de PKD um homem ainda mais intrigante. E perigoso. Cuidado, leitor: a sua própria realidade pode não ser bem o que aparenta.

Ronaldo Bressane

Prefácio

"Minha principal preocupação é a questão: o que é a realidade?"

Philip K. Dick

NO DIA 21 DE FEVEREIRO DE 2008, o quarto episódio da quarta temporada da série de TV de imenso sucesso, *Lost*, foi ao ar pela primeira vez nos Estados Unidos. O personagem John Locke acorda no alojamento e, depois de fazer o café da manhã, escolhe um romance da estante. Ele leva o livro ao porão e entrega a outro personagem, Ben, dizendo a ele que deveria lê-lo. Ben responde que já leu, e Locke sugere que leia de novo. "Pode ser que você capte algo que deixou passar da primeira vez." Fica claro que Ben aceita o conselho, porque, num episódio posterior ("A Outra Mulher"), ele aparece imerso nas páginas do livro.

O romance em questão é *VALIS*, de Philip K. Dick. Escrito no fim dos anos 1970, o livro foi publicado pela primeira vez em 1981, como é apropriado para um homem sempre à frente do seu tempo. Sua aparição em *Lost* é uma indicação sutil, porém importante, da dívida da série para com o autor, além de mais um reconhecimento da imensa contribuição de PKD à cultura popular do século XXI.

Na era da cobertura jornalística 24-horas, em que acontecimentos estranhos são transmitidos ao vivo a um público mundial via Internet, corporações e governos dominam a tecnologia para obterem um excesso de informações a respeito de todos nós; pessoas comuns "vestem" tecnologias avançadas na forma de Google Glass e propagandas que seguem as pessoas aonde quer que vão realmente existem, é fato que o tempo de PKD chegou.

Conforme afirmou Paul Verhoeven, diretor do primeiro filme *O Vingador do Futuro*, "[vivemos numa época em que] as pessoas não conseguem identificar o que é real e o que não é." Era exatamente assim que PKD se sentia e, agora, milhões de pessoas chegaram à mesma conclusão.

No dia 5 de julho de 2007, fui convidado a dar uma palestra no norte da Inglaterra a respeito do meu primeiro livro, *Is There Life After Death?: The Extraordinary Science of What Happens When We Die* (Existe Vida Após a Morte? — A Ciência Extraordinária do que Acontece Quando Morremos). O livro explora a ideia de que todos os seres humanos têm dois centros de consciência: o Eidolon, a parte cotidiana que vivencia o tempo de forma linear e não conhece nada além da soma total de suas experiências, e o Daemon, a parte que existe num ponto atemporal em algum lugar das terras fronteiriças entre a vida e a morte. O Daemon sabe da rota de vida do seu Eidolon do mesmo modo que um jogador em primeira pessoa no computador sabe das vidas anteriores do seu "avatar" na tela. Dessa forma, o Daemon pode auxiliar o Eidolon nas negociações do jogo que chamamos de "vida".

O último capítulo do livro menciona a vida e as experiências de Philip K. Dick. Nas várias biografias que tinham sido escritas sobre esse escritor *cult* e enigmático, eu encontrara paralelos impressionantes com o meu modelo Daemon-Eidolon. Não só isso: seus livros *VALIS* e *UBIK* também continham considerações romanceadas da hipótese geral proposta no meu livro.

Era como se, de alguma forma bizarra, Philip K. Dick tivesse conhecimento dos meus livros e os tivesse usado para estruturar seus enredos. Mas eu sabia que isso era impossível. PKD morreu em março de 1982 e o meu primeiro livro foi publicado em setembro de 2006.

Naquela noite de verão, fazia uma hora que a minha apresentação sobre o livro começara, quando passei para o penúltimo slide. Ele mostrava Philip K. Dick no centro, entre as capas dos livros *UBIK* e *VALIS*. Quando a imagem apareceu, houve um suspiro audível de empolgação no canto direito da plateia. Quatro ou cinco indivíduos conversavam animados. Minha reação inicial foi de irritação. Qual era o problema deles?

Após a costumeira sessão de perguntas, respostas e autógrafos, um dos que haviam se agitado na plateia foi falar comigo.

— Perdoe a agitação — disse ele —, mas ficamos perplexos com o que acabamos de ver.

Ele se apresentou como Mick e, depois de apertar a minha mão, disse:

— Tenho uma coisa para lhe mostrar.

Ele tirou da bolsa um livro. Era um volume de *VALIS* com uma capa idêntica à da imagem usada na minha apresentação. Uma coincidência interessante, pensei, nada além disso. Então Mike anunciou:

— Este livro é o motivo pelo qual viemos. — Ele estava na biblioteca retirando o livro que havia solicitado com antecedência, quando viu um cartaz da minha palestra.

Aí a coisa ficou estranha. Mick aproximou-se e perguntou:

— Você sabe que Philip K. Dick previu você, não sabe?

Olhei para ele surpreso:

— Não — respondi.

— Em *Regresso ao Passado* — foi a resposta críptica. Na época eu havia lido apenas dois ou três livros de Dick e não conhecia esse título.

— Anarch Peak — disse Mike.

— Quem? — retruquei.

— Anarch Peak — repetiu Mike, como se eu tivesse um problema de audição. — Peak é um personagem envolvido na ressurreição dos mortos que estão vivendo numa espécie de limbo.

Ele explicou que, nesse livro, o tempo está correndo no sentido inverso e as pessoas ganham vida no túmulo e têm que ser desenterradas. Em seguida, ficam cada vez mais jovens até se tornarem fetos. Peak é o líder de um grupo religioso que está prestes a renascer e, por motivos diversos, alguns grupos querem que ele continue morto, enquanto outros preveem que o seu nascimento será uma versão da Segunda Vinda do Cristo.

Algum tempo depois, li descrições detalhadas das "visões" de Dick durante os meses de fevereiro e março de 1974 e ocorreu-me algo bastante peculiar. Nessas visões, PKD viu linhas e mais linhas de livros, com títulos e capas surgindo na sua frente – o que ele considerou uma espécie de mensagem. De fato, um título de livro em particular apareceu quando ele estava nesse estado de sonolência conhecido como estado hipnagógico.

Regresso ao Passado foi escrito em 1965 e, até então, as primeiras manifestações das visões, que apareceriam com toda força em 1974, já haviam começado. Por mais peculiar que parecesse a ideia, perguntei a mim mesmo se, em algum desses estados pré-cognitivos, Dick poderia ter visto, de forma subliminar, a capa do livro que você tem agora nas mãos. Nesse caso, ele teria visto o próprio nome e, abaixo, um nome como An*** Peak*. Isso deve ter ficado marcado em seu subconsciente, como uma ideia para o nome de um personagem associado ao estado de consciência humana na ocasião da morte, exatamente o assunto do meu primeiro livro.

O leitor pode interpretar isso como quiser. Eu considero essas situações como um pano de fundo interessante para este livro. Elas também me ajudaram a estruturá-lo de forma a focar nos aspectos precognitivos da vida de PKD.

Organizei o livro do modo que acredito apresentar melhor a informação para que o leitor chegue às suas próprias conclusões quanto ao "enigma" que foi a vida de Philip K. Dick.

A primeira parte é uma biografia cronológica bastante direta. A maior parte dela foi retirada de biografias, artigos e das próprias cartas coligidas de PKD. A segunda parte revê, com algum detalhe, a maioria, senão todas, as experiências incomuns de PKD. Acredito que apenas entendendo como esses acontecimentos afetaram PKD podemos compreender de fato o homem e a sua visão de mundo. A partir daí, revejo as tentativas do próprio PKD de explicar esses acontecimentos. A maior parte desse material é retirada do seu compêndio de diários publicados, *The Exegesis of Philip K. Dick*, publicado em novembro de 2011. Muito desse material nunca fora publicado antes e possibilita uma compreensão maravilhosa do funcionamento da mente de PKD. Desconfio que este livro seja o primeiro a analisar as experiências de PKD à luz do que ele mesmo escreveu sobre o tema. A segunda parte termina com uma avaliação da crença de PKD de que ele era uma forma de ser híbrido que ele chamava de "homoplasmata". A parte três tentará dar uma explicação neurológica para as experiências de PKD. A última parte será a minha própria interpretação de um teste de personalidade que PKD completou em meados dos anos 1950.

Peço desculpas por usar uma abordagem um tanto idiossincrática da vida desse grande escritor. No entanto, sinto que, se PKD tivesse escrito sua autobiografia, essa é uma direção que ele poderia ter tomado. Sua *Exegese* foi uma tentativa de explicar exatamente o que aconteceu com ele durante os meses de março e fevereiro de 1974 e que iniciou um período de busca interior quase religioso. Ele questionou tudo e chegou a muitas respostas, a maioria das quais acabou rejeitando depois. Eu gostaria de acreditar que neste livro tentei responder a, pelo menos, algumas perguntas de PKD. Se fui bem-sucedido ou não, vocês é que devem decidir.

Anthony Peake
Julho de 2013

PARTE UM

A BIOGRAFIA

"Meu Deus, a minha vida é exatamente como qualquer um dos meus romances ou contos. Até mesmo no que diz respeito a memórias e identidade falsas. Sou um protagonista de um dos livros de PKD."

Philip K. Dick

Capítulo Um
O Fim (1982)

Santa Ana, Califórnia, 18 de fevereiro de 1982. Sozinho no seu pequeno apartamento no bairro mexicano, a figura um tanto alta, robusta, meio calva e barbuda de Philip K. Dick está inconsciente no chão da sala, entre o sofá quebrado e a mesa de centro que seus dois gatos, Harvey e Mrs. Mabel M. Tubbs, usavam como arranhador. Ele sofrera um derrame. Ainda passariam algumas horas até a chegada de socorro.

O apartamento dilapidado não estava em seu melhor estado, assim como o corpo no chão, que trajava roupas casuais — suas favoritas — e que não tinha um único terno no armário. Essas eram as marcas de um escritor com a sorte em baixa e, no entanto, nada poderia estar mais longe da verdade. Aos cinquenta e três anos, PKD conquistara mais como escritor em sua vida relativamente curta do que muitos dos artistas desse ofício poderiam ter feito no espaço de muitas vidas. Sua produção totalizava cento e vinte contos e quarenta e quatro romances. Suas outras conquistas — além de um salário anual que chegava a seis dígitos — incluíam prêmios literários dos mais importantes, reconhecimento internacional e fãs devotos pelo mundo todo (que se autodenominam, carinhosamente, "dickheads"), sem mencionar os cinco casamentos, três filhos e um círculo grande e leal de amigos próximos e colegas literatos. Seus trabalhos estão até nas listas de leituras indicadas no currículo de inglês da Universidade de Harvard e estão presentes em inúmeras dissertações e teses de doutorado.

O Dalí da Ficção Científica

Enaltecido pelo crítico literário e filósofo político americano, Frederick Jameson, como "o maior dentre todos os escritores de ficção científica", seu "humor apavorante" fez com que ele fosse comparado a Dickens e Kafka, e seus "enredos paradoxais" o tornaram o Salvador Dalí do mundo literário. Seu estilo único até gerou um adjetivo corrompido, "phildickiano", para definir os mundos de complexidade surreal que ele criou.

Se Philip K. Dick levava uma vida simples, era porque assim escolheu viver. Ele tinha propósitos melhores para o seu dinheiro, como, por exemplo, financiar causas humanitárias, como o Southern Poverty Law Center. Fazia pouco tempo, ele ficara sabendo que o seu dinheiro ajudara a libertar um jovem negro que estava na prisão por um crime que não cometeu. Fora isso, o que importava era a sua escrita. Conforme ele explicou numa carta escrita logo no mês anterior:

> "Eu não tenho que provar nada a ninguém, especialmente a mim mesmo. Escrever romances e contos é um trabalho árduo, mas o que importa é o trabalho em si — o trabalho que é produzido, mas também o *ato* de trabalhar: a tarefa em si. O fato de que estou datilografando num papel barato, comprado no supermercado Market Basket não conta nem a meu favor nem contra mim no grande placar do céu, ou seja, no meu próprio coração."[1]

Dali a quatro meses, em 25 de junho de 1982, celebridades do mundo do cinema e da literatura se reuniriam para a estreia do clássico da ficção científica cinematográfica, *Blade Runner, O Caçador de Androides*, adaptação livre do romance *Androides Sonham com Ovelhas Elétricas?* (1968), de PKD. Infelizmente, PKD não se deleitaria com o brilho refletido de seu mais recente triunfo, ele que sempre gostara de ser o centro das atenções. Vendo pelo lado positivo, perder a estreia significou que ele não teve de comprar um terno. Na última entrevista que deu, para John Boonstra, da revista *The Twilight Zone*, ele disse:

> "Ouvi dizer que o filme terá uma estreia de gala à moda antiga. Isso significa que tenho que comprar — ou alugar — um smoking preto, o que não estou muito animado para fazer. Não é o meu estilo. Fico mais feliz de camiseta."[2]

Mas, pelo menos, ele chegou a ver algumas cenas do filme: um segmento que passou no jornal da KNBC-TV. Ao ver a representação futurística da Los Angeles de 2019, uma das sequências mais icônicas da história do cinema, ficou totalmente encantado. Era como se os cineastas tivessem lido a sua mente. Era exatamente como ele imaginara, segundo as suas próprias palavras. Philip K. Dick finalmente alcançou o reconhecimento do *mainstream* que sempre desejara e afirmou: "[minha] vida e trabalho criativo estão completos com *Blade Runner*".

Apesar da imensa pressão do estúdio cinematográfico, PKD recusou a chance de ganhar 400 mil dólares para produzir um romance baseado no filme, de qualidade inferior e destinado a crianças de doze anos. Teria sido baseado somente no roteiro e significaria suprimir o romance original em que *Blade Runner* foi baseado. Em vez disso, o romance original foi relançado, rendendo a ele — e ao estúdio — uma fração do dinheiro.

> "Finalmente reconheceram que havia um motivo legítimo para reeditar o romance, ainda que lhes custasse dinheiro. Foi uma vitória não apenas de obrigações contratuais, mas de princípios teóricos."

Haveria muitas outras adaptações de obras suas para o cinema nas próximas décadas, incluindo *O Vingador do Futuro* (1990 e 2012), baseada no conto *Lembramos Para Você a Preço de Atacado* (1966), *Screamers — Assassinos Cibernéticos* (1995), a partir do conto *Segunda Variedade* (1953) e *Minority Report — A Nova Lei* (2002), adaptado a partir de um conto de 1956, *O Relatório Minoritário*. Há até mesmo planos para uma versão animada da Disney de um de seus contos, *The King of the Elves*, o que atrairia a atenção de uma nova geração de leitores para o mundo de Philip K. Dick.

Ainda assim, havia tantas outras coisas que PKD queria fazer, especialmente preparar o mundo para a "Segunda Vinda do Cristo". Infelizmente, agora não havia mais tempo — pelo menos, não nesta realidade.

Passado, presente e futuro

Como entusiasta da ciência desde pequeno, PKD estava numa posição ideal na história para construir um nome no mundo da ficção científica. Ele não apenas viveu numa época em que o gênero estava em ascensão como a própria ciência avançou rápido durante a sua vida. Em 1927, ano anterior ao nascimento de PKD, um piloto do Correio Aéreo dos EUA chamado Charles Lindbergh tornou-se a primeira pessoa a atravessar o Atlântico voando sozinho, percorrendo um total de 5.700 km, sem parar, de Long Island, em Nova York, a Le Bourget, em Paris, numa aeronave movida a hélice, a *Spirit of St Louis*, feita de madeira coberta com tecido e metal.

Nos cinquenta e três anos seguintes, aviões movidos a hélice dariam lugar a jatos, e jatos dariam lugar a espaçonaves lançadas por foguetes. Enquanto PKD estava caído, inconsciente, a espaçonave soviética *Venera 13* aproximava-se do planeta Vênus, após uma jornada de 40 milhões de quilômetros. Ela logo pousaria e, em seguida, emitiria as primeiras imagens coloridas da superfície planetária. No início, o Instituto de Pesquisas Espaciais da Rússia declarou que as imagens mostravam sinais de vida, inclusive algo que lembrava um escorpião, embora a informação tenha sido negada posteriormente. PKD poderia ter se divertido com isso em algum de seus romances.

Em 1945, a arma do pesadelo do "juízo final" da ficção científica tornou-se fato quando bombas atômicas foram lançadas em duas cidades japonesas, Hiroshima e Nagasaki, causando níveis de morte e destruição antes inimagináveis. PKD consideraria as consequências de um mundo pós-apocalíptico assolado por explosões nucleares em seu romance de 1965, *Dr. Bloodmoney: or How We Get Along After the Bomb*, ou, *Depois da Bomba*.

Os "cérebros eletrônicos" que os escritores de ficção científica imaginaram também viraram realidade, ainda que hoje sejam chamados de computadores. Até o abismo entre o natural e o artificial diminuiu. O primeiro coração mecânico foi implantado num ser humano em 1953, quando PKD tinha vinte e quatro anos e estava prestes a se tornar um escritor em tempo integral. Cinco anos depois, em 1958, um robô que falava e andava, chamado Elektro, impressionava os visitantes do centro de diversões Pacific Ocean Park, em Santa Monica, Califórnia, local de fácil acesso de carro até a casa de PKD na época. Isso tudo representava ainda mais combustível para a usina da imaginação de PKD.

Não apenas a ficção científica tornava-se fato científico durante esse período como fatos e fantasias pareciam fundir-se. Nos anos 1950, clássicos cinematográficos da ficção científica, como *O Dia em que a Terra Parou* e *Guerra dos Mundos,* conquistavam a imaginação do público com suas histórias aterrorizantes sobre os desembarques alienígenas em nosso planeta. Em paralelo às imagens dos filmes, jatos reais da Força Aérea americana espalhavam-se para interceptar objetos voadores não identificados em forma de disco no céu, com relatórios altamente descritivos dos pilotos, que atiçavam a mente febril dos responsáveis pelas manchetes de jornais. Conforme PKD explicaria depois:

> "...É por isso que eu amo a ficção científica. Amo ler e amo escrever ficção científica. O escritor de FC não vê apenas possibilidades, mas possibilidades desvairadas. Não é apenas "E se...", é "Meu Deus, e se..." com frenesi e histeria. Os marcianos estão sempre chegando." [4]

Sopa de ideias

E não apenas marcianos... Poucos escritores pensariam em criar um herói a partir de um mofo lodoso inteligente chamado "Lorde Molusco Escorrendo", nativo da lua joviana Ganimedes. Ideias colhidas da ciência e da ficção científica, além de um conhecimento amplo de música, literatura, filosofia e teologia, acotovelavam-se para encontrar um lugar na mente de PKD. Humanos e androides, alienígenas e terráqueos, Spinoza e Sófocles, Deus e Belzebu, todos foram misturados na sopa "phildickiana" que girava dentro da sua cabeça. Numa palestra célebre dada numa convenção de ficção científica em 1972, PKD explorou alguns dos temas que tornara seus, tal como a dissolução das fronteiras entre o artificial e o natural:

> "Então nós e os nossos computadores, que estão evoluindo de forma complexa, podemos chegar a um meio-termo. Algum dia, um ser humano, talvez chamado Fred White, pode atirar num robô chamado Pete Alguma-Coisa, que saiu de uma fábrica da General Electrics, e, para a sua surpresa, vê-lo chorar e sangrar. E o robô moribundo pode atirar nele e, para a sua surpresa, ver uma fumaça cinzenta sair da bomba elétrica que o robô supunha ser o coração do Sr. White batendo. Seria um grande momento de verdade para os dois."[5]

As ideias de PKD variavam do fantástico, ainda que com base na ciência, ao teológico e ao metafísico, partindo de fontes tão diversas como Platão, os *Evangelhos Gnósticos*, o *I Ching* e o *Livro Tibetano dos Mortos*. Ele diria depois que muitos dos seus trabalhos, especialmente o último que completou, *A Transmigração de Timothy Archer* (1982), não deveriam ser considerados ficção científica.

As histórias de PKD não apenas exploravam ideias incomuns como inovavam com estilos não convencionais, tal como trocar a perspectiva da narrativa em primeira pessoa entre diferentes personagens de um romance para que, de início, o leitor fique na dúvida quanto a quem está falando. Esse recurso cria um efeito inquietante, especialmente quando o gênero muda com o personagem, de masculino para feminino, e assim por diante. Essa técnica foi explorada pela primeira vez no trabalho semiautobiográfico de PKD, *Confessions of a*

Crap Artist (1975), o único de seus romances *mainstream* a ser publicado em vida. O escritor de ficção científica e ilustrador A.L. Sirois descreveu-o como:

> "...o primeiro escritor de ficção científica a realmente se interessar em brincar com a mente dos leitores e a fazê-los pensar sobre a natureza da realidade e de suas próprias percepções. Por esse motivo, seus livros nunca se tornam obsoletos — é possível retomá-los anos depois da primeira leitura e encontrar placas que vão direcionar você a caminhos antes obscuros da sua própria personalidade."[6]

Sons de vozes distantes

A própria vida de PKD foi uma fantasia tão rica quanto muitas de suas histórias, e ele incorporava com frequência suas próprias experiências na sua obra. Fato e ficção, o misterioso e o místico, o paranoide e o paranormal, percepção extrassensorial e precognição, conspiração e confusão, tudo isso encontrava expressão na sua escrita. Noite após noite, ele se sentava diante da máquina de escrever surrada, recorrendo a esse vasto depósito de pensamentos e ideias. A única forma de exorcizar seus demônios era datilografando num frenesi, trabalhando hora após hora — muitas vezes ficando sem dormir dias a fio — para que a sua imaginação sobrenatural pudesse rolar para o papel e dali para a gráfica. Para manter a carga de trabalho prodigiosa, ele tomava quantidades copiosas de anfetamina — o que nos leva a uma nova leitura para a expressão "speed typing"[*]. Também foi dito que suas percepções noturnas eram auxiliadas por outras substâncias que alteram a mente e o humor, como a maconha e o LSD, embora ele negasse que elas ajudassem na sua escrita. Ele chegou a fazer uma campanha veemente contra o mau uso das drogas. Trabalhar tarde da noite também permitia a PKD "sintonizar-se" com as "vozes". Conforme ele explica na introdução a uma antologia de obras suas, essas histórias são...

> "...tentativas de recepção — de ouvir as vozes de um outro lugar, muito distante, sons bastante fracos, mas importantes. Elas só vem tarde da noite, quando o estardalhaço e o burburinho de fundo desaparecem. Então, ouço vozes quase imperceptíveis que

---

[*] A expressão se refere a uma digitação rápida, e neste contexto também pode ser entendida como uma digitação sob efeito de speed, nome popular da anfetamina. (N.T)

vem de outra estrela. É claro que não costumo dizer isso às pessoas quando me perguntam 'De onde você tira as suas ideias?' Eu só respondo 'Não sei'. É mais seguro."

Numa entrevista de 1974 para a revista *Vortex*, enquanto defendia outro autor de ficção científica, A. E. van Vogt, de um ataque do crítico e escritor Damon Knight, PKD deu um esclarecimento quanto à sua própria abordagem da escrita.

"Damon sente que é falta de talento artístico construir aqueles universos nada convencionais em que as pessoas atravessam o chão. É como se ele estivesse vendo a história como um inspetor de obras veria ao construir uma casa. Mas a realidade é mesmo uma bagunça e, no entanto, é empolgante. A ideia básica é: até que ponto você tem medo do caos? E até que ponto a ordem o deixa feliz?"

Para PKD, "A realidade é aquilo que não desaparece quando você para de acreditar".

Garotas morenas

Além da escrita, outra grande paixão de PKD foram as mulheres. Seus relacionamentos turbulentos, especialmente com as morenas, que ele considerava tão irresistíveis, foram um tema recorrente na sua vida e na sua literatura. Há poucas indicações na sua adolescência de que ele se tornaria um ímã sexual para o sexo oposto.

No entanto, ao longo de alguns anos, ele passou de adolescente desajeitado que ficava sem graça perto das mulheres e até não tinha confiança na própria sexualidade, para o conquistador exímio, que era capaz de cativar corações femininos com facilidade e que era "apaixonado por apaixonar-se".

É difícil, para nós que não o conhecemos de perto, entender o poder que ele parecia exercer sobre as mulheres, contando apenas com a sua fotografia e as histórias de seus muitos casos e casamentos malsucedidos. Mas ficava claro que muitas mulheres também achavam irresistível esse "homem quase bonito" e várias vezes o descreveram como "dono de um carisma poderoso", "gracioso e atraente", "engraçado", "romântico, empolgante, fascinante", mas também "perdido e indefeso". Além das cinco esposas, teve muitas amigas e amantes, algumas das quais moraram com ele.

Esses relacionamentos podiam ser, por sua vez, românticos, afetuosos, ardentes, amorosos, tempestuosos e até violentos. Outros relacionamentos com mulheres eram puramente platônicos ou amigáveis, e, às vezes, conduzidos unicamente por telefone. No entanto, eram todos importantes para ele — assim como ele era para elas! E, apesar de tudo, ele afirmaria depois, com alguma justificativa, que fora capaz de manter relações amigáveis com todas as esposas e com a maioria das outras mulheres de sua vida também. Isso, em si, já é um feito notável.

Um diário e uma viagem

Muito da criatividade posterior de PKD foi dedicada a um diário de 8 mil páginas no qual ele descrevia e explorava suas experiências visionárias e ideias espirituais. Esse diário passou a ser conhecido como a sua *Exegese*, palavra grega que significa "conduzir para fora", e é usada para descrever a interpretação crítica de um texto, geralmente uma obra religiosa, como a Bíblia. Assim como muitos de seus romances, PKD escreveu sua *Exegese* em sessões de maratona que podiam varar a madrugada.

Suas primeiras visões incluem um raio de luz que, nas palavras dele: "apareceu — um fogo vívido, com cores radiantes e padrões proporcionais — e me liberou de toda prisão, interna e externa". As primeiras visões ocorreram em fevereiro e março de 1974 e, assim, a expressão numérica "2-3-74" passou a ser usada como uma abreviatura para se referir a essas e outras experiências semelhantes. A primeira dessas visões pode ter sido desencadeada por um clarão de luz que refletiu num pingente que representava o símbolo cristão do peixe. O pingente estava sendo usado por uma moça da farmácia que fora entregar os remédios dele e estava à porta. Um registro na *Exegese* descreve o efeito que essa primeira experiência visionária teve sobre ele.

> "Naquele instante, enquanto eu olhava para o símbolo reluzente do peixe e ouvia as palavras dela, senti de repente o que depois fiquei sabendo chamar-se *anamnesis* — palavra grega que significa, literalmente, 'perda do esquecimento'. Eu lembrei quem eu era e onde eu estava. Num instante, num piscar de olhos, tudo voltou à minha memória. E eu não apenas conseguia lembrar, mas também conseguia ver."[8]

Seu ambiente residencial do século XX desaparecia, fundindo-se com um cenário que dava lugar a uma outra realidade, a de Roma no século I. PKD passou a acreditar que fazia parte de um grupo de cristãos secretos (assim como a moça da farmácia) e que a missão deles consistia em preparar o mundo para o retorno do Salvador. Ele "se deu conta" de que o Império Romano nunca terminara, mas continuara a governar o mundo e a perseguir os cristãos. Portanto, PKD e outros membros do grupo tinham de permanecer escondidos, comunicando-se por meio de um código secreto. Ele também passou a perceber outro ser dentro dele, vendo o mundo através dos seus olhos.

PKD acreditava que um clarão de outra de suas experiências "2-3-74" teria emanado de uma entidade espiritual ou, talvez, alienígena e estava transmitindo informações importantes para ele. Na sua *Exegese*, ele recorreu ao seu amplo conhecimento científico, religioso e filosófico para tentar explicar a natureza dessa entidade, chamada de diferentes nomes, ora Deus, ora Zebra, ora Sistema de Inteligência Vasto, Vivo e Ativo, ou "VALIS", abreviação de *Vast Active Living Intelligence System*. Muitas das ideias dessa entidade são exploradas em outras obras publicadas, incluindo Radio Free Albemuth (1985) e a trilogia *VALIS* (1981), *A Invasão Divina* (1981), e *A Transmigração de Timothy Archer* (1982).

Linhas no Universo

Outra interpretação da fonte de suas visões era a de que ele estava tendo acesso a uma consciência superior, possivelmente o hemisfério direito do cérebro — liberado de forma súbita. Porém, como observa seu biógrafo, Laurence Sutin, PKD sempre teve em mente a "hipótese mínima" — de que tudo por que passara se tratou de mero delírio. O amigo de longa data de PKD e também escritor de ficção científica, Tim Powers, vai além. Ele não reconhece a imagem de PKD como uma espécie de gênio atormentado. Ele disse a Chris Ziegler, do jornal *O C Weekley*: "Não se trata de um cara louco. Ele foi o cara mais engraçado que já conheci." Ele se recorda de longas conversas até tarde da noite, quando PKD expunha suas teorias mais recentes. Quando Powers o lembrava dessas teorias no dia seguinte, no entanto, PKD muitas vezes respondia com indiferença: "É um monte de bobagem!" Ainda assim, "elas pareciam boas ontem à noite", Powers lhe dizia.

Em certa ocasião, PKD ligou para Powers para lhe dizer que havia "decifrado o universo". Powers sugeriu que ele expressasse a dita solução num limerique. "Não, não posso escrever em forma de limerique", disse PKD, "é o segredo do universo!" Mas, quando Powers ligou para ele mais tarde, no mesmo dia, ele o fizera assim mesmo.

> *"O determinismo é um engano*
> *Mas seu poder é soberano*
> *Já de Deus há escassez*
> *Ele vem à Terra por sua vez*
> *Mas pouco fica neste plano."*[9]

O nome de PKD permanecerá vivo com o Prêmio Philip K. Dick, entregue todo ano na convenção de ficção científica e fantasia Norwescon, que acontece na cidade de SeaTec, no estado de Washington. É concedido ao melhor romance original em brochura publicado no ano anterior e que não tenha sido lançado originalmente em capa dura. A primeira edição do prêmio aconteceu em 1984 e o agraciado, muito oportuno, aliás, foi o amigo de PKD, Powers, com o romance *Os Portais de Anubis*.

A natureza do tempo

De uma coisa, porém, PKD estava convencido. Ele acreditava que as informações seguiam não apenas do passado para o futuro como também do futuro para o passado. Ele afirmou basear-se em experiências que ocorreram na parte posterior da sua vida como fonte de material para histórias que escreveu no início da carreira.

Previsível, em todos os sentidos da palavra, foi o fato de que a morte de PKD foi tão curiosa quanto a sua vida. PKD soube quando seu fim era iminente. Tivera algumas premonições. O mais notável foi prever a sua partida com alguns detalhes. Ele sabia exatamente como seria visto pelas primeiras pessoas a encontrarem seu corpo inconsciente. Uma carta a um amigo, escrita sete anos antes, incluía a seguinte passagem:

> "Após um período que lembrava um sonho... uma única cena extrema e horripilante, inerte, mas não estática. Um homem jaz morto, com o rosto para baixo, numa sala de estar, entre a mesa de centro e o sofá."

Foi exatamente assim que os paramédicos o encontraram. Ele não estava morto de fato, no entanto. Na verdade, quando a ambulância correu com ele para o hospital, PKD recuperou a consciência e foi descrito como "comunicativo", porém, algum tempo após a chegada ao hospital, sofreu um segundo derrame que interrompeu o fluxo de sangue para as áreas do cérebro que ainda funcionavam. PKD ainda manteria sua existência por doze dias na unidade de tratamento intensivo do hospital, com as funções vitais controladas pelos equipamentos mais avançados da época. Por fim, após monitorarem o cérebro em busca de sinais de atividade e sem encontrar nenhum, os médicos desligaram os equipamentos de suporte à vida. Seus neurônios hiperativos finalmente haviam parado de disparar.

Assim, durante seus últimos dias de entidade física na Terra, os processos físicos de PKD foram mantidos unicamente por tecnologia. Ele estava sendo controlado por uma máquina. O autor de *Androides Sonham com Ovelhas Elétricas?* teria apreciado a ironia.

Gêmeos reunidos

Após o funeral, o corpo de PKD foi cremado e as cinzas foram levadas a Fort Morgan, a cidade natal do seu pai, para serem enterradas na mesma sepultura de sua irmã gêmea, Jane, que morrera com apenas seis semanas de idade. Eles também dividiriam uma lápide em que a inscrição dele já estava gravada e o aguardava havia mais de meio século, faltando apenas a data da morte. Embora tivessem sido separados de forma tão cruel logo após o nascimento, seus restos mortais iriam agora compartilhar a eternidade.

Hoje, o site *Profetas da Ficção Científica* descreve PKD como um "gênio literário", "visionário célebre" e "marginal paranoico". PKD considerava a si mesmo um "filósofo que faz ficção". O amigo e também escritor de ficção científica, Norman Spinrad, prestou a seguinte homenagem na introdução da obra *Dr. Bloodmoney* (1965), de PKD: "Daqui a cinquenta ou cem anos, [Philip K. Dick] poderá ser reconhecido em retrospectiva como o maior romancista americano da segunda metade do século XX."

Numa homenagem única e bizarra, em 2011, seus fãs construíram uma cabeça de robô de controle remoto chamada "Phil, o Androide" para a convenção anual de quadrinhos de San Diego, a Comic-Con International. A semelhança era impressionante, incluindo a barba grisalha, as entradas e os olhos azuis penetrantes. Ele participou de uma discussão animada sobre a adaptação para o cinema do livro *O Homem Duplo* (1977), de PKD. Depois disso, a cabeça foi perdida pela American West Airlines e ainda não foi encontrada. Tendo em mente os lugares onde as bagagens de empresas aéreas às vezes vão parar, quem sabe onde a cabeça androide de PKD acabará surgindo? É óbvio que há aí um potencial cômico para um enredo no estilo do próprio PKD. É uma pena que ele não esteja mais aqui para escrevê-lo.

E o toque phildickiano final e inevitável? PKD nasceu em 28 e morreu em 82 — os mesmos algarismos invertidos, exatamente como ele teria escolhido. Esse foi, é e sempre será o mundo fascinante e desorientador de PKD, "O Homem que lembrava o futuro". Seja bem-vindo.

Capítulo Dois

O Começo (1928-46)

Chicago, dezembro de 1928. A interdição da venda e da distribuição de álcool, conhecida popularmente como "Proibição" ou Lei Seca, estava em vigor havia oito anos. As ruas de Chicago eram agora um campo de batalha, com tiroteios entre carros, esfaqueamentos nos becos e atentados com bombas, das gangues mafiosas brigando pelo controle do comércio ilícito de bebidas contrabandeadas. O mais poderoso dos chefes de gangues de Chicago, Al "Scarface" Capone, estava abalado com o assassinato de seu ex-conselheiro, Antonio Lombardo, baleado na North Street, em Chicago, durante a hora do *rush*. A vingança sangrenta de Al Capone viria alguns meses depois, no "Massacre do Dia de São Valentim". Numa emboscada orquestrada por Al Capone, sete membros da gangue de George "Bugsy" Moran reuniram-se numa garagem na Clark Street à espera de um carregamento de bebidas. Em vez de receberem a mercadoria esperada, foram derrubados por tiros de metralhadoras por homens da gangue de Al Capone. Os assassinos não eram o que pareciam ser. Estavam vestidos de policiais. Foi uma virada bizarra no enredo que poderia ter sido criada pelo próprio PKD. Mas o escritor Philip K. Dick ainda levaria alguns anos para surgir. Primeiro ele teve de nascer, depois sobreviver, o que não seria fácil...

Um começo difícil

Philip Kindred Dick veio a este mundo de medo e caos violento ao meio-dia de 16 de dezembro de 1928[*] num apartamento mal aquecido na avenida Emerald, em Chicago. Seus pais eram Dorothy e Edgar Dick. Dorothy era uma mulher esguia e delicada, porém de aparência intensa, nos seus 27 anos, e cujas feições marcantes eram suavizadas por uma auréola de cabelos cheios e ondulados e por olhos grandes de olhar penetrante. O pai de PKD, que sempre foi conhecido como "Ted", era esguio, alto — tinha cerca de 1,80 m —, tinha a testa longa, sorriso fácil e cabelo jovial encaracolado, um pouco curto e profissional. Gostava de ternos transpassados, como convinha a um funcionário do governo de grau intermediário.

---

[*] Em seu livro, *The Search for Philip K. Dick*, Anne Dick, terceira esposa de PKD, afirma que ele nasceu às 8h da manhã. (N.A.)

Por insistência de Dorothy, eles decidiram — com relutância, no caso de Ted — que seu filho nasceria em casa. O motivo era que Dorothy, de personalidade forte, era feminista (em relação à época) e exigira que uma médica, que morava na mesma rua, deveria conduzir o parto do seu filho. O que eles não esperavam era que o bebê viria seis semanas antes. A médica chegou apenas três minutos após o início do trabalho de parto e mesmo esse pequeno atraso irritou Ted, uma vez que, em seu modo de ver, se houvesse um médico disponível ou, melhor ainda, se o parto tivesse ocorrido num hospital, a tragédia que viria a ocorrer poderia ter sido evitada.

Enquanto Ted limpava o muco do rosto do primeiro filho, que acabou sendo o único, as contrações de Dorothy voltaram. Outro bebê estava a caminho. Foi uma enorme surpresa para ambos, uma vez que nem a médica sabia que Dorothy estava esperando gêmeos. Vinte minutos depois, uma menininha loira chegou para juntar-se ao irmão de cabelos escuros. Logo ficou claro por que Dorothy e Ted não haviam percebido que ela tinha dois bebês. Os dois juntos não pesavam mais que um único bebê normal. PKD pesava 1,93 kg e Jane, 1,6 kg.

Ted logo ficou preocupado com o fato de que Dorothy, sempre magra e frágil, pudesse não ter leite suficiente para dois bebês, mesmo para bebês tão miúdos. De imediato, ele pediu que os gêmeos fossem levados a um hospital próximo. A médica de Dorothy discordou e os pais de primeira viagem se viram com dois recém-nascidos muito abaixo do peso e doentios. Dorothy encontrava-se numa posição impossível. Tinha de cuidar de dois bebês frágeis em temperaturas negativas na grande metrópole de Chicago — a "Cidade dos Ventos" — nas profundezas do inverno austero de Illinois.

Uma garota do interior

Fria, impessoal e violenta, a cidade de Chicago deve ter sido um enorme contraste com a pequena cidade de Greely, no Colorado, o lugar acolhedor em que ela cresceu. Greely, erguida no centro do que fora uma terra dos índios cherokees, foi fundada em 1869 como uma comunidade religiosa "utópica" e rigorosamente abstêmia de bebidas alcóolicas. O nome de solteira de Dorothy, Kindred, que faz parte do nome de Philip, é uma referência à sua origem inglesa, juntamente com muitos Quacres que migraram para os Estados Unidos no século XIX. Ela criou o filho como Quacre no início, transmitindo a ele um interesse em religião e filosofia que o acompanharia para sempre. O pai dela era Earl Kindred, que nas fotografias parece ser um homem muito alto, distinto, com um sorriso amigável, terno, colete e gravata. A mãe, Edna Matilda Archer Kindred (conhecida por PKD como "Meemaw", algo como "vozinha"), era pequena em comparação com o marido, usava o cabelo preso para trás num coque decoroso e usava óculos simples de armação de metal. O nome Archer fascinava PKD e ele o usaria para alguns de seus personagens. A bela irmã mais nova de Dorothy, Marion, tinha cabelos escuros, um sorriso cativante e personalidade descontraída. Marion seria apenas uma dentre as muitas "garotas morenas" que teriam um papel importante na vida de PKD.

A família de Ted veio da Pensilvânia, mas em 1915, quando Ted era adolescente, mudaram-se para a pequena comunidade rural de Cedarwood, no Colorado, não muito longe de Greeley. Foi lá, um ano depois, que o casal se conheceu. Em seguida, a família de Ted mudou-se para Fort Morgan, a maior cidade do Condado de Morgan, Colorado, uma cidade pioneira, construída na primeira década do século XIX para proteger trens que carregavam suprimentos para a comunidade mineira de Denver contra ataques de índios saqueadores. Fort Morgan teve um breve momento de fama como o cenário da juventude do líder de big band, Glenn Miller. Para os fãs de Philip K. Dick, no entanto, ela ficaria mais conhecida como o último local de repouso desse escritor extremamente idiossincrático.

No dia 6 de abril de 1917, os Estados Unidos entraram na Primeira Guerra Mundial, conflito que já durava três anos na Europa. Ted alistou-se e partiu para a França para lutar nas trincheiras. Ele vivenciaria o pesadelo da guerra no século XX em primeira mão, incluindo o uso de gás venenoso e o dano terrível que ele causou nos soldados que se viram a céu aberto, sem máscara de gás. Ted levou sua máscara para casa e mostrava para PKD como uma ilustração gráfica dos horrores da guerra. A máscara teve um efeito psicológico perturbador em PKD que se tornaria aparente num incidente terrível da sua vida adulta.

A guerra finalmente acabou no dia 11 de novembro de 1918. Quando Ted retornou do front, o casal pôde reavivar o caso de amor interrompido. Eles se casaram no dia 29 de setembro de 1920, quando Dorothy tinha 19 anos de idade. Não se pode dizer que o compromisso entre os dois tenha sido assumido muito de repente. Quase de imediato, eles se mudaram para Washington, D.C. para que Ted pudesse frequentar a Universidade de Georgetown antes de realizar seu desejo de fazer parte do Serviço de Relações Internacionais. Para financiar seus estudos, ele trabalhou como funcionário do Departamento de Agricultura. Enquanto isso, Dorothy mantinha um cargo de secretária no *Journal of Home Economics*.

Para a decepção de Ted, não havia vagas no Serviço de Relações Internacionais, então ele permaneceu no Departamento de Agricultura, logo recebendo um cargo do programa de pesquisa em pecuária e carne. Ao se formar em 1927, recebeu a oferta de um emprego em Chicago, no serviço de notícias do mercado pecuário do Departamento. Dorothy e Ted sempre quiseram constituir uma família, mas já esperavam mais de sete anos. Finalmente, aquilo que tanto aguardavam aconteceu — Dorothy engravidou.

Inanição infantil

Assim, aos vinte e oito anos, Dorothy se vê nessa cidade fria e violenta, sem amigos e há muito afastada da família. Ela precisava desesperadamente de ajuda e conselhos, então pediu que sua mãe, Edna, fosse visitá-la. Mas ela demoraria duas semanas para chegar. O primeiro grande problema era encontrar uma substituta para a baixa produção de leite de Dorothy. Outras mães nessa situação poderiam complementar a alimentação dos bebês com leite em pó, que é derivado do leite de vaca. Mas os bebês de Dorothy eram alérgicos a esse leite. Desesperada, Dorothy aceitava conselhos de onde viessem, inclusive do zelador, que sugeriu leite de cabra. [10]

O tempo piorou, caindo para temperaturas abaixo de zero. Dorothy estava desesperada para manter os filhos doentes aquecidos e, de acordo com uma versão dos fatos, decidiu usar uma bolsa de água quente para aquecer o berço.[11] Isso acabou causando uma queimadura severa na perna da bebê Jane. PKD, porém, ouviu uma versão diferente. Ele diria ao seu psiquiatra, Barry Spatz, que:

> "[sua] mãe deu um banho na irmã em água escaldante, que resultou em queimaduras severas, mas não ligou para um médico em momento algum."[12]

No entanto, a falta de leite para os dois bebês era a preocupação mais urgente. De acordo com Dorothy, os bebês estavam literalmente morrendo de fome porque seu médico não conseguia encontrar um leite que os gêmeos tolerassem. Uma luz no fim do túnel daquele janeiro sombrio de 1929 foi a descoberta acidental, por parte de Dorothy, de uma apólice de seguro criada pela empresa de seguros de vida Metropolitan, que possibilitava o pagamento de assistência médica, incluindo uma enfermeira para ajudar no que fosse preciso. O seguro podia ser obtido após o nascimento de um bebê. Assim, pela quantia de 50 dólares por bebê, o jovem casal foi capaz de receber a ajuda de que precisava.

Para piorar as condições problemáticas em Chicago, a cidade estava tomada por uma epidemia de gripe. Ainda demorariam dois dias para que a apólice fosse ativada e o auxílio médico disponibilizado. Quando o médico e a enfermeira chegaram, trouxeram um berço aquecido, necessário para esquentar os recém-nascidos. Os dois bebês estavam seriamente desnutridos e quase morrendo, mas o estado de Jane, em particular, era motivo de preocupação crescente. Não se sabe até que ponto as queimaduras a afetaram, mas fica claro que não ajudaram a melhorar sua condição debilitada. O médico avaliou rapidamente a situação e concluiu que não podiam perder tempo. Os dois bebês precisavam de tratamento especializado urgente. Chamaram uma ambulância, mas, infelizmente, a pequena Jane Charlotte Dick morreu a caminho do Hospital Michael Reece, em Chicago. A data era 26 de janeiro de 1929. Jane viveu por apenas seis semanas. PKD sobreviveu à viagem, foi colocado numa incubadora a tempo e recebeu um leite especial.

Numa carta a PKD em 1975, Dorothy contou-lhe:

> "Você estava a um ou dois dias da morte, mas começou a ganhar peso de imediato, e quando estava pesando 2,3 kg, fui autorizada a levá-lo para casa. Eu podia visitá-lo todos os dias na incubadora e, durante os períodos em que eu estava lá, recebia instruções muito complicadas para preparar o leite especial."[13]

O corpo minúsculo de Jane foi levado ao Colorado para cremação e as cinzas foram enterradas no terreno da família Dick no cemitério de Fort Morgan. Para acompanhar a tristeza da ocasião, a cerimônia toda foi conduzida numa tempestade de neve intensa. Ao lado do nome da filha entalhado na lápide, Dorothy e Ted acrescentaram, de prontidão, "Philip Kindred Dick". Talvez temessem que, assim como Jane, o pequenino bebê não sobrevivesse ao inverno. Qualquer que tenha sido a razão, PKD sempre soube para onde iriam seus restos mortais um dia.

O jovem PKD era lembrado da morte da irmã de modo contínuo pela mãe ainda enlutada. Portanto não surpreende que, à medida que PKD foi crescendo, Jane passava a ter um papel cada vez mais importante na vida interior dele, assumindo uma personalidade e uma realidade próprias. PKD formaria uma imagem de Jane, caso ela tivesse sobrevivido, vivendo como uma "aleijada presa a uma cadeira de rodas". Nem Ted e nem Dorothy jamais mencionaram o incidente da queimadura em cartas e, de acordo com o biógrafo Gregg Rickman, nem mesmo a enteada de Dorothy, Lynne Aalan, sabia qualquer coisa do assunto.

Fica claro que a morte de Jane foi pesada para Dorothy também. A terceira esposa de PKD, Anne, escreveu sua própria biografia, intitulada *The Search for Philip K. Dick* (2010). Nela, Anne diz que Dorothy sempre falou de Jane como se a filha, que partira havia muito tempo, "tivesse acabado de morrer".[14] Anne insinua que talvez as lembranças que PKD tinha do sentimento de perda da mãe tenham contribuído muito para a relação psicológica dele com a irmã morta. Anne certamente considerava a morte da sua irmã bebê como algo de profunda importância para PKD. Ele certa vez confessou-lhe:

> "Ouvi muito a respeito de Jane e não foi bom para mim. Eu me sentia culpado. De certa forma, eu fiquei com todo o leite."[15]

Em 1929, Dorothy, Ted e o bebê PKD voltaram a Fort Morgan, Colorado, para visitar a família de Ted. Mas, depois, Ted teve de voltar a Chicago devido a compromissos de trabalho e deixou PKD e Dorothy com parentes em Johnstown, a apenas alguns quilômetros da casa dos pais dela em Greenly. Desde esses primeiros meses, Dorothy gerou em PKD um amor pela música que não apenas duraria toda a vida dele como se tornaria um tema central em muito do que ele escreveu. Em seu diário, Dorothy escreveu:

> "Fico com ele no colo ao piano enquanto me esforço para tocar a Valsa do Missouri. Ele observa e escuta, abaixando para um lado e para o outro de repente e se inclinando para a frente para tentar bater nas teclas com as próprias mãos, depois vira para trás de súbito, com a mãozinha no meu peito, e me olha com curiosidade e um sorrisão muito engraçadinho — como se quisesse ter certeza de que se trata de uma brincadeira para a sua diversão. Como se suspeitasse de repente que eu poderia estar, afinal, fazendo aquilo para o meu próprio divertimento..."[16]

Apesar da cena feliz, amorosa e satisfeita que pinta em seu diário, Dorothy era meio eremita. Não apenas a morte da filha Jane pesava muito sobre ela, como estava cada vez mais infeliz com o casamento. Dorothy tornou-se, aos poucos, uma mãe um tanto fria e distante, pelo menos de acordo com Lynne Aalan, que morou com Dorothy durante muitos anos. Lynne achava que Dorothy devia parecer "opressiva para Phil quando ele era criança pequena".[17] Ela descreveu Dorothy como:

> "...uma pessoa contida, que se relacionava com o mundo externo de forma predominante num nível intelectual, não dada a expressões de afeto — fechada com os próprios sentimentos."

Isso não fica visível nas fotos de família do pequeno Philip, que são de um neném feliz e satisfeito, deitado no berço ou sentado no carrinho, sorrindo e acenando para a câmera. No fundo, é possível ver o bem de que o pai mais se orgulhava, um elegante cupê Buick de dois lugares. Outras fotos mostram PKD aos dois anos, sorrindo feliz do lado de fora da casa ou sentado no joelho do pai, enquanto Ted olha para o filho mais novo com um orgulho evidente. No entanto, fotos de PKD tiradas alguns anos depois, quando o casamento dos pais estava chegando ao fim, contam outra história.

Os Estados Unidos vinham passando por um surto de crescimento econômico sem precedentes. Isso também estava prestes a acabar. No dia 24 de outubro de 1929, o país foi tomado por um pânico financeiro, quando os preços das ações da Bolsa de Valores de Nova York despencaram em milhões de dólares. Em um ano, os Estados Unidos e outras partes do mundo estariam atolados na crise econômica que ficou conhecida como a "Grande Depressão". Um dos poucos destaques desse período sombrio foi a obra do escritor James T. Farrell, que depois se tornaria uma influência importante no trabalho de PKD.

Uma mudança para o sol

Mais ou menos nessa época, Ted, Dorothy e o bebê Phil mudaram-se para Sausalito, cidade na bela área da baía de São Francisco, na Califórnia. Logo depois, se mudaram para Alameda, a leste da baía. Em seguida, a família estabeleceu-se em Berkeley, uma cidade histórica atraente, também no lado leste da costa. Como todos os lugares dos Estados Unidos, a Califórnia sofreu durante a Grande Depressão, mas Berkeley saiu-se melhor do que a maioria das cidades graças à Universidade da Califórnia, ali localizada, o campus mais antigo do estado. PKD teria uma ligação muito próxima com Berkeley e a área da baía durante grande parte da vida adulta. Como funcionário estável do governo, seu pai, Ted, estava relativamente seguro em meio à depressão econômica, mas não nos conflitos da vida doméstica.

No verão de 1930, Ted foi promovido ao cargo de diretor da divisão oeste da Associação de Recuperação Nacional, criada pelo presidente Franklin D. Roosevelt para ajudar a impulsionar a economia, aproximando governo, indústria e trabalhadores para eliminar a concorrência e estabelecer preços justos. Ted recebeu a tarefa de abrir um novo escritório na cidade de Reno, Nevada. Dorothy ficou feliz por Ted, mas não quis se mudar para lá. Ela não tinha certeza se o emprego duraria muito tempo e, de todo modo, ela gostava de Berkeley. Sua mãe, Edna, conhecida a partir de então pelo apelido dado por PKD, "Meemaw", e seu pai, estavam agora morando perto, com a irmã mais nova de Dorothy, Marion, e o marido, Joe Hunter. Então, Ted tinha agora de acordar na segunda-feira de manhã e partir no seu Buick pela jornada de 300 km até Reno, onde permanecia durante toda a semana, só voltando na sexta-feira, tarde da noite. Essas separações forçadas de uma semana teriam um peso sobre o casamento. Por fim, Dorothy pediu o divórcio. Muitos anos depois, Ted ainda não estava certo do motivo exato do acontecido. Ele disse:

> "...pareceu apenas ser algo que já havia acabado. Ela achou que tinha mais liberdade do que quando estávamos casados. Acho que foi algo simples mesmo. Nós nos separamos muito bem, como bons amigos. Quando decidimos nos divorciar, eu aparecia nos finais de semana, como se nada tivesse acontecido."

Conforme indicado por Ted, o casal fez tudo para garantir que a separação fosse o mais amigável possível para causar o mínimo de perturbação para o pequeno Philip. Ted passava cada vez mais tempo em Reno, e menos em Berkeley. A partir de então, o pequeno Philip existiria num mundo com pouco contato emocional e físico com os pais. Como Dorothy era uma mãe intangível, PKD aproximou-se da avó, Meemaw, que era mais afetuosa.

O efeito que o término do casamento teve em PKD está refletido no álbum de família. Não há mais vestígios da criança feliz e satisfeita. O PKD de cinco anos que olha para a câmera tem um ar triste e fechado — mesmo quando usa uma roupa de caubói elegante e que parece ter sido cara, com chapéu, perneiras e coldre, possivelmente um sinal de que o pai cobria o filho de presentes para compensar a falta de atenção direta. Numa das poucas fotografias desse período em que aparece um PKD feliz, o menino está na frente da tia Marion, entre a avó materna e o pai. Todos estão sorrindo e PKD está com um sorriso radiante, embevecido. Fica claro que era assim que ele preferia estar.

PKD estava então matriculado no jardim da infância Bruce Tatlock, dirigido por Quacres, que mais tarde seria descrito por ele como uma "escola comunista". PKD afirmou que sua babá, Olive Holt, também era comunista. Ele descreveu a forma com que ela lhe dava sermões a respeito dos méritos da União Soviética, deixando claro que, na sua opinião, esta era superior aos Estados Unidos. Seu nome voltaria a aparecer muitos anos depois numa circunstância muito bizarra. Embora separados, os pais tentaram continuar sendo uma parte importante da vida de PKD enquanto ele se adaptava à rotina do jardim da infância.

Foi mais ou menos nessa época que ele começou a mostrar um dom precioso para a escrita. Dorothy datilografou um poema dele intitulado "Uma Canção de Philip — Cinco anos de idade" que pode ter sido o primeiro esforço literário de PKD. Muito tempo depois, quando já era um romancista de meia-idade bem-sucedido, PKD diria a um entrevistador que era de sua mãe a ambição de escrever profissionalmente. Ainda que ela nunca tenha alcançado o sucesso que desejava, transmitiu ao filho seu amor pela escrita. "Foi dela que peguei a ideia de que escrever era algo muito importante", disse ele.[18]

Esse período curto de estabilidade e segurança não duraria muito. Quando PKD tinha seis anos, no início de 1935, o divórcio foi finalizado. PKD estava mais uma vez em trânsito. Os procedimentos do divórcio haviam começado e se transformado numa batalha pela custódia do menino. Então, Dorothy e o filho partiram para Washington, DC, do outro lado do país, onde Dorothy conseguira um emprego na agência de proteção à criança, o Federal Chidren's Bureau. Ela temia que, se permanecesse perto de Ted, o ex-marido poderia, num momento oportuno, acabar ganhando a guarda de Philip. Ao colocar uma distância tão grande entre eles, ela fazia com que a ameaça fosse muito menos provável.

Berkeley é a casa do California Golden Bears, na época, um dos maiores times universitários de futebol americano, com base no California Memorial Stadium, no campus da Universidade da Califórnia. Uma partida de futebol americano ali seria a última vez que PKD veria o pai nos próximos três anos.

Foi durante o período em que estava em Washington que PKD começou a ter problemas psicológicos. Eles se manifestavam como sintomas físicos que incluíam períodos em que ele simplesmente não conseguia engolir. Isso gerava um estresse imenso para ele e para Dorothy. Ele foi levado a um psiquiatra que o diagnosticou, PKD informou depois, como "histérico". Durante algum tempo, PKD foi afastado da mãe e internado numa escola especial para crianças com problemas, chamada Countryside School, localizada em Silver Spring, Maryland. Os problemas de deglutição de PKD, no entanto, continuaram, e ele emagreceu rapidamente.

PKD não se adaptou bem à escola e sua infelicidade profunda ali iria inspirar outro texto, um poema sobre um passarinho comido por um gato. Apesar do tema mórbido, parece que esse trabalho foi bem recebido no Dia dos Pais da escola, e PKD escreveria depois: "Meu futuro estava garantido".

PKD continuou a se sentir perturbado na Countryside School e, assim, no ano letivo seguinte (1936/ 1937), foi transferido para a John Eaton Elementary School, em Washington. Não fica claro se essa transferência foi aprovada pelas autoridades, que haviam colocado PKD no ambiente mais controlado da Countryside School, ou se Dorothy tomou a decisão sozinha. Qualquer que tenha sido o motivo, PKD voltara para o sistema público de ensino. Ele guardou um ressentimento profundo para com a mãe pelo tempo em que ficou na Countryside School e por tê-lo deixado longe dela e de casa. O ressentimento foi agravado pelo fato de que, mesmo ao retornar, ele não recebeu o nível de atenção e afeto maternal que desejava. Ele foi deixado aos cuidados de uma série de empregadas enquanto a mãe trabalhava. PKD também culpou Dorothy por separá-lo do pai e da avó, Meemaw, e pela mudança para Washington, cujo clima frio e úmido era desfavorável se comparado ao céu azul e ao tempo agradável do "Estado de Ouro" que ele teve de deixar para trás.

PKD rebelou-se inventando uma série de "doenças" que garantiam suas faltas constantes na escola nessa época e que também se tornariam uma questão frequente durante toda a sua vida escolar. No entanto, ele continuava a dar sinais de ser uma promessa como escritor. Num boletim escolar, sua professora da quarta série comentou: "Philip demonstra interesse e habilidade para contar histórias".

Em junho de 1938, Dorothy e PKD, agora com nove anos, voltaram à casa da família na Califórnia. Dorothy conseguira uma transferência da Federal Children's Bureau para o departamento de silvicultura, o US Forestry Department, que, a propósito, tinha escritórios em Berkeley. Isso significava que PKD poderia ficar perto de "Meemaw" e ver tia Marion também, com quem ele viria a desenvolver uma relação muito próxima nos anos seguintes. Ted se mudara para Pasadena, ao sul de Berkeley. Embora Dorothy ainda estivesse preocupada que Ted pudesse tentar reivindicar a guarda de PKD, a distância que separava pai e filho pode ter feito a ameaça parecer menos provável. No entanto, eles agora estavam no mesmo estado, perto o suficiente para que PKD, de vez em quando, passasse algum tempo com o pai. Como veremos, uma visita de pai e filho à Feira Mundial de 1938 em São Francisco pode ter estimulado a fascinação de PKD por ciência e tecnologia, que durou toda a sua vida, e provocado seu interesse no conceito de simulacro, na forma de humanos artificiais. O pai também o levou para pescar e em outros passeios que lhe trouxe de volta a sensação que ele desejava de ter um pai e uma mãe que o queriam e amavam.

No outono de 1938, PKD entrou na Hillside School, em Berkeley. Por algum motivo, ele decidiu nessa época que preferia ser chamado de "Jim". Todos parecem ter aceitado a ideia, e até os relatórios escolares referem-se a ele por meio desse novo nome. Também foi nessa época que o pequeno "Jim" começou a sofrer ataques recorrentes de taquicardia — um aumento rápido e repentino na frequência cardíaca que pode ser extremamente assustador. É possível que ele tenha herdado o problema do pai. Era uma queixa que continuaria ao longo da sua vida. Na época, PKD também tinha propensão a ataques de asma e eczema, os quais podem ter relação com ansiedade intensa. Ainda assim, parece que esse período na Hillside foi razoavelmente feliz. Os professores registraram que ele estava bem ajustado entre os colegas.

No ano letivo de 1939/40, ele mudou para a Oxford Elementary School, onde voltou a ser conhecido como Phil. Mais uma vez, adaptou-se bem. No entanto, suas faltas frequentes, e por vezes prolongadas, devido a doenças, às vezes genuínas, às vezes não, afetaram seu desempenho geral. Dorothy depois diria que PKD achava as atividades escolares maçantes e ficava muito mais à vontade seguindo seus próprios interesses.

Um reflexo disso foi a produção do seu próprio jornal, *The Daily Dick*, que ele publicou em dezembro de 1938, quando estava completando dez anos de idade. Dois números do jornal sobrevivem e mostram que PKD não apenas era um escritor muito avançado para a idade, mas que também tinha talento para a arte.

A descoberta da terra de Oz

Foi mais ou menos nessa época que o jovem Philip descobriu os romances de L. Frank Baum, o autor de *O Mágico de Oz*. O livro original de Oz foi publicado em 1900 e foi um sucesso imediato, tornando-se o livro infantil mais bem vendido durante dois anos após a publicação. Baum escreveu mais treze romances, todos sobre uma menina chamada Dorothy e os personagens fantásticos da terra de Oz. Duas versões da história para o cinema tinham sido feitas em 1910 e 1925, mas foi o lançamento da versão em forma de musical com Judy Garland, em 1939, que fez de Oz o fenômeno e ícone mundial que permanece até hoje. Mas foi nos livros de Baum que PKD se deparou com o "mundo fantástico de Oz" e, ao fazê-lo, iniciou um amor duradouro pela fantasia. Em 1968 ele escreveu:

> "Descobri os livros de Oz (mais ou menos em 1939). Parecia uma questão sem importância minha profunda avidez para ler cada livro de Oz. Os bibliotecários me diziam com desdém que não tinham 'esse tipo de material fantástico', seguindo o raciocínio de que livros de fantasia levavam a criança a um mundo de sonhos e dificultavam seu ajuste adequado ao mundo 'real'. Mas meu interesse pelos livros de Oz foi, de fato, o começo do meu amor pela fantasia."[19]

É interessante notar que em *O Mágico de Oz* há uma série de temas que aparecem demasiadas vezes nos escritos posteriores de PKD: a ideia de empatia (o Homem de Lata que precisa de um coração), simulacros (o Homem de Lata e o Espantalho como seres humanos falsos) e, é claro, a "realidade" por trás da "realidade" (a terra de Oz coexistindo a "realidade" com Kansas). Existe até uma referência direta à série no romance semiautobiográfico de PKD, *Confessions of a Crap Artist* (1975). Jack Isidore, um dos personagens principais do romance, crescera na Califórnia e tem muitas semelhanças com o jovem PKD. No romance, Jack diz que um antigo vizinho japonês era parecido com João Cabeça-de-Abóbora, um dos personagens de Oz criado por Baum, por causa "do pescoço fino e da cabeça redonda". Jack prossegue:

> "A ideia de que o Sr. Watanaba se parecia com João Cabeça-de--Abóbora nunca teria me ocorrido se eu não tivesse lido os livros de Baum quando mais jovem. Na verdade, eu ainda tinha alguns no meu quarto até a Segunda Guerra Mundial. Eu os guardava junto com as revistas de ficção científica, o microscópio, a coleção

de pedras e o modelo do sistema solar que eu construíra para as aulas de ciências do ginásio."

Também foi nessa época que PKD criou uma relação próxima com a tia Marion. É bem possível que seu incentivo aos talentos florescentes dele para a escrita o tenham levado a escrever *The Daily Dick*. Um fato trágico foi que essa tia tão amada passou a maior parte de sua curta vida sofrendo períodos de esquizofrenia catatônica. Sua vida logo teria um fim prematuro como consequência das complicações da doença. Sua doença mental e morte resultante teriam um efeito significativo na atitude de PKD em relação a distúrbios psicológicos, tema frequente em seus livros.

Logo haveria outro foco na vida de PKD. Em 1940, Ted mudou-se para o escritório de Los Angeles do Departamento de Comércio. Ele atuara com frequência como porta-voz desse departamento e logo ficou claro que ele tinha talento para locutor. Tornou-se apresentador de um programa de rádio chamado *Este é o Seu Governo*. Isso deu a Ted alguma fama local e PKD ficou orgulhoso dele, o que é compreensível. Nessa época, Ted havia se casado novamente. Ele e a nova esposa, Dorothea, estavam morando em South Pasadena, então PKD conseguia ver mais o pai.

No fim da década de 1930, os Estados Unidos estavam começando a sair da estagnação da crise e a se tornar o país mais vibrante e progressista do mundo. Para um menino que crescia nos Estados Unidos nessa época, a Califórnia era um dos lugares mais estimulantes para se estar. Numa entrevista para Gregg Rickman, Ted recordou as muitas visitas que ele e o filho fizeram a Treasure Island, uma enorme ilha artificial construída na Baía de São Francisco para receber a Feira Mundial de São Francisco em 1939, conhecida como the Golden Gate International Exposition.[20] Essa feira foi organizada, em sua origem, para comemorar a abertura da San Francisco-Oakland Bay Bridge e da Golden Gate Bridge, ambas concluídas num frenesi de obras apenas alguns dias antes. O evento também expôs algumas das inovações tecnológicas mais extraordinárias da época. Para um menino inteligente e imaginativo como PKD, o evento teria sido um paraíso científico, que oferecia um vislumbre fascinante do que o futuro poderia trazer.

Durante uma dessas visitas, PKD viu um aparelho incrível, conhecido como "Pedro the Voder", projetado e construído pela empresa telefônica The Bell, que fora uma das exposições de mais sucesso da feira. A máquina era uma tentativa inicial de sintetizar a voz humana pela combinação de um zumbido, criado por um oscilador elétrico, e um som sibilante, produzido por um tubo de gás. Um operador controlava o aparelho, usando teclas e pedais. Fica claro que essa máquina teve um efeito na mente jovem de PKD e provavelmente fez nascer a ideia de simulacro humano que aparece em muitos de seus romances e contos. De fato, em seu romance *We Can Build You* (1972), há uma referência ao próprio "Pedro".[21]

O estudioso de Philip K. Dick, Samuel J. Umland, reforça a ideia de que o autor trabalhava a partir de uma memória pessoal, e não de pesquisa, quando observa, num post do seu blog, que PKD comete um pequeno erro na escrita do nome do autômato, usando a forma "Vodor" em vez de "Voder".[22]

Nessa época, PKD desenvolvia uma série de "fobias". Isso pode ter provocado seu interesse na psicologia, tanto como instrumento para o estudo de personalidades e habilidades como para compreender os extremos mais amplos da experiência humana. Em seu livro *Philip K. Dick: Remembering Firebright* (2013), a quinta e última esposa de Philip K. Dick, Tessa, descreve um encontro que teve com o pai dele, Ted, após a morte de PKD, em 1982. Tessa ficou impressionada com as semelhanças entre pai e filho. Ela afirma que os dois usavam os meus gestos e falavam com uma voz muito parecida. Também descobriu que Ted pode ter tido as mesmas fobias do filho. Tessa levara o filho dela e PKD, Christopher, para conhecer o avô. Sem nenhuma razão aparente, Ted demonstrara uma grande ansiedade em relação ao neto e até chegou a dizer a Tessa que sentia que algo terrível aconteceria com o garotinho. Em seguida, Ted alertou Tessa para o perigo do pinheiro do vizinho dele:

> "'Algum dia', disse ele, 'o vento vai derrubar esse pinheiro e me matar.' O pinheiro realmente parecia um pouco inclinado, mas estava bem saudável e sem nenhum risco de cair."[23]

Tessa acrescenta o seguinte comentário:

> "Phil me contara que, quando ele era pequeno, o pai costumava acordá-lo no meio da noite, colocava-o no carro e seguia para o leste o mais rápido que podia porque um grande terremoto estava prestes a começar — acabava sempre sendo alarme falso."[24]

Fica claro que o fato, se verdadeiro, era sinal de uma forma extrema de comportamento fóbico. Mas se tratava de uma série de acontecimentos reais ou apenas um exemplo de PKD reinventando seu passado?

Em sua biografia, a terceira esposa de PKD, Anne, conseguiu localizar um dos amigos próximos de PKD nesse período, Leon Rimov. Talvez influenciado pelas inovações tecnológicas em exibição na Feira Mundial de São Francisco, Leon disse que PKD fez um detector de mentiras e se divertia enganando as pessoas com o aparelho. Uma máquina semelhante, chamada Teste de Empatia Voight-Kampff, aparece no romance mais famoso de PKD, *Androides Sonham com Ovelhas Elétricas?* (1968).[25] Leon também se lembrou de algo que contradiz outros relatos sobre PKD na época. Anne escreve que, de acordo com Leon,

> "Phil estava doente, pálido e ausente da escola de vez em quando. Ele também era hiperativo. Comia muito chocolate e biscoito, e estava acima do peso. Comia chocolate e sorvete no almoço."[26]

Todos os outros relatos a respeito de PKD nessa idade o descrevem como alguém que tem fobia de comer em público e afirmam que, quando ele o fazia, comia apenas em muito pouca quantidade. Aqui temos um de seus amigos mais íntimos na época dizendo que ele comia muito. Talvez ele tenha compensado o modo como comia em público exagerando quando estava sozinho. PKD contou a Anne que, quando era mais novo, tinha uma forma de diabete que passou com o tempo.

Fogo e água

No verão de 1940, talvez por iniciativa da mãe, que apreciava música, PKD, então com onze anos de idade, frequentou o Acampamento de Música Cazadero, localizado no centro de uma bela floresta de sequoias no vale do rio Russian em Sonoma County, no norte da Califórnia. Ele depois descreveria a si mesmo como um "estranho atormentado" nesse acampamento. No entanto, o PKD que esteve nesse local muito conhecido foi uma figura muito presente no círculo social. Ele se envolvia em muitas das atividades culturais realizadas ali, inclusive atuando em algumas das peças. Por ser totalmente avesso a atividades esportivas, ele não participou de todas as atividades ao ar livre disponíveis nesse idílio rural, mas fora isso, de modo geral, não foi diferente de nenhuma outra criança ali. No entanto, duas coisas que ocorreram ali teriam um efeito profundo nele.

Numa ocasião, ele teve dificuldades ao nadar no rio Russian e quase se afogou. O incidente causaria um medo de água que continuaria pelo resto de sua vida. Para alguém que passava tanto tempo na área da Baía de São Francisco, isso seria um problema, visto que até mesmo a visão do mar na segurança da terra às vezes era difícil demais. O segundo evento traumático foi que PKD viu uma criança morrer queimada. Um grupo de meninos estava brincando de índios e caubóis, e um menino enrolou-se em papel crepom. Infelizmente, ele chegou muito perto de uma fogueira e foi engolido pelas chamas. PKD diria a Tessa, muitos anos depois, que ele tentara arrancar o papel em combustão da pele do menino que estava morrendo, ficando com queimaduras doloridas nas mãos no processo.

Alguns anos após esse incidente, no auge da Segunda Guerra, com uma batalha sendo travada no Pacífico Sul entre os Estados Unidos e o Japão, o impacto emocional dessa tragédia viria à tona. PKD e Dorothy estavam num cinema, assistindo ao noticiário que passava antes do filme. O programa era sobre os últimos acontecimentos no Pacífico Sul e incluía uma sequência que mostrava soldados americanos usando lança-chamas em tropas japonesas entrincheiradas. Um dos soldados japoneses foi engolido pelas chamas, virando uma tocha humana. O horror da imagem foi demais para PKD e ele saiu correndo do cinema.[27]

A essa altura, PKD deixara para trás os livros Oz e desenvolvia um novo interesse literário. Foi a ficção científica que estimulou a sua imaginação. Esse era o gênero que lhe traria reconhecimento internacional e, no entanto, ele o descobriu por puro acaso. Ele sempre se interessara pela ciência e, na época, decidira que queria ser paleontólogo. Foi à banca de costume para comprar uma revista científica, mas, em vez disso, encontrou um portal que expandiria a sua mente num mundo que ele não sabia existir.

> "Eu tinha doze anos [em 1940] quando li minha primeira revista de ficção científica... Ela se chamava *Stirring Science Stories* e teve, acho, quatro números... Encontrei a revista de modo bastante acidental. Na verdade, eu estava à procura da *Popular Science*. Fiquei muito impressionado. Histórias sobre ciência? Reconheci de imediato a magia que encontrara, tempos antes, nos livros de Oz — essa magia agora vinha acompanhada não de varinhas mágicas, mas de ciência... Fosse como fosse, minha visão foi a de que à magia correspondia a ciência... e à ciência correspondia a magia."[28]

"Nossa! Havia histórias incríveis ali!", ele contaria depois a Joe Vitale. "As pessoas voltavam no tempo ou viajavam ao centro do universo. Uma das histórias apresentava 'um muro que só tinha um lado.'[29] Se a pessoa caísse sobre ele, via que voltara onde começara. O editor da *Stirring Science Stories* era Don Wollheim. Muitos anos depois, Wollheim encaminharia PKD para a fama, ou para a sorte, ao comprar seu primeiro romance. O encontro de PKD com a ficção científica mudaria a sua vida e, a partir de então, ele estaria viciado nela. Quando começou o colegial, já iniciara sua coleção de revistas de ficção científica, tendo um acervo que aumentaria ao longo da vida.

Na primavera de 1941, PKD, com doze anos, foi para o sétimo ano na Garfield Junior High. Seus amigos da época lembram que ele era uma criança um pouco gordinha e sem nenhum interesse em esportes. Os pais de PKD eram ambos do Meio Oeste conservador dos Estados Unidos e suas atitudes podem ter influenciado o modo como ele se vestia e se comportava. Comparado a outros garotos, nascidos em meio à cultura do sol e mar da Califórnia, PKD era, como recorda seu amigo George Kohler, "um tanto antiquado". Entretanto, ele estava longe de ser um garoto inseguro. Com o charme natural, a sagacidade espontânea, o entusiasmo contagiante e o carisma que seriam suas marcas registradas na vida adulta, PKD fazia amizades com facilidade. Conseguia selecionar seu círculo de amizades com cuidado e, em seguida, dentro do grupo, tornava-se o líder.

Em dezembro de 1941, a guerra na Europa durava mais de dois anos. PKD estava ávido para saber dos eventos no mundo todo e passou a ter um interesse vivo nas questões do momento. No dia 7 de dezembro, aeronaves militares em operação nos porta-aviões da Marinha Imperial Japonesa realizaram um ataque surpresa na Base Naval Americana em Pearl Harbor, na ilha havaiana de Oahu, levando finalmente os Estados Unidos a entrarem na Segunda Guerra Mundial. PKD ficou chocado com a falta de interesse demonstrada por sua mãe em relação a esses eventos. Quando ele ligou para Dorothy para dizer a ela que os Estados Unidos estavam em guerra, ela simplesmente o dispensou e voltou à sua jardinagem. Em seu romance *Confessions of a Crap Artist* (1975), PKD pinta um quadro vívido dos sentimentos de raiva e desconfiança que sentiu pelos japoneses da Califórnia na época.

> "Pouco depois de 7 de dezembro, as autoridades militares colaram
> avisos nos postes de telefone, dizendo aos japas que eles tinham

de estar fora da Califórnia até tal data... Tinham de sair, querendo ou não. Na minha avaliação, era para o bem deles, de qualquer modo, porque muitos de nós estávamos agitados com a sabotagem e a espionagem dos japas... um grupo nosso correu atrás de uma criança japa e chutamos ele um pouco, para mostrar como nos sentíamos. O pai dele era dentista, pelo que me lembro."

Apesar das amizades que parecia fazer com tanta facilidade, PKD sempre afirmou que sua situação na escola estava longe de ser fácil. Mais tarde, ele escreveria que se sentia muito desconfortável durante as aulas e tinha de reprimir a vontade de sair correndo da sala de aula. Esses medos e fobias podem ter contribuído para seus problemas de saúde, tais como asma, eczema e irrupção de acne. Tempos depois, ele escreveria uma carta para a ex-esposa, Nancy, e a filha deles, Isa, na qual fez o seguinte comentário:

"Quando eu estava na escola, eu era feio e ridículo, e as crianças jogavam pedras em mim e eu era alvo de gozação. Eu me escondia e ficava resmungando debaixo de carros estacionados, onde não podiam me alcançar... mas depois fiquei gordo demais para ficar debaixo dos carros."[30]

Esse não parece ser um reflexo verdadeiro do seu relacionamento com outras crianças. Como essa parte da carta era dirigida a Isa, pode ser que ele estivesse brincando de forma irônica. Talvez a filha estivesse tendo dificuldades na escola e ele quisesse tranquilizá-la, dizendo que eram coisas pelas quais toda criança passa. Ele também poderia estar sendo empático com as crianças japonesas que ele vira sendo hostilizadas em Pearl Habor.

As imagens são tão fortes que é possível supor que influenciaram seu romance de 1968, *Androides Sonham com Ovelhas Elétricas?*, em que há um velho líder religioso chamado Wilbur Mercer. Mercer aparece na televisão, onde é visto tentando subir um morro, enquanto pessoas, que não aparecem, atiram pedras nele. Ao assistirem às cenas na televisão enquanto se conectam a suas caixas de empatia, seus seguidores — discípulos de um culto conhecido como mercerismo — podem compartilhar com ele sua dor e angústia. Esse é um exemplo de como a visão interna que PKD tinha da própria infância influenciava a sua escrita, mesmo se não refletisse necessariamente a realidade.

O tema afetava PKD de forma intensa. O personagem Mercer aparece pela primeira vez na versão original do romance colaborativo de PKD, *The Ganymede Takeover*, escrito com Ray Nelson em 1965, mas foi retirado da versão final, aparecendo apenas três anos depois, em *Androides Sonham...*[31]

Dorothy estava claramente preocupada com o baixo desenvolvimento de PKD na escola e, no outono de 1942, quando ele tinha treze anos, ela decidiu tirá-lo da Garfield e matriculá-lo num internato de estilo militar em Ojai, 100 km a noroeste de Los Angeles. Conhecida como a Escola Preparatória da Califórnia, ou "Cal Prep", essa escola era muito diferente da Garfield. Em 1981, PKD afirmou que "ficou doido" na Cal Prep e começou a andar com os "garotos durões". A decisão de Dorothy de matricular PKD ali é um mistério. No entanto, sua enteada, Lynne Aalan, disse a Gregg Rickman que Dorothy "o estava mandando para lá porque acredito que tenha sido recomendado por terapeutas."[32]

Como a Cal Prep ficava no Sul da Califórnia, PKD teve uma nova oportunidade de ficar com o pai em South Pasadena antes do início do ano letivo em setembro. Tratou-se apenas de uma visita passageira, uma vez que Ted estava muito envolvido nos esforços de guerra e coordenava diferentes comitês industriais sob o comando geral do Departamento de Comércio. A carreira de Ted o levaria para longe da Califórnia, primeiro para Cleveland, Ohio, depois para Richmond, Virginia. Ele só voltaria a ver o pai em 1948, quando estava com dezenove anos. A figura ausente, ou distante, do pai foi um tema recorrente em muitas histórias de PKD. Por exemplo, *Martian Time-Slip* (1965) e *Eye in the Sky* (*Os Olhos do Céu*, 1957) apresentam relacionamentos conturbados entre pai e filho que tiveram origem nesse período da vida de PKD.

PKD passaria por um período de confusão devido aos seus sentimentos quanto à nova escola, que ficava a mais de 480 km da sua casa em Berkeley. No entanto, uma coisa era certa, na opinião de PKD, sua mãe era a culpada pelo exílio. A raiva que ele sentiu dela e a perturbação emocional ficam evidentes nas cartas para ela, enviadas no curto período na Cal Prep:

> "Minha infelicidade é extrema... Estou acostumado com todas as minhas coisas reservadas e sem que ninguém toque nelas... Não aguento mais a certeza de que, no instante que sair do quarto, alguém vai desarrumar... Eu simplesmente não me encaixo no grupo aqui. Infelizmente, pode ser que eu decida sair..."[33]

Para voltar a escrever alguns dias depois:

"Puxa vida, acho que eu só deveria escrever quando tudo o que eu disser for estritamente alegre. NÃO PRETENDO VOLTAR PARA CASA. Não tenho nenhum desejo de voltar e acho que o que eu disse naquela carta poderia ser interpretado como um desejo de voltar para casa... Acho que você e Meemaw estão com muita pressa de que eu volte para casa... Pelo amor de Deus, não me diga que eu posso voltar para casa, porque é exatamente como quando você dizia: 'Tudo bem, você não precisa ir para a escola hoje'... Quando eu recebo uma carta como a que você me mandou, eu fico REALMENTE com saudade de casa... Você me magoou ao insinuar que eu sou um fracote por não conseguir suportar um pouco de trabalho!"[34]

Primeiro personagem de ficção científica

Numa carta posterior, ele reconhece que era "muito inconstante" em suas opiniões. Ele ficou na Cal Prep por um ano e voltou para a Garfield em setembro de 1943, no início do nono ano. Em agosto de 1943, aos catorze anos, ele lança mais um jornal autopublicado, desta vez com o amigo Pat Flannery.

Diferente de *The Daily Dick*, esta era uma tentativa de uma maturidade surpreendente de fazer um jornalismo popular e de escrever com criatividade, e apresentava a sua primeira criação de ficção científica, um super-herói de nome *Future Human*. Esse ser vive no ano de 3869 e usa e sua "superciência" para proteger a humanidade de criminosos e outros elementos antissociais.

Também foi por volta dos catorze ou treze anos que PKD fez a sua primeira tentativa de escrever um conto com um tema de ficção científica. Chamava-se *Return to Lilliput* e era uma versão atualizada do famoso romance de Jonathan Swift, *As Viagens de Gulliver*. Parece haver certa confusão sobre quando foi escrita essa primeira história, há muito perdida. Numa entrevista a John Vitale para o *Aquarian* em 1978, ele disse que tinha treze anos e afirmou ter sido sua primeira tentativa de escrever um romance, ainda que malsucedida. Na biografia *Divine Invasions — A Life of Philip K. Dick*, o escritor Lawrence Sutin afirma que o conto foi escrito quando PKD tinha catorze anos, o que sugere algum período entre dezembro de 1942 e dezembro de 1943. Em *The Pocket Essential Philip K. Dick*, porém, Andrew M. Buttler o situa entre 1941 e 1942.[35]

O site dos "fãs" de Philip K. Dick diz que ele começou a ser escrito quando PKD estava na Cal Prep e foi concluído quando da sua volta a Berkeley em outubro de 1943.[36] Como o manuscrito foi perdido, não há como saber as datas exatas. Mas sabemos que, desde 1942, PKD contribuía de forma regular para a gazeta de Berkeley, "Young Author's Club", com trabalhos que foram publicados quinze vezes entre 1942 e 1944. O clube era dirigido por uma jornalista que assinava seus comentários com o nome "Aunt Flo".

Além da escrita, o grande amor de PKD era a música, alimentado por sua mãe e talvez inspirado por aquelas primeiras ocasiões em que, bebê, sentara no colo de Dorothy enquanto ela tocava piano. Sua propriedade adorada era uma vitrola Magnavox. Graças à influência da mãe, ele desenvolveu um interesse entusiástico e versado em música clássica que possibilitaria uma oportunidade útil de ganhar dinheiro, quando ele começou a trabalhar numa loja de discos. Em especial, PKD era apaixonado pelos trabalhos de Franz Schubert, Offenbach e, em particular, Richard Wagner – um dia, daria a uma de suas filhas o nome Isolde, em referência à heroína trágica da opera de Wagner, *Tristão e Isolda*.

Atrás do balcão

Durante o verão de 1943, aos quinze anos de idade, PKD começara um trabalho de meio-período na University Radio and Electronics, na Central Berkeley, basicamente um estabelecimento que vendia e consertava geladeiras, vitrolas e outros eletrodomésticos. Tempos depois, PKD diria a seu amigo, o escritor de ficção científica Kevin ("K.W.") Jetter que ele alertara o dono da loja, Herb Hollis, para o fato de que um grupo da escola estava planejando furtar coisas numa de suas propriedades. Hollis ficou tão impressionado com o comportamento de PKD que ofereceu a ele um emprego de meio-período para varrer o chão e realizar pequenas tarefas. O próprio Hollis viria a se tornar uma grande influência em termos emocionais e criativos para PKD. Hollis e sua filosofia teriam inspirado o seguinte memorando interno para consultores "Pré-Fash" da Perky Pat Layouts S.A., ditado por Leo Bulero em *Os Três Estigmas de Palmer Eldritch.*

"Quer dizer, afinal, você tem de levar em conta que somos feitos somente de pó. Há de se reconhecer que não é muita coisa como ponto de partida, e não deveríamos esquecer isso. Mas mesmo levando em consideração que, quer dizer, é meio que um mau começo, não estamos nos saindo tão mal. Então, pessoalmente, tenho fé que, mesmo nesta péssima situação que enfrentamos, vamos conseguir chegar lá. Me entenderam?"

Hollis também tinha uma loja de discos chamada Art Music Company, na esquina da rua Telegraph com a rua Channing, em Berkeley. Todos os funcionários, com exceção dos assistentes técnicos, alternavam-se entre as duas lojas. Com o tempo, ficou claro que os conhecimentos quase enciclopédicos de PKD a respeito de música clássica poderiam ser aproveitados na Art Music, que era especializada em gravações de música clássica e jazz. PKD tornou-se vendedor da loja. Entretanto, quando trabalhava com os técnicos e engenheiros, ele desenvolveu um amor por equipamentos de ponta, junto com um conhecimento sobre como funcionavam os sistemas de reprodução musical. As fotos desse período mostram um jovem com um frescor no rosto, um tanto sério, usando um terno elegante e uma gravata chamativa, larga e florida. Foi nesse que parece ter sido um ambiente feliz que PKD teve a primeira de suas "experiências". Ele a descreve desta forma:

> "Um dia eu estava parado na loja de discos quando me bateu aquele antigo incômodo. Minha histeria com a dificuldade de engolir, e pensei estar engasgando. Eu estava morrendo estrangulado. E vem na forma de claustrofobia. Engasguei, sufoquei, uma confusão entre o espaço interno e externo. Não consigo explicar. É preciso ter. É preciso ter fobia para saber qual é a sensação. É um *inferno*."[37]

O intrigante desse incidente é que PKD explica em seguida que foi como se o próprio espaço tivesse desmoronado e se fechado em torno dele. "As paredes parecem esmagar você e depois, as paredes se estendem de repente feito um berro, e, de súbito, você não tem nada em que se apoiar, se sustentar, se segurar." Em seguida, ele faz o que parecer ser uma afirmação muito esclarecedora:

> "Meu sentido especial ficava prejudicado. Então senti, primeiro os espaços pequenos demais, depois grandes demais."[38]

Fica claro que, para PKD, a realidade não era tão sólida e consistente quanto para outras pessoas. Conforme descobriremos, foi essa interpretação subjetiva da "realidade como ilusão" que permitiria à sua imaginação florescer e criar uma série de mundos ficcionais onde nada pode ser tido como certo de antemão.

A permanência de PKD na Garfield chegou ao fim no outono de 1943 e, em fevereiro de 1944, mudou para a Berkeley High School. Após as férias de verão, PKD retornou à escola em setembro de 1944. Mas seus problemas na escola continuaram e, após seu aniversário de dezoito anos (dezembro de 1946), ele nunca mais voltou. Completou o último ano do ensino secundário em casa com professores particulares, formando-se em junho de 1947.

As mudanças no mundo eram dramáticas. No dia 6 de agosto de 1945, um bombardeiro modelo Boeing B-29 Superfortress da Força Aérea Americana lançou uma arma atômica na cidade japonesa de Hiroshima, matando um número estimado de 50 mil a 80 mil pessoas nas primeiras vinte e quatro horas. Um número semelhante morreria por queimaduras da radiação e doenças decorrentes da radiação nos dois meses seguintes. O potencial assustador que a ciência pode desencadear agora também se tornou aparente para PKD.

Foi mais ou menos nessa época que PKD voltou a escrever contos. Não sabemos se ele ainda estava na escola secundária quando escreveu essas histórias. Se estava, então um incidente descrito na história *Stability* pode ter sido influenciado por seus ataques de agorafobia. PKD descreve como o personagem principal, Benton, tem a sensação de que "a sala começa a oscilar e ceder como se fosse uma gelatina." PKD poderia estar incorporando a um de seus primeiros contos, não publicado na época, algo que realmente aconteceu com ele?

O que quer que tenha ocorrido na loja naquele dia, foi algo que vinha se acumulando por alguns anos e viria a se manifestar por pelo menos mais três vezes ao longo da sua vida. Numa célebre entrevista de 1974 ao jornalista Paul Williams, PKD admitiu que tivera três "ataques" na vida. Disse que ocorreram aos dezenove, vinte e quatro e trinta e três anos. Ele não considerou a desorientação que sentiu na loja como nada além de uma de suas fobias de costume lhe causando problemas. Seu primeiro ataque "de verdade", podemos supor por inferência, aconteceu após o seu aniversário de dezenove anos, o que sugere que tenha sido depois de dezembro de 1947, seis meses após sua formatura. No entanto, ele informaria seu psiquiatra, Barru Spatz, que o tratamento foi feito quando ele tinha dezoito anos e incluiu uma série de visitas à Langley Porter Clinic, em São Francisco. Foi ali que PKD conheceu o trabalho do psicólogo Carl Jung. PKD viria a incorporar as ideias de Jung a respeito da personalidade em muitos de seus contos e romances.

De acordo com Spatz, a atenção que PKD recebeu na clínica teve bons resultados. Pode ser que ele tenha recebido ali o apoio emocional que acreditava não estar recebendo da mãe e dos professores. Ele se sentiu especial e diferente. Foi também nessa época que conheceu diversos testes psicométricos e de personalidade, mais uma vez, um tema que pode ser encontrado em vários de seus romances, como o Teste de Empatia Voight-Kampff de *Androides Sonham com Ovelhas Elétricas?*

A perda dos últimos anos na escola acabou com qualquer ambição que PKD pode ter tido em relação a uma carreira na música, apesar do grande talento que demonstrara, alimentado por Dorothy. O tempo que passou na Art Music ajudou-o a lidar com o trauma dos últimos anos na Berkeley High School e foi uma fonte de grande apoio, tanto por parte de colegas de trabalho quanto do gerente, a "figura paterna" de PKD, Herb Hollis.

Ao sair da Berkely High School, PKD começou a trabalhar em período integral para Hollis e, com o passar dos anos, ficou muito próximo desse "mentor". De fato, em muitos dos futuros romances e contos de PKD, a relação entre o "chefe-patriarca" e o personagem central foi bastante usada. Exemplos são Leo Bulero em *Os Três Estigmas de Palmer Eldritch* (1965), Gino Molanari em *Now Wait For Next Year* (1966) e Glen Runciter em *UBIK* (1969). PKD também ficou amigo dos vendedores mais velhos da loja, homens que o ajudariam na jornada dolorosa entre a adolescência e a vida adulta. O passo seguinte era buscar a independência, saindo da casa materna.

Capítulo Três
O Jovem Escritor (1947-53)

No outono de 1947, Jerry Ackerman, aluno do segundo ano da UC Berkeley, procurava um lugar para morar perto do campus quando ficou sabendo de um quarto vago no último andar acima de um depósito na rua McKinley. Embora ainda fosse um prédio comercial, o andar de cima havia sido transformado em quartos para alugar. Na época, havia uma mistura de estudantes e trabalhadores morando ali. Após um curto período, os trabalhadores tenderam a sair, provavelmente dissuadidos pela música alta e as festas barulhentas de Jerry e deixando mais quartos disponíveis para os amigos dele. Os que foram chegando eram escritores, poetas e artistas. Assim como Jerry, muitos eram *gays*. Algumas semanas depois, chegou mais um para ocupar um quarto ali, Philip K. Dick.

PKD e Jerry tinham sido amigos na escola secundária e, quando Jerry informou PKD que um quarto estava vago, ele não deixou a oportunidade passar. PKD podia agora alcançar um grau de independência de Dorothy e começar uma nova jornada sozinho. O depósito ficava perto do trabalho, a Art Records, e da casa da mãe, portanto os laços maternos não tinham sido cortados de fato, apenas esticaram um pouco.

PKD mudou-se para um dos pequenos quartos em frente ao de Jerry. Levou consigo a preciosa vitrola Magnavox e outras poucas coisas. Até então, PKD não saíra com garotas, em parte devido à timidez, e possivelmente pela maneira incomum de se vestir. A mudança parece ter sido um ato de rebeldia contra a mãe e uma oportunidade de "se encontrar". A mãe, porém, punia-o com frequência pela mudança, dizendo que, sem a orientação dela, ele se tornaria uma "bicha". Ela podia não saber que Jerry e seus amigos eram homossexuais, mas é quase certo que PKD sabia. Afinal, Jerry era seu amigo havia algum tempo e não é provável que PKD não estivesse ciente da "cena *gay*" no prédio da rua McKinley.

De início, PDK era reservado. Ao contrário dos outros moradores, ele trabalhava durante o horário comercial. Mas com o seu dom nato para fazer amigos, logo atraiu um pequeno grupo que, assim como ele, tinha interesse pela música. Um dos colegas da loja, Norman Mini, manteria a amizade e viria a se casar com a segunda esposa de PKD, Kleo. Entretanto, a chegada de um novo gerente à loja de Hollis, Vince Lusby, abriria todo um novo contexto para PKD e o levaria ao seu primeiro relacionamento com o sexo oposto. PKD e Vince logo começaram uma amizade próxima.

Vince apresentou PKD a alguns amigos e eles iam a clubes de jazz. Essas saídas tinham de ser eventuais, uma vez que PKD ainda sofria de ataques de agorafobia. Ele tentava escolher uma mesa isolada num canto e perto dos banheiros. Com o seu novo círculo de amizades, ele decidiu que estava pronto para se mudar da rua McKinley. Ele revelara a Vince que estava com medo de talvez ser gay, como Jerry Ackerman. Vincent tentou fazê-lo ver que seus gostos para a maioria das coisas eram muito diferentes dos de Jerry e seus amigos *gays*. Como o comentário não surtiu o efeito desejado, Vince decidiu lançar mão de uma solução mais prática:

> "Na época, tínhamos ideias muito peculiares sobre a homossexualidade. Philip, que era virgem, achava que ele poderia ser homossexual. Eu achava que era uma doença curável. Uma gostosa a fim de transar encerraria a questão. Então providenciei uma gostosa para ele."[39]

O casamento com Jeanette Marlin

Como Vince esperava, a tal "gostosa a fim de transar" logo apareceu. Havia também um local disponível para a iniciação de PKD à masculinidade. Um quarto no porão da loja servia de depósito para equipamentos muito caros de reprodução musical. Como o quarto raramente era usado para outras coisas, era um lugar perfeito para PKD aplacar suas preocupações com a sua sexualidade. Mas quem foi a mulher que tirou a virgindade de PKD no porão? De acordo com Anne Dick, foi a mulher que viria a ser a primeira esposa dele. Quem quer que tenha sido, a partir daquele momento, o interesse de PKD por mulheres se tornaria uma força propulsora na sua vida.

Por um curto período, PKD fez o papel do rapaz de vida urbana e livre e, de acordo com Vince, teve alguns relacionamentos curtos. Mas logo depois disso, ele viria a conhecer uma jovem chamada Jeanette Marlin, se casaria com ela e, sete meses depois, se divorciaria. Esse relacionamento é há muito tempo um mistério. PKD raramente falava de Jeanette, então quem ela era e que fim levou continuou sendo uma parte desconhecida da história da vida dele até pouco tempo atrás.

De acordo com Anne Dick, no entanto, Jeanette Marlin entrou na loja, um dia, para comprar um disco e foi atendida por Vince. Como foi atribuído a Vince o papel de auxiliar na perda da virgindade de PKD, ele deve ter marcado um encontro entre eles. Na versão de Anne, "Phil e a futura esposa dormiram juntos no porão da University Radio uma noite e ele demonstrou sua masculinidade. Eles se casaram pouco tempo depois."[40] Anne disse que naquele tempo era comum casar com a primeira pessoa com quem se passava a noite e que PKD não foi uma exceção. Num de seus primeiros romances *mainstream, Mary and the Giant* (escrito entre 1953 e 1955, mas só publicado em 1987), PKD faz referências à sua primeira experiência sexual com alguém. No romance, a personagem principal feminina é seduzida num contexto semelhante pelo chefe muito mais velho.

PKD e Jeanette casaram-se no dia 14 de maio de 1948, quando ele tinha apenas dezenove anos. Como PKD ainda não tinha vinte e um anos, a maioridade de acordo com a lei da Califórnia, Dorothy teve de assinar sua concordância com o casamento na certidão. Dorothy pode ter tido suas reservas em relação à mudança repentina, mas é possível ao menos supor que ela teria adorado o fato de PKD ter sido retirado do estilo de vida hedonista na rua McKinley e por essa prova de que ele não era "bicha".

Os recém-casados encontraram um apartamento na Addison Way. O lugar era pequeno e abarrotado de móveis velhos e caixas fechadas. Não era o começo ideal para a vida de casado.

Vince Lusby diz que testemunhou brigas entre PKD, Jeanette e o irmão dela, que logo apareceu, e que foram feitas ameaças de destruição dos escritos de PKD e, em especial, de seus discos.[41] Quando os procedimentos inevitáveis do divórcio foram realizados, a ameaça de destruição do acervo musical de PKD foi citada como um dos motivos da separação. PKD diria à segunda esposa, Kleo, que o juiz considerou essa a razão mais ridícula que ele ouvira para um divórcio. Ele disse que esse era o primeiro caso julgado por ele em que um disco era "citado como cúmplice de adultério".[42] Ainda assim, o juiz concordou em conceder o divórcio. O casamento de seis meses e meio terminou em 30 de novembro de 1948, após um mês de separação formal. O motivo oficial, uma acusação de "crueldade extrema" feita por Jeanette contra PKD, não foi contestado.

A busca por Jeanette

Então, quem era Jeanette Marlin? Felizmente, um artigo recente de Frank Hollander na fanzine online de Philip K. Dick, a *PKD-OTAKO*, ajudou a esclarecer algo sobre essa mulher do início da vida de PKD. Hollander usou o material escrito que obtive para esta biografia e acrescentou um trabalho de investigação minucioso.

Como ponto de partida, Hollander usou o censo de 1940, que só foi liberado ao público no início de 2012. Ele descobriu que uma família chamada Marlin, morava na rua Byron, em Berkeley, na época. A mais velha era uma garota chamada Jeanette e havia um menino mais novo chamado Wendell. Em 1940, Jeanette tinha treze anos, e Wendell, doze. Se essa é de fato a mesma Jeanette Marlin, ela tinha vinte e um ou vinte e dois anos quando se casou com PKD. Isso contradiz todas as biografias que afirmam que ela era muito mais velha que ele. Por exemplo, Rickman cita a meia-irmã de PKD, Lynne Aalan, que teria dito que ela tinha pelo menos vinte e cinco anos.[43] Anne Dick, em sua biografia *The Search for Philip K. Dick*, diz que Jeanette tinha vinte e seis.[44] Lawrence Sutin diz que ela é ainda mais velha, situando-a nos "vinte e tantos" sem nenhuma observação de incerteza.[45]

Hollander foi então para a Biblioteca Pública de Berkeley e cavou os anuários das escolas secundárias da região. Ele encontrou Wendell no *Garfield Gleaner* de 1948, mas não havia referências a Jeanette. Agora ele sabia que Wendell frequentara a Garfield, portanto havia uma chance de Jeanette ter frequentado a mesma escola. Ao verificar as informações on-line da Berkeley Daily Gazette, ele localizou um item de 19 de janeiro de 1942. Tratava-se de uma lista de formandos iminentes do primeiro ano do ensino secundário. Na lista, encontrou o que estava procurando. Havia uma referência a Jeanette Marlin. Ele voltou à biblioteca e checou os anuários de outras escolas da região. Encontrou ali uma fotografia de Jeanette Marlin aos catorze anos. O "Índice de Nascimentos da Califórnia" mostrava que "Jeannette" Julia Marlin havia nascido no dia 1 de janeiro de 1927, filha de Arthur e Lydia Marlin. O censo de 1930 já havia informado a Hollander que Lydia nascera na Finlândia e que Arthur, que nascera em Detroit, era filho de imigrantes finlandeses. Outra pesquisa na Internet trouxe a informação de que Wendell morreu em 24 de novembro de 2009 em Pleasanton, Califórnia.

Graças à pesquisa meticulosa de Frank Hollander, agora sabemos que Jeanette tinha pouco mais de vinte e um anos quando se casou com PKD. Longe do "muito mais velha" que contava lenda.

Quando o processo de divórcio finalmente foi concluído, PKD retomou o antigo estilo de vida. Morou com Vince Lusby durante algum tempo, até Vince se casar com a quarta mulher, Monica. Vince e Monica tiveram um filho autista e, de acordo com Anne, PKD se basearia nesse garoto para criar o personagem Manfred do romance *Martian Time Slip*.

Em seguida, PKD encontrou o seu próprio apartamento na Bancroft. Para lá levou a preciosa coleção de revistas de ficção científica, a coleção de discos e, é claro, a fiel Magnavox. Era como se os seis meses com Jeanette nunca tivessem acontecido. Ele logo se apaixonou de novo, desta vez por uma bela italiana. Ela logo seria seguida por outra das "morenas" de PKD, desta vez uma bela judia. O gosto de PKD, no entanto, não se restringia a tipos mignon mediterrâneos.

Em abril de 1949, aos vinte anos, ele se apaixonou de novo, desta vez por uma loira vivaz chamada Betty Jo Rivers. Ela tinha total afinidade com os interesses de PKD na época. Ele passava por uma profunda fase germânica na qual a música de Wagner e os textos dos românticos alemães lhe faziam companhia em seu novo apartamento, portanto a aparência ariana dela combinava perfeitamente com o tema.

A relação floresceu naquela primavera e no verão. Uma prova do ecletismo das leituras de PKD nesse período foi o presente que deu a Betty Jo: um exemplar de *Variedades da Experiência Religiosa*, de William James. Betty Jo terminou o mestrado e recebeu uma bolsa para continuar os estudos na França. Infelizmente para PKD, Betty Jo era jovem demais para pensar em estabelecer uma vida de prazeres domésticos, e o fascínio da França venceu.

Escrever para o rádio

Também foi nessa época que PKD redescobriu seu interesse na escrita, não de contos e poemas, mas para ajudar na lábia de vendedores dos locutores da estação FM local, a KSMO, em San Mateo, na área da baía de São de Francisco. Um dos programas dessa estação era patrocinado pelo seu chefe, Herb Hollis, que também fornecia os discos. Como parte do acordo de patrocínio, eles tocavam propagandas das lojas de Hollis. Alguém tinha de escrever o texto dos anúncios e PKD logo descobriu o seu forte.

Ele levaria essa habilidade até a sua escrita mais tardia, divertindo-se muito com o romance *UBIK* (1969) em que cada capítulo começava com um slogan publicitário, claramente retomando as habilidades que adquirira no fim dos anos 40. Por exemplo:

"Meu cabelo está tão seco, tão rebelde. O que uma garota pode fazer nessas horas? É só massagear o condicionador cremoso Ubik. Em apenas cinco dias, você vai descobrir um novo volume no seu cabelo, um novo brilho. E o spray Ubik, usado conforme as instruções, é totalmente seguro."[47]

Os bosques da academia

A nova estimulação do seu lado criativo ajudou PKD a decidir que precisava levar seus estudos intelectuais mais a sério. Ele se matriculou na UC Berkeley para estudar filosofia e alemão, com aulas extras de história, psicologia e zoologia. Rickman usa a ficha de inscrição de PKD para nos dar uma excelente imagem de PKD nesse estágio da vida. Ele tinha 1,80 m e pesava 80 kg. Tinha um apartamento na rua Delaware, Berkeley. A mãe, que é citada como responsável legal, morava em El Cerrito, uma cidade pequena localizada a norte de Berkeley.[48]

Embora sua passagem pela universidade tenha sido rápida, seus estudos em filosofia, em particular as obras metafísicas de Platão, tiveram uma influência importante na sua escrita tempos depois. Ele passou a acreditar que o mundo não é verdadeiramente "real", mas uma mera projeção da percepção interna da pessoa. Ele viria a refinar esse conceito, dizendo que o universo era uma extensão de Deus, e descrevendo a si mesmo como "panenteísta acósmico". A ideia de que o que consideramos ser a realidade não existia de fato, tema recorrente em muitos de seus livros, tem suas origens nesse período da vida de PKD.

No fim dos anos 40, universidades como a UC Berkeley ainda tinham uma campanha de recrutamento militar ativa, um legado da Segunda Guerra Mundial e da Guerra Fria que veio em seguida. Somente nos anos 60, Berkeley passaria a ter uma reputação ligada ao ativismo estudantil, a protestos antiguerra e à oposição ao conflito no Vietnã. PKD afirmou, porém, que ele já era contra a guerra nessa época e que a sua carreira universitária estremeceu e estagnou devido a um conflito entre a sua consciência social e algo chamado ROTC – *Reserve Officers' Training Corps* (Subdivisão de Treinamento de Oficiais de Reserva). Ele disse que, na época, a inscrição no ROTC era obrigatória para alunos do sexo masculino em muitas das grandes universidades, então ele saiu da academia. O motivo pode ter sido sua incapacidade física para o treinamento militar, mas PKD insinuou que tinha a ver com os fortes sentimentos antiguerra que ele vinha desenvolvendo.

Numa entrevista de 1974 ao *Daily Telegraph*, ele fez o seguinte comentário:

> "Em Berkeley, minhas convicções antiguerra foram a verdadeira razão para a minha saída. Foi logo antes da Coreia, era preciso fazer parte das subdivisões de treinamento militar. Desmontei meu fuzil M1 e me recusei a montá-lo outra vez — ele provavelmente está aos pedaços até hoje porque eu deixei uma peça pequena dentro da outra para que ninguém conseguisse retirar. Eu era muito esquerdista. Eu também tinha uma opinião muito pessoal sobre o uso de fogo na guerra — nós víamos aquelas cenas de japoneses em chamas no noticiário, sabe — porque quando criança vi outra criança morrer queimada."[49]

Depois de ter deixado a faculdade, PKD deu prosseguimento aos seus estudos. Começou a devorar as obras de grandes filósofos, incluindo Bergson, Spinoza, Plotino, Leibniz e Whitehead. Mas também se interessou por poetas, como Wordsworth, Yeats e Goethe. Depois ele desenvolveu um interesse apaixonado por teologia, afirmando que estudara o suficiente para chegar ao nível de uma graduação. Ele disse que, de todas as ideias filosóficas, a que mais se sintonizava com ele era *Deus sive substantia sive natura* (Deus que é realidade que é natureza) de Spinoza.

No aniversário de vinte e um anos de PKD, no dia 16 de dezembro de 1949, ele escreveu uma carta para Herb Hollis agradecendo por todo o seu apoio e ajuda desde 1944. Nessa carta de surpreendente emotividade, PKD reflete sobre os anos anteriores e, em especial, sobre como Hollis supervisionara sua transição de menino para homem. Ele descreve a si mesmo como um adolescente de quinze anos que:

> "...acabara de sair do primeiro ano do ensino secundário, não havia começado na Berkeley High ainda. Eu não havia beijado uma garota ainda. Eu não fazia a barba e lia a *Astounding Stories* por diversão. Aos 21, depois de me casar e me divorciar, fazendo a barba todo dia, depois de ter lido James Joyce, as *Histórias* de Heródoto e *Anábase* de Xenofonte por diversão."[50]

Sob muitos aspectos, trata-se de um reflexo da grande necessidade de PKD de ser aceito como um intelectual, e não como um simples vendedor. Está claro que ele precisava de algo em que se concentrar. Logo ele estaria casado e estável de novo, desta vez com uma mulher que apoiaria seus talentos ainda florescentes para a escrita.

Kleo, uma moça séria

PKD ainda sofria pela perda de Betty Jo quando conheceu Kleo Apostolides, de dezessete anos, aluna da UC Berkeley. A loja de discos havia se tornado um local muito procurado para simplesmente "passar um tempo". Um dia Kleo entrou na loja para comprar um disco. Fotos posteriores de Kleo revelam uma jovem deslumbrante, com ascendência grega patente nos exuberantes cabelos castanhos, ondulados até os ombros, nas maçãs do rosto altas e nos olhos escuros e profundos. Eles começaram a se encontrar fora da loja com frequência e o romance logo floresceu. Era um relacionamento que iria durar mais de dez anos, durante um período importante de transição entre o PKD funcionário de loja e sonhador para o PKD escritor profissional.

Não apenas houve uma atração física instantânea entre os dois como eles também compartilhavam interesses musicais, inclusive o amor pela ópera italiana e alemã. Kleo estava no mesmo nível intelectual de PKD, com interesse em literatura, filosofia e, até certo ponto, política. Ela era uma escritora em desenvolvimento, com firmes convicções de esquerda, e tempos depois se tornaria uma copidesque bem-sucedida. Apesar de PKD descrever a si mesmo como "muito esquerdista" para o *Daily Telegraph* de Londres, as visões políticas de PKD na época eram mais liberais que socialistas, mas, sob influência dela, ele passaria a ter opiniões mais radicais.

Um dia, PKD sugeriu que ele e Kleo se casassem, e Kleo concordou. O casamento aconteceu no dia 14 de junho de 1950, quando Kleo tinha dezenove anos. Em seguida, a questão era onde os recém-casados iriam morar. Começaram a vida de casados num apartamento alugado em Sausalito, perto da Baía de São Francisco. Mas foi uma decisão ruim. PKD não superara o medo de água que desenvolvera quando quase se afogou no rio Russian, no acampamento de música, e bastava uma espiada pela janela para saber que o lugar não era para ele. No mesmo dia, eles voltaram para Berkeley. Então compraram uma casa pequena na rua San Francisco. A terceira esposa de PKD, Anne, disse que ele contou a ela que a casa custou 2 mil dólares e foi financiada pelo pai de Kleo, Dr. Apostolides. Mas Kleo disse a Anne que PKD já havia pago a entrada quando o casal começou a namorar, e que, a partir de então, tanto PKD como Kleo passaram a contribuir com as prestações. A casa estava infestada de ratos quando o casal se mudou, então compraram alguns gatos para resolver o problema. Os gatos seriam as companhias constantes de PKD a partir de então.[51]

O escritor publicado

PKD estava agora com toda a sua atenção voltada para o objetivo de se tornar um escritor publicado. Decidiu que a melhor opção era encontrar um profissional próximo que pudesse agir como seu mentor. Um dia, lendo uma lista de faturamento com os nomes dos clientes da loja, encontrou o nome de Anthony Boucher, que reconheceu como o pseudônimo do escritor de mistério residente em Oakland, William White. Em 1946, Boucher ajudara a fundar a organização Escritores de Mistério dos Estados Unidos e, no mesmo ano, ganhara o Prêmio Edgar por suas críticas a livros de mistério no *San Francisco Chronicle*. Mas Boucher vinha se voltando para ficção científica e, em 1949, fundou uma publicação chamada *The Magazine of Fantasy and Science Fiction*.

Boucher é considerado o responsável por elevar o nível das obras de ficção científica e sua publicação ganharia o prestigiado Prêmio Hugo de Melhor Revista Profissional de Ficção Científica por dois anos seguidos. Como leitor ávido de ficção científica, PKD tinha total consciência da influência de Boucher no gênero e tentou arquitetar um encontro. Na próxima vez em que Boucher entrou na loja, PKD disse a ele quanto admirava a sua escrita, especialmente a novela *We Print the Truth*. Boucher logo forneceria a orientação de que PKD precisava para fazer da escrita uma carreira.

Em seu tempo livre, Boucher dava aulas de escrita na sua casa na rua Dana. Por um golpe de sorte impressionante, a mãe de PKD, Dorothy, começara a frequentar esses encontros. Ela sugeriu a PKD que ele fosse com ela. Essa pareceu ser a oportunidade ideal para aprender com um mestre. PKD conseguiu comparecer algumas vezes e até criou uma boa relação com Boucher até seu medo de encontros em grupo começar aparecer aos poucos. Durante algum tempo, Kleo foi em seu lugar, entregando os trabalhos feitos por PKD e passando a ele o que fora discutido no grupo. Ao comentar os trabalhos de PKD, Boucher não o poupou de críticas, mas a avaliação geral era positiva e PKD aproveitou os conselhos que recebeu. Demonstrou ser um bom aluno. PKD sempre deu todo o crédito a Boucher por tê-lo iniciado na carreira de escritor, dizendo: "Sem a ajuda dele, eu ainda estaria no ramo de discos."

Boucher ficou especialmente impressionado com um conto chamado *Friday Morning*, que considerou ter verdadeiro potencial. No rascunho inicial de PKD, a história tinha cerca de "oito ou nove mil palavras". Mas Boucher ajudou-o a apurá-la, chegando a uma história muito mais precisa, com cerca de duas mil palavras. Boucher fez com que PKD reescrevesse a história várias vezes até ficar satisfeito com o resultado. A nova história também recebeu um novo título, *Roog*. Nesse formato final, Boucher estava disposto a aceitá-la para publicação em sua revista *Magazine of Fantasy and Science Fiction*. Dela, PKD recebeu não apenas sua primeira carta de aceitação por um trabalho escrito como também algo de importância ainda maior: um pagamento de 75 dólares. PKD finalmente era um escritor profissional.

Roog foi um exemplo de como PKD era capaz de criar histórias a partir de suas próprias observações e experiências, mesmo das mais comuns. A ideia para *Roog* veio de um cachorro chamado Snooper, que fora de um vizinho. Toda vez que os lixeiros passavam pela rua, Snooper começava a latir num frenesi de medo e euforia com o barulho que eles faziam. PKD pensou no que poderia estar se passando na cabeça de Snooper, e daí nasceu *Roog*. Na história de PKD, Snooper torna-se Boris, que está convencido de que seu dono está armazenando comida em grandes contêineres do lado de fora da casa. Boris não sabe que esses contêineres são latas de lixo e, portanto, está convencido de que a "comida" está sendo roubada pelos lixeiros, que o cão acredita serem predadores alienígenas, chamados "Roogs". Suas tentativas de alertar o dono com gritos de "Roog!" "Roog!" são interpretadas como os latidos do cachorro agitado. O que faz com que a história se destaque é o cuidado com que PKD descreve tudo do ponto de vista do cachorro. Embora a história seja cômica, PKD manteve que havia uma mensagem séria por trás, sobre lealdade, medo e ameaça.

PKD continuou trabalhando na loja de música durante o dia e dando prosseguimento à escrita quando chegava em casa. Toda noite, PKD sentava-se diante da máquina de escrever e gerava, em alta velocidade, página atrás de página de material, às vezes romances, às vezes contos. Ele trabalhava até as primeiras horas da manhã, depois se levantava algumas horas depois para ir trabalhar. Kleo dava apoio total. Eles reservaram um canto da pequena sala de estar para o escritório de PKD. Cercado por seus discos e livros, PKD seguia batendo sem parar na velha máquina portátil de 65 dólares fabricada em Hong Kong, em que a tecla "e" travava toda hora, na esperança de que um dia teria uma resposta positiva para alguns dos muitos manuscritos que ele e Kleo enviavam às editoras. PKD prendia as tiras de papel com as rejeições na parede como um incentivo para continuar escrevendo. Kleo disse que, uma vez, dezessete manuscritos foram rejeitados num único dia. Kleo era estudante universitária durante o dia, mas também escrevia artigos e enviava para revistas.

Houve um grande atraso para a publicação de *Roog*. Então a primeira história de PKD a ser publicada foi *Beyond Lies the Wub*, que apareceu na edição de julho de 1952 da *Planet Stories*. Nessa história, o "Wub" do título é uma criatura enorme que parece um porco, do planeta Marte, que tem a habilidade de ler e controlar mentes. O Wub é adquirido pela tripulação de uma espaçonave durante uma passagem pelo planeta. Depois de partirem, os tripulantes descobrem que a criatura tem um alto grau de inteligência e sensibilidade, com interesse por mitologia. Wub e a tripulação logo se envolveriam em longas discussões intelectuais. O capitão da espaçonave, no entanto, fica com medo de Wub e ordena que o matem para que ele possa comê-lo. Há uma reviravolta surpreendente na história.

Quando *Roog* finalmente é publicado na *Magazine of Fantasy and Science Fiction*, em fevereiro de 1953, PKD já havia publicado outros seis contos em diversas revistas, incluindo *Astounding* e *Galaxy*. PKD começara como pretendia prosseguir, um escritor com uma imaginação quase ilimitada e uma ética de trabalho que transformava sua criatividade numa linha de produção de artigos completos.

Uma das mais intrigantes dessas primeiras histórias é a intitulada *The Skull*. Foi aceita pela revista *Worlds of If* em março de 1952 e foi publicada em setembro de 1952. Assim como com todos os escritores, PKD era influenciado pelo que lera e ouvira. No entanto, sendo o indivíduo complexo que era, é provável que suas influências fossem muito mais literárias do que a de seus concorrentes. Ele mantivera por muito tempo uma fascinação pela cultura alemã, especificamente a música alemã. Ele fora atraído pela música de Franz Schubert e pelas obras de Offenbach. Do primeiro, ele teria se deparado com a canção *Der Doppelgänger*, baseada no poema de mesmo nome de Heinrich Heine:

> Meu duplo, frágil outro!
> Por que imitas o sofrimento de amor

Que torturou a mim, seu triste irmão,
Por tantas noites e há tanto tempo?

Em *The Skull* um homem é enviado de volta no tempo para matar o líder de um culto religioso antes que este se torne um problema. Ao seguir o líder religioso, ele descobre que o homem é ele mesmo. Desde esse início, o conceito de "duplo" torna-se um tema que se repete bastante na escrita de PKD. Nessa época, escrever ainda não era a atividade principal para ele. Mas algumas semanas após esses primeiros êxitos, sua escrita viria a se tornar, por necessidade, um trabalho em período integral.

PKD no olho da rua

Os funcionários dos dois estabelecimentos de Herb Hollis passaram a formar uma equipe unida que compartilhava muitos interesses e geralmente socializava fora do trabalho. Ainda que fosse um chefe gentil e solidário, Hollis mantinha distância dos funcionários e seguia um rígido código de conduta. Não tolerava nenhum comportamento que não estivesse em harmonia com o modo como ele queria que o negócio fosse gerenciado. Pouco antes do Natal de 1951, um dos vendedores, o amigo de PKD Norman Mini, fez uma brincadeira obscena com uma cliente, que ficou tão incomodada que saiu da loja furiosa na mesma hora.

A cena foi presenciada pelo contador e gerente assistente, Eldon Nichols, um corcunda que trabalhara para Hollis por muitos anos. Nichols tinha uma intensa lealdade para com o chefe, um homem que lhe dera uma oportunidade de trabalho que outros poderiam ter lhe recusado. Ele achou que tal incidente poderia prejudicar a reputação da loja, então demitiu Mini ali mesmo. Hollis apoiou a decisão do assistente. Depois disso, Mini solicitou o seguro-desemprego. Hollis teve uma atitude enérgica, mantendo que demitira Mini devido à sua conduta. Isso levou a uma audiência, que Mini venceu. Isso azedou o clima na loja. Semanas depois, Mini entrou na loja e foi cumprimentado de forma calorosa por PKD e outro vendedor. Nichols demitiu os dois.

PKD fez apenas uma tentativa de manter um emprego após a demissão. A Tupper and Reed, uma loja de discos localizada na avenida Shattuck, em Berkeley, aceitou PKD como gerente. A nomeação não valeu por muito tempo, porém. De acordo com Kleo, PKD sentiu-se extremamente restringido nesse novo ambiente, o que desencadeou seus ataques de agorafobia. PKD estava acostumado à atmosfera livre e solta das lojas de Hollis. A Tupper and Reed era muito mais formal e tinha uma clientela mais velha e mais endinheirada. PKD simplesmente não conseguiu encaixar-se no novo papel e pediu demissão.

PKD estava com vinte e três anos, casado, e agora desempregado pela segunda vez. Solicitou auxílio-desemprego e inscreveu-se como escritor. Como foi difícil para a agência de seguro social forçar PKD a aceitar um emprego que não estivesse relacionado à "sua carreira", ele ficou na situação favorável de receber uma pequena quantia por semana e ter tempo para se concentrar na escrita.

A melhor opção para alguém com agorafobia era ficar em casa. Isso é exatamente o que um autor faz e, a partir de então, sua única carreira era a de escritor e, o mais importante, sua única fonte pessoal de renda. Quando PKD não estava escrevendo, estava lendo, com avidez. Seus gostos muito abrangentes agora incluíam Flaubert, James Joyce, Maupassant e Stendahl, seguindo todo o alfabeto literário até Xenofonte.

PKD não deixava de fora seus conterrâneos. Ele recebeu grande influência do romancista e poeta americano-irlandês, James T. Farrell, agora considerado uma das figuras literárias mais importantes que aparecerem durante a era da Grande Depressão.

Farrell também nasceu em Chicago, vinte e quatro anos antes de PKD, e embora os pais de Farrell fossem muito mais pobres do que Ted e Dorothy, havia paralelos entre os dois escritores. Alguns dos irmãos de Farrell morreram ao nascer ou pouco tempo depois. E porque os pais de Farrell eram tão pobres, ele foi criado praticamente pelos avós e assim, como PKD, teve uma relação muito mais próxima com a avó do que com a mãe. Farrell também foi associado à esquerda política, ainda que, devido às suas origens pobres, suas opiniões políticas tivessem raízes muito mais firmes.

A obra mais bem-sucedida de Farrell foi a trilogia de "Studs Lonigan". Farrell baseara-se em suas próprias experiências ao morar na comunidade pobre, americano-irlandesa, de Chicago para traçar a vida de Studs, um decente rapaz fundamentalista que é afetado aos poucos pela pobreza espiritual do ambiente, terminando a vida como um alcoólatra desiludido. Ao ler os livros de Studs Lonigan, PKD sentiu que as habilidades descritivas e o estilo naturalístico de Farrell o ajudavam a desenvolver seu modo único de escrever.

PKD agora vendia com regularidade diversas histórias a diferentes revistas. No entanto, ele precisava de um agente literário, alguém que pudesse ajudá-lo a conseguir o melhor preço. A questão era: quem? PKD ficou encantado ao descobrir que um escritor de ficção científica chamado Scott Meredith montara havia pouco tempo, em Nova York, uma agência literária e que estava em intensa procura de jovens escritores de ficção científica para representá-los. PKD escreveu a Meredith e, em maio de 1952, foi aceito como cliente. Na época, a agência era muito pequena, formada apenas por Scott e seu irmão, Sydney.

Como PKD morava na Califórnia e a agência ficava em Nova York, havia pouco ou nenhum contato pessoal entre escritor e agente. Mas a agência trabalhava com afinco e foi capaz de vender qualquer coisa que pudesse PKD produzir. E de fato ele produzia. Era o momento perfeito para ser um escritor de ficção científica. Parecia haver uma demanda quase ilimitada do público, e novas revistas surgiam o tempo todo para aproveitar o mercado em constante expansão. De acordo com as estatísticas reunidas por Lester del Ray em sua *World of Science Fiction*, somente nos doze meses de 1950, havia vinte e cinco revistas produzindo cento e dez edições separadas. O pico se deu em 1953, com trinta e seis revistas responsáveis por cento e setenta e quatro edições.[52] Com a ajuda da agência, a produção de PKD refletia essa tendência. De 1952, quando publicou apenas quatro histórias, PKD passou a ter, em 1953, trinta e uma histórias compradas. Seu ritmo no ano seguinte diminuiu pouco, passando para vinte e oito histórias.

Em novembro de 1952, PKD recebeu uma notícia muito triste. A tia que ele tanto amava, Marion, morrera de forma repentina. Eles não apenas eram próximos como dividiam muitas características e tinham muitos interesses em comum. Um deles era o espiritualismo. A tia Marion era médium e entrava com frequência em estados de transe, nos quais se comunicava com entidades desencarnadas. Em 1944, ela se casou com um escultor chamado Joe Hudner e tiveram dois filhos, os gêmeos Lynne e Neal. No fim dos anos 40, a família ficou arrasada com a notícia de que Marion fora diagnosticada com esquizofrenia catatônica — a causa provável dos estados de transe. Em novembro de 1952, ela teve um colapso. A família pensou que fosse um de seus estados catatônicos, ou de transe, mas na verdade foi um derrame fulminante. Quando o auxílio médico chegou, Marion estava morta. Conforme veremos depois, houve ecos inquietantes da doença e das experiências dela e de sua morte prematura na vida do sobrinho, PKD.

No final de 1953, Herb Hollis morreu. PKD vinha fazendo uma enorme falta na loja e foi procurado pela esposa de Hollis, Pat, que lhe pediu para retornar ao emprego. Ele aceitou a proposta, mas só permaneceu no emprego por alguns dias, uma vez que simplesmente não conseguia voltar a se adaptar à antiga vida. Ele havia sido pego pelo "bichinho" da escrita, que viria a ser o seu futuro. Deixou a loja pela segunda vez, e desta vez não tinha volta. Dali em diante, sua atividade profissional e única fonte de renda seria a escrita.

Nesse mesmo ano, para o desconforto de PKD, Dorothy casou-se com o viúvo de Marion, Joe Hudner. Os gêmeos, primeiros sobrinhos de PKD, Neil e Lynne, tornaram-se seus meios-irmãos. Logo depois, Dorothy aposentou-se no Departamento de Silvicultura. Oficialmente, o motivo era um problema de saúde, mas estava claro que Dorothy também desejava um envolvimento total com a nova família. PKD, que não estava feliz com os novos relacionamentos familiares, ficou ainda mais preocupado quando a mãe começou a se aventurar em abordagens não tradicionais de saúde física e mental, tais como as teorias da energia orgônica de Wilhelm Reich e a Dianética do escritor de ficção científica L. Ron Hubbard.

Reich acreditava que a energia orgônica era uma força vital universal que se fundia para formar organismos vivos, nuvens e até galáxias inteiras. A Dianética era o sistema de crenças criado por Hubbard, ligado às relações metafísicas entre a mente e o corpo. É a base do movimento internacional de cunho religioso conhecido como cientologia.

PKD ficou especialmente preocupado com a Dianética. Ele sabia bem da carreira anterior de Hubbard como escritor de ficção científica e, embora tivesse apreciado alguns de seus trabalhos iniciais, era muito indiferente aos trabalhos posteriores e considerava o conceito geral de Dianética quase ridículo, e talvez perigoso. PKD faria disso o enredo do conto *The Turning Wheel*, que foi enviado à sua agência em julho de 1953 e publicado na *Science Fiction Stories* em 1954. A história fala de uma filosofia mística disseminada por um grupo de elite conhecido como Os Bardos. O membro mais antigo do grupo é um Bardo conhecido como Elron Hu. É óbvio que se trata de um jogo com os sons do nome L. Ron Hubbard.

Nesse conto do início de sua carreira, PKD combina filosofia oriental com um programa social ocidental. Conforme descobriremos mais adiante, uma filosofia oriental em particular, o I Ching (o "Livro das Mutações"), estimulou PKD a escrever um de seus maiores romances, *O Homem do Castelo Alto* (1962).

Um dos contos mais intrigantes desse período é *Equipe de Ajuste* (1954). Ele foi enviado à agência de Scott Meredith no dia 11 de fevereiro de 1953 e acabou sendo publicado na edição de outubro de 1954 da revista *Orbit Science Fiction*.

O tema central de *Equipe de Ajuste* é que a realidade é maleável e inconstante e que existe uma equipe de burocratas cuja função é realizar pequenos "ajustes" para garantir que a realidade flua de forma suave e de acordo com o planejado. Isso envolve a "desenergização" de partes da realidade quando necessário. Numa dessas ocasiões, um homem entra por engano numa seção da realidade em que esse processo está sendo realizado. Ele nota que um prédio na sua frente está adquirindo uma cor cinzenta e indistinta. De repente, o processo de desenergização começa de fato e o homem vê uma parte inteira do prédio cair antes do desaparecimento completo da estrutura.

Tempos depois, PKD viria a descobrir uma falta de permanência semelhante em sua própria realidade. No seu romance de 1958, *Time Out of Joint*, um personagem chamado Vic Nelson descobre que um fio elétrico que ele usou muitas e muitas vezes mudara de repente para um interruptor. Esse fato, afirmou PKD, realmente ocorreu com ele, então ele decidiu incorporá-lo ao romance. Ele estava entrando no banheiro da rua San Francisco no escuro da noite e, ao estender o braço para puxar o fio para acender a luz, ele se viu com a mão no vazio. O fio fora "substituído" por um interruptor.

Capítulo Quatro
O Romancista (1954-58)

Em 1954, a reputação de PKD como escritor chegara ao conhecimento de uma editora britânica, a Rich and Cowan. Eles incluíram quinze histórias de PKD na antologia intitulada *A Handful of Darkness*. Nesse ano, de 3 a 6 de setembro, a 12ª Convenção Mundial de Ficção Científica, a "SFCon", aconteceria praticamente na porta da casa de PKD, no Hotel Sir Francis Drake, em São Francisco. A oportunidade era boa demais para o escritor de ficção científica novato que ele era. O convidado de honra era John W. Campbell, editor da pioneira revista *Atounding Science Fiction*. Era a chance de PKD conhecer algumas pessoas que já tinham um nome no mundo da ficção científica, incluindo um herói pessoal de PKD, o autor canadense de nascença, Alfred Elton (A.E.) van Vogt, que agora morava em Hollywood.

O romance de van Vogt que mais influenciou PKD foi *The World of Null-A* (1948), a história de uma aparente utopia em que alguns membros da sociedade têm poderes mentais avançados e controlam todos os outros. Um desses seres superiores decide testar o alcance de suas habilidades mentais, mas descobre que suas memórias são falsas. Ele passa então a buscar sua verdadeira identidade e, no processo, percebe qual a verdadeira natureza da realidade. Esse romance explora muitos dos temas que tempos depois seriam as marcas de uma obra de PKD. O romance de van Vogt teve poucas críticas no lançamento, mas para PKD foi uma revelação. Ele diria depois:

> "Comecei a ler ficção científica quando tinha uns doze anos e eu lia tudo o que podia, então qualquer autor que estava escrevendo nessa época, eu li. Mas não existe dúvida de que quem me fez começar mesmo foi A. E. van Vogt. Havia algo de misterioso na escrita de van Vogt, o que era especialmente verdadeiro em *The World of Null-A*. As partes desse livro não formavam um todo, todos os ingredientes juntos não resultavam em algo coerente. Tem gente que tem aversão a isso. Acha que é desleixo ou que simplesmente é errado, mas o que me fascinou tanto foi que aqui-

lo estava mais próximo da realidade do que a escrita de qualquer outra pessoa, dentro ou fora da ficção científica."

Conhecer van Vogt na convenção faria a carreira de PKD tomar outro rumo. Assim como ele, van Vogt começara como escritor de contos, mas na década de 1950 enveredara com sucesso para a área de romances, alguns deles serializados na *Astounding*, a revista de Campbell. No início, alguns dos romances de van Vogt eram versões estendidas de seus contos ou — como no caso de *The World of Null-A* — eram "fixups", termo criado por ele para designar um romance criado pela junção de diferentes contos já publicados, os quais são reduzidos e revisados em seguida. Numa conversa cordial durante a convenção, van Vogt alertou PKD para o fato de que os bons tempos das revistas de ficção científica, com efeito, haviam acabado e que o mercado para contos estava encolhendo. Ele encorajou PKD a se tornar um romancista, especialmente porque seria possível ganhar muito mais dinheiro do que sendo contista — mesmo quando publicado em revistas tão bem conceituadas quanto a *Astounding*.

PKD não precisou de muitos argumentos para ser persuadido. Ainda que pudesse produzir grandes quantidades de contos, não podia se sustentar com esse trabalho. Kleo trabalhava de forma incansável nesse período, indo à faculdade e trabalhando, além de ajudar PKD a vender os contos dele. PKD e Kleo estavam se virando principalmente com a renda de Kleo. Como ele gostava de mencionar em cartas e artigos, eles eram tão pobres que, uma vez, ele teve de comprar carne de cavalo num pet shop para o jantar deles.

Mais ou menos nesse período, PKD e Kleo conheceram o escritor de ficção científica Poul Anderson e a esposa Karen, que moravam a menos de dez minutos deles, em Orinda, no condado de Contra Costa. Os dois casais se tornariam amigos. PKD começou a trabalhar de imediato no que seria o primeiro de quatro romances que escreveria entre 1954 e 1955. O primeiro a ser publicado foi *Solar Lottery* (*Loteria Solar*, de 1955), também lançado, em versão revisada, como *World of Chance*. Foi aceito pelo lendário editor de ficção científica Donald "Don" Wollheim. Wollheim mudara para a Ace Magazine Company em 1952, onde começou o selo de livros de bolso Ace Books. Em 1953, ele começou a publicar livros de ficção científica pela primeira vez e, ao longo dos vinte anos seguintes, realizaria a estreia de diversos romancistas da ficção científica, como John Brunner, Leigh Bracker, Samuel R. Delany e Ursula K. Le

Guin. Muitos desses romances, inclusive *Loteria Solar* de PKD, foram lançados como "Ace Doubles" (Dupla de Ases) — dois romances de diferentes autores no mesmo livro.

Loteria Solar fala de um mundo dominado por números e acaso. Até mesmo o chefe do Governo Mundial, chamado de Quizmaster, é selecionado por uma loteria computadorizada. Um programa de TV seleciona com frequência um assassino para tentar matar o Quizmaster. Escapar de tais atentados à sua vida ajuda o Quizmaster a ganhar o respeito do povo. Se o assassino é bem-sucedido, no entanto, um novo Quizmaster é selecionado.

Seguindo a pegada do Movimento Beat

A área da baía de São Francisco em meados dos anos 1950 era associada, com frequência, ao Movimento Beat, que começara em Nova York no final dos anos 1940. O termo "beat" originou-se da gíria underground para se referir a algo ou alguém exausto, acabado ("beaten down") e, no início, referia-se ao mundo dos pequenos criminosos, trapaceiros e viciados em drogas. Mas o movimento em si atraía principalmente poetas, artistas, escritores e pessoas com opiniões de esquerda e contra o establishment. O termo pejorativo "beatnik" (criado num artigo do *San Francisco Chronicle* por meio da adição do – *nik,* uma alusão ao satélite russo *Sputnik*) foi usado para se referir a membros desse grupo. Era inevitável que a casa de PKD e Kleo se tornasse um lugar onde os escritores, artistas e intelectuais beatniks de Berkeley batiam papo sobre a cena artística local e sobre política, e fumavam maconha.

Por volta dessa época, PKD conheceu muitos poetas de vanguarda que moravam na área da baía, inclusive Philip Lamantia, Jack Spicer e Robert Duncan. Foi o linguista Spicer quem provocaria a ideia de PKD de desenvolver uma linguagem alienígena para o seu romance *Martian Time-Slip* (1965). Para PKD, porém, escrever não era apenas uma atividade artística. Ele esperava ganhar a vida escrevendo. Ele disse: "Todos me incentivavam a escrever, mas não havia incentivo nenhum para vender alguma coisa."[53]

1954 – The World Jones Made

"A ironia foi que o meu segundo romance, THE WORLD JONES MADE, era sobre um precognitivo. E não faz nada bem para ele. Ele teve aversão ao acontecimento. Foi um inferno para ele. Ele tinha precognição para um ano à frente. E quando chegou ao último ano da sua vida, teve a precognição de estar morto, portanto não se tratava de um talento que lhe desse qualquer opção."

— **Philip K. Dick, *Martian Time-Slip***

Esse foi o segundo romance de PKD. O primeiro foi *Loteria Solar*, que havia sido publicado em maio de 1955. Ele o escreveu no final de 1954, com o título original de *Womb for Another*. Foi recebido pela agência, a Scott Meredith Literary Agency (SMLA), no dia 28 de dezembro de 1954. A Ace comprou o livro em 1955 e, após fazer a alteração do título, publicou-o num "Ace Double" em março de 1956.

Nesse romance vemos muitos dos temas que prosseguiram ao longo da carreira de PKD. Temos um personagem central, Floyd Jones, que consegue "preconhecer" com a antecedência de um ano. Ele usa essa habilidade para se tornar um tipo de líder religioso. Precognitivos — ou Precogs — e líderes religiosos aparecem diversas vezes na escrita de PKD. Ele já investigava as implicações para a hipótese de que o tempo não passa, mas simplesmente é, e, sendo assim, o futuro já existe. Para PKD, a questão aqui é o livre-arbítrio. Por saber o futuro, Jones caiu na sua armadilha. Ele não tinha outra linha de ação senão seguir o que estava decretado. Em romances posteriores, Phil introduz a ideia de futuros alternativos e, com ela, escapa desse problema.

Nesse estágio da sua escrita, PKD já usava de forma consciente a técnica de James Joyce. PKD tinha a ambição de ser um romancista *mainstream* e, assim, ficava empolgado em aplicar as técnicas dos grandes escritores ao seu próprio trabalho.

Esse romance revelou sua própria forma de precognição. Vinte anos depois, outro líder religioso chamado Jones levou uma tragédia a seus seguidores. Mas o mais intrigante é que num certo estágio, a ex-esposa de Phil, Nancy, esteve envolvida no Ministério de Jim Jones e pensava em isolar-se com a pequena Isa numa das comunidades de Jones.

O "uniforme" obrigatório das garotas beatniks era collant preto e cabelos compridos, simples e sem enfeites, como uma reação ao estilo excessivamente arrumado de Hollywood que aparecia nas revistas da moda. Kleo adotou o visual beatnik com entusiasmo. O homem beatnik "típico" usava cavanhaque e boina. PKD não chegou a esse ponto. Fotos desse período mostram um rapaz de vinte e cinco anos sério, com a testa alta que dava um ar de inteligência, herança do pai, com um olhar intenso para a câmera, o queixo apoiado na mão para dar um ar pensativo. O cabelo está curto — mas não curto demais — e ele está usando um blazer e o suéter de gola careca, então apreciado por escritores, poetas e artistas dos dois lados do Atlântico. Ainda está bem barbeado, nesse estágio. O homem barbado e indócil da ficção científica que o mundo viria a conhecer ainda não se apresentara.

O homem do governo

Durante o fim dos anos 1940 e início dos 1950, as tensões da Guerra Fria entre os Estados Unidos e a União Soviética começaram a crescer, causando o aumento de um medo que beirava a paranoia de que a América estava infestada de infiltrados comunistas. Quando, em 1951, Ethel e Julius Rosenberg foram considerados culpados por passarem segredos nucleares dos Estados Unidos para a União Soviética e, em seguida, foram executados, esses medos pareceram se justificar, especialmente para aqueles do Partido Republicano com visões mais voltadas para a extrema-direita. O mais fervoroso deles era o senador Joseph McCarthy, que instigava uma campanha para extirpar todos os "subversivos", como ele os via.

Qualquer pessoa que parecesse concordar com ideias esquerdistas era vista como suspeita. Isso levava a uma série de investigações do FBI e a audiências políticas, tais como as do Comitê de Atividades Antiamericanas, nas quais o patriotismo de qualquer um com opiniões de esquerda, e especialmente "socialistas", poderia ser questionado. Em 1950, o cartunista do *Washington Post*, Herbert Block, criou o termo "macarthismo" para descrever aqueles que adotavam essa linha extrema, e as próprias investigações ficaram conhecidas como "a caça às bruxas de McCarthy". Pessoas de todos os ramos de atividades, mas especialmente escritores, artistas e acadêmicos, tinham grandes chances de serem investigadas. Milhares eram acusadas injustamente de serem comunistas ou simpatizantes de comunistas. Algumas enfrentavam prisões e muitas outras entravam para a "lista negra" e eram impossibilitadas de encontrar trabalho na sua própria área.

Sempre um liberal moderado por natureza, PKD era um pensador independente demais para seguir qualquer linha partidária, mas compartilhava de muitas das opiniões esquerdistas de Kleo. Ela estava muito envolvida no ativismo de esquerda na universidade.

1957 – The Cosmic Puppets

— Pega! — Peter ordenou incisivo. Ele agarrou o primeiro, ficou de pé num pulo e correu atrás do outro. Este corria desesperadamente — direto para a caminhonete do Doutor Meade.

Quando a caminhonete saiu, a minúscula figura de argila deu um salto frenético. Seus braços minúsculos tatearam desvairados, tentando encontrar apoio no para-lama liso de metal. A caminhonete seguiu indiferente, rumo ao trânsito, e a figura minúscula foi deixada para trás, ainda balançando os braços em vão, tentando subir e se firmar numa superfície que já não estava mais lá.

Peter alcançou-a. Ele desceu o pé e o homem de barro foi esmagado, virando uma mancha desforme de lama.

Walter, Dave e Noaks aproximaram-se. Chegaram num círculo amplo e cauteloso.

— Pegou ele? — Noaks perguntou com a voz rouca.

— Claro — disse Peter. Ele já raspava o sapato para tirar o barro, com o pequeno rosto calmo e manso. — Claro que peguei. Ele era meu, não?

— Philip K. Dick, ***The Cosmic Puppets***

Essa história apareceu originalmente como uma novela intitulada *A Glass of Darkness* na edição de dezembro de 1956 da revista de ficção científica *Satellite*. PKD terminou o manuscrito em 19 de agosto de 1953. Em outubro de 1957, após algumas pequenas mudanças, ela foi lançada como parte de um "Ace Double", com o título *The Cosmic Puppets*. O que não é comum para os romances de Phil, este só voltou a ser publicado após a sua morte, em 1983. Parece que o problema de *The Cosmic Puppets* era o fato de ser um romance de fantasia e não de ficção científica.

Ted Barton está viajando para o outro lado do país e decide visitar a pequena cidade em que cresceu, Millgate, em Virgínia. Barton descobre que a cidade mudou e está com um aspecto deteriorado. Em seguida, descobre que nessa versão de Millgate ele morrera de escarlatina aos nove anos. O mais perturbador é que quando tenta deixar a cidade, ele descobre que a saída está bloqueada por uma pilha de madeira labiríntica.

Embora esse seja o primeiro romance publicado de PKD, temos nele muitos temas que ainda serão desenvolvidos ao longo de sua carreira: a ideia da realidade como ilusão, do tempo sendo manipulado e o conceito central da mitologia gnóstica, que este mundo está sob o controle de uma deidade negativa e que existe um deus maior — o verdadeiro criador — que está sofrendo de uma forma de amnésia.

O tema de uma esposa "socialista" comprometendo um marido "liberal" pode ser encontrado no romance de 1957, *Os Olhos do Céu*. Não surpreende que as conexões universitárias e as visões políticas de Kleo, e a mistura eclética de amigos do casal, inevitavelmente atrairia a atenção do FBI para eles.

Um dia, PKD e Kleo receberam a visita de dois homens misteriosos de terno escuro e chapéu fedora. Eles se apresentaram como Sr. Smith e Sr. Jones. Os visitantes mostraram uma fotografia de uma reunião recente do Partido dos Trabalhadores Socialistas em São Francisco e pediram a PKD e Kleo para identificarem as pessoas ali. Eles logo descobriram que "Smith e Jones" eram, na verdade, agentes do FBI chamados George Smith e George Scruggs. PKD afirmaria, tempos depois, que eram membros do "Esquadrão Vermelho", unidades policiais especializadas cujo objetivo era derrubar sindicatos, simpatizantes do comunismo e qualquer um considerado dissidente. Essa foi a primeira de uma série de visitas dos dois agentes e os quatros se tornaram bastante íntimos. Scruggs até ensinou PKD a dirigir. Numa entrevista de 1978 a John Vitale para *The Aquarian*, PKD disse:

1957 – Os Olhos do Céu

"Nós oito caímos no raio de próton do Bevatron. Durante o intervalo havia apenas uma consciência, um referencial, para nós oito. Silvester não perdeu a consciência em momento algum."
— **Philip K. Dick, *Os Olhos do Céu***

PKD enviou um manuscrito intitulado *With Open Mind* para a Agência Scott Meredith no dia 15 de fevereiro de 1955. Ele escrevera o romance inteiro num período de duas semanas de intensa criatividade, num surto criativo. Em 1970, ele escreveu: "Não sei de onde tirei o diálogo, simplesmente foi saindo de mim." Infelizmente, foi só depois de muito reescrever o romance que ele foi publicado pela Ace Books em março de 1957. O título também foi modificado, e para um muito mais descritivo: *Eye in the Sky*. Esse foi o primeiro romance de PKD a ser publicado no formato independente, e não como parte de um "Duplo Ás". Foi bem recebido e ganhou a avaliação de "melhor romance do ano" pelo autor e editor de ficção científica, Tony Boucher. PKD ficou tão contente com isso que decidiu que escrever romances era o caminho a seguir.

Esse romance revela as preocupações de Phil com o tempo. O personagem central, Hack Hamilton, tem uma esposa que está se aventurando na política de esquerda (traços da posição política de Kleo), o que compromete a posição dele perante os chefes.

Esse enredo envolve mundos alternados, mas desta vez são uma criação dos personagens. Dessa forma, Phil questiona a verdadeira natureza da percepção. Nós podemos ser influenciados pelos pensamentos dos outros? O mundo externo é simplesmente uma criação da mente? Essa ideia de uma espécie de "mente grupal" a que se pode ter acesso em determinadas circunstâncias pode ter sido influenciada pela admiração que PKD tinha pela história de 1949 de Fredric Brown, *What Mad Universe*. Esse tema gnóstico seria desenvolvido em seus romances seguintes e foi discutido de maneira inesgotável em sua *Exegese*.

"Fizeram muitas perguntas sobre a minha vida, meus escritos e minha filosofia. É claro que isso me deixou furioso e com muito medo. Perguntaram-me tudo sobre a minha esposa, sobre a filosofia política dela, a que grupos estudantis ela pertencia. Sinceramente, eu esperava ser chamado para depor no Comitê de Atividades Antiamericanas, sabe. Mas acho que não consideravam escritores de ficção científica algo tão importante assim."[54]

PKD parecia estar em boas condições de saúde física durante o casamento com Kleo. Um dia, porém, enquanto jogava tênis, ele desenvolveu uma hérnia. Ele ficou preocupado que isso pudesse afetar de alguma forma a sua capacidade de ter filhos e passou bastante tempo lendo sobre a região inguinal. Em 1974, seu filho Christopher (de sua quinta esposa) sofreu de uma hérnia inguinal grave. Nessa ocasião, PKD afirmou não ter nenhum conhecimento sobre essa região do corpo, o que claramente não era o caso. Talvez ele tenha apenas se esquecido.[55]

Sentido Noroeste

PKD estava ávido para enveredar no *mainstream*, mas, se havia um mercado pronto para o seu material de ficção científica, a SMLA não conseguia vender outras tentativas de PKD. Ele e Kleo sentiram a necessidade de uma mudança de local. Já haviam visitado a Point Reyes Station, uma pequena comunidade na região oeste do condado de Marin, a cerca de cinquenta quilômetros a noroeste de São Francisco, e decidiram que seria o local ideal para um novo começo. Tendo em mente a fobia de água de PKD, a escolha parecia inesperada, uma vez que Point Reyes fica próxima da costa do Pacífico e marca a entrada para uma área de beleza natural acidentada chamada Litoral Nacional de Point Reyes. A área também inclui um importante local histórico chamado Drake's

Landing, na península de Port Reyes, onde o explorador e aventureiro inglês, Sir Francis Drake, teria atracado no século XVI. Drake's Landing e Port Reyes Station apareceriam no romance semiautobiográfico de PKD, *Confessions of a Crap Artist*, que foi escrito no verão de 1959.

PKD e Kleo adoravam essa área de campo e a sensação que tinham por estarem fora da cidade grande. A mãe dele, Dorothy, e o marido, Joe, haviam comprado uma cabana a apenas alguns quilômetros, a noroeste, na cidade de Inverness, à beira da baía de Tomales. O casal ficara na cabana algumas vezes, então conhecia a área razoavelmente bem. Apesar da povoação esparsa, ainda ficava a apenas uma hora e meia de carro de Berkeley, perto o suficiente para Kleo fazer, três vezes por semana, o trajeto até a tesouraria da universidade, onde ela trabalhava. O casal já havia encontrado uma casa pequena à venda. Eles venderam a antiga e, em setembro de 1959, se mudaram para o novo lar na avenida Lorraine, em Point Reyes Station.

Cultos apocalípticos e discos voadores

Logo depois de chegarem a Point Reyes Station, PKD e Kleo fizeram amizade com os vizinhos, June e Jerry Kresy. Os Kresy sugeriram aos recém-chegados que se juntassem ao pequeno grupo de moradores que se encontravam em Inverness para discutir filosofia e outros assuntos afins. Isso estava muito em conformidade com o que os Dick haviam deixado em Berkeley, e ficaram ávidos em se envolver. Logo ficou claro que esse grupo aparentemente inocente tinha um programa incomum. O grupo era dominado por uma mulher impressionante cuja personalidade poderosa desviara o grupo de discussão geral para se transformar num culto apocalíptico que acreditava que o mundo estava prestes a acabar. Essa seita acreditava que seria salva por um grupo de "irmãos do espaço" que chegaria no dia do juízo final e a levaria para a segurança num disco voador. A mulher anunciou que o dia do juízo final seria 22 de abril de 1959.

Esse grupo e a líder de estranho carisma também aparecem em *Confessions of a Crap Artist*. Foi o único romance *mainstream* de PKD a ser publicado durante a sua vida, em 1975. Ainda assim, ele mostra muitas das marcas de histórias posteriores de PKD, incluindo: a busca pela salvação espiritual, poderes psíquicos, regressão a vidas passadas, precognição e a distinção imprecisa entre realidade e irrealidade. A história é narrada na primeira pessoa, mas a perspectiva muda entre todos os personagens principais, de modo que o leitor não sabe de imediato através dos olhos de quem ele está vendo o mundo.

O livro lida efetivamente com a vida de três personagens principais: Jack Isidore, sua irmã, Fay Hume, e o marido dela, Charley. Jack é um personagem simples que se envolve num grupo sobre discos voadores, cuja líder é uma mulher de personalidade forte. No romance, PKD chama-a de Claudia Hambro. Ela é descrita como dona de "uma beleza de tirar o fôlego" e, no entanto, muito estranha, com um queixo forte, dentes afiados "como os de um selvagem" e "grandes olhos castanhos que me encaravam com tanta intensidade que fiquei nervoso".

> "A força do olhar dela fez a minha cabeça zunir. Eu nunca havia conhecido uma pessoa que me afetasse tanto quanto Claudia Hambro. A luz do sol, ao bater nos olhos dela, não se refletia da maneira comum, mas era dividida em estilhaços. Isso me fascinava."

A "Claudia" não fictícia com certeza perturbava PKD. Ele temia que essa mulher dominadora e levemente assustadora fizesse uma lavagem cerebral nele e fizesse com que ele entrasse para o culto. Tempos depois, ele contaria que se escondia em casa na esperança de que ela não fosse visitá-lo. Felizmente para PKD, o culto estava com os dias contados. Uma vez que o dia 22 de abril de 1959 passou sem nenhuma das previsões dela realizadas, "Claudia" cortou o longo cabelo e se mudou daquela área com as duas filhas.

Anne não faz rodeios

Àquela altura, as coisas já haviam mudado de forma radical para PKD e Kleo. Tudo começou com uma batida inocente à porta deles numa tarde de fim de outubro de 1959. Kleo atendeu e se viu diante de uma loira esbelta, com maçãs do rosto altas, franja e óculos que davam ares de estudiosa. Ela se apresentou como Anne Rubenstein. Anne, o falecido marido, Richard, e as três filhas haviam se mudado para Point Reyes quatro anos antes. Richard, poeta de uma família rica de Nova York, morrera havia pouco tempo, deixando-a viúva numa idade comparativamente jovem, aos trinta anos. Por ter ela mesma formação literária, Anne estava ansiosa para conhecer este escritor que se mudara de São Francisco para lá. Em parte, ela procurava um meio de tirar da cabeça a perda recente e achava que o novo casal poderia ser a distração ideal. Ela pediu à filha mais velha, Hatte, para cuidar das duas mais novas, Jayne e Tandy, e foi de carro até a rua Lorraine. Ela achou o portão da casa de PKD e Kleo muito duro para abrir e, como não era de fazer cerimônia, ergueu a saia e pulou a cerca.

1959 – Time Out of Joint

"Os espantalhos reclinavam-se para frente, para trás, para frente, para trás. À frente dele, ele viu o motorista. O motorista não mudara. O pescoço vermelho. Costas largas, fortes. Dirigindo um ônibus vazio.
Os homens vazios, pensou ele. Deveríamos ter melhorado a poesia."

— Philip K. Dick, *Time Out of Joint*

Phil enviou o manuscrito de *Time Out of Joint* à sua agência no dia 7 de abril de 1958. Ele foi aceito de imediato pela Ace Books, mas com a solicitação de que certa mudança fosse feita. No entanto, a Lippincott estava ávida para levar o livro para o seu selo de ficção científica e o livro foi publicado em 1959.

O personagem central, Ragle Gumm, mora numa cidade do interior dos Estados Unidos em 1959. Ragle ganha seguidas vezes a competição de um jornal conhecida como "Encontre o Homenzinho Verde". Isso significa adivinhar a localização do homem verde num quadro com pequenos quadrados. O estranho é que ele vê objetos desaparecerem e serem substituídos por pedaços de papel. Com a ajuda do cunhado, Vic, ele descobre que está morando numa cidade falsa criada pelo governo e que está no ano de 1998.

Aqui temos mais uma vez a ideia gnóstica de que o mundo que percebemos é uma ilusão na qual um "mundo real" existe mais além de, e fora, de nossos sentidos. Também temos o precog, consciente do futuro antes que ele aconteça.

Kleo convidou Anne para entrar e apresentou-lhe PKD, que estava na cozinha. É assim que Anne descreve a primeira impressão que teve de PKD, que viria a se tornar seu marido:

> "Ainda tenho na minha mente a imagem vívida de Phil parado com as mãos nos bolsos de trás da calça jeans, equilibrando-se nos calcanhares, franzindo a testa de leve e olhando para o chão. Ele tinha vinte e nove anos, cerca de 1,80 m e mais para magro. Tinha cabelos escuros, testa alta e olhos intensos, verdes acinzentados. Um homem quase bonito, usava uma velha jaqueta de couro marrom, com punhos e cintura de malha, uma camisa barata de flanela xadrez, calça jeans dura e botas de exército marrons e

desajeitadas. Entretanto, ele conseguia ser gracioso e atraente —
como alguém que usasse um disfarce."[56]

Em seguida ela descreve uma sensação que mais lembra o trecho de uma
das especulações mais esotéricas de PKD no final dos anos 1970 do que algo
sentido por um indivíduo pragmático e realista como Anne:

> "Ele olhou para mim quando entramos, e eu olhei nos olhos dele
> e, quando eu começava a dizer "Que prazer conhecê-lo," tive uma
> experiência esquisita, diferente de tudo que já acontecera comigo
> antes. Uma voz do fundo da minha mente disse: 'Eu já conheço
> essa pessoa. Eu o conheço há séculos.' Mas a minha mente cons-
> ciente e prática, respondeu a si mesma com surpresa: "Ridículo,
> como é possível? Você acabou de conhecê-lo."[57]

Pouco tempo depois, Anne anunciou que precisava voltar para as filhas.
Quando ela saía, PKD insistiu em emprestar alguns de seus livros: *O Castelo*,
de Franz Kafka, *Sidarta*, de Herman Hesse, e *Retrato do Artista Quando Jovem*,
de James Joyce. Emprestar livros às vezes leva a mais do que apenas um encontro de afinidades, e assim foi com PKD e Anne.

Os livros foram um símbolo da atração imediata entre os dois. Em três
semanas, PKD declarara seu amor por Anne. Em janeiro de 1959, o segundo
casamento de PKD havia terminado. Ele ficou com a casa em Port Reyes Station e Kleo ficou com o carro. PKD começaria uma fase totalmente nova da
sua vida. Deixaria de ser um beatnik, para se tornar burguês.

Capítulo Cinco
O Idílio Burguês (1959-64)

Considerando a mudança repentina de suas circunstâncias, era surpreendente a calma de Kleo em relação aos acontecimentos. Ela voltou a Berkeley, deixando que PKD fosse morar com Anne e as meninas. Com ele foi sua fiel vitrola Magnavox, a coleção de discos, livros e revistas, o gato Tumpey e a máquina de escrever de segunda mão. Mas o mais importante foi o armário de arquivos de duas gavetas. Ele continha uma cópia em carbono de todas as cartas que ele escrevera.

Por morarem na Califórnia, PKD e Kleo estavam num local relativamente bom para pedirem o divórcio sob a lei mexicana, o que significava um processo bem mais rápido. Kleo viria a casar-se com Norman Mini, amigo e colega de trabalho de PKD na University Radio and Art Music. Todos continuariam sendo bons amigos pelo resto de suas vidas.

Solteiro mais uma vez, PKD casou-se com Anne em 1959, também sob a lei mexicana, percorrendo o longo trajeto até Ensenada, Baja California, 120 km a sul de San Diego — dentro do território mexicano o suficiente para tornar o casamento oficial. A casa e o quintal de Anne eram muito mais suntuosos do que PKD estava acostumado. A casa era cercada por um campo de cinco acres, com uma variedade de animais, incluindo um pequeno rebanho de ovelhas Suffolk. Uma foto tirada por Anne mostra PKD segurando uma das ovelhas, sugerindo que ele pode ter ajudado a cuidar dos animais de vez em quando. Para tornar o idílio rural completo, havia até um jardim de rosas.

No fim da primavera, PKD levou Anne para conhecer Dorothy e Joe na casa deles na Rua Hearst, São Francisco. Lá, Anne foi apresentada aos enteados de Dorothy, os gêmeos Lynne e Neal. Embora o clima fosse cordial, PKD nunca chegou a perdoar a mãe por ter se casado com Joe e até insinuou para a esposa que a morte de Marion havia sido "suspeita". Logo ele estaria expressando suspeitas semelhantes a respeito da morte de Richard, o marido de Anne. Por ora, no entanto, o casamento era feliz. PKD entregou-se à nova vida em família e estabeleceu uma rotina de escrita das nove às cinco.

Ele estava entusiasmado com a ideia de escrever um romance sobre a comunidade de West Marin, da qual ele agora se sentia parte, e desse período veio seu romance *mainstream*, *Confessions*. Embora incorporasse algumas de suas experiências com o grupo dos discos voadores de Inverness, o tema principal do livro é relacionamento, em especial um relato romantizado da sua própria vida com Anne. Ele ficou completo ao fim do seu primeiro verão juntos, e PKD apresentou a Anne com orgulho os frutos do seu trabalho.

1959 – Confessions of a Crap Artist

"Não fui ao funeral, porque me parece, como dizia Pitágoras, que o corpo é o túmulo da alma e que, ao nascer, a pessoa já começou a morrer."

— Philip K. Dick, *Confessions of a Crap Artist*

PKD escreveu esse romance "*mainstream*" em 1959. Nenhum editor demonstrou interesse nele. Em 1975, porém, a Entwhistle Press publicou uma edição limitada de capa dura, de 500 cópias, das quais 90 eram numeradas e autografadas pelo autor. Em agosto de 1982, logo após a morte de Phil, a Timescape publicou uma edição de bolso, seguida de uma edição de luxo da Vintage em agosto de 1992. Infelizmente, esse foi o único romance "*mainstream*" de PKD a ser publicado em vida.

Jack Isidore é a "porcaria de artista" que mora com a irmã, Fay, e o marido dela, Charley Hume, em Seville, Califórnia, no fim dos anos 1950. Ele coleciona objetos sem valor e é propenso a acreditar em coisas estranhas como telepatia, discos voadores e a ideia de que o mundo vai acabar no dia 23 de abril de 1959. No entanto, a narrativa principal refere-se ao relacionamento decadente entre Fay e Charley.

A personagem Fay foi baseada em Anne Dick, e muitos elementos da vida de PKD com Anne podem ser encontrados no romance. Teria sido o assassinato dos animais de Fay uma forma de PKD demonstrar sua frustração com a vida bucólica e o tédio do ambiente doméstico e caseiro do condado de Marin? De acordo com Anne Dick, o massacre foi baseado num incidente na vida de Dorothy Kindred, quando o pai dela, Earl Grant Kindred, anunciou que não tinha dinheiro suficiente para alimentar a família e os animais. Ele foi lá fora e despachou sumariamente os bichos de estimação da família e os outros animais domésticos.

Já conhecemos Jack Isidore, a "porcaria de artista" do título, sua irmã, Fay, e o cunhado, Charley. É quase certo que Jack reflete aspectos de PKD quando mais jovem, adolescente, que é algo como um sonhador, aspirante a artista e que se sente indeciso e até intimidado diante das mulheres. Charley representa aspectos do PKD mais velho. Mas fica claro que a intenção não é a de uma semelhança total, uma vez que o personagem é descrito como "um ignorante pançudo do Meio Oeste que vive bebendo cerveja e não terminou o colegial."

Fica claro também que a personagem Fay foi baseada em Anne, e o relacionamento de Fay com Charley é um espelho do casamento de PKD com Anne. Fay é descrita como uma "moleca" que "nunca chegou a ganhar corpo, mesmo agora que já está com mais de trinta anos". Ele diz, porém, que Fay "tem belas pernas longas e um andar requebrado". Ela é retratada como uma mulher determinada, ríspida e independente, que tem uma relação turbulenta, às vezes violenta, com o marido. Anne ficou muito perturbada com a mensagem passada pelo livro, conforme revelou em sua biografia de PKD:

> "Quando terminei, fiquei sentada algum tempo com o livro no colo, perplexa e inquieta. 'Que romance estranho e desconfortável', pensei, 'tão próximo da realidade em alguns aspectos, tão distante em outros.' Será que eu era mesmo como Fay? Eu esperava que não, porque não gostei nem um pouco dela. Não, eu não era como a Fay. Acho que é isso que os escritores de ficção fazem. Tirei da cabeça quaisquer problemas insinuados pelo romance. Eu tinha uma fé tremenda em Phil como escritor e uma fé tremenda em nosso relacionamento. Pode chamar de negação, se quiser, mas talvez a fé seja o outro lado da moeda da negação, e a fé move montanhas."

Embora se tenha dito que o livro era em grande parte baseado no relacionamento dele com Anne, quando foi publicado em 1975, PKD o dedicara a sua quinta esposa, Tessa, "a morena que foi afetuosa comigo quando mais importava, ou seja, o tempo todo".

Logo depois de ir morar com Anne, PKD começou a deixar crescer a barba, que virou sua marca registrada e que ficaria com ele pelo resto da vida, e que, junto com os olhos azuis penetrantes, tornaria tão característica sua imagem na sobrecapa dos livros. A barba arrumadinha ao estilo Van Dyke, apreciada entre os artistas, não era para PKD. Fotografias da época mostram um homem de barba cheia e desgrenhada, com o cabelo combinando, como um lenhador selvagem, talvez imitando um de seus heróis literários, Ernest Hemingway. Era a imagem de um escritor de vanguarda, debruçado sobre a máquina de escrever em seu refúgio litorâneo e estendendo as fronteiras da ficção.

Em algum momento do fim dos anos 1950, se não antes, PKD começou a usar anfetamina, uma poderosa droga estimulante, também conhecida como "speed", para ajudá-lo a alcançar a rigorosa produção escrita que estabelecera para si mesmo, completando algo em torno de sessenta páginas por dia. Como a anfetamina pode ajudar a suprimir a fadiga e o sono, ela possibilitava a PKD trabalhar o dia todo e seguir até tarde da noite.

No início, a anfetamina também pode auxiliar a concentração mental, mas isso pode diminuir com o tempo. Infelizmente, há sérios efeitos colaterais associados ao uso prolongado e excessivo da anfetamina, incluindo ilusões, alucinações e psicoses. À medida que ele começou a tolerar os efeitos, seu consumo de anfetamina aumentou num ritmo constante — com consequências psicológicas inevitáveis.

Para PKD e Anne – uma filha

Quando PKD estava concluindo *Confessions,* Anne descobriu que estava grávida. Os dois já queriam ter um filho e ficaram encantados com a notícia. Anne não deu importância às implicações do romance e se preparou para a chegada do seu quarto filho e o primeiro de PKD. Assim que *Confessions* ficou completo, PKD deu início a outro romance *mainstream, The Man Whose Teeth Were All Exactly Alike* (que acabou sendo publicado em 1984). Ele terminou esse rápido e iniciou o trabalho numa série de novos romances ou romances retrabalhados que havia escrito durante a década anterior. PKD estava desesperado para deixar sua escrita de ficção científica para trás e ser visto como um romancista *mainstream* sério. Enquanto isso, a paternidade batia à sua porta. No dia 25 de fevereiro de 1960, Anne deu à luz uma menina de 3,6 kg a quem deram o nome de Laura. As primeiras palavras de PKD ao ver a filha recém-nascida foram: "agora a minha irmã foi compensada".[58]

No outono seguinte, Anne engravidou novamente. Mas esse bebê não fora planejado e com certeza não era esperado, uma vez que PKD e Anne vinham usando algum método contraceptivo. Anne não se sentia pronta para um quinto filho. Também não sentia que eles tinham a segurança financeira para sustentar uma família tão grande. Apesar da forte objeção de PKD, Anne fez um aborto. Ela teve de viajar para o norte, até Seattle, no estado de Washington, para o procedimento, uma vez que era ilegal na Califórnia. PKD nunca chegou a se recuperar disso. Em outubro de 1962, ele entregou o romance *We Can Build You* para o seu agente literário. Nele, a personagem central, uma mulher chamada Pris "Frauenzimmer" ("quarto de mulheres" em alemão) mata um robozinho com seu sapato de salto alto. Anne reconhece que a personagem Pris é baseada nela. Nesse romance, Pris até azuleja o banheiro exatamente da mesma maneira que Anne estava fazendo quando PKD escrevia a história.

> "Mais ou menos na mesma época, comecei a azulejar o banheiro principal da nossa casa. Comprei pequenos azulejos de cores diferentes e fiz uma sereia, peixes, um olho cósmico bem acima do vaso sanitário, um barco e uma grande serpente marinha. Parecia que você estava debaixo d'água quando estava tomando banho."[59]

PKD descreve o mural no banheiro de Pris da seguinte forma:

> "Nas paredes do banheiro, ela rascunhara todo tipo de monstro marinho e peixe, até uma sereia. Ela já havia coberto uma parte com azulejos de todas as cores imagináveis."[60]

PKD escreveria tempos depois um conto chamado *The Pre-Persons* (1974), que afastou uma parte dos seus leitores com uma condenação enérgica ao aborto.

O aborto estragara o casamento, e eles estavam cada vez mais distantes. Os dois tinham interesses distintos para mantê-los ocupados. PKD tinha a sua escrita e Anne estava desenvolvendo um negócio de jóias. Anne estava cada vez mais irritada com PKD, especialmente sempre que ele a incomodava lendo algum trecho de seu último trabalho para ela enquanto ela estava ocupada. Ela sugeriu que ele encontrasse outro lugar para trabalhar, bem longe de casa. De acordo com Anne, PKD achou a ideia boa. Encontraram uma cabana velha de madeira por ali que pertencia ao amigo deles, o xerife Bill Christensen. Eles pagavam 30 dólares por mês a Christensen pelo isolamento de PKD e pela paz de espírito de Anne. Eles deram à cabana o nome de "O Casebre" e era ali que PKD iria trabalhar no romance *O Homem do Castelo Alto* (1962).

O homem do casebre alto

Vulcan's Hammer, escrito em 1953, foi finalmente publicado em fevereiro de 1960, e PKD completou outros dois romances *mainstream* naquele ano, *The*

Man Whose Teeth Were All Exactly Alike e *Humpthy Dumpty in Oakland*. Assim como suas outras tentativas de escrever ficção "séria", com a exceção de *Confessions*, esses romances foram ignorados enquanto ele estava vivo. *Teeth* acabou sendo publicado em 1984 e *Oakland*, em 1986. As ideias de PKD pareciam ter acabado. Ele afirmaria numa entrevista de 1976 que decidiu fingir estar escrevendo um novo romance para evitar ter de ficar perto de Anne.

> "Para tornar a farsa convincente, eu tinha que começar a bater à máquina. Eu não tinha anotações, não tinha nada em mente a não ser uma ideia de anos atrás de escrever uma história em que a Alemanha e o Japão haviam derrotado os Estados Unidos. E, sem nenhuma anotação, simplesmente me sentei e comecei a escrever, só para não ter de entrar no negócio das joias."[61]

Não é assim que os acontecimentos são descritos por Anne. Ela diz que PKD ficou fascinado com o julgamento de um nazista importante, Adolf Eichmann, um alto oficial da SS e um dos engenheiros do Holocausto. Nos últimos meses da Segunda Guerra, Eichmann conseguira escapar da justiça fugindo para a Argentina. Mas foi sequestrado por agentes do Mossad, o serviço de inteligência israelense, e levado de volta a Israel para ser julgado por crimes de guerra e crimes contra a humanidade. O julgamento, que estava sendo realizado em Israel, começou no dia 11 de abril.

O dia seguinte marcou o centenário do início da Guerra Civil americana. Anne demonstrara interesse nos preparativos para a comemoração e PKD, tendo um interesse antigo na Guerra Civil, sugeriu que Anne lesse um livro do escritor de ficção científica Ward Moore, intitulado *Bring the Jubilee*. Anne foi até a biblioteca local e encontrou um exemplar desse clássico de 1953. No romance, o Sul ganha a guerra após uma vitória decisiva na Batalha de Gettysburg. Nessa história alternativa, forças Confederadas invadem o México, depois dominam toda a América Latina. Tempos depois, a "União Alemã" derrota a França e a Grã-Bretanha numa versão encurtada da Primeira Guerra Mundial. Assim, na época em que se passa a história, o mundo está dividido entre duas esferas de influência, a Alemanha e a América Confederada.

Em sua entrevista a Gregg Rickman em 1981, PKD afirma que a ideia para um romance de história alternativa em que as forças do Eixo vencem a Segunda Guerra Mundial "estivera na minha cabeça sem que lhe desse a devida atenção havia anos. Eu já havia feito toda a pesquisa quando ainda estava em Berkeley".[62] É possível que, embora PKD tivesse tido a ideia para tal romance havia muito tempo, foi o romance de Ward Moore que lhe deu a estrutura inicial de que ele precisava, em particular quando Anne descobriu uma nota de rodapé obscura na obra de Moore. A nota chamava a atenção para um expediente literário de "livro dentro do livro". Moore informa ao leitor a respeito de um romance que havia sido escrito e que descrevia uma vitória do Norte na Guerra Civil. Anne considerou essa uma premissa intrigante. Um romance dentro de um romance, com a "ficção" representando a nossa realidade. Ela disse a PKD:

> "Eu gostaria que Ward Moore tivesse desenvolvido mais essa ideia fascinante. Como seria esse mundo?"[63]

De acordo com Anne, esse era o estímulo de que PKD precisava. O julgamento de Eichmann reavivara seu interesse na Alemanha nazista, e o cenário do mundo alternativo, conforme apresentado no romance de Moore, era um ponto de partida ideal. Mas o que realmente deve ter provocado o seu interesse foi a ideia de um romance dentro de um romance. Anne disse que ele começou o trabalho de imediato. Ele usava a velha máquina de escrever dos anos 30 com a tecla "e" que ficava presa.

O Homem do Castelo Alto não apenas tem a ideia de um romance dentro de um romance, mas, como o crítico literário N. B. Hayles observa em seu ensaio *Metaphysics and Metafiction in High Castle*, a percepção que um personagem central (o Sr. Tagomi) tem de que ele é um personagem fictício.[64] Essa poderosa técnica literária tornou-se um recurso básico de muita ficção pós-modernista, mas aqui temos PKD usando tal recurso no início dos anos 1960, sugerindo influências de escritores do "realismo mágico" latino-americanos, tais como Jorge Luiz Borges e Gabriel García Marquez.

Mas *O Homem do Castelo Alto* foi considerado um romance de ficção científica revolucionário sob outros aspectos também. PKD utiliza mais uma vez o recurso narrativo que usou pela primeira vez em *Confessions of a Crap Artist*, no qual o ponto de vista muda de um personagem a outro. Mas como *Confessions* só será publicado em 1975, o recurso é visto pela primeira vez nesse livro. Hayles sugere que o estilo incomum de PKD é o resultado da "acausalidade" de uma obra oriental chamada de *I Ching* ou "O Livro das Mutações".[64]

Acredita-se que o *I Ching* tenha cerca de 3.000 anos. No Ocidente, muitos o consideram uma forma de prever o futuro, mas no Oriente ele é visto como um livro muito importante de sabedoria espiritual. Ao contrário de outras formas de previsão do futuro, o *I Ching* não considera o passado e o futuro como fixos, mas como um fluxo dinâmico e sempre em mutação. Como tal, ele oferece possibilidades em vez de um conselho específico. O livro apresenta sessenta e quatro arranjos de linhas, conhecidos como hexagramas. Cada hexagrama é formado por seis linhas, que podem ser inteiras (*yang*) ou partidas, com uma lacuna no meio (*yin*). Cada linha é decidida jogando varetas, originalmente de milefólio, mas que, no Ocidente, têm sido substituídas por moedas, jogadas numa superfície plana seis vezes seguidas. Cada combinação de cara ou coroa cria uma linha *yin* ou *yang*. Numa entrevista em 1974, PKD descreveu como usou o método das moedas para decidir as ações de seus personagens de *O Homem do Castelo Alto* quando precisavam tomar uma decisão:

> "Em cada caso, ao fazerem uma pergunta, eu jogava as moedas e anotava o hexagrama que recebiam. Isso orientava o rumo do livro. Como no fim, quando Juliana Frink está decidindo se conta ou não a Hawthorne Abensen que ele é alvo de assassinos, a resposta indicava que ela deveria contar. Agora, se tivesse sido para não contar, eu teria feito com que ela não fosse até lá. Mas eu não faria isso em qualquer outro livro."[66]

Pode ser que PKD estivesse usando informações do seu subconsciente para desenvolver as tramas. Os métodos de previsão do futuro como o *I Ching* são desenvolvidos para facilitar a comunicação com áreas raramente acessadas da mente. Eles abrem portais que normalmente são negados à consciência no dia a dia. É como se, uma vez que os portais são abertos, todo tipo de pensamento pode sair e se derramar pela nossa realidade comum, "consensual". Isso inclui os arquétipos junguianos, a ideia proposta pelo psicólogo Carl Jung de imagens antigas derivadas de uma consciência coletiva, nas coisas nossos medos mais profundos são subitamente manifestos. Enquanto acessava essas áreas do subconsciente, PKD sentiria algo que viria a ter uma influência profunda sobre ele, tanto no aspecto psicológico quanto no criativo, e atuaria como um marco para coisas maiores que estavam por vir. Era como se o universo alternativo de PKD fosse colidir com o seu isolamento bucólico.

A visão de Eldritch

Na sexta-feira da paixão de 1961, Anne estava trabalhando dentro de casa, enquanto PKD estava por perto, cuidando dos canteiros de flores do pátio. (Tempos depois, ele brincaria, dizendo que não tinha nenhum jeito para jardinagem e que era mais provável que seus cuidados matassem as plantas do que fizessem com que crescessem bem!) Nesse dia de meados de abril em particular, PKD acabaria com a paz na casa ao entrar correndo, anunciando que tivera uma visão aterrorizante. Ele descreveu a Anne o que vira:

> "Uma grande faixa negra atravessando o céu. Por um momento, havia um nada profundo dividindo o céu ao meio."[67]

Numa entrevista que deu ao *London Daily Telegraph* em julho de 1974, ele acrescenta mais detalhes:

> "Transbordava ali a percepção de algo no céu. Eu não estava usando LSD ou qualquer outra droga, não nessa época; havia apenas uma privação da percepção de outras coisas vivas à minha volta. O que vi era uma forma de deidade má... que não vivia, mas funcionava. Que não olhava exatamente, mas escaneava, como uma máquina ou monitor. Tinha olhos de fenda e sempre pairava acima de um local específico. Usei-a para o título da história que escreveria depois da próxima: *A Scanner Darkly (O Homem Duplo)*."[68]

Muitos anos depois (em 1981), PKD discutiu com Gregg Rickman um incidente que ocorreu quando ele tinha quatro anos. PKD descreveu como o seu pai ficava ávido em incutir nele uma compreensão exata dos horrores da guerra. Ted vira a ação no front ocidental da Segunda Guerra e vivenciara, em primeira mão, ataques com gás venenoso e o efeito que eles tinham nos soldados. Ele mostrou ao filho a máscara antigás que ele trouxera da França. Ficou claro que isso teve um efeito intenso na mente jovem de PKD. Mesmo depois de passados mais de quarenta e cinco, PKD era capaz de descrever, com detalhes, como era a máscara:

"A caixa incluía todo um sistema de filtragem e diafragma. Parecia uma máscara usada por um receptor num jogo de beisebol. Uma câmara enorme com um sistema de filtragem de carvão."[69]

"Eu me lembro até hoje." Essa memória poderia ter contribuído para o horror que ele viu no céu naquela Sexta-feira da Paixão e durante dias depois?

Logo antes desse acontecimento, real ou imaginário, PKD começara a escrever o seu romance *O Homem no Castelo Alto*, em abril daquele ano (1961), como já descobrimos, com suas faculdades criativas sendo estimuladas pela cobertura televisiva do julgamento de Eichmann em Jerusalém e pelos eventos comemorativos em torno do centenário do início da Guerra Civil americana. Em seu livro, *The Search for Philip K. Dick*, Anne diz: "Em 1961, minha pequena herança e o dinheiro da venda da casa de PKD haviam acabado."[70] Ela então escreve:

> "Naquela primavera, Mamie Eisenhower — esse era o nome que demos à nossa ovelha Suffolk mais velha, ela tinha a franja igual à de Mamie — teve trigêmeos. Na tarde da Sexta-feira Santa, Phil pôs a versão de Dublin do Messias de Handel para tocar na vitrola enquanto trabalhava lá fora, nos canteiros de flores do pátio. Ele entrou em casa correndo..."[71]

PKD então descreveu para Anne o que ele vira no céu. Sabemos que ele trabalhou durante todo aquele verão escrevendo *O Homem do Castelo Alto* (1962). Anne descreve como, no fim do verão, ele apresentou orgulhoso o manuscrito para que ela lesse. Ela disse que era a melhor coisa que ele já escrevera e insistiu que enviasse logo ao seu agente. PKD fez algumas pequenas mudanças e enviou o romance. Ele foi aceito pela editora Putnam's no dia 10 de dezembro de 1961.[72]

Na nota introdutória de uma reedição do conto *The Days of Perky Pat*, citada por Patricia Warrick em *Minds in Motion*, PKD apresenta um conjunto de circunstâncias muito diferente que levaram à "visão":

> "Lá estava eu um dia, andando pela estrada rural até a minha choça, ansioso para começar as oito horas de escrita, num isolamento total de outros humanos, olhei para o céu e vi um rosto.

Não vi de fato, mas o rosto estava lá e não era um rosto humano. Era um vasto semblante do mal em estado de perfeição. Os olhos eram fendas vazias. Era de metal, era cruel e, o pior de tudo, era Deus."[73]

The Days of Perky Pat foi o conto de onde saíram muitas das ideias que aparecem no romance de PKD influenciado pela "pós-visão": *Os Três Estigmas de Palmer Eldritch* (1965).

Um casamento em queda livre

Anne afirma que "com a aproximação da primavera de 1963, discutíamos cada vez mais".[74] PKD realmente começou a fazer acusações mais deletérias. Muitos anos depois, a filha mais velha de Anne, Hatte, contou a ela que, certa vez, PKD gritou: "Você matou Richard e agora está tentando me matar."[75] Essa acusação é um eco interessante da crença que PKD teve durante toda a vida de que a sua mãe foi responsável pela morte da sua irmã, Jane. O relacionamento foi ficando cada vez pior e as discussões tornaram-se violentas.

Os principais desentendimentos eram sobre dinheiro. Nessa época, Anne conseguira estabelecer um negócio de joias com considerável sucesso em que PKD a ajudava de vez em quando. Na última entrevista concedida por ele, a John Boonstra, para a revista *The Twilight Zone*, PKD disse:

"Fui trabalhar fazendo joias com a minha esposa. Eu não estava feliz. Eu não gostava de fazer joias. Eu não tinha absolutamente nenhum talento. Ela tinha o talento. Ela ainda é joalheira e muito boa, faz coisas incríveis... É uma ótima arte. Mas eu não conseguia fazer nada a não ser polir o que ela fazia."[76]

Fica claro que PKD ressentia-se do fato de que a esposa era a principal provedora da casa. Ele começou a dizer aos amigos que Anne estava fora de controle. O casal vinha fazendo terapia para resolver seus problemas. No início, iam à mesma psiquiatra, a Dra. "J". PKD discutia sobre a esposa com a terapeuta deles e conseguiu convencê-la de que Anne era tão perigosa que precisava ser internada num hospital psiquiátrico para ficar em observação. Uma noite, Bill Christensen, o xerife da polícia local, que se tornara amigo da família, apareceu à porta com documentos solicitando que Anne fosse ao Hospital

Psiquiátrico Ross, em Kentfield, perto de San Rafael, para setenta e duas horas de observação.

Depois disso, Anne foi transferida para a Clínica Langley Porter, em São Francisco, onde ficou por duas semanas. Ela recebeu alta com instruções para continuar com os medicamentos por mais dois ou três meses. Qualquer que tenha sido a motivação de PKD para esse ato, as relações dentro do casamento não melhoraram. Em seu romance *Now Wait for Next Year* (1966), escrito no outono de 1963, PKD cria uma personagem monstruosa chamada Kathy Sweetscent. Anne não tem dúvidas de que essa personagem "sádica, autodestrutiva e que ganha mais que o marido — o querido e sincero Dr. Eric Sweetscent", foi baseada nela. A referência ao dinheiro resulta do fato de que a pequena produção artesanal de joias de Anne estava fazendo entrar mais dinheiro do que a escrita de PKD. O mais perturbador para Anne é que ao fim do romance sua personagem deteriorou-se até se tornar uma psicopata mentalmente instável e violenta, que tem de ser internada num hospital psiquiátrico à força. Seria isso uma forma de realização do desejo de PKD, após seu fracasso em fazer com que Anne fosse confinada de forma semelhante? No que pode ser um aparte revelador, Anne afirma que PKD nunca lhe mostrou esse romance. Ela só o leu após a morte dele.

Numa festa na casa de amigos nas colinas próximas, no outono de 1963, os pensamentos secretos de PKD tornaram-se manifestos. Embora ele tivesse bebido vários martínis e estivesse levemente embriagado, ele insistiu em dirigir na volta para casa. No caminho, ele não conseguiu fazer uma curva e o carro acabou pendurado de forma arriscada à beira de um precipício. Os vizinhos apareceram com um caminhão e uma corda de reboque. Segundo Anne, quando estavam prendendo a corda para puxar o carro e colocá-lo em segurança, PKD agarrou o braço dela e forçou-a na direção do carro, dizendo: "Entre que eu empurro." Ela entendeu isso como uma forma de tentativa de suicídio.

> "Se ele tivesse empurrado o carro, ele teria caído pela encosta da montanha. É claro que havia árvores para impedir que fosse terrivelmente longe, acho. Eu me afastei dele, irritada e, como de costume, logo apaguei o incidente da minha cabeça. Eu era muito boa em negação — ou seria fé, ou valores burgueses de família — ou em excesso de lealdade?"[78]

No que diz respeito à escrita de ficção científica de PKD, pelo menos, as coisas começavam a melhorar. Em setembro de 1963, ele ficou sabendo que ganhara o Prêmio Hugo de Melhor Romance por *O Homem do Castelo Alto* (1962). O Hugo homenageia Hugo Gernsback, um inventor americano, escritor e editor de revista que é conhecido como "o pai da ficção científica", uma vez que se considera que produziu a primeira revista do gênero. Os Prêmios Hugo são apresentados na conferência mundial anual de ficção científica, a Worldcon, que acontece numa cidade americana diferente a cada ano.

Em 1963, a 21ª Convenção Mundial de Ficção Científica, a "Discon I", aconteceu no prestigioso Hotel Statler-Hilton, em Washington D.C. O evento atraiu seiscentos membros da Sociedade Mundial de Ficção Científica e contou com muitos dos grandes nomes da ficção científica, incluindo o escritor Isaac Asimov, criador da clássica série *Fundação*, e William Fitzgerald Jenkins, autor da noveleta de ficção científica *First Contact*, e que escrevia sob o pseudônimo de Murray Lenister. Os vencedores do Prêmio Hugo são decididos numa votação de membros da Sociedade, de modo que os escritores são julgados por colegas e por aqueles que os apoiam. Outra premiação do Hugo foi Melhor Ficção, para Jack Vance, por *Dragon Masters* (*Planeta dos Dragões*). Asimov recebeu um prêmio especial pelos artigos científicos que escreveu para a *Science and Fiction Magazine*, que também ganhou o Hugo de Melhor Revista de Ficção Científica.

Mente em queda livre

Assim, PKD estava em ilustres companhias. Ele deveria estar em êxtase. Infelizmente, ele também desejava um reconhecimento como escritor *mainstream,* mas seus romances de não-ficção científica não atraíram nenhum interesse. Algumas semanas após o anúncio do prêmio, veio mais uma notícia ruim. Seu agente literário devolveu a ele todos os seus manuscritos de romances *mainstream*, explicando em nota que simplesmente não conseguia vendê-los e que, a partir de então, estaria interessado apenas em seus romances e contos de ficção científica, e nada mais.

Esse foi um golpe duro para PKD e ele não reagiu bem. Começou a se afastar da família e a passar cada vez mais tempo no "Casebre" e cada vez menos tempo com a esposa e as filhas. Quando estava com elas, as discussões logo começavam. Anne conta que ele costumava voltar correndo para a casa da mãe, para voltar dias depois. As coisas não melhoraram. Para Anne, lidar com a instabilidade e a imprevisibilidade de PKD era uma tensão contínua. Ela conta que, durante uma discussão, ele a "espancou". Ela reagiu cerrando os punhos e, por alguns segundos, a situação poderia ter se tornado muito violenta, mas então PKD saiu correndo do quarto.

No dia 22 de novembro de 1963, o presidente John F. Kennedy foi assassinado com um tiro quando o comboio presidencial passava pela Dealey Plaza em Houston, Texas. O homem acusado pelo assassinato, Lee Harvey Oswald, foi então baleado por Jack Ruby antes que pudesse ser julgado. O assassinato teve um efeito profundo em PKD. Anne conta que ele, ao saber da notícia, desabou no chão em choque. Ele ficou deprimido durante muitas semanas depois.

Toda uma série de acontecimentos tristes, incluindo a morte do cachorro e de dois gatos filhotes que eles tinham, contribuiu para o estado de desespero de PKD. Logo após a morte dos gatinhos, ele saiu correndo de casa e voltou para Berkeley para ficar com a mãe. Ele só retornou quando Anne e as meninas foram até lá à procura dele e o trouxeram de volta. Estava claro que havia problemas no casamento. A solução de Anne foi inscrever a família toda na Igreja Episcopal da região de Inverness. A família começou as aulas de crisma e passou a fazer parte da pequena comunidade que tinha um interesse ativo na igreja.

Em janeiro de 1964, numa última tentativa de voltar a aproximar a família, PKD, Anne e as crianças foram batizados na Igreja Episcopal. Um mês depois foram crismados. No entanto, as coisas permaneceram difíceis entre PKD e Anne. A terapeuta deles achou que o relacionamento se beneficiaria se tivessem dois terapeutas diferentes, e PKD mudou para um psiquiatra homem. Muitos anos depois, em 1982, Anne encontrou seu psiquiatra, a Dra. J., que informou a ela que houve, na época, uma preocupação genuína com a sua segurança. Parece que o psiquiatra de PKD entrara em contato com a terapeuta de Anne para informá-la de sua preocupação de que PKD pudesse de fato tentar matar a esposa.

Os Três Estigmas

Foi nessa atmosfera de pavor e depressão que PKD começou a escrever *Os Três Estigmas de Palmer Eldritch* (1965). Nessa época, ele achava difícil não imbuir na escrita suas emoções com relação ao término do terceiro casamento.

Os Três Estigmas de Palmer Eldritch foi um de seus primeiros romances a ter um tema religioso. O romance se passa num futuro em que a Terra está quase inabitável devido ao aquecimento global. Essa foi uma demonstração notável de capacidade de previsão, uma vez que, na época em que ele escreveu, os cientistas estavam mais preocupados com um retorno à era do gelo. No romance, colonos são convocados a outros corpos planetários do Sistema Solar. Como uma forma de fuga de sua existência sombria, eles usam uma droga ilegal chamada Can-D para entrarem numa realidade artificial e terem a experiência da vida fictícia de uma personagem chamada Pat Insolente.

A empresa dona de Perky Pat e de Can-D descobre que seu monopólio está ameaçado por um produto rival, a Chew-Z, oferecida por Palmer Eldritch, um traficante interestelar biônico com olhos eletrônicos, dentes de aço e um braço artificial (seus três estigmas). A questão central do romance é: Quem exatamente é Palmer Eldritch — Deus? Satã? Todos nós? Nesse caso, somos capazes de resistir a ele ou o livre-arbítrio é uma mera ilusão? Muitos comentadores presumem que PKD escreveu *Os Três Estigmas* sob efeito de LSD. Mas, numa entrevista a John Vitale, PKD negou essas afirmações, dizendo: "Escrevi o livro depois de ler um artigo de revista sobre alucinógenos, escrito por Aldous Huxley."[79]

1964 – Os Três Estigmas de Palmer Eldritch

"'Você aprende a ir vivendo um dia de cada vez' — Sam Regan disse a ele num tom solidário. 'Você nunca pensa em períodos mais longos. Só até o jantar ou até a hora de dormir. Intervalos, tarefas e prazeres muito limitados. Fugas.'"

— **Philip K. Dick,** *Os Três Estigmas de Palmer Eldritch*

Há um grau de confusão com relação a quando esse romance foi escrito. O consenso geral é do início de 1964, mas alguns o situam em 1963. Andrew Butler afirma que foi concluído no dia 18 de março de 1964. Foi publicado em capa dura pela Doubleday em 17 de novembro de 1964.

A história original foi retirada do conto "The Days of Perky Pat", que foi escrito um ano antes, enviado para a SMLA no dia 18 de abril de 1963 e publicado em dezembro de 1963 na *Amazing*. De acordo com Patricia Warrick, a ideia para o conto ocorreu quando PKD viu suas filhas brincando com bonecas Barbie. Ele notou que as crianças que brincam com essas bonecas relacionam-se com muita proximidade com o mundo da Barbie e notou como a Barbie percebe seu próprio mundo.

Central nesse romance complexo é a aplicação prática da precognição nos negócios. Precognitivos são contratados para prever tendências futuras do mercado. Intercalada nesse contexto está a ideia de que a realidade pode ser deformada pelo uso de alucinógenos poderosos, tais como a Can-D e sua substituta, a ainda mais poderosa Chew-Z, que está prestes a ser trazida para a Terra pelo epônimo Eldritch.

O nome Palmer Eldritch significa literalmente "peregrino horrível" e o romance contém muitas alusões religiosas. Isso pode ser um reflexo do fato de que, ao escrevê-lo, Philip havia se tornado membro da Igreja Episcopal e, como parte das aulas de crisma, vinha lendo um grande volume de material teológico.

A ideia de que mundos ilusórios podem ser criados pela mente de outra pessoa foi investigada pela primeira vez por PKD em *Eye in the Sky*, mas é aqui que ela se desenvolve para um verdadeiro pesadelo gnóstico no qual o Demiurgo controla tudo.

Os Três Estigmas de Palmer Eldritch foi indicado para o Prêmio Nebula de Melhor Romance em 1965.

No início de 1964, PKD estava terminando as últimas partes de *Clans of the Alphane Moon* (*Clãs da Lua Alfa*) e fica claro, a partir desse romance, que muito de sua vida pessoal transbordava para a sua ficção. A história se passa numa antiga instituição psiquiátrica construída para oferecer tratamento mental a colonos que viviam em mundos que orbitam a estrela Alfa Centauri e que estavam com dificuldades para lidar com os estresses da colonização. Dentro de uma história fascinante sobre diversas formas de doença mental, o livro também se concentra na relação entre dois personagens centrais, Chuck e Mary Rittersdorf, que estão enfrentando um divórcio doloroso. Chuck e Mary reconciliam-se no fim do romance. Infelizmente, PKD não pôde criar o mesmo final feliz para o seu próprio casamento.

PKD agora passava cada vez mais tempo na casa de Dorothy e Joe em Berkeley. Então não foi nenhuma surpresa quando ele fez o pedido de divórcio no dia 9 de março de 1964. Ele estava deixando não apenas Anne e as enteadas, mas também a sua própria filha, Laura. A condição em que estava o relacionamento não foi o único fator para o divórcio. Ele também sentia que precisava deixar a calma vida burguesa do interior, que vinha levando em Reyes Point Station, e voltar a ser um homem solteiro, desfrutando do tumulto e do agito da cidade grande. No início, PKD foi morar com Dorothy e Joe, mas logo alugou uma acomodação por perto.

1964 – Martian Time-Slip

"Não sou muito, mas sou tudo o que tenho."

— **Philip K. Dick,** *Martian Time-Slip*

PKD enviou o manuscrito completo de um romance intitulado *Goodmember Archie Kott of Mars* à sua agência literária no dia 31 de outubro de 1962. Em seguida, a história foi transformada numa série pela revista *Worlds of Tomorrow* com o título "All We Marsmen". Quando apareceu nesse formato, ela já havia sido vendida para a Ballantine, que a publicou com o título *Martian Time-Slip* em abril de 1964. Ela foi rejeitada pela Pyramid, a Ace e a Berkeley.

Nesse romance curioso, PKD foca na natureza do autismo e da esquizofrenia. Ele se passa em Marte, em agosto de 1994. Um menino chamado Manfred Steiner tem habilidades cognitivas poderosas, facilitadas pelo autismo. O personagem central, Jack Bohlen, tem acessos de esquizofrenia.

Alguns veem a esquizofrenia e o autismo como um perigo, enquanto outros, como Arnie Kott, líder do poderoso sindicato Water Workers' Union, sentem que precogs como Manfred podem ser usados para a obtenção de poder político e vantagens financeiras.

O romance concentra-se em falsas realidades psicodélicas e foi muito influenciado pelos escritos do psiquiatra existencialista suíço Ludwig Binswanger. PKD apresenta um universo em múltiplas camadas de "realidade", onde autismo/esquizofrenia permitem acesso a fluxos temporais alternados. Tempos depois, ele viria a denominar esse conceito de "Tempo Ortogonal" e discutiria sua existência potencial com riqueza de detalhes em sua *Exegese*.

Dez dias depois, em 18 de março de 1964, ele enviou o manuscrito de *Os Três Estigmas de Palmer Eldritch* ao seu agente literário. Num período de dias, ele se vira livre de um romance que temia e de uma vida que considerava sufocante. Como escreveu um tal de Bob Dylan naquele mesmo ano: "Os tempos estão mudando..."

Capítulo Seis
Os Anos com Hackett (1965-70)

No ano anterior, PKD iniciou uma correspondência com Grania Davidson, esposa do colega escritor de ficção científica Avram Davidson, depois que ela escreveu elogiando seu romance *O Homem do Castelo Alto* (1962). Quando PKD deixou Anne, o casamento de Grania com Avram já estava chegando ao fim — no caso, um fim amigável. Quando Grania soube que PKD estava solteiro, mudou-se com o filho para Berkeley. PKD encontrara uma nova alma gêmea.

Humpty Dick em Oakland

Em junho de 1964, os três acomodaram-se num pequeno chalé alugado na Av. Lyon, em Oakland, uma cidade portuária na costa leste da Baía de São Francisco. Assim como PKD, Grania era fascinada pelo I-Ching. Numa de suas primeiras cartas, ela diz que perguntara ao oráculo: "O que aconteceria entre nós?" e recebeu o hexagrama 45 – "Reunião", o que ela considerou um sinal positivo.[80] O relacionamento teve um começo infeliz, no entanto. Quando PKD e Grania estavam no processo de mudar suas coisas para a casa da Av. Lyon, PKD fez um curva rápida demais no seu Volkswagen e deslocou seriamente o ombro direito. Ele ficou imobilizado por algum tempo e, portanto, sem escrever. Ele tentou se fazer de forte para Grania e o filho, mas isso não ajudou a melhorar o seu estado de ânimo. Ele informou a um amigo, o escritor de ficção científica Ray Nelson, que tentara cometer suicídio em segredo. O ferimento causado pelo acidente nunca sarou totalmente e ele sofreria com repetidos deslocamentos pelo resto da vida.

Mas seu estado de ânimo acabou melhorando. PKD e Grania tiveram um bom relacionamento no começo, em que ele se encantava com o papel de pai do filho dela. Quando ele estava de bom humor, era fácil ver por que tantas mulheres se apaixonavam por ele. A esposa de Ray Nelson, Kirsten, disse a Anne que o achava:

> "...romântico, empolgante, fascinante, assim como achavam várias outras mulheres ali. Ele tinha um carisma fantástico. Pedia

em casamento todas as mulheres que conhecia. As piadas que ele contava eram muito engraçadas. Phil amava se apaixonar. Ele era apaixonado por se apaixonar."[81]

Amor e paranoia

De fato, ele se apaixonou mais uma vez, por Grania, e não foi nenhuma surpresa quando ele logo a pediu em casamento. Mas isso não era o que Grania estava querendo. Embora ela o considerasse uma companhia maravilhosa, ele também era "atormentado por demônios"[82], tal como a sua paranoia em relação a Anne, que cresceu tanto que ele comprou uma Colt Derringer calibre 22 para se proteger. Ele retratou a ex-esposa como uma psicopata perigosa. Ao fazer pesquisas para a sua biografia de PKD, Anne falou com o velho amigo da Art Music, Vince Lusby. Ela achou extremamente perturbador o que ouviu dele.

> "Phil disse a Vince que o motivo do seu pedido de divórcio era que eu comprava todo carro novo que aparecia e que ele teve que me conter antes que eu perdesse a casa. Ele contou a Vince que eu o atacara com uma faca de trinchar, que eu o perseguira pelo quintal com o Jaguar branco (que não tínhamos mais fazia anos) e que eu assassinara o meu primeiro marido. Vince ficara surpreso com tudo isso, já que me conhecia. Então Phil disse a ele, sério: 'Anne grampeou o meu velho toca-discos Magnavox para me escutar e espiar aqui.'"[83]

Vince também disse que PKD alegou que Anne planejava invadir seu escritório e roubar os registros das suas finanças. Ele não só achava que Anne havia "assassinado" o ex-marido como pensava que seu amigo Ray Nelson estava planejando matar a esposa, Kirsten. Grania ficou muito preocupada com os "humores autodestrutivos" dele, temendo que PKD pudesse acabar com a própria vida. Grania conseguiu roubar a arma e dar para Ray guardar. Mas parece que PKD tinha mais de uma arma.

De 4 a 7 de setembro de 1964, o Leamington Hotel, em Oakland, sediou a 22ª Convenção Nacional de Ficção Científica, conhecida, naquele ano, como "Pacificon II". O romance ganhador do Prêmio Hugo daquele ano foi *Way Station* (*Estação de Trânsito*), de Clifford D. Simak. Por razões que não ficaram claras, PKD ligou para Anne e convidou-a para ir ao último dia da convenção com ele e Ray Nelson. Ela concordou e viajou de Point Reyes Station para o evento. Mas esse dia não acabou bem. Nas primeiras horas da madrugada, PKD deixou Anne para que ela voltasse para casa pelas ruas potencialmente perigosas de Oakland. Não ficou claro por que isso aconteceu ou, na verdade, como Anne conseguiu chegar em casa naquela noite.

Uma indicação para o estranho comportamento de PKD pode ser encontrada na entrevista que Sutin fez com um fã de ficção científica chamado Dick Ellington. Ellington conta que PKD usava um terno com um colete cheio de bolsos.

> "Juro por Deus que Phil tinha mais substâncias exóticas naqueles bolsos para abastecer uma farmácia grande, com sobra suficiente para uma loja de artigos de vodu."[84]

No dia seguinte, Anne decidiu voltar para Oakland para descobrir por que PKD comportara-se daquela maneira, levando consigo a filha deles, Laura, então com quatro anos de idade. Anne diz que bateu à porta de PKD na Av. Lyon. Segundos depois, PKD abriu a porta ainda de pijama e começou a brandir um revólver. Anne pegou Laura e saiu dali o mais rápido possível. Ela ficou confusa e assustada por essa perigosa variação de humor. Desde então ela conta que esses acontecimentos a levaram a pensar em suicídio, mas que mudou de ideia pelo bem das filhas.[85]

Emmanuel Carrere oferece uma versão diferente dos acontecimentos na sua biografia pouco convencional e levemente romantizada, *I Am Alive and You Are Dead: A Journey Inside the Mind of Philip K. Dick* (2005). De acordo com Carrere, ao ver Anne aproximar-se da casa, PKD correu de um cômodo ao outro brandindo um revólver antes de empurrar Grania para dentro de um armário. Em seguida, deixou que Anne e Laura entrassem. No relato de Carrere, Anne e a filha ficaram durante algumas horas, enquanto PKD fazia ovos com bacon, cantando "alguma canção de Schubert com sua bela voz grave, depois ao som de uma reunião familiar tranquila e uma mesa farta."[86]

Anne não teve nenhuma notícia de PKD por algumas semanas. Então, em outubro de 1964, ele ligou para ela para perguntar se ela podia ir até a sua casa. Ela concordou e ele chegou mais tarde, no mesmo dia, com a máquina de escrever e uma única mala, que levou ao seu escritório. Anne estava trabalhando na sua oficina fazendo joias nesse dia. Ela decidiu não fazer muito caso da volta do ex-marido e simplesmente continuou o que estava fazendo. PKD, é claro, sentiu que estava sendo evitado porque, uma hora depois, quando Anne saiu da oficina para tomar água, ela viu PKD voltar para o carro com a mala e a máquina de escrever. Ela o viu partir, sabendo que era pela última vez.

Grania saiu da casa na Av. Lyon no dia 31 de outubro de 1964. Não se sabe o que causou a saída. PKD sentiu que havia sido abandonado mais uma vez. Alguns dias depois, outro amigo, Jack Newkom e a esposa, Margo, haviam se mudado para a casa, mas o arranjo não durou muito e os dois novos moradores saíram um mês depois.

O gosto musical de PKD começou a se ampliar nesse período. Ele jamais perderia o interesse na música clássica, mas durante os anos 1960 ele passou a gostar de rock, incluindo Rolling Stones, Jefferson Airplane, The Grateful Dead e Country Joe and the Fish. Na Califórnia dos anos 1960, o rock andava de mãos dadas com as drogas. As pessoas experimentavam novas formas de drogas, buscando uma experiência que transcendesse a mera "viagem" que a maconha e as anfetaminas ofereciam, partindo para algo mais espiritual. A mais conhecida dentre essas era o LSD, abreviação para a dietilamida do ácido lisérgico, ou apenas "ácido". O "guru do ácido" mais conhecido era um ex-assistente de professor de Berkeley, Timothy Leary, que defendia o uso de drogas alucinógenas para alcançar estados alterados da consciência. Em 1964, Leary foi coautor de um livro intitulado *The Psychedelic Experience*. Ele escreve:

> "É claro que a droga não produz a experiência transcendente. Ela simplesmente atua como uma chave química — ela abre a mente, libera o sistema nervoso de seus padrões e de suas estruturas comuns."

Muitas pessoas do mundo literário também estavam experimentando LSD para terem insights psicológicos e espirituais. PKD não era uma exceção. Em pelo menos duas ocasiões em dezembro de 1964, PKD começou a tomar ácido com o velho amigo de escola, Ray Nelson, que adquirira a droga com seus contatos. Durante a primeira dessas "viagens" de ácido na casa de PKD, ele pareceu incorporar a personalidade de um romano antigo, talvez uma manifestação inicial de seu personagem "Thomas". Das profundezas de sua viagem com o LSD, costuma-se relatar, PKD falou com Nelson num latim impecável, com a gramática correta.[87]

No entanto, como parte da minha pesquisa, tive a oportunidade de perguntar a Ray o que ele recordava do incidente. Numa correspondência pessoal dirigida a mim, Ray afirmou:

> "Não posso ter certeza se Phil estava falando latim de verdade durante as suas experiências com LSD. Eu não saberia a diferença entre latim falso e latim verdadeiro."

Muitos fãs de PKD supõem que as imagens surreais e espirituais que o autor inventou devem ter emanado de visões alucinatórias induzidas pelo ácido. O próprio PKD encorajava tais suposições. Numa entrevista a John Vitale, ele disse: "Olha, vou ser honesto com você. Houve uma época na minha vida em que achei que as drogas pudessem ser úteis, que talvez, tomando psicodélicos suficientes, fosse possível ver além da ilusão do mundo até a natureza da realidade última. Agora eu sei que a única coisa com que elas te colocam em contato é a sala acolchoada de um hospital psiquiátrico".[88] Tempos depois, ele passou a minimizar a importância da droga em seu trabalho, assim como a quantidade de ácido que tomara. Numa entrevista para o escritor de ficção científica Arthur Byron Cover, ele disse:

> "Eu não estava acordando de manhã e tomando ácido. Fico impressionado quando leio as coisas que eu dizia sobre isso nas sinopses dos meus livros. Eu mesmo escrevi o seguinte: 'Ele tem experimentado drogas alucinógenas para encontrar a realidade imutável debaixo das nossas ilusões'. E agora eu digo: 'Minha nossa!' Tudo o que descobri a respeito do ácido foi que eu estava num lugar de onde eu queria sair rápido. Não parecia mais real que nenhuma outra coisa, só parecia mais terrível."

1965 – Dr. Bloodmoney

"Estou cansado e quero descansar. Quero sair disto e me deitar em algum lugar, longe daqui, onde esteja escuro e ninguém diga nada. Para sempre."
— **Philip K. Dick,** *Dr. Bloodmoney*

No dia 11 de fevereiro de 1963, a SMLA recebeu um manuscrito intitulado *In Earth's Diurnal Course*[*], em homenagem a Wordsworth. O título foi alterado para *Dr. Bloodmoney or How We Got Along After the Bomb* (*Depois da Bomba*) e foi publicado pela Ace em 11 de junho de 1965. Foi indicado para o Prêmio Nebula de Melhor Romance de 1965.

Em 1972, um erro de cálculo durante um teste nuclear ocasionou uma precipitação radioativa generalizada em grandes áreas da Baía de São Francisco. Muitos bebês nascem com mutações genéticas. A história tem início em 1981, quando o Dr. Bluthgeld ("Bloodmoney" em alemão, "Dinheiro Sujo" em português), o cientista responsável pelo erro, está lidando com a paranoia e a culpa por meio de auxílio psiquiátrico. A segunda parte do livro se passa sete anos depois, após um ataque nuclear aos Estados Unidos. A civilização está se reerguendo e o foco é num grupo de sobreviventes de uma comunidade autônoma no norte do condado de Marin.

O personagem Hoppy Harrington é baseado em Eldon Nichols, o contador corcunda que trabalhava na Art Music e que foi responsável pela demissão de PKD de um emprego que ele tanto amava. De fato, a oficina de conserto de televisores do romance coincide exatamente com a loja de Herb Hollis, sendo as duas localizadas na Av. Shattuck, em Berkeley.

Uma das crianças afetadas pelo acidente de 1972 é Edie Keller. Ela tem, dentro de si, o corpo minúsculo do irmão gêmeo, Bill. Bill comunica-se por telepatia com a irmã e afirma ser a reencarnação do dono da oficina de reparos, Jim Fergusson. Não apenas se trata da relação inversa de PKD com a irmã gêmea há muito perdida, Jane, mas a ideia de um "Bill" acreditando ser a reencarnação de uma pessoa chamada "Jim" ocorrerá novamente no romance de PKD de 1982, *A Transmigração de Timothy Archer*.

Dr. Bloodmoney também contém elementos de outro tema phillipkdickiano, o da realidade enquanto projeção do observador, nesse caso, do próprio Bluthgeld.

Ele está convencido de que é "o *onfalos*, o centro, de toda essa destruição cataclísmica". Dessa posição de solipsismo supremo, ele acredita ter o poder psíquico para causar mais destruição nuclear simplesmente desejando que aconteça.

---

[*] O manuscrito também havia recebido o título provisório de *A Terran Odyssey*. (N.E.)

Nancy frágil e vulnerável

Primeiro Grania, depois os dois inquilinos haviam ido embora. PKD não estava feliz morando sozinho. Estava em busca de companhia, especialmente feminina e jovem. Ele sugeriu que as enteadas de um amigo da família do condado de Marin fossem morar com ele. Ele encontrara as duas moças, Anne e Nancy Hackett, algumas vezes com a mãe delas, Maren, quando ele morava em Port Reyes Station. Depois, encontrara as três novamente num jantar na casa de Maren. PKD sentiu-se atraído por Anne de início, mas sua afeição logo se voltou para a irmã mais nova, frágil, inteligente e psicologicamente vulnerável, Nancy, então com vinte e um anos.

Qualquer que seja o ponto de vista, pode-se dizer que Nancy já havia passado por dificuldades em sua vida jovem. Os pais se divorciaram quando ela era muito jovem. A mãe casou-se mais uma vez e o casamento curto revelou uma relação violenta. Quando Nancy tinha doze anos, a mãe foi diagnosticada com um tumor cerebral não passível de cirurgia. Ela entrou em coma e acabou morrendo em 1961, quando Nancy tinha dezoito anos. Nessa época, o pai estava casado com uma mulher inteligente e afetuosa chamada Maren. Nancy, o irmão e a irmã mais velhos foram morar com eles e, mesmo quando Maren e o pai se divorciaram, Maren ficou feliz em assumir a responsabilidade pelos três enteados.

Considerando os transtornos da sua vida, Nancy foi bem na escola e frequentou a Universidade Estadual de San Jose, na Califórnia. Mas ela havia sido afetada psicologicamente por acontecimentos passados. Ela não apenas era muito tímida como também apresentava sinais do que hoje seria diagnosticado como transtorno bipolar, mas que, na época, era conhecido como "psicose maníaco-depressiva". Não é, portanto, muito surpreendente que essa jovem sensível tenha considerado difíceis os tempos de faculdade. Ela passou um curto período de tempo estudando na Sorbonne, em Paris, mas o tempo que passou longe de casa acabou sendo problemático. Maconha e outras drogas estavam disponíveis com facilidade e Nancy começou a experimentar. Essas drogas e a sua própria fragilidade psicológica revelaram-se uma combinação perigosa. Ela teve um colapso nervoso e teve de voltar para os Estados Unidos.

As fotos de Nancy mostram uma menina esbelta, de cabelos castanhos longos e lisos, a boca grande e amigável, mas um olhar triste e profundo. Essa pessoa complexa foi mais uma das "garotas morenas" dele. Nancy foi uma de muitas dessas mulheres que acompanhariam os altos e baixos da vida de PKD pós-Anne. De acordo com Anne, PKD disse à amiga Kirsten Nelson: "Estou nas apostas de Jesus, se eu não salvar Nancy, ninguém mais salva".[89]

Em março de 1965, Nancy mudou-se para o chalé de PKD na Av. Lyon. Eles moraram ali por alguns meses e depois se mudaram para San Rafael, do outro lado da Baía de São Francisco. Em novembro, Nancy conseguiu um emprego na agência de correios local e tudo parecia estar indo bem. Pouco mais de um ano depois, Nancy engravidou. Os dois se casaram em julho de 1966 numa cerimônia civil na casa de um amigo da família, o juiz David Batty. Também estava presente nesse dia James A. Pike, o bispo episcopal do norte da Califórnia. Ao fim da curta cerimônia, o bispo Pike abençoou os recém-casados.

Acontecimentos bizarros

A Igreja Episcopal não costuma apoiar casamentos civis nem, naquela época, via o divórcio de forma favorável. No entanto, Jim Pike estava longe de ser um clérigo episcopal típico. Ele era um teólogo radical, com ideias pouco comuns a respeito da igreja cristã em seus primórdios. Além disso, ele estava tendo um caso com a mãe de Nancy, Maren. Nessa época, PKD e Jim tinham desenvolvido uma amizade próxima que forneceria material para um romance e também marcaria o prelúdio de uma sequência de acontecimentos bizarros.

Em fevereiro do ano seguinte, o filho de Jim Pike, Jim Junior, cometeu suicídio. A tragédia foi seguida de uma série de fenômenos *poltergeist* que incluíram o cabelo de Maren queimado de forma misteriosa e uma série de ocorrências estranhas envolvendo alfinetes de fralda. Pike começou a acreditar que seu filho estava tentando se comunicar com ele. De acordo com Lawrence Sutin, em outubro de 1966, Pike foi a uma reunião na casa do então famoso médium George Daisley, em Santa Barbara, Califórnia. Também estavam presentes Maren, PKD e Nancy. PKD teve a função de fazer anotações e certificar-se de não deixar passar nada que acontecesse ali.[90]

Pike escreveria depois um livro intitulado *The Other Side* (1968), no qual descreve suas experiências após a morte do filho e sua busca subsequente por provas da sobrevivência pós-morte de Jim Junior. No entanto, nesse livro, Pike afirma que, em sua primeira visita à casa de Daisley, ele estava acompanhado de Maren.[91] Ele não menciona a presença de ninguém mais. Ele conta que levara Maren junto porque ela testemunhara uma reunião em Londres organizada pela médium britânica Ena Twigg e ele queria uma avaliação objetiva das duas sessões.

Pike afirma que essa primeira reunião com Daisley aconteceu em agosto de 1966. Em seguida, ele descreve uma segunda visita à casa de Daisley no dia 9 de setembro de 1966.[92] A impressão que se tem de sua descrição da reunião é a de que ele se encontrou com Daisley sozinho. A terceira e última reunião ocorreu em dezembro de 1966 e, mais uma vez, parece ter envolvido apenas os dois.[93] Assim, se o relato de Pike for aceito como o mais exato disponível, não houve nenhum encontro com Daisley em outubro de 1966 e PKD e Nancy não estiveram presentes em nenhum deles. Sutin afirma que Pike agradeceu a PKD e Nancy no prefácio de *The Other Side*.[94] No exemplar que tenho do livro, publicado em 1975, não há menção a PKD e Nancy no prefácio nem em qualquer outra parte. Quando mencionei isso a Tessa, a última esposa de PKD, ela verificou o seu exemplar da primeira edição do livro e confirmou que havia ali o agradecimento de Pike a PKD e Nancy. Não faço ideia de por que uma edição posterior do Reino Unido omitiu isso.

1967 – Regresso ao Passado

"Só porque os nascidos-velhos não lembram, não quer dizer que nada aconteceu, como muitas vezes, pela manhã, eu sei que sonhei como o diabo a noite toda, mas não consigo me lembrar de porcaria nenhuma, nada mesmo."

— **Philip K. Dick,** *Regresso ao Passado*

PKD enviou um conto intitulado "Your Appointment Will Be Yesterday" à SMLA em 27 de agosto de 1965 e ele foi publicado na *Amazing Stories* um ano depois. Fica claro que PKD achou a história intrigante e, no final de 1965, começou a transformá-lo em romance com o título provisório *The Dead Grow Young*. Ele foi publicado pela Berkeley Books em 7 de fevereiro de 1967 com o título *Counter-Clock Work* (Regresso ao Passado).

O título de cada capítulo tem uma citação de Escoto de Erigena, Boécio ou Santo Agostinho, os quais levantam questões explícitas sobre a natureza da realidade. À medida que a trama se desenrola, o mundo entra na "Fase Hobart", o que significa que o tempo corre no sentido anti-horário e as pessoas "nascem" num túmulo, ficando cada vez mais jovens até "morrerem" ao nascer. Os livros são "desescritos", as pessoas se cumprimentam com um "tchau" animado e dizem "oi" ao irem embora. Um dos "nascidos-velhos", cujo retorno à vida é ansiosamente aguardado, é o líder religioso Anarch Peak. Alguns veem isso como um evento de enorme importância, enquanto outros veem o retorno dele como um risco para a estabilidade social.

O personagem Anarch Peak é baseado no bispo James Pike, que aparece no papel do bispo Timothy Archer num romance posterior de PKD, *A Transmigração de Timothy Archer*.

Em 17 de março de 1967, Nancy deu à luz uma menina, a segunda filha de PKD. Eles lhe deram o nome de Isolde Freya, um reflexo do amor de PKD pela ópera wagneriana. Ela era chamada de Isa. O nascimento do bebê, porém, causou uma ruptura entre PKD e a jovem esposa. Ele estava empolgado para dar conselhos a Nancy sobre como cuidar da filha. A morte da irmã quando bebê se repetia na mente dele durante anos e ele não queria que a pequena Isa tivesse o mesmo destino. Mas Nancy estava empolgada para fazer as coisas do jeito que os seus instintos lhe diziam que deveria fazer. PKD sentiu-se sendo desconsiderado. Ele se fechou e começou a tomar drogas com prescrição médica em grandes quantidades. Ele se cadastrou no consultório de diversos médicos da região e sabia exatamente quais sintomas apresentar para receber um medicamento específico.

Eles estavam desesperados com a falta de dinheiro da família. PKD precisava escrever um romance atrás do outro para mantê-los vestidos e alimentados. Para manter esse esquema penoso, ele precisava de ajuda na forma de mais drogas com prescrição e de uma necessidade cada vez maior de anfetamina, somente disponível por meio de traficantes. E o pior ainda estava por vir. A madrasta de Nancy, Maren, que passara por um tratamento bem-sucedido de câncer, soube que o câncer havia voltado. Por volta dessa época, Maren também descobriu que seu marido, Jim Pike, estava tendo casos com outras mulheres. Isso tudo foi demais para ela suportar e, em junho de 1967, ela cometeu suicídio. Tempos depois, PKD descreveria o episódio em formato semirromantizado em seu livro *A Transmigração de Timothy Archer* (1982).

PKD reagiu muito mal a tudo isso e, em julho, teve uma experiência que depois viria a descrever como um retorno dos seus "sintomas psicóticos limítrofes".[95] Tratou-se de uma reincidência das distorções na noção de tempo, da paranoia e da perda de memória que ele tivera na adolescência. Voltaremos a essa experiência em particular mais adiante, quando discutirmos uma possível explicação neurológica para as "crises" de PKD. Esses acontecimentos levaram a uma espiral descendente que foi exacerbada quando, de acordo com Anne, PKD comprou uma anfetamina contaminada de um traficante e ficou num estado grave de pancreatite aguda e foi forçado a permanecer algum tempo no hospital.[96]

Mesmo com a condição financeira crítica, o bebê significava que eles precisavam se mudar com urgência para um espaço maior. Receberam ajuda de Dorothy e Joe, que deram entrada numa casa em Hacienda Way, Santa Venetia, uma cidade logo ao norte de San Rafael, a cerca de 25 km de São Francisco.

Essa bela cidade teve originalmente Veneza como modelo, daí a referência ao nome da cidade italiana. Apenas um canal foi de fato construído.

Em junho de 1968, PKD, Nancy e a bebê Isa mudaram-se para a nova casa. Embora a mãe e o padrasto dele tivessem pagado a entrada, PKD precisava conseguir 167 dólares mensais para pagar a hipoteca. No início, a família ficou bem acomodada no novo lar, mas em seguida PKD começou a ficar opressor demais com Nancy que, na época, estava se tornando mais confiante e extrovertida. PKD ficava infeliz quando ela saía sozinha, mesmo se fosse apenas visitar a irmã, e ligava para ela de forma constante. Essa atmosfera claramente teve um efeito e, em 1969, Nancy teve outro colapso nervoso. Ela não quis permitir que PKD a visitasse, acreditando que o relacionamento deles havia se tornado "maligno".[97]

Um dos livros de maior sucesso de PKD, *UBIK* (1969), foi escrito durante esse período altamente produtivo. Ele foi descrito como "uma comédia metafísica causticante", "um *tour de force* de ameaça paranoica e um pastelão desenfreado" e também "uma história de terror existencial". *UBIK* se passa num futuro em que poderes são algo corriqueiro e as pessoas "mortas" podem ser mantidas numa forma de animação suspensa chamada "meia-vida" que permite uma consciência limitada. Glen Runciter, chefe de uma firma de antitelepatas profissionais, é assassinado numa explosão armada por um rival que deixa ilesos seus colegas de trabalho, inclusive Joe Chip. Runciter é colocado em meia-vida, mas Joe e os outros recebem mensagens obscuras dele e logo se questionam sobre quem de fato teria morrido na explosão. A única esperança é uma substância chamada UBIK (de "ubíquo"), que vem numa lata de spray e é capaz de preservar quem está em meia-vida.

Aqui, PKD desenvolve um de seus temas favoritos, abrumando a natureza da realidade e da irrealidade. Os leitores nunca sabem, do início ao fim, quais personagens estão vivos e quais estão mortos. Mas, embora o livro seja uma comédia, ele tem uma mensagem espiritual. A quinta esposa de PKD, Tessa, apresentou a sua própria interpretação do romance, dizendo que:

> "Ubik é uma metáfora para Deus. Ubik é onipotente e onisciente, e Ubik está em toda parte. A lata de *spray* é apenas uma forma que Ubik assume para facilitar a sua compreensão e uso por parte das pessoas. Não é a substância dentro da lata que as ajuda, mas sim a fé na promessa de que ela vai ajudá-las."

Ao falar sobre o final enigmático, ela afirma: "Na verdade, a intenção é dizer que não podemos ter certeza de nada no mundo que chamamos de 'realidade'".

1968 – Androides Sonham com Ovelhas Elétricas?

"A empatia, ele concluiu um dia, tem de ser limitada a herbívoros ou, em todo caso, onívoros que pudessem deixar de comer carne. Porque, essencialmente, o dom da empatia diminuiu a fronteira entre caçador e vítima, entre o vitorioso e o derrotado."

— **Philip K. Dick,** *Androides Sonham com Ovelhas Elétricas?*

Esse romance foi baseado no conto "The Little Black Box", escrito em 1964, que introduz a religião chamada mercerismo e as caixas de empatia. Terminado em 20 de junho de 1966, o romance apareceu pela primeira vez numa edição de capa dura publicada pela Doubleday em 1968. Em sua forma original, ela tinha vários títulos, incluindo *The Electric Toad* (O Sapo Elétrico), *Do Androids Dream?* (Os Androides Sonham?) e *The Killers are Among Us Cried Rick Deckard to the Special Man* (Os Assassinos Estão Entre Nós, Gritou Rick Deckard para o Homem Especial).

A ação se passa em 1992, em São Francisco, Califórnia, e não na Los Angeles de 2019 como retratou Ridley Scott em *Blade Runner — O Caçador de Andróides*. Devido à poluição e a vazamentos radioativos, a maior parte das espécies animais foi extinta e o maior símbolo de status é ter um animal de verdade em vez de um substituto mecânico. Rick Deckard é um caçador de recompensas e persegue um grupo de androides Nexus-6 que retornam à Terra de forma ilegal após uma fuga, saindo de colônias em outros planetas. Ele tem licença para "aposentar" (exterminar) esses seres artificiais, que são tão convincentes como humanos que se integram facilmente à sociedade.

Mais uma vez, PKD aborda a questão da entropia. Os androides Nexus-6 têm uma expectativa de vida restrita em sua programação. Um pequeno grupo retorna à Terra, à procura do seu "criador", o gênio cibernético Eldon Rosen, na esperança de que ele consiga estender a existência deles. O romance é uma reflexão exatamente sobre o que significa estar vivo.

Androides Sonham com Ovelhas Elétricas? foi indicado ao Prêmio Nebula de Melhor Romance em 1968.

Um destaque desse período foi a 26ª Convenção Mundial de Ficção Científica, a "Baycon", que aconteceu no The Hotel, em Clairmont, Berkeley, de 29 de agosto a 2 de setembro de 1968. Bastante apropriado para um evento realizado na Califórnia da época, pela primeira vez a convenção teve um tema "hippie" forte. Robert Silverberg deu uma palestra sobre o uso de drogas alucinógenas para alcançar experiências místicas; Harlan Ellison leu uma história que se passava numa pequena comunidade, e um show de luzes psicodélico foi apresentado no salão do hotel. O convidado de honra foi Philip José Farmer e o vencedor do Prêmio Hugo de Melhor Romance foi Roger Zelazny, por *Lord of Light*.

PKD foi sozinho, deixando Nancy em casa com a bebê Isa. Para ele, essa era uma grande oportunidade para rever velhos conhecidos, tais como Ellison e Zelazny, e também para conhecer pessoas novas, incluindo Norman Spinrad, então um escritor de ficção científica novato, que se tornaria um amigo importante; e um jornalista de rock, Paul Williams, que, tempos depois, entrevistaria PKD para a revista *Rolling Stone*. Williams também se tornaria um amigo para o resto da vida e seria o executor testamentário do espólio literário de PKD.

Em setembro de 1969, outra perda pôs ainda mais pressão no relacionamento já frágil de PKD e Nancy. Após o suicídio de Mare, James Pike havia se casado novamente, com uma mulher chamada Diane. Ele deixou a posição de Bispo da Califórnia e partiu de imediato para a Terra Santa para dar continuidade à sua pesquisa bíblica arqueológica. Ele entrou de carro no calor do muito hostil deserto judaico, acompanhado de Diane, em busca de evidência arqueológica do Jesus histórico. O carro quebrou e Diane deixou James para buscar socorro. Quando ela voltou, não havia sinal do marido. Jim havia saído andando. Seu corpo foi encontrado pouco tempo depois.

PKD usou as circunstâncias em torno da morte de Pike e daqueles primeiros encontros com o mundo espiritual no seu livro ligeiramente romanceado, *A Transmigração de Timothy Archer* (1982). Nesse trabalho, PKD descreve o suicídio de Jim Junior e Maren com detalhes e tece em torno desses acontecimentos trágicos uma história que sugere não apenas a sobrevivência após a morte, mas a possibilidade de um relacionamento simbólico entre mortos e vivos. Esse romance, assim como *VALIS* (1981), *A Invasão Divina* (1981) e *Radio Free Albemuth* (1985), seria o último legado de PKD.

Em setembro de 1970, Nancy deixou PKD, levando Isa consigo. De acordo com PKD, ela fugiu com um "Pantera Negra". Na verdade, tratava-se de um homem chamado Honor Jackson, que morava do outro lado da rua. Em sua biografia, *Divine Invasions*, Lawrence Sutin cita Jackson dizendo que a simples razão pela qual Nancy deixou PKD foi que "havia drogas demais".[98] Mal sabia ela que esse era apenas o começo.

1969 – UBIK

"Eu sou Ubik. Antes que o universo fosse, eu sou. Eu fiz os sóis. Fiz os mundos. Criei as vidas e os lugares que elas habitam. Eu as transfiro para cá, eu as ponho ali. Elas vão aonde eu mando, depois fazem o que eu ordeno. Eu sou o verbo e o meu nome nunca é dito, o nome que ninguém conhece. Eu sou chamado de Ubik, mas esse não é o meu nome. Eu sou. Eu sempre serei."

— Philip K. Dick, *UBIK*

No dia 7 de dezembro de 1966, PKD enviou à SMLA um manuscrito intitulado *Death of an Anti-Watcher*. O romance acabou sendo publicado com o título alterado para *UBIK* em maio de 1969. O enredo do romance foi baseado no seu conto de 1963, "What Dead Men Say" (O Que Dizem os Homens Mortos).

O ano é 1992. Numa visita a Luna, o executivo Glen Runciter é assassinado num ataque a bomba. Seu subordinado, Joe Chip, leva o corpo de Runciter de volta à Terra e o entrega a uma organização suíça que coloca corpos num estado criogênico conhecido como "meia-vida". No entanto, a Terra a que Chip retorna parece estar num estado de decomposição: os alimentos estragam e a tecnologia regride para os níveis dos anos 1930. Mais uma vez, temos o tema phillipkdickiano da entropia. Há outros acontecimentos estranhos, porém, que levam Chip e seus colegas a acreditarem que Runciter está manipulando a realidade de alguma forma, do além-túmulo. Seu rosto aparece em moedas, suas palavras aparecem em caixas de fósforos e sua voz é ouvida em "vidfones"...

Esta ideia de que o mundo à nossa volta pode ser falso foi introduzida pela primeira vez por PKD em *Os Olhos do Céu* e desenvolvido em *Martian Time-Slip* e *Os Três Estigmas*. Em *UBIK* esse conceito se torna uma mistura sofisticada de budismo tibetano, hinduísmo e gnosticismo. A ela, PKD soma uma crítica divertida à propaganda e ao consumismo modernos.

1969 – Galactic Pot-Healer

"Nós espiamos, mas o que vemos de fato? Reflexos no espelho do nosso próprio eu, nossos semblantes pálidos e debilitados, dedicados a nada em particular, até onde consigo compreender. A morte está muito próxima, pensou ele."

— **Philip K. Dick,** *Galactic Pot-Healer*

No dia 3 de novembro de 1967, PKD enviou uma carta a Scott Meredith descrevendo uma trama para um novo romance. Este foi finalizado em fevereiro de 1968 e publicado pela Berkeley Books em junho de 1969.

O enredo envolve um personagem central chamado Joe Fernwright, que restaura peças de cerâmica quebradas. O Glimmung, uma entidade divina que se manifesta na forma humana, encontra Joe na base espacial de Cleveland e lhe mostra um caco. Esse pedaço de cerâmica é denominado "o pequeno fragmento divino" e vem de uma imensa catedral submersa localizada no espaço, no Planeta do Lavrador. O Glimmung informa a Joe que ele deve ajudar na construção de uma catedral. Joe viaja ao planeta e descobre que não há uma, mas duas, catedrais. Além da edificação descrita, há uma versão negra. Isso reflete os dois aspectos do próprio Glimmung.

O tema central da história é a luz e a escuridão representadas pelo Glimmung. Também há elementos do "Mundo Túmulo", do Bardo Thodol, o *Livro Tibetano dos Mortos*, e das obras de Carl G. Jung. O "caco divino" é um conceito central para os adeptos da Cabala e do gnosticismo. É um pedaço do divino que caiu do Pleroma para o universo corrupto da matéria-base e contém em si a luz da divindade.

Uma pergunta central feita no livro refere-se à verdadeira natureza desse ser — ele é Deus ou somente um deus?

Capítulo Sete
A Vida de Solteiro (1970-71)

De acordo com Lawrence Sutin, alguns dias depois de Nancy sair da casa de Santa Venetia, o irmão dela, Mike, e o cunhado, Bernie Montbriand, mudaram-se para lá. Bernie, depois, foi substituído por um homem chamado Tom Schmidt. Todos recordam que PKD era extremamente paranoico e que acreditava, em vários momentos distintos, que comunistas, nazistas ou o FBI o estavam perseguindo. A prima dele, Lynne, contou a Anne Dick, tempos depois, que PKD também acreditava que a CIA estava atrás dele.[99] Esses relatos podem sugerir, a priori, que PKD estava num estado elevado de paranoia. Mas acontecimentos subsequentes sugerem que ele pode ter tido uma boa razão para esperar que pelo menos a polícia pudesse estar se interessando por ele.

O centro de acolhimento

Os usuários de drogas da região começaram a ver a casa de PKD em Hacienda Way como uma casa sempre aberta, e cada vez mais indivíduos indesejáveis começaram a aparecer para passar a noite, conseguir drogas ou só festejar. PKD ficou feliz com isso no começo. Prendeu cartazes comunistas na parede com os dizeres "Trabalhadores do mundo, unam-se! Vocês não têm nada a perder senão suas correntes!" porque, segundo ele "eu achava [os cartazes] muito bonitos esteticamente". Ele gostava de ter jovens por perto, principalmente "gatinhas" morenas. Passou por uma série de paixonites por várias das frequentadoras. É irrelevante tentar definir se era ele quem tirava vantagem delas ou se eram elas que tiravam proveito dele. A que teria maior influência na vida literária de PKD era uma estudante de dezessete anos chamada Kathy Demuelle.

A fonte de anfetaminas de PKD passou a ser a "unidade" local dos Hell's Angels, a gangue de motoqueiros ligada ao tráfico de drogas e a crimes violentos. O fornecedor dele era o namorado de Kathy, um tipo de barra-pesada chamado John. Kathy começara a gostar de PKD e a passar cada vez mais tempo na casa dele em Santa Venetia. Ela foi mais uma das garotas morenas de PKD, um tema de sua vida que ele discutiria com detalhes no livro *The Dark-Haired*

Girl, escrito no outono de 1972, mas só publicado em 1988, seis anos após a sua morte. Em suas cartas, PKD descreve Kathy como "viciada em heroína" e um temperamento "irascível".

Ele se refere a Kathy como Donna em muito de sua literatura porque a personagem "Donna Hawthorne" de *O Homem Duplo* (1977) foi baseada nela. De fato, Sutin sugere que "Donna" também serviu de modelo para Angel Archer em *A Transmigração de Timothy Archer* (1982).[100]

Muitos anos depois, a ex-esposa de PKD, Anne, conseguiu localizá-la. Na época, Kathy (ou Condy, como Anne a chamou) estava com trinta e um anos, o que significa que a entrevista ocorreu por volta de 1984.[101] Nela, Kathy descreve a si mesma como sendo uma garota bem típica da época.

Ela admitiu que fumava "um pouco de baseado", mas que era só isso. Ela contou a Anne que PKD fora muito atencioso com ela durante aquele período complexo da sua vida e até preencheu o papel de pai substituto. Ela afirmou que nunca pegou dinheiro dele, mas que muitas outras pessoas que ficavam pela casa o fizeram.

Kathy diz que a garotada da região via a casa de PKD como "uma espécie de paraíso" onde a música estava sempre tocando muito alto e vários gatos e cachorros andavam livres. Mas Kathy via o ambiente como muito caótico e agressivo, e disse que houve incidentes de violência, incluindo um esfaqueamento.[102] Estava claro que as coisas estavam saindo do controle.

No outono de 1971, PKD estava convencido de que um homem que dividia a casa com ele, chamado Rick, estava planejando matá-lo. O que aconteceu em seguida poderia ter saído de um filme de Mickey Spillane. O autor britânico Ian Armer usaria o acontecimento como um acontecimento central em seu livro inspirado em PKD, *Mad Gods and Englishmen* (2013). PKD estava convencido de que Rick ia aparecer uma noite para atacá-lo, então recrutou três "assassinos de aluguel" locais para protegê-lo. Nada aconteceu e os bandidos contratados foram embora de manhã.

A invasão

Em novembro daquele ano, PKD voltou para casa e viu que as janelas tinham sido despedaçadas, as portas quebradas e, segundo ele, seu cofre à prova de fogo aberto por explosivos. Todos os seus papéis haviam sido roubados. Numa entrevista para o documentário "O Evangelho de Acordo com Philip K. Dick" (2001), seu grande amigo e também escritor de ficção científica, Ray Nelson, afirma que viu o interior do cofre uma vez e notara sacolas de plástico cheias de pó branco. Ele confirmou esse relato num e-mail pessoal dirigido a mim:

> "A certa altura, Philip me mostrou uma sacola com uma espécie de pó que ele disse valer uma fortuna e que ele guardava no cofre. Era mais ou menos do tamanho e da forma de um pão."[103]

Nessa época, a esposa de Ray, Kirsten, havia parado de visitar PKD porque estava preocupada que a casa pudesse ser invadida pela polícia. De fato, Ray informou-me que a relação de PKD com o FBI e os "membros de gangues" da região era um tanto estranha:

1970 – A Maze of Death

"Ele ainda se via, no olho da sua mente, como jovem, e quando ele se via em fotografias, ele tinha um colapso... Alguém levou embora a minha presença física verdadeira e a substituiu, ele pensava de vez em quando. Enfim, era a vida."

— **Philip K. Dick,** *A Maze of Death*

Um manuscrito com o título *The Hour of the T.E.N.C.H.* foi recebido pela SMLA em 31 de outubro de 1968. O romance, com o título alterado para *A Maze of Death*, foi publicado pela Doubleday em julho de 1970.

Seth Morley e sua esposa chegam a uma pequena colônia científica em Delmak-O. Eles devem se encontrar com doze outros que chegam de diversos locais. Infelizmente, devido ao fato de que sua fita com as instruções foi apagada por acidente, os colonos não fazem ideia de qual seja a sua missão. Membros do grupo logo começam a morrer em circunstâncias misteriosas.

Numa discussão, PKD e seu amigo, William Sarril, criaram a teologia adotada pelos vários protagonistas do romance. Assim como *O Ganfanhoto Torna-se Pesado* em *O Homem do Castelo do Alto*, um livro dentro do livro é usado como recurso literário. Neste caso, trata-se de *How I Rose From the Dead in My Spare Time And So Can You*. Esse livro, na verdade toda a "religião" que é adotada pelos colonos, é uma ilusão coletiva. No entanto, ao fim do romance, o Deus ilusório, o "Intercessor", parece se manifestar e dar a Seth Morley a chance de renascer longe do cenário do eterno retorno de Delmak-O. Somos deixados com a insinuação de que esse deus tornou-se real apenas pela crença.

"O que realmente incomodou Kirsten foi que Phil socializava com um verdadeiro agente do FBI que ele avistara estacionando na frente da sua casa. Phil chegou a convidar o agente para entrar e almoçar com ele, dizendo que se ele realmente quisesse saber o que estava acontecendo, ele deveria espioná-lo de bem perto. Houve vezes em que Phil, eu, o agente e um ou dois membros de gangues pedimos pizza juntos — ficávamos à mesa de jantar de Phil, batendo papo e escutando música clássica no som de alta-fidelidade."[104]

Ray ficava perplexo com esse comportamento porque tinha certeza de que o misterioso pó branco guardado a sete chaves no cofre de PKD era heroína. Ray também tinha quase certeza de que sabia qual era a fonte das drogas. Ele afirma que, na época, PKD era amigo de um poeta que morava na região e que editava uma aclamada revista de crítica literária. Esse indivíduo, chamado por Ray de "A Conexão", também tinha ligação com muitos dos membros originais do movimento beat, tais como o romancista e artista William Burroughs e o poeta Allen Ginsberg. PKD havia sofrido uma enorme influência de Burroughs, Ginsberg e de outros membros desse grupo e, portanto, estava empolgado em cultivar a amizade com A Conexão.

Mas o poeta também tinha um lado muito mais sombrio. Ele ganhava a vida (como afirma Ray, "uma vida muito boa") como traficante e era o fornecedor de Burroughs. PKD deve ter ficado a par do alto padrão de vida de que A Conexão usufruía e pôde compará-lo com o seu nessa época. Desde que Nancy fora embora, PKD escrevera pouco. Fora um ou outro pagamento de royalties que ele recebia do seu agente, ele não tinha nenhuma renda. Estava completamente endividado e com o risco de perder a propriedade em Hacienda Way.

Ray insinua que A Conexão devia ter ficado muito a par da situação de PKD e também do fato de que a casa dele se tornara um "centro de acolhimento" para muitos dos jovens descontentes da região, que a consideravam um local para passar a noite e onde a comida estava sempre à disposição. PKD também estava tomando uma quantidade considerável de anfetamina na época, na forma de tabletes de Benzedrine (ou "bennies") e ficava muito feliz em dividi-la com qualquer jovem disposto a sentar e ouvir suas histórias e filosofia de vida. Esses jovens eram o mercado perfeito para os "produtos" fornecidos pela Conexão. Se a heroína que estava no cofre era fornecida diretamente pela Conexão, não fica claro no relato de Ray, mas o que fica claro é que Ray acreditava que PKD ficara tentado a aliviar seus problemas financeiros vendendo drogas.

Qualquer que tenha sido a fonte da heroína, Ray tem quase certeza de que sabe como se deu a invasão.

> "Uma daquelas meninas, a que ele chamava de "garota morena", por quem ele declarava estar loucamente apaixonado, estava, acredito, apaixonada por, ou ligada a, fornecedores de drogas, e ela os convenceu a dar alguma droga a Phil por meio de crédito, a qual ele guardou no cofre. Depois, ela e os amigos explodiram o cofre, pegaram a droga e o deixaram devendo para os traficantes."[105]

Em março de 2013, Ray contou-me que tinha "certeza de que foi para pegar aquela sacola que a gangue explodiu o cofre de PKD, ainda que ele se recusasse a acreditar."

Em sua entrevista de setembro de 1981 para Gregg Rickman, Ray afirma que Kathy era traficante e informante da polícia. Se era esse o caso, o envolvimento dela na invasão de novembro de 1971 é uma possibilidade.[106] De fato, o que PKD tinha a dizer sobre ela na época era o seguinte:

> "Parecia que ela estava envolvida com roubos grandes, além de tráfico de drogas, é provável que estivesse envolvida com grandes trapaças, trabalhando com uma gangue que fazia trapaças, para conseguir dinheiro para manter o hábito dela."[107]

Esta é a versão de PKD para a Conexão de Ray Nelson?

Em sua entrevista de 1978 para Joe Vitale, PKD insinuou que a invasão pode ter sido provocada pela preocupação do governo com seu romance *The Penultimate Truth*.[108] Nesse livro, PKD descreve uma guerra falsa entre os Estados Unidos e a Rússia. Ele disse a Vitale que pode ter representado algo próximo demais da verdade, tão próximo a ponto de levantar suspeitas dos serviços secretos. Eles decidiram roubar os arquivos dele para descobrir se PKD tinha ou não acesso a material sigiloso. O intrigante é por que PKD chegou a tal conclusão. Dá a entender que ele acreditava ter uma forma subliminar de captar informações de fontes desconhecidas, uma habilidade que ele dá a muitos personagens de suas histórias e romances.

No entanto, pode haver uma explicação muito mais simples. Sutin faz referência a um registro no diário de PKD em que ele afirma que, enquanto ele estava no hospital em agosto de 1971, seu companheiro de casa, Daniel, havia "estragado de forma sistemática e completa, sem possibilidade de conserto", o mecanismo de trava do arquivo.[109] Sabemos que PKD guardava sua documentação mais valiosa e nostálgica no armário. Descobrir que era impossível ter acesso a esses itens deve ter sido extremamente frustrante. A "explosão" teria sido uma tentativa do próprio PKD de recuperar o acesso aos papéis? Houve muitas teorias sobre quem teria sido responsável, tanto na época como durante o resto da sua vida — e até de que o próprio PKD o teria feito numa espécie de estado de amnésia. Um romance posterior dele, *O Homem Duplo* (1977), tem como tema central um personagem com dupla personalidade.

Outro fato intrigante é que Tom Schmidt, uma das testemunhas dos resultados da invasão, disse a Sutin que, pelo que ele pôde ver, o armário de arquivos teve sua "abertura forçada". De fato, apenas PKD insistiu que o arquivo fora aberto com o uso de explosivos. Outra testemunha, "Sheila", afirma que "uma das gavetas parecia ter sido explodida — apenas o suficiente para quebrar a tranca". Talvez o relato mais revelador foi o do xerife local ao jornalista de rock Paul Williams em 1974:

> "Havia um armário de metal que, segundo o relatório da polícia, havia sido perfurado ou arrombado com alavanca — o dono da casa disse que tinham usado explosivo, mas pareceu ao policial avaliador que a tranca foi forçada com alguma alavanca."[110]

Se o roubo foi ação de agentes do estado, dos supostos "amigos" dele ou do próprio PKD numa espécie de estado de "apagão mental", as circunstâncias o assustaram de verdade. PKD afirmou depois que começou a receber ameaças por telefone e que a polícia o acusava de ser um "guru das drogas" da "garotada do colegial" e o alertara para sair do condado de Marin ou levaria "um tiro nas costas". Ele precisava se afastar de Santa Venetia, do condado de Marin e da Califórnia — e talvez até dos Estados Unidos.

Fuga para Vancouver

Após a invasão e na sequência do colapso de mais um casamento, o mundo de PKD desmoronou e ele ficou cada vez mais deprimido. Ficou claro para ele que era preciso começar de novo. E o destino daria uma força. Ele recebeu um convite para fazer um discurso na Convenção de Ficção Científica de Vancouver, a VCON2, a ser realizada nos dias 18 e 19 de fevereiro de 1972 no Hotel Biltmore, em Vancouver. Como PKD era convidado de honra, os organizadores pagariam todos os seus gastos. Sem hesitar, ele aceitou e começou a preparar o discurso. Ele chamou Kathy para ir com ele e até comprou a passagem de avião dela. O discurso, que ele dedicou a Kathy, teria o título "O Androide e o Humano". Kathy não ficou animada para acompanhar PKD. Existem várias versões para o que ela teria feito com a passagem. Algumas vezes, ele afirmou que ela simplesmente rasgou, e outras, que ela trocou por dinheiro. Qualquer que tenha sido a circunstância real, ele se viu obrigado a ir para Vancouver sozinho.

Ele tinha um pouco de tempo livre antes da convenção e dirigiu até Point Reyes Station de carro para ver a filha Laura, as 3 enteadas e a ex-esposa, Anne. Anne achou que a visita fosse apenas para Laura. No entanto, ela só esteve com o pai por alguns minutos e depois saiu para brincar. Uma vez a sós com Anne, PKD caiu no choro, pediu desculpas por perturbá-la e saiu.

Depois que ele partiu para o Canadá, a casa de Santa Venetia foi confiscada. Ficou a encargo de sua mãe resolver as questões legais e garantir que os pertences dele fossem armazenados. Numa série de cartas escritas no ano seguinte, PKD desejava que fosse divulgado que sua mãe vendera muito do que ele tinha. No entanto, também fica claro, através de outras cartas, que a maior parte dos pertences dele acabaram mesmo voltando à sua posse quando ele se mudou de volta para Los Angeles naquele mesmo ano.

A escapada de PKD para o Canadá foi oportuna. Permitiu que ele se distanciasse das circunstâncias em torno do arrombamento e criasse um novo círculo de amigos. Ele fez o discurso, *O Androide e o Humano,* na Universidade de Columbia em primeiro lugar, e, dois dias depois, na convenção de ficção científica. A reação foi extremamente positiva e ele foi ovacionado de pé. Em sua fala abrangente, PKD abordou muitos de seus assuntos favoritos, incluindo a sugestão de que, em vez de estudar as máquinas para entender o comportamento humano, os cientistas deveriam estudar os humanos para obterem um insight a respeito do comportamento das máquinas. Ele também discutiu a visão — defendida por muitas pessoas na época — de que as máquinas um dia se tornariam onipotentes e tentariam dominar a humanidade. A ideia dele, porém, era de que elas jamais poderiam tomar o poder, conforme ilustra a citação seguinte. Ela também possibilita uma compreensão mais profunda do seu romance premiado, *O Homem Duplo* (1977).

"'Vemos como se através de um vidro, vagamente,' diz Paulo no livro primeiro de Coríntios. Algum dia isso será reescrito como: 'Vemos como se através de um leitor infravermelho passivo, vagamente'? Um leitor que, como no *1984* de Orwell, nos vigia o tempo todo? Nosso aparelho de televisão nos assiste enquanto assistimos a ele, tão distraído, entediado ou, ao menos, entretido de alguma forma pelo que fazemos quanto nós estamos pelo que vemos na sua face implacável? Isso, para mim, é pessimista demais, paranoico demais. Acredito que a primeira Carta a Coríntios será reescrita da seguinte forma: 'O leitor infravermelho passivo *nos* vê, vagamente', ou seja, não bem o suficiente para nos decifrar de fato. Não que nós mesmos sejamos capazes de decifrar uns aos outros ou até mesmo o nosso próprio eu. O que talvez também seja bom. Significa que ainda estamos sujeitos a ter surpresas repentinas e, diferente das autoridades, que não gostam desse tipo de coisa, podemos descobrir que esses acontecimentos casuais estão agindo a nosso favor, no nosso interesse."

PKD gostava de ser o centro das atenções e, como convidado de honra, teve muitas oportunidades para usar o seu charme com as mulheres que conheceu. Logo encontrou uma substituta para Kathy, outra "garota morena", chamada Jamis. Como viria a ser o tema da sua vida, ele ficou perdidamente apaixonado por ela. Na conferência, ele também conheceu Michael e Susan Walsh, que o convidaram para ficar em seu apartamento em Vancouver. Assim, em alguns dias, ele havia encontrado não só uma nova namorada como um lugar para ficar.

De volta à decadência

Não demorou para que as coisas voltassem a piorar. Em duas semanas, ele havia "dado em cima" de Susan e, em seguida, acusado Michael de ser um marido ruim, dizendo que ia tirar Susan dele e "fazer ela feliz".[111] Michael mandou-o embora, e ele obedeceu. É claro que PKD estava num de seus estados de espírito muito negativos e, para piorar as coisas, os acontecimentos que ele acreditava ter deixado para trás, na Califórnia, estavam prestes a aparecer na sua frente de novo. De acordo com o velho amigo Ray Nelson, PKD foi abordado na rua por um indivíduo bem vestido que disse, num tom calmo, porém ameaçador: "Todos temos que pagar o que devemos". Ray tem certeza de que isso é uma evidência de que PKD havia enganado seus colegas de tráfico e que a invasão fora uma tentativa de PKD de reivindicar as drogas que foram roubadas dele ou que seus amigos jovens foram os responsáveis e deixaram para ele lidar com as consequências. Como vamos descobrir mais adiante, PKD também acreditava que, em algum momento do início de 1972, ele fora abduzido por um grupo de misteriosos homens de terno preto. Isso teria relação com as repercussões da invasão ou havia algo muito mais sinistro acontecendo?

Para aumentar os seus problemas, PKD terminara com Jamis e estava com um humor muito soturno. Estava muito longe de casa e afundando na depressão. No dia 23 de março, ele ligou para Susan Walsh para lhe dizer que ele ia "apagar as luzes". De acordo com a biografia de Anne, Susan ficou confusa com o que ele disse e simplesmente desligou o telefone. Ele estava, de fato, considerando suicidar-se com uma overdose, embora não fique claro se PKD teria tomado algum remédio na hora em que ligou para Susan. Anne afirma que PKD anotou o número de um serviço de auxílio para casos de suicídio e deixou perto do telefone para o caso de mudar de ideia. Ela diz que ele realmente mudou de ideia e ligou para pedir ajuda.

Além de ligar para Susan Welsh, PKD disse à revista *Vertex*, numa entrevista em fevereiro de 1974, que ele havia tomado 700mg de brometo de potássio, um sedativo, e ligou para a assistência a casos de suicídio. Em seguida, ele conversou "com um cara por quase uma hora e meia".[112] Ao fim da conversa, o conselheiro sugeriu que PKD procurasse o centro de reabilitação de heroína da região, conhecido como X-Kalay Foundation Society, em Vancouver. Entretanto, Anne Dick descreve como o auxílio médico chegou, minutos após a ligação de PKD ao serviço de apoio a casos de suicídio, "e o levaram ao hospital e salvaram a sua vida".[113] Então, o que aconteceu mesmo naquela noite? De qualquer forma, nunca saberemos, mas isso prova quanto é difícil chegar a conclusões sobre fatos na vida de Philip K. Dick.

Qualquer que seja a verdade, fato é que PKD estava num estado psicológico precário e realmente acabou se inscrevendo no X-Kalay. Ele contou ao entrevistador da *Vertex* que teve de fingir ser viciado em heroína para ser aceito, o que não foi difícil, uma vez que o efeito do sedativo que ele tomara deixara suas marcas:

> "Tive que fingir ser um viciado. Minha aparência estava péssima, sabe, de todo aquele brometo de potássio. Usei muito o

método de interpretação, como quando quase ataquei o funcionário que estava me entrevistando, para que nunca duvidassem que eu era viciado."[114]

O regime da X-Kalay não foi do seu agrado. Para começar, o programa de reabilitação envolvia muito trabalho braçal, inclusive "arremessar grandes vigas de madeira na caçamba de caminhões". Mas a consequência foi que ele ficou muito mais em forma e desenvolveu tanto os músculos que o seu paletó ficou apertado demais. Antes de receber a permissão para sair, PKD teve de encontrar um patrocinador. Ele estivera em contato com o professor Willis McNelly, um palestrante da Universidade Estadual da Califórnia (a "Cal State"), em Fullerton, Califórnia. Eles haviam se encontrado numa convenção de ficção científica. O professor estava organizando um acervo de ficção científica na universidade e PKD estava interessado em arquivar seus manuscritos e correspondências lá. A invasão à sua casa fez com que ele se desse conta de quão vulnerável poderiam estar seus papéis. Então ele escreveu a McNelly e fez um pedido de ajuda emotivo. Esse era o seu caminho de volta para o "Estado de Ouro".

De volta aos Estados Unidos

O professor McNelly leu a carta de PKD para a sua turma de ficção científica. Duas alunas, Joanne McMahon e Sue Hoglind, ficaram tão comovidas pelo pedido de um novo lar fora de São Francisco que escreveram para PKD, que estava no Canadá, oferecendo um quarto na sua casa em Fullerton. Antes de aceitar a oferta, PKD ligou para um jovem escritor de ficção científica chamado Norman Spinrad, que ele conhecera na Convenção Mundial de Ficção Científica de 1968 em Berkeley. Ele informou a Spinrad que esteve prestes a se matar, explicou que a namorada o deixara e que estava em depressão profunda. Realmente, a única coisa que o impedira foi a leitura que acabara de fazer do conto de Spinrad, *Carcioma Angels*. Isso fez com que ele decidisse falar com o colega antes de fazer qualquer coisa da qual pudesse se arrepender.

O resultado foi uma conversa de uma hora entre dois indivíduos que algumas horas antes eram, para todos os efeitos, estranhos um para o outro. A discussão tornou-se muito íntima e PKD acabou pedindo conselhos ao amigo em relação às suas opções futuras. Spinrad descreve a conversa da seguinte forma:

"'Por outro lado', disse Phil, 'tenho uma oferta de Willis McNelly da Cal State em Fullerton para ir morar no condado de Orange. Qual é a sua opinião sincera, seria melhor para mim, mudar para o condado de Orange ou me matar?'
'Bom, Phil, eu, pessoalmente, não suporto o condado de Orange,' eu me vi respondendo, 'mas não vejo por que não experimentar. Caso você não goste, ainda é possível se matar depois.'"[115]

PKD aceitou o conselho de Spinrad e decidiu se mudar para Fullerton, uma cidade no norte do condado de Orange, com a reputação de ser um dos locais mais conservadores dos Estados Unidos e conhecido na época principalmente, além da universidade, pelos laranjais. Não muito longe de Fullerton, em Anaheim, fica o famoso parque temático Disneylândia. Uma das atrações mais procuradas na Disneylândia na época era um palco chamado "Grandes Momentos com o Sr. Lincoln", que apresentava uma versão áudio-animatrônica do presidente dos Estados Unidos — em essência, um simulacro — que estivera em exposição desde 1965. É curioso que PKD já tivesse escrito sobre um Abe Lincoln artificial em 1962. De início, a história foi recusada por algumas editoras e finalmente foi publicada na revista *Amazing Stories* em novembro de 1969 com o título *A Lincoln Simulacrum.* A história apareceria depois como *We Can Build You* em 1972. Numa entrevista, PKD comentou de passagem uma outra conexão com o Lincoln da Disney:

"Eu aluguei um apartamento num prédio e uma das senhoras que moravam ali trabalhava na Disney. Eu disse a ela:
— O que você faz lá?
— Eu reaplico a maquiagem de Lincoln toda noite, para que na manhã seguinte, quando o parque abre, ele pareça real."[116]

Tempos depois, ele se referiria ao condado de Orange como "cidade de plástico, Estados Unidos". No entanto, é provável que ele tenha ficado grato por uma vida mais sossegada depois dos traumas que enfrentara no norte da Califórnia no ano anterior. Tratava-se de um lugar novo que possibilitava um novo começo. Também oferecia outras oportunidades envolvendo suas novas jovens companheiras de teto, que disseram estar dispostas a cozinhar, arrumar a casa e fornecer "vantagens adicionais" (não especificadas) em troca de uma modesta divisão das despesas.

135

O professor McNelly concordara em receber alguns dos manuscritos e documentos de PKD e acomodá-los na biblioteca universitária. Muitos anos depois, no final de 1982, como parte de sua pesquisa para a biografia do ex-marido, Anne Dick visitou a biblioteca e discutiu a personalidade de PKD com o professor McNelly. Parece que ele considerava PKD uma figura de poderoso carisma e, em certa fase, ficou preocupado que PKD desse em cima da sua mulher.

Linda, perdida e solitária

No dia 7 de abril de 1972, uma aluna de vinte e um anos de McNelly, Linda Levy[*], também enviou uma carta para PKD, então internado na X-Kalay. Fica evidente que foi algo não solicitado, mas é razoável concluir que ele teria ficado encantado em recebê-la.[118] Linda termina a carta com o seguinte comentário:

> "Mas, por favor, não pense que, se escrever para mim, eu serei mais um problema, mais uma garota louca e perdida com a qual terá que se preocupar, porque não é o que eu quero ser. Acontece que, droga, eu também preciso de algo, e é de um amigo, alguém em quem pensar. Você quer ser meu amigo?"[119]

Depois de ler a carta, parece que PKD pediu a MacNelly que Linda fizesse parte do grupo que o receberia no aeroporto. PKD não respondeu pessoalmente à primeira carta de Linda. A resposta que ela teve foi a informação de McNelly de que PKD queria que ela o buscasse no Aeroporto Internacional de Los Angeles (LAX). Ela aceitou animada e pediu ao amigo Tim Powers para ir com ela. Tim era aluno da Cal State e logo embarcaria na própria carreira de escritor de ficção científica e também faria parte do círculo de amigos próximos de PKD.[120]

E assim foi. Ao chegar de volta aos Estados Unidos, PKD foi recebido no LAX por um pequeno grupo de alunos da Cal Tech: suas duas novas companheiras de moradia, Joanne e Sue, Tim e, é claro, sua correspondente, a clássica "garota morna", Linda Levy. Para aqueles que esperavam cumprimentar o escritor famoso, PKD não foi uma visão muito atraente, com a longa barba grisalha, cabelos grisalhos desgrenhados e, de acordo com Tim Powers, um

---

[*] Agora conhecida como Linda Castellani. Para uma lista de suas cartas para PKD, vá a www.thedarkhairedgirl.com/PKDCorrespondenceModified.pdf. (N.A.)

terno que estava pequeno demais nele. Ele também "carregava uma caixa de papelão amarrada com um fio de extensão" e segurava uma versão da Bíblia das Testemunhas de Jeová, aparentemente para atenuar as coisas na alfândega. No caminho do aeroporto, PKD estava animado e falante, tentando saber mais sobre as novas companheiras. Mas, segundo Powers, estava claro que ainda estava se recuperando do período que passara no Canadá e aparentando estar "desesperado". Muitos anos depois, Linda descreveria esse encontro no aeroporto para Anne Dick. Sua versão difere da de Powers em alguns aspectos.

> "Minha primeira impressão foi a de um homem de barba longa e grisalha, de "trench coat", com uma caixa envolta em papel marrom numa das mãos... e uma Bíblia na outra. Ele me pareceu um rabino desleixado. Quando me viu, ele parou de repente, os olhos fixos em mim. Ele não tirou os olhos de mim a noite toda."[121]

Foi amor à primeira vista. Uma fotografia que PKD tirou dela na época mostra uma jovem atraente, de cabelos escuros até os ombros, lábios carnudos e olhos fundos e afastados, espiando debaixo da franja. É razoável concluir que um homem de meia-idade que dias antes recebera a carta que recebeu de uma moça de vinte e um anos — como muitas de suas paixões, uma jovem com metade da sua idade — ficaria fascinado ao se encontrar com a fonte da correspondência. Numa carta de 20 de maio de 1972, enviada a Bev Davies, PKD descreve sua primeira impressão dela no aeroporto:

> "Linda me escrevera quando eu estava no Canadá e, quando desembarquei no Aeroporto Internacional de LA, lá estava ela, aguardando com os outros, para me encontrar. O destino de minissaia."[122]

Ele ficou com as alunas durante dois meses, dormindo no sofá da sala. De acordo com Tim Powers, foi um período traumático para PKD, uma vez que ainda estava convencido de que os policiais de repressão às drogas o estavam vigiando e ele via um policial de narcóticos em cada vizinho com um rádio CB. Numa entrevista que Powers deu a Chris Ziegler da *OC Weekly* em 2002, ele disse que a paranoia de PKD era alimentada pelos estudantes. "Qualquer um que ficasse no banheiro mais do que alguns minutos corria o risco de ver a porta ser arrombada porque todo mundo supunha que a pessoa estivesse tentando se suicidar."[123]

Durante uma apresentação para a turma de língua inglesa da Cal State, PKD brincou a respeito das suas acomodações. Um aluno mais maduro, Joel Stein, acabara de se separar da esposa e tinha um quarto extra no apartamento. Ele ofereceu um lugar para PKD. Stein tinha trinta e cinco anos na época, muito mais próximo dele em idade do que as adolescentes com quem vinha dividindo o apartamento até então. Ele aceitou com gratidão e foi morar com Stein na travessa Quartz.

O "aluno honorário"

Sua estadia de seis meses na travessa Quartz foi tão animada quanto morar com Joanne e Sue, mas de uma forma mais de "gente grande". Ele finalmente começou a relaxar. Apesar da barba grisalha, ele começou a se adaptar à vida social da faculdade e até passou a ser chamado de "estudante honorário", apesar dos quarenta e dois anos. Seu extenso conhecimento musical e a habilidade para conversar o tornaram popular entre os outros alunos. Ele tinha uma liberdade considerável para ir e vir como achasse melhor e logo embarcou num relacionamento intenso com Linda Levy, como evidencia a carta de amor que ele escreveu para ela em 21 de abril de 1972.

> "Já é quase maio, Linda. E nós já amamos você. Revele-se e deixe que possamos ver você se revelar, e será um deleite para nós. Sentiremos uma alegria imensa. Estou propondo algo que você não pode recusar? Certo? Certo. Na carta que me escreveu, você me perguntou se eu seria seu amigo. A resposta é sim! Total e absolutamente sim, sem nenhum tipo de qualificação ou condição. SIM, SIM, SIM. Tenho vontade de preencher a pilha de papéis da máquina de escrever ao meu lado com sins, e depois escrever na mesa, no chão e em especial nas paredes, em tudo o que eu encontrar. Mas acho que você já sabe quanto sim cabe num único sim como este. É o maior sim que eu já gritei na minha vida. É o som de trovão mais alto, mais estrondoso e mais enfático que eu já fiz. P.S. Estou muito, muito profundamente, apaixonado por você. Então o que eu gostaria de pergunta é o seguinte: Você quer casar comigo?"[124]

Os sentimentos dele não foram correspondidos, no entanto. De acordo com Sutin, essa carta foi entregue a Linda quando eles estavam no carro, a caminho da casa do escritor de ficção científica Harlan Ellison em Hollywood, onde iam jantar.[125] Como ela não teve tempo de ler no carro, abriu a carta no restaurante. Ela sentiu um enorme desconforto e PKD, achando que ela não estava levando seu pedido de casamento a sério, ficou ofendido. Seguiu-se uma discussão.

Tempo depois, PKD afirmou que ele amenizara a situação dizendo que só fizera o pedido porque ela lhe contara que ninguém nunca a havia pedido em casamento. É possível que essa carta tenha sido o começo da mudança de atitude de Linda em relação a ele, quando a fascinação pelo escritor se transformou em medo. Outro elemento para ajudar a compreender o estado mental de PKD nesse momento veio à luz numa entrevista não publicada que ele deu cerca de um ano depois para a aluna da Cal State University, Nita J. Petrunio. Ela também revela como as relações azedaram com Ellison. Nita relata o que PKD disse.

> "No jantar, tudo foi bem, mas depois, Harlan conduziu o grupo no meio da multidão de turistas e ciclistas da Hollywood Boulevard até uma livraria em que os livros dele estavam expostos. Harlan, de acordo com Phil, começou a informar aos clientes que *ele* era Harlan Ellison. Ele apontava para uma placa grande acima dos seus livros e para si mesmo, repetindo que ele era *o* Harlan Ellison. Phil ficou farto disso e ergueu Harlan por trás, por baixo dos braços, carregou-o para fora da livraria e, dessa maneira, foi empurrando o escritor pela Hollywood Boulevard. Harlan não gostou muito."[126]

Quando o grupo voltou à casa dos Ellison, Harlan someçou a "repreender" Linda, "profetizando coisas terríveis sobre a relação dela com PKD". Conforme os fatos comprovaram, disse PKD, Harlan estava certo. Esse foi apenas um de uma série de incidentes em que PKD exibiu um comportamento extremo. Na papelada que acompanhou a venda das suas cartas de PKD, Linda escreveu:

> "Pouco tempo depois da sua chegada a Fullerton, fiquei com medo de Phil. Sua intensidade, sua raiva imprevisível, sua tendência a se fechar feito uma bola, trancado em si mesmo, olhar vazio, frio e silencioso me assustavam. Eu tinha 21 anos e ele, 42.

Eu não deixava de pensar que alguém da idade dele deveria estar mais equilibrado do que ele parecia estar, a ponto de não se abalar nem ficar obcecado com comentários passados. Sugeri que ele buscasse ajuda. Ele me disse que nunca tinha precisado de ajuda psicológica, mas que eu acabara com ele, destruíra suas defesas, e que ele ia consentir, ainda que relutante, com os meus desejos."[127]

Numa carta postada na Internet, Linda descreve um evento que ocorreu na época e que mostra como PKD partia de um problema relativamente pequeno e o ampliava além de qualquer proporção. Linda explica que recebera uma notificação do proprietário do apartamento que alugava, informando que o imóvel seria dedetizado. Ela foi instruída a retirar e cobrir tudo que estivesse nos armários e gavetas. Em seguida, ela deveria deixar o local por algumas horas. PKD morava na mesma rua, então, quando chegou o dia, Linda foi até o apartamento dele para passar o tempo. Infelizmente, ela se esquecera de tirar a maconha que guardava lá. Ela descreve o cenário de quando voltou:

"Quando cheguei lá, vi que, para o meu horror, eles também haviam tirado as gavetas da minha cômoda, e a de cima, que ficava em frente e ao centro da cama, tinha um "lid" [*28 gramas de maconha*]. Achei que eu tivesse sido pega com certeza e liguei para Phil, querendo ser tranquilizada ou, talvez, receber alguma ajuda. Acho que, na realidade, eu não estava com tanto medo, mas como Phil se saía bem em situações críticas, quem apresentava a crise era muito bem recompensado. Esta vez não foi uma exceção."[128]

Ficou claro que ela estava preocupada que a maconha tivesse sido o motivo da busca. PKD entrou em ação. Ele sugeriu que eles fossem a todas as lanchonetes "Carl's Junior" do condado de Orange e comprassem alguma coisa. Assim, eles conseguiriam um grande número de sacolas plásticas idênticas com recibos de diferentes locais. Dessa forma, o dono de cada sacola seria impossível de ser localizado. Depois:

"Colocaríamos um pouco de maconha em cada sacola. Em seguida, pegaríamos o maior número possível de carros, cada um com sacolas da Carl's Junior [e as deixaríamos] em caçambas e latas de lixo por todo condado de Orange. Eu adorei o plano. Achei hilário."[129]

Mas não era brincadeira — PKD estava falando muito sério. Para ali, tratava-se de uma evidência clara de que estavam todos sob a vigilância dos policiais de narcóticos. Isso mostrou a Linda quanto ele poderia ser imprevisível em seu comportamento. O modo como ele interpretava as situações era muito diferente do da maioria das outras pessoas.

O medo que Linda sentiu dele se revelou justificável. Em certa ocasião, os dois foram ver o filme *Um Violinista no Telhado*. Quando estavam indo para o cinema, Linda comentou que "tinha feito planos" com Norman Spinrad. Não fica claro o que Linda quis dizer com esse termo, mas pela reação de PKD, ele deve ter interpretado como um encontro romântico. Ele se fechou de repente de um modo que ela descreveu como "uma rocha sólida de silêncio frio, concentrada para dentro". Após o filme houve pouca comunicação entre os dois.

No caminho de casa, Linda decidiu que precisavam abastecer o carro, então pararam num posto de gasolina. Linda notou de repente que quem estava trabalhando no posto era um colega da faculdade com quem ela também "fizera planos". Para evitar constrangimentos, ela desceu do carro e começou a conversar com o amigo. PKD ficou visivelmente irritado com isso e saiu furioso até uma loja de relógios Tick Tock ao lado. Ele voltou com a compra e, sem dizer uma palavra, entrou no carro. Enquanto eles seguiam pelas poucas quadras que faltavam até a travessa Quartz, PKD, sem nenhum aviso, agarrou o volante e virou o carro para o trânsito que vinha na direção contrária. Linda conseguiu puxar o volante de volta, evitando uma colisão por muito pouco. O incidente todo durou apenas dez segundos, mas Linda estava tremendo de pavor. Ela descreve o que aconteceu em seguida:

> "Com o coração disparado e com a adrenalina no sangue, eu estava tão chocada e assustada que não conseguia falar direito. Parei o carro junto ao meio-fio e disse: 'Sai'. Phil virou-se e me agarrou pela traqueia com a mão que estava na tipoia (isso é outra história) e começou a apertar, cortando o meu ar e o meu fluxo sanguíneo, enquanto socava o meu rosto com a outra mão. Furiosa e sem acreditar naquilo, consegui afastá-lo e mandei de novo que saísse do meu carro. Consegui de alguma forma fazer com que

ele fosse embora e saí com o carro, determinada a nunca mais ter algum tipo de contato com ele."[130]

Ela o encontrou por acaso mais uma vez, meses depois, na Convenção Mundial de Ficção Científica em Anaheim e ele a apresentou aos seus colegas como "a mulher por quem eu era apaixonado até ela bater em mim". Em seu livro semiautobiográfico, *The Dark-Haired Girl*, PKD fala dela.

> "Linda finalmente largou o ácido e foi saindo da minha vida, tão lesada da cabeça que mal conseguia sair do apartamento. Agora está na Europa, o que é estranho, considerando suas fobias. Quando ela voltar, espero que Tessa e eu não estejamos mais aqui. O apartamento de Linda fica perto, na mesma rua. Passamos por ele todos os dias. Linda foi a garota mais cruel com quem eu já me deparei."[131]

Essa citação contém uma referência à próxima "garota morena" a aparecer na vida dele, Leslie Tessa Busby, com dezoito anos de idade, ainda mais nova que Linda. Tessa não apenas viria a se tornar a quinta esposa como também testemunharia alguns dos acontecimentos mais espantosos da vida de PKD.

Capítulo Oito

A Teofania (1972-74)

Nos fins de junho de 1972, PKD compareceu à 25ª Conferência de Ficção Científica da Costa Oeste, a "Westcon", realizada no Edgewater Hyatt House Hotel, em Long Beach, Califórnia, onde ele fez amizade com uma mulher alta e esbelta de vinte e sete anos chamada Ginger Smith, ex-motorista de ônibus escolar. Ginger logo achou PKD um tanto carente e logo decidiu terminar o relacionamento.

Tessa – a esposa número cinco

No mês seguinte, Ginger havia sido convidada para uma festa de Quatro de Julho e sabia que PKD estaria lá. Ela perguntou à amiga Nita Busby se gostaria de ir ao evento com ela. Nita recusou, mas disse que a irmã de dezoito anos, Tessa, poderia gostar de ir em seu lugar. Tessa terminara com o namorado havia pouco tempo e perdera o emprego numa fábrica de aeronaves. Ela estava desocupada e precisava de alguma coisa para levantar o ânimo. Ginger disse a Tessa que eles a chamariam em seu apartamento na travessa Cameo, em Berkeley, para irem buscar PKD, e mencionaram que ele era um "autor muito famoso". Era evidente a animação de Tessa diante da perspectiva de conhecê-lo.

Na chegada ao apartamento, PKD já estava do lado de fora, esperando. Ele parecia estar de mau humor, e declarou num tom ranzinza que ia voltar para casa. Ginger insistiu que ele fosse à festa e ele acabou cedendo. Na festa, Tessa foi apresentada a um dos amigos dele, Tim Powers, ainda estudante da Cal State. No decorrer da festa, Tessa começou a se sentir um pouco perdida. Ginger ficou bêbada e desmaiou no sofá. Tessa iniciou uma conversa com PKD e acabou indo para casa com ele.

Ele a descreveria depois como "uma gatinha morena... exatamente do jeito com que eu não deveria me envolver". Ela disse que ele "era realmente paranoico... Ele achou que eu fosse policial, que talvez eu fosse menor de idade e estivesse tentando provocar a prisão dele, ou então uma policial da divisão de narcóticos que achava que ele estava envolvido com drogas."[132]

Barulhos no meio da noite

Em uma semana, PKD alugou um apartamento na travessa Cameo, em Fullerton, determinado a se preparar para uma vida nova com o seu novo amor. Tessa afirma que esse apartamento era mal-assombrado. As duas garotas que moraram lá antes haviam feito um exorcismo, mas não deu certo. PKD e Tessa ouviam barulhos estranhos e ela conta que um dos quartos tinha "uma atmosfera densa, pegajosa". Tessa conta que eles às vezes ouviam barulhos estranhos durante a noite e descobriam na manhã seguinte que os móveis tinham sido mudados de lugar. Ela também disse que o rádio continuava tocando música mesmo depois de desligado e retirado da tomada. Ela disse: "Tocava músicas como *You're So Vain* e *You're No Good*." Pode ter sido uma atividade sobrenatural, mas PKD, que não havia se recuperado da invasão de novembro de 1971, estava convencido de que seus "inimigos" não haviam desistido e que essas perturbações noturnas eram evidências de invasões acontecendo no novo apartamento.[133]

Tempos depois, PKD explicou que, um dia em 1973, ele prendeu com fita adesiva um fio de cabelo seu no espaço da porta ao batente. Dessa forma ele saberia se alguém entrara no apartamento quando ele e Tessa estavam fora. Ao voltarem, viram que o fio realmente estava rompido, indicando que alguém passara pela porta. Em seguida, ele descobriu: "uma menina que a gente conhecia, no fim das contas, tinha a chave do apartamento e era quem entrava na nossa ausência".[134] Essa também poderia ser a explicação para a mudança na posição dos móveis durante a noite?

Tessa dá ainda outra explicação possível para os acontecimentos noturnos que ela descreve na travessa Cameo, logo quando ela e PKD se mudaram para lá. Em seu livro *Philip K. Dick: Remembering Firebright*, Tessa explica que ela tivera "uma forma de epilepsia na infância" que passou quando ela estava com vinte anos.[135] Tessa nasceu em 1954, então, em 1972, ela estava com dezoito e, portanto, ainda afetada pela epilepsia. Sabemos pelos relatos de Tessa que pelo menos em duas ocasiões ela teve "paralisia do sono" no apartamento da travessa Cameo. PKD também passou por estranhas sensações noturnas, no caso dele, de estrangulamento. Tessa afirma que ele também viu "sombras perambulando", mas não encontraram nenhum invasor. Já foi dito que PKD pode ter passado pelo que se conhece como "labilidade do lobo temporal". O fato de que Tessa também vivenciou incidentes incomuns na travessa Cameo me leva a suspeitar que poderia haver alguma forma de campo eletromagnético dentro ou por perto do imóvel e que os estava afetando. Tessa confirmou posteriormente que todos esses acontecimentos se passaram no quarto "mal-assombrado".

No início de setembro de 1972, PKD foi convidado a participar de um comitê na 30ª Convenção Mundial de Ficção Científica, a "L.A.con1", que aconteceria perto dele, em Anaheim. A ficção científica estava se tornando *mainstream* e a convenção contou com a presença de dois mil membros, batendo com facilidade o recorde de 1971. Frederick Pohl e Robert Bloch eram convidados de honra e o Prêmio Hugo de melhor romance foi para *O Planeta do Rio*, de Philip José Farmer. PKD estava entusiasmado para se juntar a uma lista de convidados tão prestigiosa, nem que fosse apenas para acabar com os rumores de que ele estava esgotado.

Durante a convenção, houve um incidente entre Tessa e David Gerrold, autor do famoso episódio de *Star Trek*, "The Trouble with Tribbles". De acordo com Tessa, PKD estava no processo de comprar um tribble de pelúcia para ela quando Gerrold chegou furtivamente por trás dela e a agarrou. Ela, é claro, levou um susto e, segundo ela explica, "quase por reflexo, chutei a canela dele e me desvencilhei."[136] PKD dá uma explicação exagerada, típica do seu estilo:

> "No segundo dia da convenção, David tentou segurar Tessa pela cintura e ela deu um golpe de Kung Fu para acabar com a existência dele, algo que ele mereceu."[137]

Agora PKD estava empolgado para constituir um lar com Tessa. Foi nessa época que o casamento dele com Nancy estava terminando em termos formais e, no dia 14 de outubro, o casal pegou um avião para San Jose para a audiência do divórcio. Os dois foram levados por Ray Nelson do aeroporto para uma refeição no Fisherman's Wharf. No dia seguinte, foram de balsa para o condado de Marin, onde o divórcio foi concluído, na sede de condado. Nancy ficou com a custódia de Isa e PKD recebeu ordem de pagar 100 dólares por mês para ajudar no sustento da filha. Isso significava que ele estava livre para se casar de novo.

Sua primeira tentativa de pedir a mão de Tessa não saiu de acordo com o planejado. Num artigo para a *OC Weekly*, Tim Powers explica que os três estavam sentados num restaurante na Disneylândia, comendo sanduíches e aguardando outros amigos chegarem, quando PKD perguntou se Tessa queria se casar com ele. Constrangido, Powers pegou um picles no prato de PKD, que estava do outro lado da mesa. Antes que Tessa pudesse responder, PKD reagiu furioso: "Powers! O que você está fazendo com o meu picles?"[138] Quando a discussão que se seguiu terminou, os amigos haviam chegado e não havia mais clima. Apesar do roubo dos picles, tudo indica que PKD era um homem muito feliz nessa época. Parecia ter se recuperado do término do relacionamento com Linda Levy.

O policial de narcóticos disfarçado

Naquele mesmo mês, Linda fez uma visita a PKD e Tessa para apresentá-los ao seu novo namorado, "George", uma figura um tanto misteriosa de cabelo comprido e um carro esporte muito caro, e que afirmava ser um policial de narcóticos disfarçado. Para PKD, ele era um viciado típico.[139] Alguém muito parecido com ele apareceria numa das histórias de PKD. Ele já estava escrevendo mais um romance que se tornaria premiado, *O Homem Duplo*, quando esse encontro ocorreu. O romance acabaria sendo publicado em 1977. Não fica claro se ele já havia criado o personagem, o protagonista Robert Arctor/ Agente Fred nesse estágio, mas há paralelos incríveis entre o amigo de Linda e o personagem fictício de PKD, que leva uma vida dupla. PKD descreve o resto da noite deles com Linda e o namorado:

> "Ele nos levou para um passeio no carro de alta potência, entrou com Linda algemada numa loja de bebidas alcoólicas, dirigiu feito louco (ele aparentava estar muito bêbado, mas duvido que estivesse mesmo) e disse que prenderia qualquer um de nós a hora que ele quisesse."[140]

Na versão de Tessa, Linda apareceu no apartamento um dia e anunciou a eles em segredo que "George" era um policial de narcóticos disfarçado, mas implorou que não contassem nada a ninguém. Quando eles enfim conheceram "George" no apartamento de Linda, PKD estava com uma lata de rapé barato com a palavra "cokesnuff" em letras grandes em cima. George deu uma olhada na lata e foi para o quarto de Linda.

> "Linda seguiu ele e notamos que eles estavam tendo uma conversa tensa, com a porta fechada. Linda logo voltou e disse: 'George me pediu para informar a vocês qual é a profissão dele.'"[141]

Aproveitei a oportunidade para discutir essa questão com Tessa em março de 2013. Ela confirmou que o louco passeio de carro aconteceu de fato. No entanto, ela lembra que foi muito menos ameaçador e que "George" parecia um cara legal. É possível que a suspeita de PKD em relação a "George" fosse um reflexo da sua paranoia crescente, evidenciada na carta que ele escreveu justo para o FBI em outubro de 1972 por volta do período em que conheceu "George".

Nessa carta peculiar, PKD explica aos serviços de segurança que ele sabia de uma organização neonazista que estava usando escritores de ficção científica selecionados para promover a sua causa. Ele conta que foi abordado por um representante do grupo, uma pessoa que se identificou como "Solarcon-6". Solarcon-6 pediu a PKD para inserir mensagens codificadas em seus futuros romances que seriam lidos pelas "pessoas certas aqui e ali".[142] Ele declara que se recusou a se envolver, mas suspeitava que alguns de seus colegas escritores não tivessem sido tão honrosos. Esse grupo planejava provocar uma Terceira Guerra Mundial infectando a população americana com uma forma nova e extremamente virulenta de sífilis, disse PKD.[143] Ele prossegue, acusando um amigo, o colega escritor de ficção científica, Thomas M. Disch, de ser um dos autores que a sinistra organização estava usando, alegando que o romance de Disch, *Camp Concentration*, continha mensagens codificadas.

Numa carta posterior, PKD identificava o agente Solarcon como sendo uma pessoa chamada Harold Kinchen. Ele acusa Kinchen de estar envolvido num segundo roubo na sua casa, que ocorreu em março de 1972, e diz que Solarcon tivera interesse em recrutar PKD por algum tempo. Seria Solarcon apenas uma invenção da sua imaginação febril ou esse episódio curioso era mais que isso? Retomaremos esse mistério na Parte Dois.

Fluam, Minhas Lágrimas

O Natal de 1972 não foi um bom momento para PKD. Ele vinha se sentindo mal durante quase o mês todo e, quando o período das festas se aproximou, ele teve uma pneumonia dupla. Tessa cuidou dele em casa e o ajudou a enfrentar uma "crise" profunda, à qual voltaremos mais adiante. De acordo com Sutin, PKD trabalhara até não poder mais e sua exaustão era nítida. Entretanto, o dinheiro estava escasso, como de costume, e a única maneira que ele tinha de sustentar os dois era escrevendo. Em fevereiro de 1973, ele finalmente completou o manuscrito muito revisado do romance *Fluam, Minhas Lágrimas, Disse o Policial*.

A história se passa no futuro, nos Estados Unidos destruídos por uma segunda guerra civil e agora governados por uma ditadura, com a Guarda Nacional e a polícia mantendo o controle. O personagem central é um cantor e apresentador de TV geneticamente modificado que sobrevive por um triz a um ataque à sua vida por uma ex-amante e acaba acordando num quarto de hotel sem nenhuma forma de identificação. Isso o coloca num apuro perigoso, já que, sem comprovação de identidade, ele poderia acabar num campo de trabalhos forçados do governo. O romance viria a ser indicado aos Prêmios Hugo e Nebula e venceria o Prêmio John W. Campbell de melhor romance de ficção científica.

Também no início de fevereiro de 1973, PKD soube através de seu agente literário, Scott Meredith, que a BBC estava interessada em realizar uma entrevista com ele no mês seguinte. A popular série de TV da BBC sobre artes, *Omnibus*, planejava dedicar um programa inteiro a uma retrospectiva de como "a percepção e a aceitação da ficção científica mudara de forma constante desde os seus primórdios, na época de Júlio Verne". O programa terminaria com um apanhado da cultura vibrante da ficção científica na Costa Oeste. Além de PKD, os idealizadores do programa planejavam entrevistar Ray Bradbury e Harlan Ellison. PKD estava entusiasmado para participar do projeto e, em 10 de março de 1973, uma equipe de filmagem, sob a direção de Harley Cokeliss, passou um dia inteiro com PKD, filmando e refilmando diversas cenas, inclusive um trecho curto para transmitir o efeito de tempo reverso da "Fase Hobart" do seu romance *Regresso ao Passado* (1967).[144]

Os criadores do documentário filmaram PKD sentado à sua mesa de café da manhã, comendo cereal. A ideia era rodar o filme ao contrário para que parecesse que ele estava regurgitando a comida dentro da tigela[145] para ilustrar a ideia dele de que o mundo podia passar para trás assim como para frente.

PKD acreditava que a gravação da entrevista seria transmitida na edição do dia 9 de dezembro de 1973 do programa.[146] Na verdade, ela foi transmitida uma semana depois, no dia 16, com o título *It's Fantastic, It's Fantastic, It's Fantastic, It's Science Fiction*. Infelizmente, a sua parte foi cortada do programa no último minuto.[147] Isso é confirmado no artigo de Purser no *Daily Telegraph*.[148] O curioso é que Tessa tem uma versão diferente, na qual afirma que o filme passou por engano por uma máquina de raio-X no Aeroporto de Los Angeles e, ao chegar a Londres, descobriram que o rolo todo estava nebuloso.[149] Quando falei com Tessa em março de 2013, ela tinha certeza absoluta de que foi isso

148

que aconteceu. Seria possível que a BBC, para encobrir seu erro negligente, inventou uma história de que a parte de PKD simplesmente foi cortada na edição final?

Em janeiro de 1973, Tessa descobriu que estava grávida. Os dois ficaram encantados com a notícia. Tessa queria um filho e PKD achou que essa era a desculpa perfeita para se casar. É possível que ele tivesse mais uma vez escrito até entrar num estado de exaustão física e psicológica. De fevereiro a abril de 1973, ele se recolheu para escrever mais um romance, que transformasse em ficção suas experiências de 1971, quando a sua casa em Hacienda Way era o centro de uma cena de drogas em crescimento. Ele virava a noite escrevendo com verve, no quarto vago para não incomodar a companheira. Ficou claro que reviver aqueles dias de excesso o deixou sob muita pressão. No registro de janeiro de 1978 da sua *Exegese*, ele escreve:

> "Pensando na minha vida, vejo que sobrevivi a muitos problemas — olho para as cópias de *O Homem Duplo* da Ballantine e vejo o que fiz para transmutar aqueles dias terríveis para algo que valesse a pena, que fosse duradouro, bom e até importante."[150]

O esboço de 82 páginas para *O Homem Duplo* foi aceito pela Doubleday em abril de 1973. No entanto, até o manuscrito final ser aceito, isso não representou nenhuma ajuda financeira direta. Por sorte, ele recebeu naquele mês um pagamento do seu agente, o que significou que ele e Tessa agora podiam se casar. Ele chamou um pastor da região e o casamento foi realizado no apartamento.

Três meses depois, em 25 de julho de 1973, Tessa deu à luz um menino de 3,1 kg a quem deram o nome de Christopher Kenneth. PKD precisava de uma tábua de salvação financeira. Ela veio em setembro, quando a United Artists comprou os direitos cinematográficos para o romance de 1968 de PKD, *Os Androides Sonham com Ovelhas Elétricas?* Ele acabaria formando a base para o filme clássico da ficção científica, *Blade Runner — O Caçador de Androides*. PKD recebeu uma opção de pagamento anual imediata de 2 mil dólares, com a possibilidade tentadora de mais 25 mil caso o filme chegasse a ser feito. Naquele mês, uma equipe de cinema francesa gravou uma entrevista um tanto surreal, na qual PKD e seu bom amigo Norman Spinrad discutiam política enquanto giravam numa das xícaras do brinquedo "O Chá do Chapeleiro Louco" da Disneylândia.

Mais uma vez, um novo bebê levou a um declínio do estado mental de PKD. Numa carta enviada ao seu tradutor do dinamarquês, Jannick Storm, em setembro de 1973, PKD conta que após o nascimento de Christopher, ele entrou numa depressão tão profunda que cogitou o suicídio.[151] A preocupação com a sua saúde mental na época era tal que desta vez ele foi encaminhado a um terapeuta no Hospital Psiquiátrico do Condado de Orange (OCMH). Numa carta posterior, de 10 de setembro de 1973, ele escreve que seu terapeuta lhe deu um "diagnóstico simples e direto de transtorno maníaco-depressivo" e lhe receitou uma sequência de carbonato de lítio.[152]

Dias grandiosos

O ano de 1974 foi marcado por uma série de eventos que mudariam a vida de PKD para sempre. O poder dessas experiências foi tão grande que ele passou o resto da vida tentando entendê-las. E as chamaria de "2-3-74" ou simplesmente de sua "Teofania".

De acordo com Tessa, PKD vinha ficando cada vez mais agitado ao longo do mês de fevereiro de 1974. Ele ia ao psiquiatra uma vez por semana e recebia prescrições de medicamentos para acalmá-lo. Nenhuma das duas medidas surtiu efeito e, com o decorrer do mês, ele sentiu que um "ataque", semelhante ao que ocorreu em novembro de 1971, estava prestes a acontecer. O fato de ser responsável por uma esposa jovem e um bebê afetou muito a sua mente. O que complicou o estado psicológico de PKD foi o fato de estar sofrendo de dor de dente permanente. Em seu livro *Philip K. Dick: Remembering Firebright* (2013), Tessa acredita que a causa foram dentes do siso inclusos.

A dor era forte o suficiente para que ele superasse o medo de dentistas e concordasse em pegar um táxi até o cirurgião dentista mais próximo. Quando saiu da cirurgia de extração, PKD estava com a boca adormecida da anestesia de pentotal de sódio, e a boca cheia com as gazes do curativo. Ele não conseguia falar e, no caminho de volta, comunicou-se com Tessa usando lápis e papel. Tessa pedira ao dentista que providenciasse para que os analgésicos potentes estivessem disponíveis numa farmácia próxima.

Os dois voltaram para o apartamento de táxi. Enquanto o táxi esperava, Tessa acomodou PKD na cama, certificou-se de que ele estava o mais confortável possível, depois pegou o táxi para buscar os remédios tão necessários na farmácia.

Quando Tessa voltou, PKD estava berrando de dor e sangrando copiosamente. No dia seguinte, o médico da família foi chamado e confirmou que a cirurgia havia sido malfeita. Ele receitou um analgésico forte, Percodan, que contém aspirina e um derivado do ópio, oxicodona. Ele também prescreveu compressas quentes para drenar os hematomas que se acumulavam em torno do ferimento. A essa altura, PKD tomara um coquetel de analgésicos. Além do Percodan, ele tomara outro derivado do ópio, Empirin com codeína. Somava-se a isso algum pentotal de sódio circulando no seu sangue após a extração. Em outras palavras, ele deveria estar fortemente "drogado".

Tessa disse que, três dias após a cirurgia, ela estava sentada no andar de baixo, aguardando uma pessoa da farmácia com a entrega de rotina dos remédios para pressão alta de PKD, quando o ouviu saindo da cama de repente. Tessa afirma que sentiu que ele havia sido despertado por uma premonição de que algo importante estava prestes a ser entregue à sua porta. Antes que ela pudesse reagir, PKD já estava à porta, chegando exatamente quando a garota da entrega bateu.

A garota da entrega e o pingente

Tessa aproximou-se dele à porta e viu uma jovem de longos cabelos castanhos. Tessa notou que PKD olhava fixamente para o pingente sobre o decote cavado da moça. Ele perguntou à moça sobre o pingente e ela explicou que era um símbolo de peixe, semelhante ao usado pelos primeiros cristãos. De acordo com a *Exegese*, o pingente refletia um brilho tênue que o atordoou. Ele parou e cobriu os olhos com a mão que estava livre, explicando à Tessa que ele fora cegado por um clarão cor-de-rosa.

Ele voltou de imediato para a cama e, depois, ao despertar, contou a Tessa que tivera uma experiência que chamou de *anamnese* — uma recordação de coisas que estavam enterradas no fundo da mente. A palavra foi usada como um conceito, pela primeira vez, pelo filósofo grego Platão, que propôs a ideia de que somos todos seres reencarnados forçados a esquecer as encarnações passadas. PKD acreditava que a luz rosa estimulou essas memórias perdidas e, a partir daquele ponto, ele descobriria aos poucos quem ele realmente era e, por associação, perceberia a verdadeira natureza da realidade. Ele ainda disse a Tessa que acreditava que o raio de luz abrira o seu terceiro olho, permitindo que ele "visse" verdades no fundo do seu ser.

PKD pareceu mudar a partir daquele momento. Ele passaria muito tempo na cama num estado de semiconsciência, quando acreditava estar acessando memórias perdidas. A primeira descoberta foi que ele tinha sido abduzido quando estava em Vancouver. Numa longa alucinação, ele se viu sendo levado pelas ruas de Vancouver numa enorme limusine preta. Ele via dois homens grandes de terno preto interrogando-o, embora não conseguisse lembrar as perguntas em si. Ao recuperar a consciência total, ele estava convencido de que essa era uma lembrança reprimida do que realmente aconteceu antes da sua tentativa de suicídio.

A missiva da Xerox

De acordo com Tessa, no final de fevereiro, alguns dias após a experiência com a luz cor-de-rosa, PKD recebeu uma carta misteriosa da Estônia.[153] Ele ficou muito perturbado com a correspondência e, ao discutir o mistério com Tessa, percebeu palavras saindo da sua boca de súbito que pareciam ter uma fonte que não a sua mente. As palavras eram muito precisas. "Hoje é segunda-feira, na quarta, outra carta chegará. É altamente perigoso." Na versão de Tessa, PKD acreditava que a carta o mataria.[154]

Na quarta-feira, PKD ficou extremamente agitado e pediu a Tessa que buscasse as correspondências. Havia sete itens. Seis eram circulares, contas ou cartas de amigos. Mas a sétima era diferente. PKD sabia que essa era a carta que a sua mente subliminar previra dois dias antes. O endereço do remetente era de um hotel em Nova York, mas o carimbo postal era "austríaco". Não fica claro o que seja um carimbo postal "austríaco". Uma possibilidade interessante é que, na verdade, estivesse carimbada a palavra "Viena", que não apenas é a capital da Áustria, mas também um bairro perto da sede da CIA em Virgínia.

Ele pediu a Tessa para abrir a carta e se certificar de que ele não visse o conteúdo. Tessa abriu o envelope e encontrou uma única folha de papel com duas imagens xerocadas. As duas eram críticas de livro retiradas do jornal radical de Nova York, o *Daily World*. Tessa lembra que o título do livro tinha a palavra "carrossel". As críticas não tinham nenhuma relação com PKD. Eram elogios a um escritor soviético radicado nos Estados Unidos. Nervosa, Tessa contou a PKD que duas palavras tinham sido cuidadosamente sublinhadas de vermelho, e eram "declínio" e "morte". Atrás da folha estavam o nome e o endereço do escritor.

1974 – Fluam, Minhas Lágrimas, Disse o Policial

"Viver é ser assombrado."

— **Philip K. Dick,** *Fluam, Minhas Lágrimas, Disse o Policial*

PKD completou o manuscrito em agosto de 1970. Ele foi comprado pela Doubleday em outubro daquele ano, porém não sem revisões. Duas revisões completas foram feitas antes que o manuscrito final fosse entregue à SMLA em 7 de fevereiro de 1973. A edição de capa dura foi publicada pela Doubleday em fevereiro de 1974.

Na manhã de 12 de outubro, a estrela da televisão, Jason Taverner acorda e descobre que o mundo o esqueceu. Na verdade, é como se ele nunca tivesse existido. Com a ajuda de uma jovem chamada Kathy Nelson, ele consegue adquirir as identidades falsas necessárias para existir naquilo que é um estado policial. Taverner chama a atenção de um general da polícia, Felix Buckman, e, em seguida, descobre que a irmã de Felix, Alys, tomara um alucinógeno chamado KR-3. A droga é tão poderosa que Alys foi capaz de criar um mundo em que a estrela da TV, Jason Taverner, não existia, que é o problema a ser resolvido.

Fluam, Minhas Lágrimas, Disse o Policial recebeu o Prêmio Memorial John W. Campbell de melhor romance em 1975. Nesse mesmo ano, ele também foi indicado para o Prêmio Hugo.

PKD pede Tessa para colocar a carta num envelope novo, pois ele estava planejando "enviá-la" para o FBI. Numa carta de 19 de abril de 1974, enviada para o contato dele no FBI, Willaim A. Sullivan, PKD afirma que naquela noite, provavelmente num estado onírico, de sono-vigília, hipnagógico (ou hipnopômpico), ele "viu" o seguinte: "Antonetti", "Olivetti", "Dodd Mead Reinhart" e "Holt". Em seguida, ele viu as palavra "Olive" de "Olivetti" e a palavra "Holt" combinadas, formando o nome "Olive Holt", o nome da sua babá quando ele tinha três ou quatro anos.

Mais tarde, ele telefonou para o FBI para discutir a carta que recebera da Estônia, país que na época fazia parte da União Soviética e, portanto, mantida com firmeza atrás da Cortina de Ferro. Ele sentia que a carta era uma forma de armadilha. Após a ligação, ele enviou uma carta para o FBI no mesmo dia. Mas foi a carta que chegou na quarta-feira, com as resenhas xerocadas, que realmente o perturbava. Na *Exegese*, ele se refere a ela como a "Missiva da Xerox", mas em *Radio Free Albemuth* (1985), ela é o "Anúncio de Sapatos".

Existe alguma dúvida se PKD teria realmente enviado alguma carta ao FBI, uma vez que não há evidências nos arquivos do FBI. Tessa afirma que PKD costumava colocar as cartas na lata de lixo, baseando-se no pressuposto de que se os agentes do FBI vasculhassem suas lixeiras à procura de provas incriminatórias, essa era a forma certeira de garantir que a correspondência dele iria parar na mesa certa.[155] Então é bem possível que ninguém a não ser o próprio PKD chegou de fato a ler essas cartas. No entanto, ele voltaria a mencionar o assunto na *Exegese*.

Em 16 de março, enquanto estava em mais um de seus estados de sono-vigília, PKD percebeu uma série de formas geométricas e luzes de diversas cores. Ele teve a certeza de estar, de alguma forma, compartilhando essas percepções com outra entidade que se manifestava na sua mente. Essa ideia foi reforçada em 18 de março, quando ele sentiu que algo que não era ele mesmo estava usando os seus sentidos para entender o mundo externo e o que quer que fosse não acreditava no que estava percebendo. Em 20 de março, a entidade já adquirira controle e compreensão totais, e transmitiu a PKD que a realidade que ele tinha como certa era, na verdade, "falsa, de papelão". Numa carta à sua amiga de correspondência, Claudia Bush, de março de 1975, ele descreve como essa entidade expandiu suas percepções para conhecer o mundo em seu verdadeiro sentido, uma ilusão:

> "Através do seu poder eu vi de repente o universo como ele era; através do seu poder de percepção, eu vi o que realmente existia, e através do seu poder de ausência de poder de decisão, eu agi para me libertar. Ela tomou forma em batalha, como a campeã de todos os espíritos humanos emprisionados, todo mal, tudo o que emprisiona com o ferro."[156]

Junto com essa nova consciência houve uma série de visões profundas. Em outra carta, reproduzida na *Exegese*, ele descreve uma noite em que foi inundada por milhares de imagens que surgiam em flashes uma atrás da outra na sua frente. Ele as comparou com as pinturas não objetivas de Paul Klee e Wassily Kandinsky. Ele afirmou que essas visões duraram oito horas. Sabemos pelos relatos de Tessa que nessa época PKD passava muito tempo na cama cochilando, então é inteiramente possível que ele tenha passado horas nesse estado de sono-vigília. Ele disse que as imagens lembravam à técnica de "flash cut" usada em filmes. Ele ficou completamente perdido na tentativa de entender o que essas imagens estavam tentando lhe dizer.

Existe uma carta intrigante, enviada ao contato dele no FBI, Sullivan, de 14 de abril de 1974. PKD começa explicando que ainda está curioso quanto à carta da Estônia e afirma que estava fazendo sua própria investigação. Ao verificar um mapa, ele nota que a capital da Estônia é Tallinn e que a cidade grande soviética mais próxima era Leningrado (que agora voltou a ter o antigo nome, São Petersburgo). Num "best-seller em edição de bolso" que ele comprou numa loja de departamentos em Grant, *Experiências Psíquicas Além da Cortina de Ferro*, de Sheila Ostrander e Lynn Shroeder, PKD descobriu o nome de dois cientistas soviéticos que trabalhavam no Laboratório de Psicologia do Trabalho da Universidade de Leningrado. Eram eles Madame Lutsia Pavlova e o seu colega Dr. Genady Sergeyev, do Laboratório A.A. Uktomskii. Ele explicou a Sullivan que, sob o pretexto legítimo de um escritor de ficção científica americano, ele escrevera para perguntar sobre o trabalho deles, especificamente sobre a "transmissão de comunicações 'telepáticas' em longa distância". Ele logo deixa clara a sua posição quanto a essa pesquisa quando declara a Sullivan o seguinte:

> "...pessoalmente considero uma preocupação absurda, esquisita e sem mérito (nosso campo aqui nos Estados Unidos debate ESP e os chamados poderes "psi" ou parapsicológicos há anos e eu sou do grupo que acredita se tratar de um boato igual ao dos discos voadores e de homenzinhos verdes)."[157]

É um comentário muito estranho para uma pessoa que, a partir de outras fontes, parecia ter passado havia pouco tempo por uma série de experiências paranormais profundas. De acordo com Tessa, PKD era muito interessado em OVNIs e ficara muito bem impressionado com a teoria de Charles Tart de que os discos voadores eram na verdade formas de vida que viviam nas camadas superiores da atmosfera. É claro que pode ser apenas que PKD achou que seria melhor passar a impressão de ser uma pessoa muito cética já que estava lidando com o FBI e não com um grupo dos seus fãs de ficção científica.

Presença oculta

PKD ficou cada vez mais preocupado com o ser que "dividia sua consciência". Ele começou a sentir uma presença no apartamento e afirmou que, de vez em quando, ele podia vê-la na periferia extrema do seu campo de visão, mas, ao focar nela, o ser se misturava com o fundo. Ele chamava essa entidade de "Zebra" em reconhecimento às suas habilidades de camuflagem. Ele percebeu que Zebra tinha um terceiro olho no centro da testa, que mantinha fechado a maior parte do tempo.

A verdadeira natureza da entidade Zebra continuou a preocupá-lo. Em novembro de 1976, numa carta a Mark Hurst, PKD descreveu um conceito que chamou de "O Princípio de Zebra". Ele propõe que algumas formas de vida alienígenas podem ser capazes de se camuflarem no ambiente de fundo. Ele ficara intrigado havia muito tempo com a proposição de Roger Caillois em seu livro de 1964, *The Mask of Medusa*, de que pode haver criaturas vivendo entre nós que são capazes de se disfarçar para evitar sua detecção. Em sua carta, PKD especulou sobre a possibilidade de ser esse o modo como inteligências superiores, ou até "divinas", podiam permanecer invisíveis. É inevitável perguntar-se se foi o livro de Caillois que estimulou, ainda que de forma subliminar, o encontro de PKD com Zebra.

A identidade de Zebra finalmente seria revelada a PKD pelas próximas manifestações da sua Teofania. Tratava-se de uma entidade que Tessa e PKD chamavam de "Firebright", e que apareceu pela primeira vez em 22 de março. Em seu livro, Tessa descreve Firebright como uma esfera de luz azul mais ou menos do tamanho de uma bola de beisebol. PKD disse a ela que Firebright apareceu quando ele estava deitado na cama em seu estado hipnagógico de costume. Ele viu a bola de luz azul dançar pelo quarto e depois entrar na sua cabeça. Ela afirma que Firebright era mais um facilitador de comunicação entre PKD e outras entidades chamadas "Professoras" do que um ser senciente por si só.[158]

Uma dessas "Professoras" tornou-se mais dominante que as outras. No início, PKD a chamava simplesmente de I.A., ou inteligência artificial. Ela era uma voz feminina mecânica que às vezes parecia ter autoconsciência e às vezes, não. PKD estava ávido para descobrir mais sobre a fonte da Voz da I.A. e simplesmente perguntou quem ela era. Ela respondeu que se chamava Sadassa Ulna. Ele perguntou onde ela estava e ela respondeu que não sabia. PKD contou a Tessa que, em seguida, ela pediu para ele esperar um instante. Ela teria olhado ao redor e encontrado um envelope sobre uma pilha de papéis. Ela leu o endereço para ele: "F. Walloon, Estados Portugueses da América". Era uma resposta intrigante e sugeria a PKD que Sadassa vivia num universo alternativo em que Portugal mantivera a posse das suas colônias originais nas Américas (Terra Nova, Labrador e Brasil). Isso tem paralelos importantes com o livro de PKD, *O Homem do Castelo Alto* (1962), que apresenta os Estados Unidos alternativos governados pelo Japão e a Alemanha.

Em sua discussão sobre esse episódio com Gregg Rickman em *Philip K. Dick: The Last Testament* (1985), PKD confirma que essa poderia se tratar de uma mensagem de um universo alternativo. Ele dá mais detalhes sobre o acontecimento e afirma que a Voz chegou a dizer "Fan Valão". PKD considerou isso importante. Ele anotou enquanto ouvia, e depois se deu conta de que "fan" na verdade se tratava de "van", exatamente da maneira que um valão belga pronunciaria a palavra holandesa "van". PKD insistiu que nunca ouvira a palavra valão antes e teve de procurar no dicionário. Para ele, essa era uma prova clara de que a Voz não era simplesmente uma parte do seu próprio subconsciente.[159]

A Voz da I.A. também fez algumas afirmações muito curiosas, mas incompreensíveis para ele. Por exemplo, uma vez ela anunciou "você tem que calçar os chinelos para caminhar na direção do amanhecer". Ainda que muito poéticas, as palavras fizeram pouco sentido para ele. Tempos depois, ele as usaria numa letra de música em seu livro *Radio Free Albemuth* (1985).

Comunicações de VALIS

Assim como com Zebra, PKD nunca chegou realmente a nenhuma conclusão firme quanto ao que a I.A. era de fato. Mas isso parou de preocupá-lo porque ele perceberia que a I.A. era apenas um aspecto de um sistema maior que ele chamaria de VALIS, acrônimo de Sistema Vasto e Ativo de Inteligência Viva (Vast Active Living Intelligence System). Conforme iremos descobrir, toda uma série de romances "fictícios" foi escrita tendo VALIS como conceito central. Para PKD, VALIS não era uma ficção, mas uma realidade. Ele acreditava que VALIS fosse uma espécie de satélite enviando mensagens à Terra. Essas mensagens podiam ser recebidas por qualquer cérebro que estivesse aberto a tal comunicação.

No entanto, ao mesmo tempo em que PKD buscava uma explicação nos céus, outro desdobramento o levou a acreditar que toda realidade, inclusive a própria existência do satélite VALIS, fazia parte de um universo muito mais complexo, no qual níveis múltiplos de tempo existiam todos de forma simultânea, empilhados um sobre o outro, como as camadas de uma cebola. O que PKD considerava ser a Los Angeles do fim do século XX era na verdade uma falsa invenção semelhante ao mundo de Ragle Gumm em seu romance de 1959, *Time Out of Joint*. Não era apenas 1974 D.C., mas também 70 D.C. O Império Romano não acabara.

Ele chegou a essa conclusão quando começou a sentir a presença de uma pessoa que ele veio a conhecer como "Thomas". Diferente de Firebright e a Voz da I.A., Thomas era um ser humano que estava (e está) vivendo no Império Romano. PKD disse que percebia que Thomas era um cristão que fora torturado por causa das suas crenças. Ele via Thomas como uma versão de si mesmo que existira séculos antes no tempo linear, mas dentro da nova compreensão de PKD, também compartilhava o mesmo momento presente com ele.

Conforme discutiremos mais adiante, PKD acreditava que isso comprovava a sua crença que o tempo tem outra forma da qual a nossa ciência atual não tem conhecimento e que ele viria a descrever como "ortogonal". O termo significa literalmente "que forma ângulo reto", mas, por extensão, passou a se referir a algo que age de forma separada ou independente de outros fatores. Essa ideia de estarmos todos presos em nossa própria versão ilusória da realidade tornou-se central no pensamento posterior de PKD. Ele argumentava que existem dois níveis de "realidade" e que os dois existem em diferentes conceitos de tempo.

O tempo linear é aquele em que todos parecemos estar vivendo. Ele apresenta aos nossos sentidos uma sensação de movimento ou fluxo que transforma o futuro no presente e depois no passado. Seu fluxo vai sempre numa direção, que é o futuro. Mas ele também propôs que outro tempo existe num ângulo reto em relação ao tempo linear. Este tempo apresenta, a quem está em consonância com ele, um momento presente permanente que contém todos os nossos passados e todos os nossos futuros. A ele, PKD deu o nome de "tempo ortogonal". Do ponto de vista de uma entidade existindo no tempo ortogonal, o nosso universo de tempo linear apresenta uma perspectiva totalmente diferente.

PKD também postulou na sua *Exegese* que Thomas era o seu bom amigo, o bispo James Pike, que estava se comunicando com ele do além-túmulo. PKD refletiu sobre o fato de que Pike era um estudioso da Bíblia e falava grego e latim antigos fluentes. Ele também sentia que essa entidade estava, de alguma forma, tentando ensiná-lo a ser um humano melhor e mais apto. Ele notou que parou de tomar vinho e começou a gostar de cerveja.

A entidade Thomas / James disse a PKD que ele se tornara muito desleixado em relação à sua aparência. Sob essa nova influência, ele começou a arrumar e aparar a barba e o pelo nasal. O novo e arrumado PKD organizou então o caos que eram suas questões tributárias e até, por algum tempo, dispensou os serviços do seu agente literário.

Todas essas atividades tiveram um preço. A pressão arterial de PKD, que sempre fora alta, estava atingindo níveis críticos. No início de abril, ele foi forçado a passar cinco dias no hospital fazendo exames. Tessa lembra que o Dr. Morrison, o médico da família, sugeriu que PKD pudesse ter sofrido uma série de pequenos derrames. Ao voltar para casa, as alterações de humor de PKD tornaram-se extremas. Tessa conta que ele ficava deitado na cama durante dias seguidos e passava cada vez mais tempo no estado de sono-vigília. Ele notou que enquanto estava nesses estados hipnagógicos, ele tinha mais das suas visões. É possível imaginar quanto isso deve ter sido desgastante para Tessa. Ela era uma mãe jovem que de repente parecia estar cuidando de dois bebês.

Foi durante esse estado peculiar de exaustão que PKD vivenciou o incidente que provavelmente foi um dos mais citados de toda a Teofania 2-3-74, o aparentemente milagroso diagnóstico da hérnia grave de Christopher.

O Diagnóstico

O PKD ficava feliz em repetir essa história muitas vezes e com frequência. Por exemplo, na sua entrevista a D. Scott Apel, de julho de 1977, ele descreve as circunstâncias ao se lembrar delas:

> "Meu pequeno filho de um ano e meio tinha uma malformação séria que os médicos não notaram. E uma... *mente*... que tomou conta de mim diagnosticou o problema e disse à minha esposa para levá-lo ao médico o mais rápido possível e para dizer ao médico o que era, solicitando uma cirurgia imediata. Ela fez isso, e voltou dizendo: "eles farão uma cirurgia de emergência nele. Ele realmente tem essa malformação"... que poderia ter se revelado fatal a qualquer momento."[160]

Tessa conta a história do seu ponto de vista e, como a única outra testemunha desses acontecimentos, sua versão é de grande importância. Ela conta que levou Christopher ao médico da família em julho porque ela observara "sintomas estranhos"[161] ao trocar a sua fralda. O médico disse a ela que não havia com que se preocupar. Algumas semanas depois, em agosto de 1974, PKD estava tirando um de seus cochilos frequentes enquanto ela preparava o café da manhã. Ela ouviu um barulho vindo do quarto.

> "Phil levantou-se da cama e veio pelo corredor me chamando, pedindo para chamar o médico. No início achei que ele estivesse precisando de ajuda médica, mas ele me disse que o nosso bebê tinha hérnia inguinal e corria perigo de morrer se houvesse estrangulamento do intestino. Ele parecia estar num transe hipnótico."[162]

PKD explicou a ela que ele ouvira o filho deles contar a ele sobre a hérnia. Alguns dias depois, Tessa levou Christopher de novo ao Dr. Morrison, que então o encaminhou a um especialista. O especialista informou a PKD e Tessa que, se eles tivessem deixado o filho chorar, o estresse teria levado a hérnia a estrangular o intestino e, assim, cortaria o fluxo sanguíneo. Isso de fato poderia tê-lo matado.

Compare essa versão com a que aparece na *Exegese*:

> "Estou me lembrando. Sentado de olhos fechados, estou ouvindo "Strawberry Fields". Levanto-me. Abro os olhos porque a letra da música fala de "passar pela vida de olhos fechados". Olho na direção da janela. A luz me ofusca a visão, sinto uma dor na cabeça de repente. Meus olhos se fecham e eu vejo aquele cor-de-rosa de sorvete de morango. No mesmo instante, um conhecimento é transferido a mim. Entro no quarto em que Tessa está trocando Chrissy e recito o que me foi transmitido: que ele tem uma malformação que não foi detectada e deve ser levado ao médico de imediato para marcar uma cirurgia. Acaba que isso era verdade."[163]

Existem diferenças entre essas duas versões. Tessa diz que ele estava na cama tirando um cochilo, enquanto ele afirma que estava sentado escutando Beatles no aparelho de som. Tessa teria ouvido com certeza? De fato, em sua entrevista de 22 de abril de 1981 a Gregg Rickman, PKD afirma mesmo que Tessa "me viu sentado ali, ouvindo Beatles".[164]

Na versão dele, conforme informou a Apel e Briggs, Tessa leva Christopher ao médico de imediato e o médico, por sua vez, agenda uma "cirurgia imediata". No relato de Tessa, não há nenhuma corrida ao médico e o médico não faz outra coisa senão encaminhar Christopher a um especialista. Fica claro que algo aconteceu naquele dia, mas as circunstâncias são muito confusas, o que sugere um grau de elaboração por parte de PKD.

Também se fica com a ideia de que ele deu um diagnóstico que estava totalmente além do seu conhecimento e da sua experiência. Isso é prova de quanto essa história mudou com o passar dos anos. Por exemplo, em seu artigo *Philip K. Dick: The Other Side*, Paul Rydeen descreve o mesmo incidente da seguinte forma:

> "Enquanto ouvia a música dos Beatles 'Strawberry Fields Forever' um dia, Phil ouviu a letra mudar para um aviso profético: 'Seu filho tem uma hérnia inguinal direita não diagnosticada. A hidrocele estourou e ela desceu ao saco escrotal. Ele precisa de atenção imediata ou morrerá logo'. Phil correu com ele para o hospital e descobriu que cada palavra era verdadeira. O médico marcou a cirurgia para o mesmo dia."[165]

Aqui temos PKD recebendo uma descrição precisa do problema de Christopher, correndo com o filho para o hospital e a operação sendo marcada "para o mesmo dia". Nenhuma menção a Tessa, ao médico da família, ao especialista ou a qualquer demora. Para mim, isso é uma evidência de "telefone sem fio" e só faz obscurecer a verdade e deixar o leitor preocupado com a validade de outros elementos do 2-3-74.

Eu verifiquei todas as cartas de PKD de agosto de 1974 em diante e não é feita nenhuma menção a esse incidente. Encontramos a primeira referência a Christopher numa carta a Joanna Russ de 23 de setembro de 1974, mas apenas na afirmação de que ele tem uma "esposa adorável e um menino adorável de um ano".[166] De fato, numa carta à amiga e colega, a escritora de ficção científica Ursula Le Guin, de 23 de setembro de 1974, ele descreve em detalhes "o espírito que ficou em mim desde março", acrescentando depois que esse espírito "amava o nosso bebê e o nosso carro".[167] Não é feita nenhuma menção a como o espírito salvou a vida de Christopher apenas algumas semanas antes, um acontecimento que deve ter sido uma prova tão estressante quanto redentora da realidade desse ser espiritual. Ainda assim, PKD fica mais que entusiasmado em recontar o episódio do colar de fevereiro daquele ano. Curiosamente, até numa carta à sua mãe em 25 de setembro de 1974, ele deixa de descrever o incidente que salvou a vida do filho. Ele descreve, sim, a morte do seu gato, Pinky.

A carta mais reveladora é a de 18 de outubro de 1974 ao seu amigo e colega, o escritor de ficção científica Thomas M. Disch, na qual PKD menciona, muito por alto, que "acabamos de saber que o nosso bebê fará uma pequena cirurgia na semana que vem — uma malformação que não sabíamos que ele tinha".[168] Foi essa "pequena cirurgia" que levou ao adiamento da entrevista que estava planejada para a *Rolling Stone* com Paul Williams. Esta foi então seguida de uma carta cheia de humor, claramente não escrita por um homem que está escondendo o fato de que o seu único filho pode morrer. Isso pode ajudar a explicar por que PKD erra a idade do filho na entrevista a D. Scott Apel e Kevin Briggs.[169] Nessa entrevista, ele diz que Christopher tem uma ano e meio de idade. Como o episódio do "raio cor-de-rosa" pode ser datado de julho de 1974 pelo relato de Tessa, Christopher teria um ano de idade, tendo comemorado o primeiro aniversário em 25 de julho. Isso é algo que PKD com certeza não poderia ter deixado de associar ao "diagnóstico"? No entanto, parece que ele pode ter confundido as datas, uma vez que ele sabia que a "pequena" cirurgia de Christopher aconteceu em meados de outubro de 1974. Nessa época, Christopher teria um ano e três meses, quase o bebê de "um ano e meio" descrito por ele na entrevista.

Isso tem mais lógica. Tessa informou-me que, por procedimento padrão, a operação não podia ser realizada antes que Christopher completasse um ano e meio. A cirurgia foi então realizada pelo especialista e pelo médico da família, o Dr. Morrison. Tessa acrescentou que um problema semelhante havia sido encontrado em seus irmãos, o que sugere uma doença congênita.

Sabemos que, em agosto, o próprio PKD estivera no hospital para uma cirurgia no ombro direito. Também sabemos, pela carta de Henry Ludmer de 8 de outubro de 1974, que Christopher estava bem e fora do hospital.[170] Além disso, numa carta à sua filha Laura, de 29 de outubro de 1974, PKD conta a ela da cirurgia de Christopher e diz que ele passa bem. Ele acrescenta que era uma "malformação abdominal que o Dr. Quack, como o chamamos, deixou de notar. Fui eu quem acabou notando". Então aqui temos outra versão da mesma história em que PKD é o herói que finalmente identifica o problema.[171] Nesta versão, a doença do filho apresentava perigo de morte e Christopher fora, como ele coloca, "no horsepiddle por três dias"*.

---

* Trocadilho com o som de hospital e *horsepiddle* (xixi de cavalo, em português). (N.T.)

"Pedimos a dois padres para rezarem por Christopher: nosso vigário (episcopal) de costume e o padre católico do hospital, de quem gostei muito."[172]

A partir de então, com exceção de uma referência, semelhante à da carta para Laura descrita acima, numa carta à sua mãe, o episódio em que Christopher escapa da morte por pouco não é mais mencionado em cartas (pelo menos não até fevereiro de 1975).

Também se costuma afirmar que PKD demonstrou um conhecimento técnico do corpo humano que deve ter adquirido de "outras" fontes. Em relação a esse diagnóstico, isso não é exatamente verdade. Conforme colocado anteriormente, no início dos anos 50, PKD desenvolveu uma hérnia depois de jogar tênis. Kleo afirma que ele estava tão preocupado que isso pudesse afetar a sua capacidade de ter filhos que passou bastante tempo lendo tudo o que podia sobre a região inguinal do corpo.[173] O acesso de PKD a essa informação vinte anos antes poderia estar relacionado a uma forma de criptomnésia?

Existe evidência de outras fontes de que PKD não esquecera o seu próprio problema de hérnia. Por exemplo, logo depois de se casar com Anne, ele admitiu ter hérnia. Parece que ele estava com tanto medo que não foi ao hospital para tratar.[174] Pode-se apenas concluir que, como isso não é mais mencionado, ele simplesmente aprendeu a conviver com o problema. Sendo assim, é razoável suspeitar que, quando seu filho Christopher nasceu, a questão de uma hérnia hereditária teria passado pela sua cabeça.

Uma vez que a operação de Christopher foi realizada, o jornalista Paul Williams pôde fazer a entrevista para a revista de rock *Rolling Stone*.

A entrevista da *Rolling Stone*

Depois de conhecer Paul Williams na Convenção Mundial de Ficção Científica de 1968 em Berkeley, os dois começaram a se corresponder com regularidade. Eles se encontraram de novo em San Rafael em 1970 quando PKD contou a Williams que sentia estar com pouca energia e passando por um período de baixa criatividade. Williams ficou animado em ajudá-lo como fosse possível e, como um colaborador respeitado da *Rolling Stone*, tinha relativa liberdade para escolher seus temas. Ele sentiu que era o momento certo para a publicação apresentar um artigo sobre esse grande escritor de ficção científica.

Williams pegou um avião para o condado de Orange pouco antes do Halloween, 31 de outubro de 1974,[175] e foi de táxi até a casa de PKD na travessa Cameo. A entrevista, que finalmente saiu na edição de novembro de 1975 da revista, era um retrato fascinante da vida de PKD na época. Ela tem ótimas fotos de PKD, Tessa e Christopher e também apresenta uma abordagem ligeiramente diferente da invasão de novembro de 1971. Aqui, PKD apresenta quatro teorias diferentes sobre quem poderia ter sido responsável pelo arrombamento, todas contraditórias. Ele admite, porém, que poderia ter sido uma operação interna planejada por seus "amigos" ou até que ele próprio foi o responsável, mas esqueceu de alguma forma.

O que considero curioso nessa entrevista é que nem uma vez PKD menciona os acontecimentos de 2-3-74, o que é realmente bastante esquisito. Isso reflete o fato de que os acontecimentos também só aparecem nas suas cartas muito depois naquele ano.

Logo assim que Williams foi embora, PKD foi derrubado por um acesso de "gripe". Esse estado prosseguiu até o Natal e o início de 1975. No entanto, de acordo com as suas cartas, ele saiu do leito e teve um período de festas razoavelmente animado. Além da visita de um grupo de amigos de Hollywood, incluindo a atriz Barbara Hershey, PKD estava bem disposto o suficiente para ser entrevistado em sua casa por Tony Hiss, da revista *New Yorker,* em 29 de dezembro de 1974. Hiss e seu parceiro, Henry Korman, ficaram durante seis horas e discutiram, entre outras coisas, as teorias psicológicas de Robert Ornstein e as implicações místicas das experiências 2-3-74 de PKD.

Entretanto, numa carta a Claudia Bush em 3 de janeiro, PKD conta que teve uma véspera de Ano Novo muito deprimente e solitária com Tessa, lavando roupa. Ele conta que à meia-noite, estourou "um dos balões de Christopher com um cigarro".[176]

Capítulo Nove
O Bem Pago (1975-80)

No início de 1975, a vida de PKD deu uma reviravolta para melhor, ainda que por um curto período. Ele pôde comprar uma nova versão da *Enciclopédia Britânica* para substituir a que Nancy levara quando o deixou. Tessa comprou um violão novo em folha e um cavalo mantido num estábulo. Em março de 1975, a família se mudou da travessa Cameo para uma casa maior, de três quartos, na Avenida Santa Ysabel, em Fullerton. Ela tinha um jardim na frente e um quintal nos fundos, onde Christopher podia brincar. PKD também comprou um carro esporte conversível, um Fiat Spyder vermelho, o primeiro luxo que ele se permitia em anos.

PKD começou a escrever um conto intitulado *The Eye of the Sybil*. Era a sua primeira tentativa de descrever suas experiências de 2-3-74 em forma de ficção. A intenção original para essa história era um formato de quadrinhos, ilustrada pelo amigo de PKD, Art Spiegelman, editor da revista ilustrada *Arcade*. A história, porém, provou ser impossível de ser apresentada de forma assim pictórica, então PKD enviou o manuscrito à agência de Scott Meredith em 15 de maio de 1975, mas não conseguiram encontrar um comprador.

Esse contratempo foi suavizado pela notícia, também em maio, de que o seu romance *Fluam, Minhas Lágrimas, Disse o Policial*, ganhara o consagrado Prêmio John W. Campbell de ficção científica. O prêmio havia sido estabelecido apenas dois anos antes, pelos escritores de ficção científica Harry Harrison e Brian Aldiss, e seu nome é uma homenagem a um homem que, como escritor de ficção científica e editor da revista *Analog Science Fiction and Fact*, é considerado um dos pioneiros do gênero literário. O Prêmio John W. Campell é decidido por um pequeno comitê de especialistas em ficção científica e baseado nos melhores romances do gênero publicados no ano anterior. Ele é apresentado todo mês de junho na Conferência Campbell, organizada pelo Centro para o Estudo da Ficção Científica, na Universidade de Kansas. No ano anterior, o prêmio fora concedido conjuntamente a Arthur C. Clark e a Robert Merle, mas PKD foi considerado o vencedor entre os concorrentes de 1975. Seu romance *O Homem Duplo* (1977) seria um dos segundos colocados do prêmio em 1978.

O humor instável de PKD, sua possessividade e ciúme começaram a criar uma grande tensão no seu casamento. Tessa ainda era uma mulher jovem que queria mais da vida do que ser mãe e dona de casa. Ela se matriculou na faculdade da comunidade e começou cursos de alemão e biologia. PKD acusou-a de usar isso como desculpa para ver outros homens, quando, na verdade, era ele quem aproveitou a ausência de Tessa para começar um relacionamento com outra mulher.

O ciúme extremo foi um fator importante que sabotou todos os relacionamentos de PKD, e o casamento com Tessa — seu quinto e, no fim das contas, último — não seria uma exceção. Em julho de 1975, Tessa e Christopher fizeram uma visita de uma semana à família dela. Essa foi a primeira vez em que PKD e Tessa realmente ficaram afastados, mas PKD lembrou que Nancy partira com Isa e viu essa breve separação como uma forma de abandono. Ele depois descreveria as ausências de Tessa como "aventuras de uma inexperiente".

PKD começou a flertar cada vez mais com as mulheres que encontrava. Tessa, o que é bastante natural, teve dificuldade para lidar com isso. A forma como a atitude dele era evidente é definida por seu amigo, Tim Powers, em sua introdução a *Selected Letters Volume Four*. O seguinte incidente é descrito na introdução.

PKD e Tim não entravam em contato desde o início de 1973, quando Tim começou a namorar Linda Levy. PKD achou difícil lidar com isso na época e fazia comentários negativos sobre a nova namorada de Tim de forma contínua. Tim ficou incomodado com isso e os dois pararam de entrar em contato um com o outro. A amizade foi deixada de lado. Entretanto, PKD e Tessa decidiram dar uma festa na casa da Avenida Santa Ysabel no dia 3 de agosto de 1975. Além de alguns estudantes universitários e acadêmicos, eles decidiram convidar o único convidado do seu casamento de abril de 1973 que não era da família, uma jovem chamada Ila Howard. Ila não quis ir sozinha e perguntou se podia levar Tim Powers como seu convidado. PKD concordou e, assim que Tim chegou à festa, deixou claro que queria retomar a amizade. A amizade ressuscitada durou o resto da vida de PKD e Tim foi imortalizado como um dos personagens centrais do romance *VALIS*.

Doris – uma mulher com uma vocação

O comportamento de PKD estava causando muita preocupação e estresse a Tessa. Em especial, ele fizera uma nova amiga, chamada Doris Sauter, que estava tomando cada vez mais o seu tempo. Ele conhecera Doris na primavera ou no início do verão de 1972, quando ela namorava o amigo dele e colega, o escritor de ficção científica Norman Spinrad. Ela morava em Tustin, uma cidade residencial no condado de Orange, e Norman estava em Laurel Canyon, um bairro dentro de Hollywood Hills, em Los Angeles. Doris e Norman iam até Fullerton de carro para se encontrarem com PKD e Tessa e fazerem uma refeição num restaurante chinês próximo. Quando Doris e Norman se separaram, PKD continuou a amizade com ela e ela passou a fazer parte de um pequeno grupo, que incluía Tessa e Tim Powers, que passava horas discutindo política, religião e muitos outros assuntos.

Em 1974, sentada em seu pequeno apartamento, Doris teve a sua própria epifania — uma conversão religiosa que acabaria levando ao sacerdócio. Ela flertara com o catolicismo antes de se decidir pelo episcopalismo. PKD ficou encantado com isso e sentiu que ali estava alguém com quem ele poderia discutir as implicações religiosas da sua experiência de 2-3-74. Quando PKD se sentia abandonado num relacionamento, ele invariavelmente buscava apoio em outra parte, e seu casamento com Tessa não foi exceção. Doris sabia ouvir e, com o seu interesse aguçado em teologia, ficava mais que feliz em incluí-lo em longas discussões.

Tessa, enquanto isso, tinha uma criança pequena com quem lidar, além de todas as realidades do funcionamento de uma casa. Estava claro que o casamento estava mal e uma ajuda externa era necessária, então eles começaram a terapia de casal. Somava-se a essas complexidades o estado psicológico cada vez pior de PKD, incluindo uma volta das antigas fobias. Ele já havia recebido o diagnóstico de maníaco-depressivo. A doença pode ser apontada como a causa de um acontecimento específico que deixou sua jovem esposa claramente preocupada:

> "Uma vez ele tentou levar uma carta à caixa de correio da esquina, mas assim que saiu do nosso quintal, sentiu tontura e chegou mesmo a cair. Ele se levantou e correu de volta para dentro de casa."[177]

A separação

As coisas chegaram a um ponto em que PKD anunciou que estava planejando se mudar e cuidar da nova amiga, Doris. Como descobriremos adiante, ele já havia pedido Doris em casamento, apesar de ainda estar com Tessa. Numa tarde de fevereiro, Tessa concluiu que não aguentava mais e levou Christopher com ela para passar a noite na casa do seu pai. No dia seguinte, ela voltou com o irmão e a cunhada para pegar roupas para ela e brinquedos para Christopher. Em *Remembering Firebright*, ela insiste que dissera a PKD que ficaria fora por dois dias e voltaria.[178] Ela conta que, enquanto ela andava pela casa recolhendo coisas para a sua viagem, PKD e o amigo Tim Powers ficaram sentados, observando-a em silêncio.

No dia seguinte, Tessa ficou horrorizada ao descobrir que PKD tentara se suicidar depois que ela foi embora e que estava internado na ala psiquiátrica do hospital do condado. Quando ela o visitou, ele estava inconsciente. Ao retornar à casa da família, ela encontrou um bilhete de uma "mulher" dizendo que ele precisava de roupas limpas e que os gatos precisavam de comida. No dia seguinte, PKD recobrara a consciência, mas estava transtornado demais para falar com ela. De acordo com Tessa, no terceiro dia, ele teve alta e foi levado pela mulher misteriosa "no pequeno Fiat Spyder vermelho dele, que era o único luxo desprezível que tínhamos conseguido adquirir".[179] Pelo modo como ela coloca, nota-se que Tessa estava decepcionada com o rumo dos acontecimentos.

A tentativa de suicídio foi uma comédia dos erros do início ao fim. PKD tomou quarenta e nove comprimidos de digitalina e outras de Psicosedin e Hidralazina.[180] Em seguida, ele cortou o pulso esquerdo, foi para a garagem e ficou sentado no Fiat com o motor ligado. O episódio é descrito em detalhes no Capítulo Quatro de *VALIS*:

> "Em 1976, totalmente louco de tristeza, Horselover Fat cortaria o pulso (depois que a tentativa de suicídio em Vancouver não deu certo), tomaria quarenta e nove comprimidos de digitalina de alta qualidade e ficaria numa garagem fechada com o motor do seu carro ligado e não teria o resultado esperado aí também. Bem, o corpo tem poderes que a mente desconhece."[181]

O motor do Fiat afogou, ele vomitou os comprimidos e o sangue estancou. De acordo com Sutin, foi PKD quem decidiu que não queria morrer e ligou para o terapeuta, que chamou uma ambulância a pedido dele.[182] Tessa conta uma história diferente. Ela escreve que, após uma tentativa malsucedida de cortar os pulsos com uma lâmina de barbear, ele ficou com muita dor. Ele decidiu ligar para a farmácia para receber mais dos remédios receitados. O farmacêutico percebeu que ele estava transtornado e decidiu chamar um serviço de emergência, que então enviou uma equipe de paramédicos.[183]

Sutin relata que PKD ficou catorze dias no hospital, primeiro na UTI, depois na ala psiquiátrica do Centro Médico do Condado de Orange.[184] Isso contradiz o relato de Tessa, no qual ela especifica que ele teve alta depois de apenas quatro dias.[185] Sabemos, pelo relato dela, que Tessa visitou PKD no hospital no dia seguinte, mas ele estava inconsciente. Ela retornou à casa no segundo dia e encontrou o bilhete dizendo para ela dar comida aos gatos e levar roupas para PKD.[186] Embora ela não chegue a mencionar o nome da pessoa que deixou o bilhete, no seu livro *Remembering Firebright*, ela confirmou pessoalmente para mim que não fora, como eu presumi, Doris, mas uma aluna de um dos cursos do Professor McNelly, chamada Sue. De acordo com Sutin, Doris também visitou PKD no hospital e, pelo relato dele, entendemos que PKD estava animado para que Doris fosse morar com ele.

Fiquei surpreso ao descobrir, por meio de Tessa, que a mulher com quem PKD ia morar não era Doris, mas uma mulher chamada Kathy. Parece que PKD conheceu Kathy no chá de bebê de Christopher e daí teve início mais uma das "amizades" de PKD. Fica claro que Doris não estava a par desse arranjo.

De acordo com Tessa, foi Sue quem recebeu o cartão de crédito e o carro de PKD por motivos de segurança. Parece que Tessa não se lembra do tempo em que PKD ficou na ala psiquiátrica. Em *VALIS* há afirmação específica de que Horselover Fat fica "preso no hospital psiquiátrico do condado de Orange" e que está muito aborrecido porque a esposa, Beth, claramente baseada em Tessa, não se dá ao trabalho de ir visitá-lo após a sua tentativa de suicídio.[187]

Anne Dick lembra-se de ter ligado para PKD quando ele estava na ala psiquiátrica, na sexta-feira. PKD informou-lhe que os especialistas haviam decidido mantê-lo por um período indefinido. PKD disse a Anne que Tessa estava ocupada demais para poder visitá-lo, e acrescentou: "Espero que ela apodreça no inferno por doze éons". O intrigante é que Anne afirma que Tessa acabou aparecendo *depois* que PKD foi transferido para a ala psiquiátrica.[188]

O que podemos entender disso? Tessa não estava ciente de que PKD estava encarcerado por pelo menos uma semana, talvez mais, numa unidade de saúde mental fechada? Ou poderia ser que Sutin usou o relato romantizado de *VALIS* em vez da versão fornecida pela pessoa que foi realmente testemunha dos acontecimentos?

Fica claro que tanto Doris como Tessa visitaram PKD durante o período de permanência mais curto na seção de cardiologia. Talvez seja significativo o fato de que Doris, em sua introdução a *What If Our World Is Their Heaven* (2009), não menciona a tentativa de suicídio, afirmando simplesmente:

> "O relacionamento de Phil com Tessa estava se desintegrando rapidamente — estava claro que o casamento dele estava acabando. Phil logo me pediu em casamento, mas eu o recusei."[189]

Conforme já descobrimos, foi a estudante Sue que levou PKD no Fiat Spyder para Tessa, em casa. De acordo com Anne, a essa altura, Tessa havia voltado para casa com Christopher. Se fora a intenção dela desde o início apenas dar um tempo no relacionamento com PKD, isso não surpreende. Tessa de fato estava em casa quando Sue o levou. Tessa informou-me que não ficou nem um pouco feliz com isso, especialmente porque o estilo agressivo de direção de Sue danificara muito a transmissão de engrenagem do Spyder.

Embora Tessa estivesse contente em ver PKD em casa, o estrago estava feito. Na época, ela estava totalmente ocupada como dona de casa e mãe, e estava com dificuldade para dar conta de tudo. Ela escutara as descrições de PKD de suas experiências muitas vezes e não estava mais tão interessada quanto ele gostaria. Ela tinha dificuldade em aceitar que as experiências dele fossem qualquer coisa além de alucinações ou reflexos do estado mental confuso dele. Para Tessa, elas não eram reais. Numa entrevista em 2002 a Chris Ziegler para a *OC Weekly*, ela disse que não se incomodou nas primeiras vezes em que ele relatou ter tido visões. "No começo era empolgante, mas após um tempo, era mais 'eu não quero ouvir sobre as suas visões!'"[190]

Para PKD, no entanto, elas eram as coisas mais reais que já haviam acontecido com ele. A tensão era simplesmente excessiva. PKD procurava alguém mais solidário com a sua "experiência de conversão" e Doris, tendo ela mesma passado por uma, ainda que muito mais tradicional tanto em termos das circunstâncias como do resultado, estava pronta e no aguardo. PKD tinha ainda outra desculpa para ir morar com Doris. Em maio de 1975, ela havia sido diagnosticada com uma forma de câncer do sangue, o linfoma não-Hodgkin, então conhecido como linfoma histiocítico. Ela passou por uma série de sessões de quimioterapia e PKD estava ávido para ajudá-la a lidar com os desagradáveis efeitos colaterais, que incluíam ataques apopléticos e náusea. A tentativa de suicídio dele e subsequente hospitalização permitiram-lhe pressionar Doris a ir morar com ele.

Doris terminou uma sessão especialmente intensa do tratamento de quimioterapia e radiação que não foi bem e, de acordo com Tessa, tinham dado menos de seis meses de vida para ela. Doris, no passado, passara por três derrames como resultado do tratamento.[191] Essa foi a desculpa de PKD. Ele sabia que ela ia penar para enfrentar a situação sozinha, especialmente já tendo ido ao seu apartamento minúsculo de um cômodo em Santa Ana.[192]

PKD também argumentou que ele precisava de cuidados devido à sua taquicardia. Doris acabou cedendo e, em maio de 1976, ele saiu da casa da Av. Santa Ysabel e alugou um apartamento de dois quartos e dois banheiros. Ele ficava no último andar do prédio e tinha uma sacada que dava para a estação Civic Center Drive. Conforme Doris descreve, "numa noite clara, dava para ver os fogos de artifício da Disneylândia".[193] Como descobriremos mais adiante, PKD acreditava que ele havia "pré-conhecido" (ou retroconhecido) o fato de morar nesse lugar num sonho de anos antes.

Depois de algumas semanas morando sozinha, Tessa teve de desistir da casa da Av. Santa Ysabel, uma vez que não conseguia pagar o aluguel sozinha. Ela fez as malas e foi com Christopher, no Fiat Spyder, até Napa para ficar na casa de parentes até o final do verão.[194] O casamento havia terminado de fato.

No início, o relacionamento com Doris ia bem, com PKD fazendo o papel de cuidador dedicado. Ecos desse período podem ser encontrados na descrição que ele faz do relacionamento da moribunda Rybys Romney com seu vizinho, Herb Asher, no seu romance de 1981, *A Invasão Divina*.[195]

Maio de 1976 revelou-se um mês transformador na carreira de PKD também. A Bantam comprara três de seus romances, *Palmer Eldritch, UBIK* e *A Maze of Death*, todos graças a um jovem editor entusiasmado chamado Mark Hurst. PKD recebeu 20.000 dólares pelos três livros, além de um adiantamento de 12.000 pelo livro planejado, *Valisystem A*.

Esse deveria ter sido um período feliz para ele, porém, mais uma vez, sua possessividade obsessiva veio à tona e ele ficou com muito ciúme de todos os amigos e amigas de Doris. Suas antigas fobias voltaram, incluindo sua incapacidade de comer em público. Ele sempre achara difícil a ideia de "morar junto". Ele pedira Doris em casamento em diversas ocasiões, mas ela não desejava se prender a ninguém naquele estágio da sua vida. Ela ficara sabendo que teria um período curto de vida pela frente e portanto queria usar esse tempo para realizar as ambições que lhe restavam. A ansiedade de PKD quanto a isso era tal que, em agosto, ele cancelou uma visita planejada da filha Isa, de onze anos de idade, porque estava preocupado com o que a filha ia pensar da nova organização doméstica do pai.

Nessa época, sua vida estava muito desestruturada. O prédio em que ele estava morando estava prestes a ser convertido num condomínio, o que significava que o apartamento seria colocado à venda e não estaria mais disponível para alugar. Ele depois optaria por comprá-lo. Cuidar de Doris Sauter também estava lhe tirando a energia. Estava claro que a busca dele por uma compreensão dos acontecimentos de 2-3-74 também o estava frustrando. "De vez em quando eu imagino que descobri uma pequena pista da minha busca epistemológica. Mas a cada pista que descubro, mais outras dez coisas não explicadas aparecem."[196]

As coisas chegaram ao ápice naquele mesmo mês. Doris decidiu voltar para a faculdade no outono. Seu câncer estava dando sinais de melhora e ela estava animada em seguir a ambição de se tornar uma pastora episcopal. No início, PKD ofereceu uma ajuda de 2.000 dólares para os gastos dela, mas depois mudou de ideia, então Doris teve de encontrar uma fonte de renda alternativa. Essa mudança de ideia da parte dele junto com as alterações bruscas de humor estavam sendo demais para ela. Ela não queria terminar o relacionamento, mas sentiu que talvez eles precisassem cada um do seu próprio espaço. Quando um apartamento vizinho ficou disponível, ela aproveitou para se mudar, uma vez que ainda estaria perto caso ele precisasse dela. Ela continuou aparecendo para fazer a janta para ele e assistir a filmes. Essa situação continuou mesmo quando ela foi forçada a se mudar quando houve a transformação para condomínio e os apartamentos colocados à venda.

Doris acabou seguindo a sua vocação e começou a estudar para o sacerdócio episcopal. Ela estava entusiasmada para ser ordenada, mas ficou claro para ele que não seria em Los Angeles. Ela decidiu se mudar para Yuba City, no norte do estado, que tinha uma atitude mais liberal em relação a pastoras mulheres. PKD viu isso como mais um abandono e recusou-se a visitá-la na casa nova.

A essa altura, Tessa e Christopher haviam voltado para o condado de Orange. Tessa afirma que queria que ela e Christopher fossem morar com ele, mas isso não foi possível devido a uma cláusula no contrato do apartamento, que não permitia que morassem crianças.[197] Embora Tessa estivesse dando início aos procedimentos do divórcio, ela diz que a amizade deles permaneceu forte e ela continuou a auxiliá-lo na escrita. O divórcio foi finalizado em fevereiro de 1977.

PKD alegaria depois que o motivo pelo qual todos os seus relacionamentos acabam não dando certo era que "eu sou tão autocrático quando estou escrevendo... completamente belicoso e defensivo em termos da preservação da minha privacidade... É muito difícil conviver comigo quando estou escrevendo".[198] Ainda assim, após as separações turbulentas, ele disse: "Ainda tenho um bom relacionamento com as minhas ex-esposas, especialmente Tessa, e continuaram sendo "muito, muito bons amigos".

Doris acabou se formando na Faculdade de Chapman em 1981 e começou o processo de ordenação. Ela assumiu uma posição pastoral em Yuba City. PKD, como de costume, não ficou sozinho por muito tempo.

1977 – O Homem Duplo

"Tudo na vida é só por um tempo."

— **Philip K. Dick,** *O Homem Duplo*

Esse romance teve um longo período de gestação. A ideia original foi desenvolvida por PKD em 1972, mas somente em 1973 a história adquiriu uma estrutura. Ele escreveu um resumo de 82 páginas e enviou à Doubleday. A editora ficou interessada e, em princípio, aceitou o romance em abril de 1973. Após uma série de revisões, o romance acabou sendo publicado em janeiro de 1977 com capa dura.

A história se passa no condado de Orange, na Califórnia. O foco é um grupo de usuários de droga e o mundo complexo e às vezes divertido que habitam. Um dos membros do grupo, Bob Archer, é na verdade um agente da divisão de narcóticos disfarçado, chamado agente especial Fred, que é usado pelas autoridades locais para enviar informações sobre as atividades do grupo. Uma nova droga chamada "Substância D" está nas ruas, e no seu papel de Bob Archer, Fred acaba usando altas quantidades. Isso acaba dividindo seu cérebro em dois elementos, e Fred e Bob tornam-se personalidades separadas.

O livro trata da natureza ilusória da realidade do ponto de vista de um personagem que existe em dois estados separados de consciência. O que é real e o que é uma ilusão transformam-se numa reflexão fascinante sobre sanidade e insanidade. Muitos dos acontecimentos descritos no livro foram de fato testemunhados por PKD no tempo em que ele dividia sua casa em Santa Venetia com uma série de grupos sempre diferentes de adolescentes usuários de drogas.

Em 1978, *O Homem Duplo* ganhou o prêmio de melhor romance da Associação de Ficção Científica Britânica, seguido, em 1979, pelo Graouilly d'Or no Festival de Metz, na França.

Joan, a assistente social

Joan Simpson era uma assistente social psiquiátrica de trinta e dois anos que trabalhava no Hospital Estadual Sonoma, a cerca de setenta quilômetros ao norte de São Francisco. Ela havia se tornado uma colecionadora dos primeiros trabalhos de PKD e amiga íntima do vendedor de livros Ray Torrence. Em março de 1977, e sem ela saber, Torrence escreveu para PKD dizendo que ela estava muito animada em conhecer seu ídolo-escritor. Em fevereiro de 1977, PKD disse que teve uma série de premonições hipnagógicas em que sentiu a presença de uma mulher ao lado dele. Essas sensações se tornaram tão fortes que ele se convenceu de que um novo interesse amoroso logo apareceria na sua vida. A carta de Torrence, portanto, não foi nenhuma surpresa para ele, que de imediato a convidou para ficar com ele em Fullerton. Joan ficou encantada, aceitou e, em abril de 1977, embarcou na viagem de carro de doze horas até o condado de Orange.

Durante a sua estada de três semanas, ele lhe descreveu as experiências de 2-3-74 em detalhes. Isso claramente não preocupou Joan. O que a incomodou, no entanto, foram as condições em que ele estava vivendo. Ela contou a Sutin que havia ovos de pulga de gato sobre as duas mesas de tampo de vidro, frascos de remédios empilhados por toda parte e páginas da *Exegese* dele espalhadas pelo apartamento. Muito para a surpresa dela, PKD concordou em voltar com ela para Sonoma. Embora ele tivesse decidido manter o aluguel do apartamento de Santa Ana, ficou claro que ele ficou mais que feliz em retornar às suas raízes da área da Baía de São Francisco.

Em maio, o casal alugou uma casa na Rua Chasem em Sonoma. PKD estava com seus velhos amigos mais uma vez. Ray Torrence, o idealizador do novo relacionamento, ficou encantado em tê-lo de volta, assim como outro amigo, Paul Williams, o autor da famosa entrevista para a *Rolling Stone*. Mas PKD ainda estava lutando com seus demônios. Como ficou claro em suas primeiras conversas com Joan, os acontecimentos de 2-3-74 ainda ficavam passando na sua cabeça. Ele ainda estava escrevendo sua *Exegese*, mas sentia que precisava descrever suas experiências da melhor forma que sabia, num romance. Ele vinha trabalhando num manuscrito que chamara de *Valisystem A*, mas não estava ficando nada bom. No entanto, as coisas estavam prestes a mudar.

Algumas semanas após a mudança, ele ficou maravilhado em receber uma carta de dois estudantes universitários que solicitavam uma entrevista para um livro que planejavam escrever sobre escritores de ficção científica. D. Scott Apel e Kevin Briggs tinham iniciado um projeto que chamavam de *Approaching Science Fiction Writers* (Abordando Escritores de Ficção Científica). Como o título sugere, o livro não apenas incorporaria entrevistas aprofundadas com os escritores como também descreveria como eles abordaram seus heróis para as entrevistas. Eles já haviam gravado duas horas de entrevistas com Norman Spinrad, Roger Zelazny, Robert Anton Wilson e Fritz Leiber. A próxima pedreira era Philip K. Dick. Então é compreensível que tivessem gostado de saber que PKD se mudara recentemente de Los Angeles para Sonoma, a cerca de 140 quilômetros ao norte de onde eles moravam.

Eles enviaram a carta a PKD com esperança tanto quanto expectativa e, assim, ficaram encantados quando ele ligou para Apel para marcar uma reunião. Entretanto, um ou dois dias depois, Apel recebeu uma segunda ligação, desta vez de Joan. A depressão de PKD voltara e ele não estava no estado de espírito certo para realizar uma série de entrevistas. No entanto, Joan disse a Apel que, na sua opinião, as entrevistas poderiam ser exatamente o que PKD precisava para sair desse ciclo. Ela prometeu que iria falar com ele e ver o que conseguia fazer.

A tentativa dela claramente foi bem-sucedida e, em 20 de junho de 1977, Apel e Briggs chegaram à casa de PKD e Joan na Rua Chase. Eles foram recebidos à porta por Joan. Apel a descreve como "esbelta, morena e muito bonita, com uma voz e um jeito atraentes".[199] Numa descrição muito citada de PKD, ele escreve:

> "Ele não era o que eu esperava. As fotos não fazem jus a ele. Ele era grande, tinha uma imponência física e era peludo. Estava usando calça e uma camisa aberta, como se o peito peludo e cheio e a barriga em forma de barril não conseguissem ficar presos."[200]

A entrevista foi extremamente bem e, como descobriremos mais adiante, PKD fez comentários fascinantes que não foram gravados e que sugerem ainda outra interpretação dos acontecimentos de 2-3-74.

Trinta e quatro anos depois, a jornalista Janelle Morgan entrevistou Scott Apel e discutiu com ele, com algum detalhamento, os pensamentos e impressões de PKD no verão de 1977. Morgan estava ávida para entender se Apel acreditava que PKD estava insano na época. Apel estava muito certo de que PKD estava completamente são.

"E eu posso fazer uma afirmação do tipo até porque sou formado em psicologia e trabalhei em manicômios. Somos treinados para saber a diferença entre as pessoas que estão sãs, as pessoas que estão insanas e as que estão agindo como se estivessem insanas. Phil não estava de forma nenhuma louco. Pode haver alguma explicação biológica para algumas de suas experiências, como uma embolia cerebral ou excesso de medicamentos. Eu não sou médico. Mas sei que o homem estava sendo completamente sincero na sua crença de que teve uma experiência que estava de alguma forma fora do reino da normalidade."[201]

Tanto na entrevista de Morgan como na introdução de *Philip K. Dick: The Dream Connection* (1987), Apel sugere que, sob alguns aspectos, ele e seu colega Kevin foram os modelos para "David" e "Kevin" em *VALIS*. Os nomes são uma boa dica. Num telefonema subsequente, PKD confirmou a Apel que os personagens eram mesmo baseados nele e em Kevin. No entanto, Tim Powers e Kevin Jetter reivindicaram para si a inspiração dos personagens.[202] Uma análise das personalidades de Powers e Jetter tende mesmo a comprovar isso. Powers é católico, como David, e Jetter era e, até onde sei, ainda é um racionalista esclarecido num estilo semelhante ao de Kevin.

O Festival de Metz

Em setembro de 1977, Joan acompanhou PKD à França. Ele fora convidado para fazer uma apresentação no Segundo Festival Internacional de Ficção Científica, em Metz. PKD foi um dos convidados de honra do evento, sendo que os outros dois eram seu bom amigo Roger Zelazny e seu antigo adversário, Harlan Ellison. Mas era PKD quem faria o discurso de abertura. Essa era uma prova clara de que seu trabalho era levado a sério na França. Para celebrar a presença de PKD no festival, os organizadores até encomendaram um livreto de edição limitada com o seu conto *Explorers We*, escrito em 1958 e publicado no ano seguinte na revista *Fantasy and Science Fiction*.

PKD escrevera seu discurso à mão com antecedência e essas anotações foram enviadas aos organizadores para a tradução para o francês. O plano era que ele lesse um parágrafo em inglês e o tradutor o repetisse em francês.

O discurso original tinha o título *If You Find This World Bad, You Should See Some of the Others* (Se Você Acha Este Mundo Ruim, Você Deveria Ver Alguns dos

Outros). Nele, PKD apresentava ideias fascinantes ligadas às implicações das suas experiências de 2-3-74. A transcrição do discurso é cheia de especulações e malabarismos intelectuais, e é a introdução perfeita para o pensamento dele em 1977.[203]

Infelizmente, não foi assim que o discurso foi recebido no dia. Quando ele estava prestes a começar, foi informado de que teria de cortar vinte minutos da apresentação. Ele releu o manuscrito rapidamente e tirou várias partes. O tradutor foi obrigado a fazer o mesmo com os seus registros, mas infelizmente removeu partes diferentes. O resultado foi uma confusão completa. Felizmente para aqueles de nós que não estávamos lá no dia, é possível simplesmente ler a prosa extraordinária de PKD.

Na sua introdução para o livro de Gregg Rickman, *Philip K. Dick: In His Own Words* (1984), Zelazny descreve o resultado do discurso pelo seu ponto de vista. Zelazny teve de ir a uma sessão de autógrafos numa livraria do bairro, portanto seu parecer sobre o que ocorreu é de segunda mão. A primeira coisa que lhe deu a ideia de que algo havia dado errado foi quando franceses que ouviram o discurso começaram a aparecer na livraria. Um perguntou a Zelazny se era verdade que PKD planejava criar sua própria religião e outro afirmou que, depois do discurso, PKD lhe dera o poder de perdoar pecados e matar pulgas.

Joan ficou com uma infecção estomacal e passou a maior parte do tempo confinada na cama do hotel. Depois da separação, PKD diria aos amigos que ela teve um colapso nervoso.

Ao voltarem para a Califórnia, Joan esperava que PKD se juntasse a ela em Sonoma. No entanto, PKD estava agora já muito bem acomodado no condado de Orange para se mudar para o norte da Califórnia. Como Joan não estava disposta a ir morar na área de Los Angeles, o relacionamento chegou ao fim. PKD voltou a ser solteiro. Era uma posição em que ele já estivera antes, mas agora havia uma enorme diferença: ele tinha dinheiro, muito dinheiro. De acordo com Lawrence Sutin, em 1977, seus ganhos chegaram a aproximadamente 55 mil dólares e, em 1978, aumentaram para 90 mil. Além de aumentar a pensão que pagava às ex-esposas e filhos, ele pôde comprar um Mercury Capri em dinheiro à vista e doar dinheiro parra as suas instituições de caridade favoritas.[204]

Em agosto de 1978, a mãe dele, Dorothy, morreu. A reação inicial de PKD foi de choque e pesar, mas logo mudou para alívio, ao sentir que mais um peso desaparecera. Ele estava livre, solteiro e relativamente bem de vida. Seu mundo de repente parecia ser bom. Ele entrou no estágio final da sua vida com a oportunidade de ouro de escrever os livros que realmente queria escrever: as histórias que descreveriam, de diversas formas, o que acontecera com ele em 1974.

Capítulo Dez

Os Anos Finais (1979-82)

PKD perdera a mãe, mas o pai ainda estava muito vivo. Eles estavam afastados havia muitos anos, mas viriam a se reaproximar graças à primeira filha de PKD, Laura.

No fim dos anos 1970, Laura estudava na Universidade de Stanford, na área da Baía de São Francisco. Muito por acaso, ela descobriu que o avô, Ted Dick, morava muito perto dela, nos limites do campus. Uma jovem claramente determinada, ela simplesmente pulou a cerca da casa dele e se apresentou ao parente com que perdera o contato havia muito tempo. É possível imaginar a expressão de surpresa de Ted, já idoso, e de sua terceira esposa, Gertrude. Eles fizeram uma forte amizade e Laura passou muitas horas estudando na sala de estar do casal. Anne Dick conta como informou essa descoberta a PKD:

> "Na próxima vez que falei com Phil ao telefone, eu disse: 'Seu pai está bem, Phil.' Ele ligou para o pai, e eles começaram um diálogo por telefone que continuou até a morte de Phil. Ele enviou para o pai cópias autografadas de alguns de seus romances e cópias de entrevistas para revistas. O pai ficou imensamente orgulhoso de tudo isso."[205]

No final de maio, PKD escreveu para Laura dizendo que estava totalmente exaurido. Ele acrescentou que, de alguma forma, também se sentia "danificado".

> "Sinto que estou escolhendo o caminho de menor esforço, em todas as situações. Estou preservando a minha energia psicológica. Mas só um organismo que está se preparando para morrer faz isso. Eu estou me retirando da vida em si? Talvez seja isso. Não sei."[206]

Em 25 de fevereiro de 1980, Laura comemorou seu aniversário de vinte anos. PKD, que estava sofrendo com um mau jeito nas costas, enviou a ela uma carta no lugar de um cartão.[207]

Laura estava noiva e estava animada para que o pai fosse ao seu casamento em Point Reyes Station em agosto de 1980. Por um tempo, pareceu que ele iria. De acordo com Anne, ele até pedira a Laura uma lista das obrigações dele nesse dia. Infelizmente, à medida que o casamento se aproximava, ele teve um ataque de taquicardia e disse a Anne que qualquer excitação poderia matá-lo. No entanto, a versão dos acontecimentos que ele transmitiu a Tim Powers e a Doris Sauter foi a de que Anne não queria que ele fosse. Ficou claro que, mesmo muitos anos depois, a situação entre Anne e PKD ainda era angustiante. Só é possível imaginar a tristeza que Laura deve ter sentido em não ter o pai ali para entregá-la ao casamento.

PKD parecia estar afundando em si mesmo. O sucesso não o tornara feliz. Ele continuou escrevendo a sua *Exegese* e continuou pensando muito profundamente nos acontecimento de 2-3-74. Mas começou a acreditar que experiências assim tão poderosas passavam a ser memórias desbotadas. Entretanto, VALIS estava prestes a reaparecer na sua vida.

A Segunda Teofania

Em 12 de janeiro de 1981, PKD escreveu uma carta fascinante para Patricia Warrick descrevendo com muitos detalhes o que ele denomina sua "Segunda Teofania", que ocorreu em 17 de novembro de 1980. Ele conta que às onze da manhã desse dia, ele estava na cozinha com o amigo Ray Torrence. PKD se viu de súbito num poderoso estado hipnagógico:

"Eu vi um vazio infinito, mas não era o abismo. Era o vazio dos céus, com um céu azul e chumaços de nuvens brancas (estou citando as anotações que fiz no dia, à noite). Ele não era nenhum Deus estranho, mas o Deus dos meus progenitores. Eu não via nada, mas sentia a presença dele, sua personalidade. E tinha consciência dele se dirigindo a mim."[208]

O ser então explicou a PKD que ele era o infinito:

"Onde estou, o infinito está. Onde o infinito está, é lá que estou. Eu sou todos os lugares e todas as estradas, todas as vidas, levam a mim. Todos me encontrarão no fim. Eu me revelei a você (em março de 1974) e você viu que eu sou o vazio infinito."[209]

PKD convenceu-se de que se tratava, de fato, de Deus, e que Deus se manifestara na sua vida como VALIS; após esse encontro, PKD acreditou que essa entidade era uma personalidade de amor puro e totalmente transcendente. Para ele, essa Teofania posterior era um encontro direto com o verdadeiro Deus, ao passo que a experiência de março de 1974 foi mais um encontro com a vontade de Deus neste mundo. Dessa forma, PKD acreditava que este VALIS era mais próximo do seu próprio conceito de Ubik. Realmente, eu não consigo deixar de me lembrar de como Ubik descreve a si mesmo em 1969.

> "Eu sou Ubik. Antes que o universo fosse, eu sou. Eu fiz os sóis. Eu fiz os mundos. Criei as vidas e os lugares que elas habitam. Eu as movimento para cá, eu as ponho ali. Elas vão aonde mando, fazem o que eu digo. Eu sou a palavra e meu nome nunca pronunciei, o nome que ninguém sabe. Eu me chamo Ubik, mas esse não é o meu nome. Eu sou. Eu sempre serei."

1981 – A Invasão Divina

— Às vezes eu acho que este planeta é enfeitiçado — disse Elias. — Nós estamos adormecidos ou em transe, e algo faz com que vejamos o que ele quer que vejamos, e lembremos e pensemos o que ele quer que lembremos e pensemos. O que significa que somos o que ele quiser que sejamos. O que, por sua vez, significa que não temos nenhuma existência genuína. Estamos à mercê de algum capricho.

— Philip K. Dick, *A Invasão Divina*

Esse romance foi muito influenciado pela escrita da *Exegese*. Phil buscava uma sequência para o seu romance *VALIS*. Ele chegou a chamar o livro de *Valis Regained*. O romance acabou sendo escrito em duas semanas de março de 1980. Ele usou como começo seu conto "Chains of Air, Web of Ether". Ele foi publicado pela Simon & Schuster em junho de 1991.

A história começa com um menino chamado Emmanuel no início das aulas na Terra. Ele sabe que a sua mãe, Rybys Romney, está morta e que o seu padrasto, Herb Asher, está congelado em suspensão criogênica, clinicamente morto.

O que ele não sabe é que a mente de Herb está viva, com sonhos lúcidos nos quais revive as últimas seis semanas da sua existência, o que inclui o tempo em que ele viveu recluso no distante sistema estelar CY30-CY308, onde um deus local, Yah, apareceu para ele numa visão e lhe disse para ir visitar a vizinha que estava com uma doença terminal. Essa vizinha era Rybys Romney.

Na escola, Emmanuel é abordado por uma menininha estranha e intensa, chamada Zina. Zina lhe diz que ele precisa despertar para perceber a sua verdadeira identidade.

Mais uma vez, PKD insere num romance a ideia de que existem dois deuses (biteísmo): um que é imanente ao mundo e outro que está num estado de esquecimento do seu verdadeiro papel. Essa ideia aparece nos romances iniciais, como *The Cosmic Puppets*, mas em *A Invasão Divina* temos uma explicação completa da anamnese, a recuperação de lembranças perdidas e uma percepção das origens.

A ideia de que a mente se alimenta de lembranças de vidas passadas, como forma de passar o tempo quando em suspensão criônica, reaparece neste romance. Essa é, de novo, uma versão da meia-vida encontrada num romance anterior, *UBIK*.

A ideia de uma menina sendo a manifestação da "Sabedoria" (Sofia) se repete num trabalho anterior, *VALIS*. Aqui temos Zina assumindo o papel. A isso, Phil acrescenta o conceito cabalístico de "Shekinah".

De volta à vida

PKD estava entusiasmado de novo. VALIS estava de volta em sua vida e ele precisava saber por quê. Possivelmente estimulado por esse fato, em abril de 1981, ele começou a escrever *A Transmigração de Timothy Archer,* e enviou o manuscrito em 13 de maio. A história, que, segundo PKD, "não é ficção científica de forma alguma", começa no dia 8 de dezembro de 1980 com o assassinato do cantor e compositor John Lennon, cofundador dos Beatles, e depois passa para flashbacks. Lennon foi morto a tiros em frente ao prédio em que morava em Manhattan, Nova York.

O assassino, o segurança Mark Chapman, alegou que ficou enfurecido quando Lennon disse que os Beatles eram "mais populares que Jesus Cristo". Lennon era um grande fã da obra de PKD e durante o tempo que precedeu o assassinato, vinha falando em fazer um filme a partir do romance *Os Três Estigmas de Palmer Eldritch* (1965).

A Transmigração de Timothy Archer foi o último romance que PKD terminaria e, sob muitos aspectos, reúne muitas das questões que vinham ocupando a sua mente durante anos. Ele sempre afirmou que esse novo trabalho estaria ligado pela temática a *VALIS, The Owl in Daylight* e *A Invasão Divina*, mas nunca foi planejado como parte da "trilogia". Narrado pela filha do bispo Archer, Angel, é um de seus romances mais complexos e, alguns dizem, uma resposta a quem dizia que ele não era capaz de criar personagens femininos fortes.

Em certo trecho, claramente baseado nas experiências de PKD, um personagem morto parece dominar a mente de um vivo e, ao fazê-lo, reflete o que PKD acredita realmente ter acontecido na sua vida em março de 1974. No romance, o bispo Timothy Archer morre no deserto israelense e a sua personalidade parece "transmigrar" para a mente de um esquizofrênico chamado Bill Landborg. Na realidade, ou pelo menos nesta realidade, morre no deserto israelense e, por pouco tempo, pareceu ter "transmigrado" para a mente de PKD, um autor residindo em Fullerton.

Com a exceção de um período curto em 1974, PKD permanecera com a Agência Scott Meredith durante toda a sua carreira de escritor. Um membro novo e muito entusiasmado da equipe de Meredith, Russell Galen, designara PKD como seu cliente. Galen era um grande fã de ficção científica e estava animado para impulsionar a carreira de PKD.

O Nascimento de Blade Runner

Um dos projetos mais importantes que Galen assumiu foi o direito para *Androides Sonham com Ovelhas Elétricas?* (1968). A tarefa de transferir androides para a telona fora um processo longo e arrastado. O diretor Martin Scorcese mostrara interesse de início, logo após a publicação, em 1968, mas foi o produtor Herb Jaffe quem deu continuidade à ideia de filmar a história. Seu filho, Robert, produziu um roteiro, mas PKD não ficou bem impressionado. Quando Robert Jaffe foi até Santa Ana para falar sobre o projeto, PKD disse "...a primeira coisa que eu disse a ele quando ele desceu do avião foi: 'Eu devo bater em você aqui no aeroporto ou lá no meu apartamento?'"[210]

No início de 1981, o trabalho duro de Galen rendeu frutos. O produtor inglês Michael Deeley concluiu que o livro daria um filme perfeito e logo convenceu Ridley Scott a participar como diretor. A Ladd Company comprometeu-se com a distribuição.

De início, PKD ficou maravilhado com a notícia, mas depois começou a se preocupar com o que Hollywood faria com o seu romance. As coisas não começaram bem. PKD discutiu o enredo com o roteirista Hampton Fancher, mas quando leu o produto final, em dezembro de 1980, ficou horrorizado. Felizmente para PKD, Deeley e Scott sentiram-se da mesma forma em relação ao roteiro de Fancher e, no início de 1981, David Peoples foi chamado para reescrever com bastante liberdade. PKD ficou muito mais feliz com o enredo.

PKD também foi pressionado a transformar o roteiro em romance, mas recusou. Na última entrevista que deu antes de morrer, PKD disse que achava que resistir a romancear pode ter salvado o filme, uma vez que o romance original teve de ser reeditado. Ele disse: "Eu acho que um dos produtos foi justamente o romance original... Então é possível que ele tenha servido de retorno para o roteiro por meio de um processo de retorno positivo"[211] Apesar de ter sido convidado a visitar o estúdio para assistir às filmagens, ele recusou, preocupado com a possibilidade de ficar tão exasperado com o modo com que estavam interpretando seu romance a ponto de ter um ataque.

> "Eles teriam que entrar correndo para jogar um cobertor em cima de mim e chamar os seguranças para trazerem o Amplictil. E eu gritaria 'Vocês destruíram o meu livro!' Eles iam ter que me enviar de volta para o condado de Orange numa caixa com buracos para respirar. E eu continuaria gritando."[212]

A ansiedade em relação a *Blade Runner* começou a cobrar o seu preço. PKD começou a beber muito e a tomar aspirinas até que, em maio de 1981, teve uma hemorragia gastrointestinal. Ele disse: "Hollywood vai me matar por controle remoto!"

Em 29 de julho de 1981, PKD assistiu a um pequeno trecho do filme no jornal da KNBC-TV. Ele ficou impressionado ao ver como conseguiram refletir as imagens internas que ele próprio tinha dos personagens e do ambiente. Ele diria a Gregg Rickman que os efeitos especiais de Douglas Trumbull o aterrorizaram, acrescentando: "era como se o meu cérebro estivesse projetando a sua visão de mundo na tela da minha TV".[213]

PKD recebeu um roteiro atualizado e percebeu que ele havia sido "rejuvenescido". Como ele disse a John Boonstra: "Eu peguei o romance e o examinei. Os dois reforçam um ao outro, de modo que alguém que lesse o romance primeiro apreciaria o filme, e alguém que visse o filme primeiro apreciaria o romance."[214]

PKD iria passar com muito mais facilidade pela adaptação para roteiro da sua história *Segunda Variedade*, que foi lançada no cinema em 1996 com o título *Screamers: Assassinos Cibernéticos*. O roteiro foi escrito por Dan O'Bannon, que também escreveu o roteiro de *Alien*. "Eles são muito legais. Gosto muito deles. A cada mudança que é feita, eles me mandam uma cópia para saberem a minha opinião. Eles me tratam exatamente como um ser humano."[215]

VALIS

O romance *VALIS* foi lançado em fevereiro de 1981. Numa entrevista a John Boonstra, em 22 de abril, PKD explica que queria que o romance fosse, como ele coloca, picaresco. Ele afirma que, nesse respeito, fora muito influenciado pelo romance *The Ginger Man* (1955), de J.P. Donleavy. Ele viu esse estilo de escrita como um protesto contra a estruturação rígida encontrada na maioria dos romances. O estilo tem um grupo de personagens centrais que são "picaroons", ou trapaceiros. Assim, o enredo é uma aventura de descontrolada exuberância sem nenhuma estrutura ou forma de fato. Ele esperava que, ao usar esse formato, ele saísse do gueto da ficção científica e atingisse um público mais amplo.

A abertura do livro envolve o suicídio de uma mulher chamada Gloria Knudson, que pula do prédio Synanon, a sede de um grupo de reabilitação das drogas em Santa Monica, Califórnia. Essa é a descrição de um acontecimento verídico. No início de 1971, PKD conheceu uma moça chamada Gaylene Cunningham, que cometeu suicídio nas mesmas circunstâncias. Essa é uma forte evidência das intenções autobiográficas dele nesse livro e que é reforçada na carta que enviou a Claudia Bush em 5 de maio de 1979.

> "Enviei em dezembro o meu novo romance, chamado <u>VALIS</u>, que não é um romance nem é F.C. e, no entanto, é os dois. É autobiográfico e descreve a minha experiência de março de 1974, que ainda estou tentando entender... Todos os meus títulos foram ou serão reeditados... Acho que vou viajar pelo mundo todo, só não sei o que fazer com os meus dois gatos."

O romance é narrado do ponto de vista de um escritor de ficção científica chamado Phil Dick. Dick descreve em detalhes a vida do amigo aparentemente esquizofrênico, Horselover Fat. O nome Horselover Fat é um trocadilho engenhoso com o nome Philip (Phil-Hippos – "amante de cavalos" em grego) Dick (dick é "gordo" em alemão). Essa foi uma tentativa clara de informar aos seus leitores que os dois personagens são aspectos da mesma pessoa. Ele confirma que é o caso numa carta de 12 de julho de 1980, enviada ao seu agente literário, Russ Galen:

> "Horselover Fat é o eu psicótico do "eu" narrador. Fat foi, por assim dizer, extraído do narrador, e assumiu uma personalidade separada, devido à morte da garota (Gloria)... Fat é a psicose do narrador, colocada de forma objetiva, o que significa que o narrador está dividido em duas pessoas e mantém, o tempo todo, um ponto de vista objetivo em relação à própria psicose. O romance é a odisseia do narrador para exorcizar seu eu psicótico, e essa odisseia é enfim bem-sucedida..."[216]

No entanto, no início de 1981, PKD negava essa ligação de forma intensa. Numa carta publicada numa revista de ficção científica em referência a comentários feitos por sua grande amiga Ursula Le Guin, ele afirma:

> "Embora na página 3 eu diga 'Eu sou Horselover Fat, e estou escrevendo na terceira pessoa para obter a tão necessária objetividade', fica claro por evidências internas no romance que Phil Dick e Horselover Fat são duas pessoas. Ursula, você foi vítima de um recurso ficcional pelo qual eu estabeleço, no início de *VALIS*, que esse é um romance picaresco."[217]

Trata-se de uma negação muito curiosa, uma vez que PKD claramente criou o personagem para ser a voz do Philip K. Dick que teve a experiência de VALIS. Também é uma declaração muito intrigante porque sabemos que seu romance anterior, *O Homem Duplo* (1977), tem como premissa central a ideia de que dois personagens, A.S. Fred e Arctor, são a mesma pessoa. É claro que nesse caso Fred é o policial da divisão de narcóticos trabalhando disfarçado e fingindo ser o viciado em drogas Arctor.

Em setembro daquele ano, Horselover Fat estava no controle mais uma vez. No dia 23, PKD enviou uma carta a Edmund Meskys, editor de uma fanzine chamada *Niekas*. De acordo com Gregg Rickman, ele também mandou uma cópia da carta para cerca de oitenta e cinco pessoas, incluindo o próprio Rickman.[218] Rickman afirma que a sua cópia foi acompanhada de um bilhete escrito à mão em que PKD explica que o seu amigo Horselover Fat pediu a ele (PKD) para escrever a carta explicando ao máximo de pessoas possível que Fat teve uma visão em que ele "viu o novo salvador". Na carta, PKD descreve o que aconteceu em seguida:

> "Perguntei a Horselover Fat se ele tinha certeza se queria falar sobre isso, uma vez que só estaria provando a patologia da sua condição. Ele respondeu: 'Não, Phil, eles vão achar que é você.' Droga, Fat, você me põe neste estado duplo-cego. OK, a sua visão, se verdadeira, é de extrema importância. Se espúria, bom, que se dane. Eu direi que ela tem um caráter prático curioso, ela não tem relação com outro mundo, mas com este, e sua mensagem é radical — radical no sentido de que, se verdadeira, estamos diante de uma situação grave e urgente. Então, manda ver, Fat."[219]

PKD segue explicando que, na visão, Fat foi informado que o novo salvador morava no Sri Lanka e se chamava Tagore. Ele está queimado e aleijado e precisa se carregado para todo lugar. Suas queimaduras são causadas pela destruição do ambiente natural causado pela humanidade e o sofrimento dele vai continuar até a humanidade se afastar da destruição.

Numa carta separada, enviada ao seu agente, Russel Galen, em 19 de setembro de 1981, PKD afirma que VALIS informara-lhe pela primeira vez, em 1974, que logo nasceria um "novo salvador". Em 1979, a Voz disse a ele: "A hora que você esperava chegou. O trabalho está completo; o mundo final está aqui. Ele foi transplantado e está vivo."[220]

PKD estava convencido de que o ser que se manifestara nas suas experiências de 2-3-74 era, na verdade, Tagore. Ele tentara identificar esse ser muitas vezes, mas aqui, nos últimos meses da sua vida, ele pareceu aceitar a ideia de que isso tudo fazia parte do retorno de Deus à Terra.

No entanto, também fica claro pela *Exegese* que PKD acreditava que Tagore era uma parte dele, da mesma forma que Horselover Fat era uma versão fictícia da sua própria psique.

> "O efeito resultante é que Tagore, assim como Fat, não é imaginário, não é uma fantasia nem alucinação, mas assim como Fat, uma forma de falar de mim mesmo: mais uma hipóstase de mim

(como Thomas e Fat). Contudo, Tagore é Lorde Krishna/ Cristo, ou seja, divino, então eu agora possuo ou revelo uma identidade hipostática santa, que fala pela ecosfera e que também assume os pecados contra a ecosfera como estigmas: punindo a si mesmo pelos pecados do homem. O interessante é que é nas minhas pernas que sinto dor. E hoje a minha resposta em relação a T-2 foi punir a mim mesmo — eu destruí o meu estoque e também destruí a minha *Exegese*, não exatamente como uma autopunição, mais como um sacrifício."[221]

Isso certamente causou alguma preocupação para aqueles que receberam uma cópia da carta. Eles ficaram preocupados que PKD realmente estivesse afundando na doença mental. No entanto, ele continuou sendo a figura completa, mas divertida que sempre fora. Sutin destaca isso ao citar uma autoparódia que PKD escreveu para a fanzine *Venom*. Nela, ele escreve uma resenha do seu romance *Invasão Divina* (1981).

"É bastante desembaraçado, mas parece que Dick está tentando se livrar do carma negativo que supostamente adquiriu durante o ano ou anos que passou com gente da rua, criminosos, baderneiros violentos e a escória do norte da Califórnia (em geral, parece que tudo isso ocorreu após o colapso de um dos seus muitos casamentos). Este resenhista sugere que uma forma melhor de compensar seria a muito merecida dupla descanso e recuperação: pare de escrever, Phil, vá assistir TV, quem sabe fumar um baseado — mais um pouquinho não vai matar — e, de uma forma geral, vá mais devagar até que os Péssimos Velhos Tempos e a *reação* aos Péssimos Velhos Tempos se acalmem na sua mente febril."[222]

Múltiplas personalidades

Eu acho essa resenha interessante. Em *VALIS*, ele escreve do ponto de vista de Phil Dick, um autor de ficção científica que comenta, geralmente de forma negativa, o comportamento do amigo Horselover Fat. A Carta sobre Tagore, de forma semelhante, tem Phil informando ao mundo que a comunicação fora a pedido de Horselover. A resenha acima tem uma abordagem semelhante, distanciada, na medida em que PKD parecia ávido para manter o seu eu mais excêntrico à mão. Era como se na sua vida real ele estivesse se dividindo em duas personalidades como Arctor/Fred faz em *O Homem Duplo* (1977). Para conseguir acomodar suas próprias opiniões extremas, sua personalidade mais racional se dividiu e age como um observador impassível de comportamento aparentemente louco.

Esta é a opinião de Tessa Dick. Na resenha dela para o meu livro *The Daemon, A Guide to Your Extraordinary Secret Self*, ela escreve:

> "Passemos para o capítulo sobre Philip K. Dick. Capítulo 10, 'Resumo: A Experiência de Um Homem', analisa as visões extraordinárias de Phil em março de 1974. Não vou estragar a surpresa de vocês. Só preciso dizer algumas coisas. Primeiro, Phil não tinha enxaquecas — ele tinha problemas nos dentes e sentia dor por causa disso. Segundo, ele não era epilético, ele tinha múltiplas personalidades. Terceiro, a análise foca muito em *Minority Report* e pouco em *UBIK*."[223]

Retornarei ao argumento da enxaqueca mais adiante, mas o que sinto ser de grande relevância é ela ter certeza de que PKD tinha múltiplas personalidades. Era isso que estava acontecendo com ele durante toda a experiência de 2-3-74 e que acabou se reduzindo a Phil e Horselover Fat no início dos anos 1980? Se é assim, isso certamente explicaria por que esse comportamento aparentemente bizarro de forma alguma o isolou da sua comunidade. Ele realmente continuou a atrair fãs e, o que é mais importante, amantes.

1981 – VALIS

"Às vezes, enlouquecer é uma resposta apropriada à realidade."

— Philip K. Dick, *VALIS*

Em 1978, PKD escrevia um volume de material considerável para a sua *Exegese*, porém, em outubro desse ano, ele começou um novo romance baseado, em parte, nas suas experiências de fevereiro e março de 1974 e sua subsequente especulação sobre a causa e a relevância desses acontecimentos. Ele completou o manuscrito em 29 de novembro de 1978 e enviou para a SMLA. O romance foi publicado em edição de bolso pela Bantam em fevereiro de 1981.

O narrador é um escritor de ficção científica chamado Phil Dick. Ele descreve a "loucura" do seu amigo íntimo Horselover Fat. Fat teve uma série de experiências que o leva a acreditar que existe um satélite alienígena enviando mensagens do espaço para ele. Ele convence um grupo de amigos de que eles precisam buscar provas disso.

O grupo acaba chegando à propriedade de um músico de rock britânico chamado Eric Lampton. Lá eles veem um filme financiado por Lampton. O filme sugere que outros tiveram experiências semelhantes. Eles percebem que a filha de dois anos de Lampton, Sophia, é a encarnação gnóstica da Sabedoria Sagrada (Holy Sophia). Infelizmente, Sophia morre por acidente. Fat se recusa a desistir de sua busca e parte numa jornada global para descobrir a próxima encarnação da "Sabedoria Sagrada".

O nome Horselover Fat é uma pista críptica para o leitor. Horselover, do inglês, é traduzido para o grego como "Phillipos", e "dick" é gordo em alemão, fat em inglês. Horselover Fat e Phil Dick são a mesma pessoa. De fato, PKD faz com que Fat passe por todos os fenômenos com que ele se deparou em fevereiro e março de 1974, então o que temos é o autor (Philip K. Dick) fazendo com que um personagem fictício (Phil Dick) descreva as experiências de outro personagem fictício (Horselover Fat) que refletem as experiências da vida real do autor. Não é de admirar que a sua colega Ursula Le Guin tenha definido PKD como "o Borges americano".

PKD já havia escrito um então não publicado romance, *Radio Free Albemuth*, que continha muito detalhes biográficos semelhantes relativos a suas experiências de fevereiro e março e 1974, como os que aparecem em *VALIS*. É possível concluir que Phil sacrificara *Albemuth* para criar *VALIS*. De fato, muitos elementos de *Albemuth* aparecem no filme no meio de *VALIS*. Phil não chegou a saber que em 1985, mais de três anos após a sua morte, *Albemuth* estaria nas livrarias.

No início de outubro, PKD começou uma correspondência com uma pessoa chamada Susan. Eles primeiro conversaram ao telefone e depois ele começou a galanteá-la com poemas. PKD foi bastante franco em suas intenções. Ele a convidou para "a estreia exclusiva de gala" de *Blade Runner* que aconteceria em fevereiro de 1982. O marido de Susan chamava-se Wendall e, a filha, Stephanie. Na carta de 27 de outubro de 1981, fica claro que ele conheceu Susan e a filha juntas. Parece que Susan planejava se mudar da Califórnia e que PKD iria com ela e Stephanie, qualquer que fosse o local de destino, mas ele não estava animado para se mudar e escreve dizendo que está amando outra mulher "muito profundamente". Outra carta, de 4 de novembro de 1981, sugere que ele estava se tornando uma pessoa incômoda. Fica claro que eles eram amantes e que ela havia, pelo menos, conhecido o amigo dele, Tim Powers, e sua esposa, Serena.

Em 25 de dezembro de 1981, PKD escreveu para Sandra dizendo que agora ele estava se encontrando com uma moça chamada Karen, que morava no mesmo prédio e que "conheço há quase dois anos. Ela é inteligente, bonita e eu me apaixonei por ela há muito tempo." É estranho que apenas alguns dias antes ele tivesse dito estar apaixonado por Sandra. Ele parecia sentir um grande prazer em dizer a um "amor da sua vida" que o outro "amor da sua vida" era bonito e inteligente — dando atenção e demonstrando afeto para depois recuar rapidamente. Ele vinha fazendo isso em cartas durante anos e ainda usava a mesma abordagem. Numa transmissão ao vivo de um show dos Rolling Stones pela ON-TV, ele até "declarou seu amor total e eterno por ela".[224] Ele teria ligado para Sandra em Nova York no Natal e sido informado de que ela voltara para o marido. Numa carta de 26 de dezembro de 1981, ele conta a Sherie Rush que sempre tivera a intenção de fazer Sandra voltar para um sujeito chamado Greg. As cartas deles não deixam isso claro de forma alguma. Suas declarações de amor eterno sugerem outros motivos.[225]

Tessa levou Christopher e sua sobrinha Jenny para visitar PKD no Natal. Eles disseram que foram seguidos por pessoas estranhas por todo o caminho do apartamento de Tessa no condado de Orange até a casa de PKD, e Tessa chamou a polícia por isso. PKD ligou para Tessa na noite de 28 de dezembro. Durante a conversa, ela deu a ele um ultimato para que ele saísse de Santa Ana e voltasse para ela e o filho. Isso fez com que ele decidisse vender o apartamento e começar a procurar uma casa.[226] Eles tinha muita esperança em relação ao ano seguinte.

Premonições de morte

Os comentários de comportamento de PKD nos últimos meses da sua vida apoiam sua opinião de que o tempo é ortogonal, querendo dizer com isso que a informação do futuro pode ser projetada para o passado na forma de precognição. Existe uma forte evidência de que PKD teve um grau de presságio na época. Parece que ele sentiu que sua vida estava chegando ao fim e que ele precisava se preparar amarrando as pontas soltas. Há alguns exemplos curiosos disso.

Num registro da *Exegese* de setembro de 1981, PKD faz o seguinte comentário:

"Tenho sentido há algum tempo que estou morrendo. Contudo, não estou fisicamente doente, mas fico cada vez mais cansado e sinto o cansaço nas pernas. Sinto que há tanto a ser feito, a ser dito na minha escrita: romances sobre Cristo, Krishna e Deus."[227]

No fim de dezembro de 1981, PKD escreveu uma carta a uma pessoa chamada Sherie. Nela, ele faz mais uma afirmação estranha que poderia ser interpretada como precog, especialmente porque o trecho não combina com o tom, em geral otimista, do resto da carta.

"Será que eu estou tentando adiar a morte, como o cavaleiro de *O Sétimo Selo?* Eu estou jogando uma partida de xadrez com a morte e a morte vai ganhar, mas enquanto isso eu quero — eu não sei o quê."[228]

O fim se aproxima

Num encontro em janeiro de 1982, Tessa conta que PKD convida ela e Christopher para irem ao apartamento dele em Santa Monica para tomarem café com donuts.[229] Logo depois que ela chega, PKD anuncia que tinha algo importante para lhe contar. Ele recapitula com muito detalhamento suas experiências visionárias de 1974 como se quisesse lembrá-la dos detalhes. Ele então se levanta e anda pela sala repetindo diversas vezes "Você vai se lembrar e você vai escrever a respeito". Ele sentia que tinha pouco tempo de vida e que deveriam escrever sobre essas informações em detalhes. Tessa concordou com isso, pensando consigo mesma que ele ainda teria mais dez, talvez vinte anos para escrever ele mesmo sobre suas experiências.

Esse sentimento de presságio também se reflete numa entrevista a Gwen Lee, gravada em 15 de janeiro de 1982. Gwen fora apresentada a PKD por sua ex-namorada, Doris Sauter. Embora o relacionamento com Doris tivesse terminado, PKD ficou muito feliz em discutir com Gwen como era seu estado de espírito na época. Gwen fez três viagens de carro da sua casa, em Carlsbad, no condado de Norh San Diego, no sul da Califórnia, para passar o dia inteiro discutindo com PKD as preocupações dele. A transcrição completa dessas entrevistas pode ser encontrada em *What If Our World Is Their Heaven — The Final Conversations of Philip K. Dick* (2009).[230]

Numa passagem intrigante, PKD descreve outra versão do próximo romance que planejava escrever, *The Owl in Daylight*. Ele explica as suas intenções:

1982 – The Transmigration of Timothy Archer

"A loucura, como os peixes pequenos, corre em bandos..."
— **Philip K. Dick**, *A Transmigração de Timothy Archer*

PKD começou a escrever *A Transmigração de Timothy Archer* em abril de 1981 e terminou em 13 de maio. O romance foi publicado em abril de 1982 pela Timescape Books.

O narrador é uma mulher, o que era pouco comum para PKD, uma mulher jovem e determinada, chamada Angel Archer. Ela descreve a sua relação com o sogro, Timothy Archer, o bispo episcopal da Califórnia. Timothy é uma figura controversa cujas opiniões teológicas colocam-no em conflito com os líderes da igreja. Ele fica intrigado com uma conjunto de escritos religiosos descobertos recentemente, que sugerem que os ensinamentos de Jesus haviam sido escritos dois séculos antes do seu nascimento. O bispo Archer decide ir a Israel e se perde no deserto da Judeia, depois morre numa queda. Após a sua morte, sua personalidade parece tomar conta da mente de Bill, o filho esquizofrênico/ autista da sua ex-amante, Marin.

Trata-se de um relato que adapta para a ficção os acontecimentos reais que ocorreram no fim dos anos 1960. PKD foi apresentado ao bispo James Pike em 1964, por Marin Hackett, mãe da sua então esposa, Nancy. Marin, na verdade, é a personagem Kirsten Lundborg, que também acaba tendo um caso com o bispo. Também há uma série de suicídios que espelham os acontecimentos reais. No seu romance de 1965, *Dr. Bloodmoney*, enviado à SMLA em fevereiro de 1963, PKD tem um personagem chamado Bill que afirma ser a reencarnação do personagem morto, Jim. Aqui temos um relato em forma de ficção da vida do bispo "Jim" Pike, que termina com outro personagem, Bill, afirmando que foi tomado pela personalidade do bispo morto, Jim.

A Transmigração de Timothy Archer foi indicado para o Prêmio Nebula de Melhor Romance de 1982.

"Eu queria escrever sobre um sujeito que força o cérebro até o limite, tem consciência de que chegou ao limite, mas decide voluntariamente seguir em frente e pagar as consequências."[231]

Na quarta-feira, 17 de fevereiro de 1982, Gregg Rickman procurou PKD para realizar uma entrevista que formaria o último terço da sua biografia *Philip K. Dick: The Last Testament* (1985). Essa parte do livro consiste de um quase monólogo de PKD explicando, de modo muito detalhado, seus pensamentos em relação ao seu ponto de vista final e atualizado a respeito da sua Teofania. Rickman descreve isso.

> "A maior parte dos capítulos iniciais dessa seção não são exatamente conversas senão ditados, Phil recitando rapidamente o que ele depois me contou ser a "linha partidária" do Novo Cristo. Eu dançava verbalmente ao redor dele, um peso pena treinando com um peso pesado, tentando despertar o Phil engraçado e cético que eu conhecia."[232]

A entrevista com PKD acabou muito mais tarde do que Rickman imaginava. Ficou claro que PKD tinha muito a partilhar naquela noite de fevereiro. Seus últimos comentários gravados eram sobre o significado da mensagem que VALIS lhe transmitira.

> "É muito importante que o criptograma não seja lido por mais ninguém. Mas quem leu, eu não sei. Não faço ideia de quem leu. Eu gostaria de saber. Quem deveria recebê-lo, suponho que tenha recebido. Porque no mês que apareceu, eu estava bombardeado pelas luzes coloridas e tal... Eu gostaria de saber quem recebeu esse criptograma. É muito importante que ele tenha saído. Era uma questão de vida ou morte que esse criptograma tenha saído. Mas saiu, e foi lido e houve uma resposta. Houve uma resposta imediata."[233]

Embora PKD parecesse menos convencido de tudo isso depois que a entrevista terminou, é a entrevista que permanece como seu último testamento gravado. Rickman foi embora por volta das dez da noite.

A entrevista que PKD deu naquele dia foi um tanto divagadora e contraditória. Ele também cometeu alguns erros gramaticais curiosos que parecem estranhos para alguém que claramente tinha uma excelente compreensão da língua inglesa.

A partir desse ponto, fica claro que PKD tinha uma sensação de pavor crescente. Depois que Rickman saiu naquela noite, PKD ligou para o seu terapeuta, Barry Spatz, e informou os problemas que ele tivera durante a entrevista. Ele disse a Spatz que, além de uma sensação geral de confusão, ele também notara problemas de visão. Spatz ficou muito preocupado com esses sintomas e aconselhou o cliente a ir a um médico o mais rápido possível.[234]

No dia da entrevista a Rickman, PKD recebeu uma ligação de Patricia Warrick, uma acadêmica da Universidade de Wisconsin. Os dois haviam se encontrado pessoalmente três vezes em 1979 e se tornaram bons amigos, apesar da distância geográfica, e ligavam um para o outro com frequência para longas discussões sobre o trabalho de PKD. Patricia ligara para PKD para bater papo, mas dessa vez ele estava estranhamente quieto e anunciou que não estava mesmo a fim de conversar. Ele disse a ela que não estava bem, mas que ligaria para ela depois. Ele não chegou a ligar. Não fica claro se essa ligação foi antes ou depois da visita de Rickman.

Reunião perdida

Na manhã seguinte, PKD foi observado por um vizinho indo comprar jornal. Essa foi a última vez que ele foi visto totalmente consciente. Durante a tarde, sua amiga Mary Wilson fez uma série de ligações para a casa dele, mas não foi atendida. Isso a deixou muito preocupada.

Naquela noite de quinta-feira, PKD era esperado num encontro informal que acontecia toda semana na casa dos seus amigos Tim e Serena Powers. O grupo geralmente aparecia depois que Tim voltava do trabalho às nove da noite. No entanto, pouco antes de Tim chegar, Serena recebeu uma ligação de Mary Wilson, que estava muito preocupada. Ela continuara ligando para PKD, mas não obtivera resposta.[235] Tim não estava muito preocupado, PKD nunca perdia a reunião das noites de quinta-feira. Decerto, se ele não aparecesse, aí sim poderia haver motivo de preocupação e Tim ligaria para PKD ou para os seus vizinhos.

O primeiro convidado chegou logo depois. Quando Tim estava à porta, o telefone tocou de novo. Serena atendeu e imediatamente fez um gesto pedindo silêncio. Ao telefone estava a mãe de Mary, Elizabeth. A porta de PKD tinha ficado aberta e um grupo de vizinhos entrara e o encontrara inconsciente no chão. Mary explicou que, no início, eles pensaram que não havia ninguém em casa, mas depois viram os pés de PKD para fora da mesa de centro. Tim descreve o que ocorreu em seguida na sua introdução para *The Selected Letters of Philip K. Dick, Volume Four.*

> "Pus o casaco de novo e deixei Serena para receber os convidados e desci a escada correndo. Quando eu colocava a chave na ignição da moto, ouvi as sirenes da ambulância com os paramédicos passando por mim, descendo a Rua Main. Ao chegar à casa de Phil, os paramédicos e Mary Wilson já estavam lá e o paramédico o erguera de onde ele estava, entre a mesa de centro e o sofá, e o levou até a cama, e Mary e eu respondemos algumas perguntas médicas apressadas sobre ele, até que o puseram numa maca e desceram com ele até a ambulância."[236]

Tessa Dick conta como ela apareceu para visitar PKD na UTI do hospital na manhã de sexta-feira. Ela relata que ele estava com uma paralisia parcial devido a um derrame, mas estava claramente consciente, uma vez que estava "agitado e comunicativo" ao ser levado para lá na noite anterior. Ela levara um pequeno caderno para que ele pudesse se comunicar com ela por escrito. Isso era impossível porque a equipe médica colocara uma agulha intravenosa no braço direito dele e a prendera numa tábua. Ele simplesmente não conseguia mexer o braço para escrever. Alguns minutos depois, ele foi levado para uma tomografia. Tessa disse: "A próxima vez que vi meu marido, não havia ninguém atrás daqueles olhos fixos e vazios."[237]

Na terça-feira, 2 de março de 1982, os aparelhos de PKD foram desligados e, com o apertar de um interruptor, o mundo perdeu um dos seus escritores mais enigmáticos, talentosos, complexos e, em última análise, fascinantes.

De acordo com Tessa, por algum motivo, uma pessoa desconhecida, ou mais de uma, instruiu a equipe médica a não permitir o acesso dela a PKD nos últimos dias dele. E ela não foi a única. Ela afirma que o padre e o psiquiatra, Barry Spatz, tiveram de ficar longe dele. Tessa foi informada de que as instruções não partiram da filha mais velha de PKD, Laura. Tessa depois recebeu uma ligação do pai de PKD, Ted, que estava aborrecido porque as enfermeiras se recusaram a informar se o filho estava vivo ou morto. Tessa alega que teve até mesmo que contratar um advogado para que Christopher pudesse ver o pai antes que desligassem o respirador e o declarassem morto.

Após a morte de PKD, Tessa disse que as suas habilidades precognitivas o permitiram ver o que estava para acontecer. Ela se refere à já mencionada discussão com café e donuts em janeiro de 1982.

"Eu logo percebi que ele estava prevendo a própria morte e transmitira isso a mim de uma forma tão críptica que não entendi as implicações totais do que ele me dissera menos de dois meses antes."[238]

De importância ainda maior é o conteúdo da carta a Claudia Krenz em 25 de fevereiro de 1975. No P.S., PKD escreve o seguinte:

"Fiquei nisso até as cinco da manhã. Fiz algo que nunca havia feito antes. Ordenei a entidade que se mostrasse para mim — a entidade que tem me guiado internamente desde março. Uma espécie de período onírico se passou, então, de imagens hipnagógicas de cidades submersas, muito bonitas, depois uma única imagem dura, horripilante, inerte, mas não parada. Um homem caído, morto, de bruços, numa sala de estar entre a mesa de centro e o sofá."[239]

Eu me deparei com esse misterioso P.S. pela primeira vez quando estava pesquisando material para o meu livro *The Daemon — a Guide to Your Extraordinary Secret Self.*[240] Nesse livro, eu afirmei incorretamente que essa carta não havia sido publicada na época (2008). Agora sei que não fui a primeira pessoa a fazer a ligação entre essa carta e os acontecimentos de 18 de fevereiro de 1982. Na sua introdução ao quarto volume das cartas selecionadas de PKD, Tim Powers também observa a forma misteriosa em que a sequência onírica hipnagógica de PKD espelhava as circunstâncias do derrame. Tim descreve o cenário no apartamento naquele dia:

"Quando cheguei à casa de Phil, os paramédicos e Mary Wilson já estavam lá e os paramédicos o tinham erguido do chão entre a mesa de centro e o sofá, e levado para a cama dele..."

A descrição da carta e a de Tim Powers são idênticas... "entre a mesa de centro e o sofá." Toda vez que eu leio isso, sinto um arrepio na espinha. Tim, na introdução, afirma:

"Então, essa foi uma visão genuína que Phil teve da própria morte, que aconteceria dali a sete anos? Eu não sei, mas, lembre-se — e acredite em mim — você também não sabe."[241]

1985 – Radio Free Albemuth

"Havia uma beleza no lixo dos becos que eu nunca notara antes. A minha visão parecia aguçada, em vez de enfraquecida. Enquanto eu ia andando, parecia a mim que as latas de cerveja amassadas, os papéis, as ervas daninhas e o lixo de panfletos tinham sido arrumados pelo vento. Esses padrões, quando eu perscrutava, estavam distribuídos de modo a conter uma linguagem visual."
— **Philip K. Dick, *Radio Free Albemuth***

Radio Free Albemuth tinha uma história curiosa. Ele foi concebido primeiro como um conto chamado "A Man for no Countries". Foi escrito em resposta a um pedido feito em 1974 pelo amigo Philip Jose Farmer para que PKD contribuísse com uma história para uma antologia que estava sendo planejada. A história não foi escrita, mas foi adaptada para se tornar um romance intitulado *Valisystem* A. Ele ficou pronto no verão de 1976, mas só foi publicado em dezembro de 1985, quando a Arbor House produziu uma edição de capa dura. PKD pegou a premissa básica de *Radio Free Albemuth* e usou muitos dos elementos autobiográficos para inclusão no seu romance *VALIS*.

A história se passa na Califórnia. O personagem central é um funcionário da indústria musical, Nicholas Brady. Brady começou a receber mensagens de uma entidade que se refere a si mesma como Valis. Nicholas não sabe se a fonte são russos realizando experimentos de telepatia, uma tentativa de comunicação de Deus ou alienígenas do sistema estrelar Albemuth enviando informações ao seu cérebro a partir de um satélite.

Esse romance tem dois narradores: um escritor chamado Phil Dick e o personagem central, Nicholas Brady. Essa ideia de ter um narrador identificado com o autor voltaria a aparecer no seu romance *VALIS*. Ela permite a PKD observar o seu próprio comportamento na vida real de forma isenta e imparcial. Fica claro que Brady é PKD. O romance descreve com algum detalhe os acontecimentos de fevereiro e março de 1974. Ele se assemelha a *VALIS* sob muitos aspectos. No entanto, *Radio Free Albemuth* é tanto um romance político quanto uma narrativa de ficção científica.

PARTE DOIS

A EXPLICAÇÃO ESOTÉRICA

Philip K. Dick era um indivíduo complexo, com a tendência a dar versões muito divergentes dos acontecimentos (e das ideias) dependendo de quem fosse seu interlocutor. Infelizmente, isso significa que é muito difícil isolar exatamente aquilo em que ele acreditava. Isso é verdadeiro em especial quanto às suas experiências "místicas". Por exemplo, numa entrevista a Gregg Rickman, gravada em outubro de 1981, PKD afirma de modo bastante categórico: "Não, eu não tenho nenhuma habilidade psíquica. Eu nem sequer acredito em poderes psíquicos, que exista esse tipo de coisa".[242]

Outro exemplo da atitude volúvel de PKD em relação a fenômenos psíquicos pode ser encontrado na carta de 1974 ao agente do FBI da sua localidade.

> "(Essas coisas eu) pessoalmente considero absurdas e uma preocupação excêntrica, sem mérito (nosso campo aqui nos Estados Unidos debate percepções extrassensoriais e os chamados poderes 'psi' ou parapsicológicos há anos, e eu sou do grupo que pensa que isso é um boato igual ao dos discos voadores e dos homenzinhos verdes)."[243]

No entanto, de acordo com Tessa, PKD estava convencido de que o apartamento que eles dividiam na travessa Cameo, em Berkeley, em 1972, não apenas era mal-assombrado como a entidade era uma espécie de "vampiro psíquico". Essa está longe de ser a conclusão que se esperaria de alguém que não acreditasse em nada disso.[244] Também sabemos que PKD discutia com frequência a existência de discos voadores e uma vez propôs a ideia de que eles eram formas de vida sencientes, semelhantes às descritas por ele no romance *The World Jones Made* (1956).

Está fora de discussão o fato de que ele admitiu a ocorrência de acontecimentos inexplicáveis na sua vida. Por exemplo, quando ele morava com Anne Dick, no início dos anos 1960, ele afirmou ter visto o fantasma de um velho andando pela casa. O estranho é que PKD identificou o espectro como sendo provavelmente o espírito de um "cavalheiro italiano idoso". Ele dissera a Anne que "podia ter sido o fantasma do homem que morava na fazenda que um dia existia ali."[245] Infelizmente, no seu relato desse incidente, Anne não diz por que PKD foi tão preciso na sua descrição. PKD também dizia que em noites silenciosas ele escutava às vezes o som de uma locomotiva de bitola estreita passando por Point Reyes Station. No entanto, a locomotiva não passava mais por ali desde 1920. Anne estava convencida de que o que ele escutava era simplesmente o vento, mas não era assim que ele percebia. Fica evidente, com essas anedotas, que PKD estava mais disposto a aceitar uma explicação sobrenatural do que uma explicação prosaica.

Isso pode se dever, em parte, ao fato de que ele talvez tenha sido influenciado por sua muito amada tia Marion, que era médium. Ela era conhecida por entrar em "estados de transe" com frequência. De fato, Tessa afirma que a morte de Marion foi ocasionada quando a família confundiu um forte derrame com um desses estados de transe. Essa confusão causou uma demora crucial para a chegada dela ao hospital. Quando ela chegou, era tarde demais.[246] PKD estaria bem consciente das "habilidades" de Marion. Então não surpreende nem um pouco que, em meados da década de 1960, PKD estivesse entusiasmado para se envolver nas tentativas do bispo James Pike de entrar em contato com o filho morto, Jim Junior, usando o serviço de vários médiuns. PKD conta que fez anotações durante a reunião realizada na casa do famoso médium George Daisley em Santa Barbara. PKD refere-se a essa visita em suas cartas[247] e também a descreve de forma positiva em seu relato romanceado dos últimos anos da vida de Pike, *A Transmigração de Timothy Archer* (1982). Fica claro que essas não são ações que se esperaria de alguém que achasse tais crenças "absurdas".

Mas para PKD o verdadeiro mistério da sua vida era a sua aparente habilidade de ver o futuro. Ele pode ter negado essas experiências para quem ele acreditava que não as aceitaria, mas em seus diários pessoais fica claro que para ele essas percepções eram muito, muito reais. Na *Exegese*, por exemplo, PKD inclui uma seção em que postula que ele passara a maior parte da vida "precognocendo" acontecimentos da sua vida futura e usando-os como recursos para seus enredos. Em outras palavras, ele viveu acontecimentos no futuro que semearam ideias na mente do seu eu prévio. Isso obviamente o intrigou durante muitos anos. Por exemplo, no fim de setembro de 1974, PKD escreveu uma de suas muitas cartas à sua correspondente Claudia Bush. Nela ele faz a seguinte observação:

> "Acabo de reler *UBIK* pela primeira vez desde que o escrevi (por volta de 1968) e vejo que alguns dos meus sonhos pós-março são com certeza absoluta cenas do livro, até o último detalhe. Se eu tivesse uma memória melhor, eu teria percebido antes. Bom, tudo o que posso dizer é o que eu disse. Existe uma relação perfeita e superpróxima entre *UBIK*, phildick e as minhas experiências pós-março."[248]

PKD viria a propor uma teoria muito elaborada para explicar essas experiências. Retornaremos a isso mais adiante. Por ora, eu gostaria de rever a evidência, a partir dos escritos do próprio PKD, de que ele era. de fato, o que ele chamava de "precog".

Precognição

Se PKD realmente podia perceber os acontecimentos antes de ocorrerem, essa habilidade teria sido evidente durante toda a sua vida. Depois de ler todas as suas biografias, um grande número de suas cartas pessoais e todas as suas entrevistas gravadas, descobri muitos e variados exemplos dessa habilidade. É claro que muitos deles são registrados pelo próprio PKD, então não temos como confirmá-los de forma independente. No entanto, há alguns exemplos que podem ser verificados, e esses tendem a dar credibilidade aos outros. Eu gostaria agora de descrever uma seleção desses incidentes e permitir que vocês cheguem às suas próprias conclusões.

1938: O Sonho da Livraria

De acordo com Emmanuel Carrere em sua biografia semiromanceada, *I Am Alive and You Are Dead*, quando PKD e a mãe moravam em Washington no fim dos anos 1930, PKD tinha sonhos recorrentes com uma semelhança curiosa que envolvia a busca de um escrito misterioso. Ele se via numa livraria olhando uma pilha de revistas *Astounding* que parecia não ter fim. Ele estava procurando a revista que completaria a sua coleção. Ele sabia que essa edição rara teria uma história chamada *The Empire Never Ended* (O Império Nunca Acabou). Essa versão mais jovem de PKD também acreditava, como o seu eu mais velho, que essa história muito procurada revelaria os segredos do universo para ele. Toda vez que o sonho acabava, ele conseguia avançar cada vez mais na pilha. Cada vez que um sonho recorrente começava, PKD estava mais próximo do seu objetivo. Ele sabia pelas suas leituras de H.P. Lovecraft que um conhecimento poderoso às vezes pode destruir a pessoa que encontra, enlouquecendo-a de terror. Ele nunca encontrou a revista, porém, uma vez que os sonhos pararam de repente.[249]

A frase "O Império Nunca Acabou" teria um efeito profundo em PKD durante as suas experiências de 2-3-74. Tornou-se o seu mantra em relação à sua crença de que ainda estávamos sob o jugo da Roma antiga e que o mundo atual é simplesmente uma ilusão que disfarçava outro mundo, preso em 70 d.C.. Por exemplo, ela aparece pelo menos vinte vezes no seu romance *VALIS* (1982) e é citada três vezes na sua *Exegese*. No entanto, e para mim isso é relevante, até onde posso verificar, ela não aparece em nenhum de seus outros romances.

1956: *Invasores de Corpos*

O clássico filme de Jack Finney, *Invasores de Corpos*, foi lançado em 1956. No início, PKD ficou convencido de que alguém roubara a sua história *The Father Thing* e a transformara em filme. Tempos depois ele mudou de opinião e concluiu que talvez fosse simplesmente parte do zeitgeist que reinava na época. Contudo, existem algumas semelhanças interessantes que sugerem que PKD pode ter previsto o enredo do filme e, a partir daí, escrito o seu conto.

1961: O Aborto de Anne

Quando Anne ficou grávida no outono de 1960, ela decidiu que a interrupção da gravidez seria o único caminho lógico a seguir. A filha anterior, Laura, nascera em fevereiro e Anne não estava pronta para mais um filho. Ela também sentia que as finanças da família simplesmente não estavam sólidas o suficiente na época. Embora PKD fosse totalmente contra, ele teve pouca escolha senão cooperar com a interrupção da gravidez. Em seu romance *The Man Whose Teeth Were All Exactly Alike* (1984), ele descreve em detalhes a gravidez de uma personagem chamada Sherry Dombrosio. Ela quer abortar, mas o marido, Walt, está irredutível contra essa atitude. Toda essa ação tem como pano de fundo o condado de Marin no início dos anos 1960.

1962: *O Homem do Castelo Alto:*
Pré-cognição do "Colar".

A versão original de *O Homem do Castelo Alto*, concluída em novembro de 1961 e publicada em 1962, continha uma sequência que espelhava o incidente de anamnese de PKD de fevereiro de 1974. Um dos personagens centrais de *O Homem do Castelo Alto* é um homem chamado Nobusuke Tagomi. Tagomi mora numa São Francisco sob ocupação japonesa. Depois de perder a Segunda Guerra Mundial para as potências do Eixo, os Estados Unidos estão divididos. A Costa Oeste está ocupada pelos japoneses enquanto o litoral leste está sob controle alemão. O sul é governado por um regime do tipo Vichy com colaboradores nazistas por trás, enquanto as regiões Centro-Oeste e das Montanhas Rochosas são zonas de proteção semi-independentes que separam as duas potências dominantes. As tensões entre a Alemanha e o Japão fervem sob a superfície, e a ameaça de um conflito nuclear entre eles está sempre presente. Tagomi é o chefe da missão comercial japonesa. É um homem sereno e contemplativo que tem grande influência de suas crenças budistas e confucionistas. Numa cena, Tagomi está sentado num pequeno parque no centro da cidade contemplando uma joia triangular de prata que acabara de comprar. Ele acaba de atirar e matar alguns agentes alemães e está tendo grande dificuldade para lidar com as implicações morais de tais atos. Enquanto Tagomi olha para o triângulo de prata, ele reflete a luz tremeluzente do sol do meio-dia nos seus olhos.

> E ainda assim, à luz do sol, o triângulo de prata reluzia. Refletia luz. Fogo, pensou o Sr. Tagomi. De modo algum um objeto úmido ou escuro. Nem pesado, nem desgastante, mas pulsando com vida. O reino elevado, aspecto do yang: o empíreo, o etéreo (...) O que é o espaço de que isto fala? Ascensão vertical. Para os céus. Do tempo? Para o mundo-luz do mutável. Sim, esta coisa expeliu o seu espírito: luz. E a minha atenção está fixa. Não posso olhar para outro lado. Fascinado por uma superfície bruxuleante e sedutora que não posso mais controlar. Não mais livre para dispensar.

Tagomi é tragado por essa poderosa "luz branca, clara e ofuscante", evocando nele imagens do *Livro Tibetano dos Mortos*, do ciclo de morte e renascimento e da natureza ilusória da realidade. Isso para de repente e Tagomi vê um policial parado na sua frente. O policial pergunta sobre "o quebra-cabeça" com que Tagomi estava brincando. Tagomi, frustrado com a interrupção tão abrupta dos seus devaneios, responde com irritação que ele não estava brincando com nenhum quebra-cabeça infantil. Ele então sai do parque para encontrar um "taxípede", um modo de transporte introduzido pelos japoneses depois da ocupação. Ele então nota uma enorme construção encobrindo a linha do horizonte. Ele pergunta a um transeunte o que é aquilo e é informado de que se trata da "Autoestrada Emarcadero". Com essa informação, descobrimos que Tagomi está dentro de uma história alternativa em relação àquela em que ele existia antes. PKD escolheu essa estrutura específica como um símbolo conhecido dos Estados Unidos pós-guerra, construído no fim dos anos 1950, algo que claramente não existia na São Francisco de Tagomi, governada pelos japoneses. Essa percepção de uma realidade subjacente que contém uma história e um estado atual diferentes é exatamente o que PKD "descobriu" após o seu próprio incidente com luz refletida em fevereiro de 1974. Para ele, a realidade subjacente era o Império Romano de 70 d.C. Para Tagomi, era um mundo em que as potências do Eixo tinham sido derrotadas. A mesma experiência descrita como ficção em 1961 a ser descoberta como "realidade" treze anos depois.

Em fevereiro de 1982, num dos últimos registros da sua *Exegese,* PKD fez uma referência a essa ligação.

> "Em 2-3-74 não havia nenhuma luz cor-de-rosa propriamente dita. Mas a luz do sol. Símbolo de peixe e luz. Como Boheme. E o Sr. Tagomi."[250]

Em 1961, PKD fez o Sr. Tagomi descrever a experiência assim:

> "Esta condição hipnagógica. Faculdade de atenção diminuída para que o estado de crepúsculo aconteça; mundo parece meramente simbólico, aspecto arquetípico, totalmente confundido com material consciente. Típico do sonambulismo induzido pela hipnose."

Após a sua "teofania" de 1974, PKD ficou convencido de que a informação fluía em ambas as direções, do futuro para o passado e do passado para o futuro. Ele ficou fascinado com o motivo pelo qual muitas das experiências de uma fase posterior da sua vida acabaram aparecendo com frequência na ficção da fase anterior. Era como se ele "lembrasse" o que aconteceu com ele e usasse essas experiências futuras de forma inconsciente como elementos do enredo de seus romances e contos. Conforme já descobrimos, a fonte da "Voz" da I.A., a misteriosa Sadassa Ulna, afirmou que ela vivia nos Estados Portugueses da América, uma América alternativa que era o resultado de uma linha do tempo diferente. PKD usara a ideia de Américas alternativas coexistindo dentro do mesmo espaço-tempo no seu romance de 1962, *O Homem do Castelo Alto*. Teria sido uma forma de precognição da parte de PKD?

É claro que é possível aplicar uma interpretação muito mais simples ao se propor que PKD estava a par (de forma subliminar ou de alguma outra forma) dos seus próprios enredos anteriores e que os adicionou às experiências de 1974.

1964: O que Dizem os Mortos — Precognição da Voz no rádio Em "What Men Say".

Em 1974, PKD ouviu o rádio falar com ele mesmo sem estar ligado na tomada. Tessa descreveu a sua versão desse acontecimento numa ligação pessoal pelo Skype em março de 2013. Ela confirmou que o rádio havia sido desligado. Para mim, no entanto, não se trata simplesmente de quanto é estranho um rádio desconectado captar um sinal, porém mais o fato de que PKD pode ter previsto esse acontecimento onze anos antes.

Ele descreve uma experiência quase idêntica a essa no seu conto *What Dead Men Say* (O que Dizem os Homens Mortos), que foi escrito no começo de 1963 e publicado na revista *Worlds of Tomorrow* em junho de 1964. O personagem central, Johnny Barefoot, ouve a voz do patrão morto, Louis Sarapis, irradiada do espaço sideral para ele. Aqui temos elementos tanto de *UBIK* ("meia-vida") como da trilogia *VALIS*. O mais relevante, porém, é que temos uma temática de mensagens de um ser desencarnado manifestando-se na mente de uma pessoa na Terra. Isso é o que PKD alega ter acontecido com ele em 2-3-74. De fato, também temos esse tropo de mensagens vindas do espaço em *Dr. Bloodmoney*. O que está acontecendo aqui? PKD está simplesmente confundindo suas próprias ficções com a realidade ou as suas experiências de meados dos anos 1970 criam ideias e imagens na sua mente por uma forma de retroprecognição?

Há uma segunda precognição curiosa em *What Dead Men Say*. Uma das personagens chama-se Kathy e é viciada em anfetaminas. Sabemos que Kathy viria a exercer um papel central na vida de PKD no início dos anos 1970. Kathy é tido como um nome bastante comum, mas é intrigante o fato de que tanto a Kathy real como a ficcional estavam envolvidas com drogas. E conforme descobriremos em breve, Kathy voltará a aparecer diversas vezes nas precognições de PKD.

1964: Palmer Eldritch: RetroPrecognição

A "visão" que PKD teve de um rosto no céu na Sexta-feira da Paixão de 1962 (ou 1961) teve uma importância profunda para ele. Ela não apenas criou na sua mente as ideias que viriam a resultar no romance *Os Três Estigmas de Palmer Eldritch* como também reforçou a sua crença de que existem poderes no universo que são muito mais fortes que a humanidade e que esta realidade é apenas uma ilusão que se sobrepõe a um estado de existência mais intenso e profundo. Ele viria a escrever de forma abrangente sobre a natureza do tempo e o modo como a consciência pode ter acesso à informação num estado atemporal em que tudo existe num agora eterno. Ele tinha certeza de que os temas das obras de suas fases anteriores tinham origem em suas experiências posteriores. Um exemplo disso pode ser o modo com que o "rosto no céu" que ele vivenciou no início dos anos 1960 repercutiu no seu eu mais jovem para criar pelo menos um romance e um conto.

Em 1953, ele escreveu um conto intitulado "Fair Game". Ele teve dificuldades para vendê-lo e finalmente foi publicado pela *If Magazine* em 1959. É uma típica história com uma reviravolta no final, com um cientista nuclear que crê que alienígenas estão atrás dele para roubar o seu conhecimento quando, na verdade, eles querem comê-lo. O relevante é que, na história, o personagem central, Anthony Douglas, vê um olho enorme observando-o pela janela da casa. Douglas explica o que viu para a esposa, Laura:

> "— O troço estava olhando para mim. Era a mim que ele estava analisando — Douglas levantou a voz com histeria. — Como você acha que eu me sinto, examinado por um olho do tamanho de um piano! Meu Deus, se eu não fosse tão bem integrado, estaria louco!"

No início do ano de 1955, PKD foi consumido por um acesso de energia criativa. Em apenas duas semanas, ele escreveu um romance inteiro. Ele o chamou de *With Open Mind* e entregou o manuscrito completo à agência Stuart Meredith em 15 de fevereiro de 1955. O romance passou por uma série de revisões abrangentes antes de ser publicado pela Ace em 1957. Há uma sequência intensa no livro que levou a uma mudança de título. *With Open Mind* (Com a Mente Aberta) tornou-se *Os Olhos do Céu* (1957). Nesse trecho, dois personagens, McFeyffe e Hamilton, encontram-se segurando um guarda-chuva que está subindo rapidamente da Terra ao espaço. Eles sobem ao vazio e descobrem que o sol gira, sim, em torno da Terra da forma descrita pelos filósofos medievais. Esse é um universo de Ptolomeu, não de Copérnico. Descobrem que os outros planetas são minúsculos e sem nenhuma relevância. Descobrem que a Terra é o centro do universo. Abaixo da Terra eles veem as brasas vermelhas do Inferno e, acima delas, as luzes do Paraíso. Eles se deparam então com um muro semitransparente infinito que cerca o universo. Ao olharem acima deles e através do muro protetor, eles veem o que, em princípio, pensam ser um lago imenso flutuando no espaço. Depois, Hamilton nota que o centro do lago era formado por uma substância mais densa, mais opaca.

> "Uma terra de lago dentro de um lago. Todo o Paraíso seria apenas esse lago colossal? Até onde podíamos ver, não havia nada além de lago. Não era um lago. Era um olho, e o olho estava olhando para ele e para McFeyffe! Ele não precisou que lhe dissessem de Quem era o olho."[251]

Aqui, mais uma vez, temos uma imagem muito semelhante ao rosto que PKD veria sete anos depois nos céus do condado de Marin.

É claro que é possível propor com a mesma imparcialidade que PKD estava apenas se lembrando da imagem da sua história de 1953 como forma de dramatizar o que pode ter sido um acontecimento bastante corriqueiro. Vale a pena recordar a descrição do "rosto no céu" que ele deu ao repórter do *Daily Telegraph* do Reino Unido em julho de 1974.

> "Transbordava ali a percepção de algo no céu. Eu não estava usando LSD ou qualquer outra droga, não nessa época; havia apenas uma privação da percepção de outras coisas vivas à minha volta. O que vi era uma forma de deidade má... que não vivia, mas funcionava. Que não olhava exatamente, mas escaneava, como uma máquina ou monitor. Tinha olhos de fenda e sempre pairava acima de um local específico. Usei-a para o título da história que escreveria depois da próxima: *A Scanner Darkly (O Homem Duplo)*."[252]

Em 1978, ele escreveu que, em sua opinião, *Os Olhos do Céu* (1957), *Time Out of Joint* (1959), *Os Três Estigmas de Palmer Eldritch* (1965), *UBIK* (1969) e *Maze of Death* (1970) eram todos o mesmo romance escrito repetidas vezes. Para ele, esses romances foram, de alguma forma, escritos em retrospectiva, no sentido de que ele estava subliminarmente consciente das revelações de 2-3-74 na época em que eles foram escritos.

1972: Podemos construir você – O Simulacro de Lincoln

Há uma evidência intrigante — e comprovada — de que PKD pode ter previsto o simulacro de Lincoln ("Mr. Lincoln") da Disneylândia. Ele apresentou pela primeira vez o manuscrito do seu romance *We Can Build You* (Podemos Construir Você, então intitulado *The First in Your Family* — O Primeiro da Sua Família) à sua agência em 4 de outubro de 1962. Ele foi rejeitado pela Putnam, pela Doubleday e por uma série de outras editoras. Finalmente, foi publicado pela revista *Amazing Stories* em novembro de 1969, com o título *A Lincoln Simulacra* (Um Simulacro de Lincoln). Acabou sendo escolhido pelo editor Don Wollheim para a sua própria editora, a DAW Books, e foi lançado com o título *We Can Build You* em julho de 1972.

A primeira versão áudio-animatrônica de Abraham Lincoln estreou em 22 de abril de 1964, na Feira Mundial de Nova York. Em 18 de julho de 1965, outra versão da simulação de Lincoln foi inaugurada na Disneylândia para comemorar o aniversário de dez anos do parque. Portanto, não há dúvida de que PKD criara a ideia de uma versão animatrônica falante de Lincoln um ano e meio antes da apresentação da primeira versão ser apresentada ao público em Nova York. Isso é uma simples coincidência? É possível argumentar que, sendo Lincoln um ícone entre os presidentes americanos, é razoável concluir que ele apareceria numa exposição lançada durante o centenário da Guerra Civil americana. No entanto, esse presidente poderia ter sido retratado de muitas formas. Além disso, PKD escreveu *First in Your Family* em 1961/2, exatamente quando as comemorações do centésimo aniversário do início da Guerra Civil americana (12 de abril de 1861) estariam tendo destaque nos meios de comunicação de massa. Ao longo de todos esses anos, eventos comemorando centenários de batalhas e acontecimentos políticos teriam seguido à medida que as datas chegavam. Assim, Abraham Lincoln apareceria em muitos noticiários.

PKD, porém, teria refutado essa análise rapidamente. Na entrevista a Apel, ele afirma que viu uma nota no jornal de que a Disney planejava construir o simulacro de Lincoln e prendeu na parede do seu escritório para servir de lembrete das suas habilidades precognitivas.

1973: Revista *Rolling Stone* e "O Mundo que Jonas Fez"

Numa carta de 21 de julho de 1980, PKD conta ao seu agente, Russell Galen, que ele poderia ter uma habilidade de perceber informações do seu próprio futuro. Como ele descreveu, ele "perturbava o tempo de tal forma que tirava informações do futuro para o presente".[253] Isso foi estimulado por uma série de discussões que ele tivera com Patricia Warrick referentes ao "efeito observador" da mecânica quântica. Depois ele afirma num tom muito categórico: "Eu sou, em circunstâncias normais, um precog, conforme Paul Williams observou no seu artigo para a *Rolling Stone*". O que se segue é uma observação extremamente importante em relação ao enredo do seu romance de 1956, *The World Jones Made* (O Mundo que Jonas Fez). Nele, PKD propõe que, ao contrário do que aconteceu com Jonas, as suas habilidades de precognição foram usadas para salvar a sua vida. "No entanto, em 1974, descobri o contrário. Meu talento de precognição me fez enxergar que eu morreria muito em breve de derrame devido à pressão alta. A essa altura, meu talento de precognição, que normalmente funcionava nas margens da minha mente consciente, assumiu controle total, tomou todo o poder volitivo dos meus centros motores. Em outras palavras, veio à tona." No entanto, ele antes faz uma pergunta muito intrigante: "E o que acontece quando um precog vê, através do seu talento, que num futuro muito próximo ele vai morrer?" Essa carta foi escrita em julho de 1980. Em março de 1982, menos de dois anos depois, PKD morreria de um derrame causado pela sua pressão perigosamente alta. Ele teria, de algum modo subliminar, percebido os conteúdos do próprio futuro e sabia que desta vez não poderia escapar do seu destino?

1974: A Entrevista da *Rolling Stone*

Ela estava programada para o fim de outubro de 1974, mas teve de ser adiada devido à cirurgia de Christopher. Numa carta de 28 de outubro de 1974 (para Henry Ludmer), PKD confirma que a entrevista estava planejada para a quarta-feira seguinte. Isso nos apresenta mais um mistério. Em sua entrevista para Gregg Rickman em 22 de abril de 1981, PKD afirma ter previsto a entrevista para a *Rolling Stone* antes de saber que ela ia acontecer. Ele afirma: "(na minha revelação) vi até mesmo trechos do texto."[254] Isso é intrigante, uma vez que

Paul Williams não fazia ideia de que, antes de agosto de 1974, e cinco meses após as experiências com VALIS, ele entrevistaria PKD.

1974: O Homem Duplo

Conclui-se, a partir de uma carta enviada à sua editora da Doubleday and Company, Diane Clever, que PKD pediu uma extensão do prazo para a entrega do manuscrito do seu romance, *O Homem Duplo*. A data acertada era 18 de fevereiro de 1974, mas PKD quis adiar porque precisava incluir elementos de pesquisas recentes sobre "os fenômenos do cérebro dividido" que ele lera em revistas como a *Psychology Today*. Ele insiste que, na época em que escrevia as seções originais de *Homem Duplo*, ele desconhecia totalmente essas informações. Ele chega a afirmar numa carta a Cleaver:

> "Francamente, eu imaginei ter descoberto e observado sozinho esta síndrome; por isso fiz dela o tema do romance. Estou enganado. Com certeza, durante o próximo ano, muito mais será publicado sobre esta síndrome e, com certeza, com revistas de comunicação em massa como a *Psychology Today* chamando a atenção dos seus leitores o fato de que não posso me permitir, digamos assim, um fingimento em relação à base científica e empírica pela qual a decadência do personagem principal é apresentada de forma dramática."[255]

E posteriormente:

> "Tenho a certeza de que você é capaz de imaginar a minha surpresa quando, ao mencionar o tema do romance a um amigo com inclinações científicas, ele comentou num tom casual: 'Ah, sim, eu estava lendo sobre isso outro dia mesmo. Vou achar o artigo.' O que temos de fazer aqui é transformar em vantagem uma quase-obrigação. Francamente, tenho sorte que o romance não foi lançado como está — para *depois* descobrirmos o material novo sobre a atividade do cérebro dividido com todos os seus detalhes bizarros. Digamos que os meus palpites estavam próximos, mas não próximos o suficiente."[256]

1974: *Fluam, Minhas Lágrimas, Disse o Policial*

Numa carta de 25 de julho de 1974 para Jannick Storm, PKD descreve o modo como o trecho sobre o coelho que gostava de brincar com gatos e é atacado por um cachorro (páginas 109-111) foi influenciado por uma história que a esposa de Ray Nelson, Kirsten, contara a ele a respeito do coelho dela. PKD conhecia a base da história e a elaborou para o romance. Ele descobriu depois que o coelho morrera em circunstâncias quase idênticas às descritas no livro, ainda que não tivessem lhe contado isso antes.[257]

Na sua entrevista para D. Scott Apel e Kevin Briggs,[258] PKD fala de forma abrangente a respeito das suas precognições, especificamente sobre uma séries de acontecimentos estranhos envolvendo o seu romance de 1970, *Fluam, Minhas Lágrimas, Disse o Policial*. Ele dá a entender que muito desse romance aparecera para ele em sonhos e que ele usou as lembranças que tinha das imagens oníricas para criar o romance em si. Ele decidiu que um dos personagens se chamaria Kathy e que ela teria um marido chamado Jack. No início, o leitor é levado a acreditar que Kathy trabalha no submundo do crime, mas, à medida que a história avança, descobre que, na verdade, ela é uma agente disfarçada que trabalha para a polícia. Quanto desse enredo foi desenvolvido a partir de sonhos meio esquecidos é difícil dizer, mas qualquer que tenha sido a fonte, ele revelou conter precognições perturbadoras.

PKD conheceu Kathy no Natal de 1970. Essa é a mesma Kathy que teria uma influência profunda sobre a vida dele durante todo o ano de 1971. Através dela, PKD conhece o namorado, Jack, e depois descobre que ele é traficante. Esse eco do romance na vida real perturbou PKD, mas o que aconteceu em seguida o deixou pasmo. Em *Fluam, Minhas Lágrimas, Disse o Policial,* a Kathy fictícia tem um caso com um policial que sempre usa um paletó cinza. Em 1972, PKD descreve o momento em que ele e Kathy estavam prestes a entrar num restaurante quando:

> "Kathy parou de repente e disse: 'Não podemos entrar. O inspetor Fulano de Tal está lá dentro.' E, no meu livro, ele usa um terno cinza ou algo do tipo, e lá estava ele, sentado, de terno cinza."[259]

Mais adiante no romance, há um incidente em que um personagem, Felix Buckman, abalado pela morte da irmã gêmea, tem um sonho intenso e vívido.

"Ele andava a cavalo e, pela sua esquerda, uma esquadra a cavalo se aproximava lentamente. Os homens que cavalgavam usavam mantos brilhantes, cada um de uma cor. Todos usavam um capacete pontudo que cintilava à luz do sol. Os cavaleiros lentos e solenes passaram por ele e, enquanto seguiam seu movimento, ele distinguiu o rosto de um deles: um rosto antigo de mármore, um homem terrivelmente velho com cascatas ondulantes de barba branca. Que nariz forte ele tinha. Que feições nobres. Tão cansado, tão sério, tão além dos homens comuns. Ficou evidente que ele era um rei."

Tempos depois, PKD associaria as imagens desse sonho com a sua precognição da letra de uma versão cover da música de Neil Young, *After the Gold Rush*, feita pela banda Prelude. O narrador da canção descreve o seguinte: "sonhei que vi os cavaleiros de armadura vindo", acrescentando depois que "havia uma fanfarra soprando para o sol que flutuava na brisa". PKD também sentiu um reconhecimento imenso em relação ao último verso da música: "Para o nosso novo lar ao sol".[260]

Também em *Fluam, Minhas Lágrimas, Disse o Policial*, Felix Buckman está consternado com a morte da irmã gêmea, Alys. Ele se vê num posto de gasolina aberto durante a madrugada e ali encontra um estranho negro. Buckman e o homem negro começam uma conversa. Quando PKD explicou essa cena ao pastor episcopal da sua igreja, o sacerdote ficou muito agitado e comentou que ele escrevera uma cena do Livro de Atos dos Apóstolos. PKD nunca lera essa parte do Novo Testamento, mas, ao voltar para casa, ficou impressionado ao descobrir que o pastor estava certo. Em Atos, capítulo 8, versos 26 a 28, uma pessoa chamada Felipe (Philip) encontra um eunuco etíope sentado numa biga.

"Mas um anjo do Senhor falou a Felipe: 'Levanta-te e vá para o sul, para a estrada que desce de Jerusalém a Gaza.' (Essa estrada é deserta.) E levantou-se e foi. E eis que havia um eunuco etíope, mordomo-mor de Candace, rainha dos etíopes, que era responsável por todo o tesouro dela; e fora a Jerusalém para adorar. E estava voltando, sentado em sua biga, lendo o profeta Isaía."

PKD não apenas teria previsto um trecho da Bíblia como também intuíra que o personagem central era alguém chamado Philip. PKD continuou a leitura e descobriu que os Atos também incluem um oficial romano de alta patente chamado Felix, que prende e interroga São Paulo. Em *Fluam, Minhas Lágrimas, Disse o Policial,* Felix Buckman é um oficial da polícia de alta patente que prende e interroga o personagem central, Jason Taverner. A essa altura, PKD sentia-se bastante estranho. Ele se perguntou se haveria uma ligação com o nome Jason. Ele olhou o índice remissivo da Bíblia e encontrou uma única referência ao nome Jason, um personagem dos Atos.

No ensaio *Como Construir um Universo que Não Desmorone Dois Dias Depois,* PKD faz a seguinte observação:

> "Um exame curioso do meu romance mostra que, por motivos que não consigo sequer começar a explicar, eu acabei recontando alguns dos incidentes básicos de um livro específico da Bíblia, e acertei até os nomes. O que poderia explicar isso? Foi há quatro anos que descobri tudo isso. Durante quatro anos eu venho tentando desenvolver uma teoria e não consegui. Duvido que um dia consiga."[261]

Mas essa história ficou ainda mais estranha. No verão de 1978, PKD decidiu sair tarde da noite para postar uma carta, o que não era comum para ele. No escuro, ele notou um homem zanzando perto de um carro estacionado. Ele postou a carta e, no caminho de volta, o homem ainda estava lá. Num segundo impulso nada característico dele, PKD foi até o homem e perguntou se havia algum problema. O homem respondeu que acabara a gasolina e ele estava sem dinheiro. Para a sua própria surpresa, PKD se viu enfiando a mão no bolso e dando dinheiro ao homem. O homem pediu o endereço dele e disse que voltaria depois para pagá-lo. Ao entrar no seu apartamento, PKD se deu conta de que o dinheiro não serviria de nada para o seu novo amigo, uma vez que não havia nenhum posto de gasolina a uma distância que ele pudesse percorrer a pé. PKD saiu de novo, encontrou o homem e ofereceu uma carona até o posto de gasolina mais próximo que estivesse aberto àquela hora. Ao ver o homem encher a lata de gasolina, ele teve uma sensação alarmante de reconhecimento semelhante a um déjà-vu.

> "Percebi de repente que aquela era a cena do meu romance — do romance escrito oito anos antes. O posto de gasolina 24-horas era exatamente como eu imaginara de forma intuitiva quando escrevi

a cena — a luz branca ofuscante, a bomba de gasolina — e aí eu vi o que não tinha visto antes. O estranho que eu estava ajudando era negro."[262]

PKD levou o homem negro de volta ao carro dele, eles deram um aperto de mãos e PKD nunca mais o viu. Ele termina a descrição do acontecimento com um comentário levemente arrepiante:

"Fiquei terrivelmente abalado com essa experiência. Eu vivi literalmente uma cena completa, como ela aparecia no meu romance... O que poderia explicar tudo isso?"[263]

PKD responde a própria pergunta com a simples afirmação: "O tempo não é real".

1974: O Sonho do Arvoredo em Flor

Em 5 de julho de 1974, PKD escreveu a Claudia Bush para informar que vinha tendo o mesmo sonho repetidas vezes. Os sonhos começaram três meses antes, mas "nos últimos dias", o sonho tomara um foco específico envolvendo um livro em particular. PKD afirma na carta que em 4 de julho ele sonhou que estava em casa com dois homens misteriosos. Eles haviam pedido um livro específico da sua coleção. Ele pegou *Não Temerei Nenhum Mal*, de Robert Heinlein. Ele descreve o volume como um livro grande de capa dura e encadernado. Ele mostrou o livro para os homens, que afirmaram não ser esse o livro que queriam. Ficou claro para PKD que o livro desejado tinha capa dura azul. No entanto, há um problema aqui. Conforme ele escreveu:

"Num sonho de um mês atrás, consegui ver parte do título. Terminava com a palavra 'grove' (arvoredo). Na época achei que pudesse ser À Sombra das Raparigas em Flor, de Proust (*Within a Budding Grove*, na tradução para o inglês), mas não era. Havia, porém, uma palavra longa, semelhante a 'budding' (florescente) antes de 'grove' (arvoredo)."[264]

Agora, se os sonhos estiverem em ordem cronológica, parece que, de início, isso não faz nenhum sentido. Parece, numa primeira leitura, que esse segundo sonho veio *após* o sonho de 5 de julho. No entanto, como PKD faz questão de salientar em cartas anteriores que o tempo poderia estar correndo no sentido inverso, talvez os sonhos estivessem na ordem que ele descreve. De fato, no trecho seguinte, ele afirma que a informação extraída do sonho de 5 de julho foi acrescentada à informação do título de um mês antes.

> "Então, na primeira parte do dia, ontem, eu sabia que eu estava procurando um livro grande de capa dura azul — muito grande e longo, de acordo com alguns sonhos, infinitamente longo, na verdade — sendo 'grove' a última palavra do título e uma palavra antes dela parecida com 'budding'.
> No último dos quatro sonhos ontem, avistei a data de reserva dos direitos autorais do livro e olhei mais uma vez o estilo da fonte. A data era 1966 ou talvez 1968 (e acabou sendo a segunda). Então comecei a analisar todos os livros da minha biblioteca que pudessem se encaixar nessas qualificações. Eu tinha uma forte intuição de que quando finalmente encontrasse o livro, teria nas mãos um volume de sabedoria mística, oculta ou religiosa, que seria um portal para a realidade absoluta por trás de todo o universo."[265]

Em alguns dos sonhos anteriores, PKD se via em livrarias tentando encontrar uma cópia do livro misterioso. Num sonho ele viu o livro aberto na sua frente com páginas chamuscadas. Daí ele concluiu que o livro era, de alguma forma, sagrado. Assim, com a nova informação, ele pôde voltar ao seu acervo pessoal e, para o seu espanto, encontrou o que estava procurando.

> "O livro se chama *THE SHADOW OF THE BLOOMING GROVE*, de capa dura e azul, com pouco menos de 700 páginas enormes, longas, com letras minúsculas. Foi publicado em 1968. É o livro mais chato do mundo. Tentei ler quando o Clube do Livro Book Find me enviou, mas não consegui. É uma biografia de Warren G. Harding."[266]

Como PKD acrescenta brincando, "serve para mostrar que nunca se deve levar os sonhos a sério demais."

1974: Precognição/ Hipnagogia – Sonho do Barrio

Em 9 de maio de 1974, PKD escreveu mais uma de suas cartas frequentes a Claudia Bush. Ele conta que, depois da "invasão" de novembro de 1971, ele ficou de cama durante uma semana inteira. Durante esse período, ele teve um sonho recorrente envolvendo uma cidade mexicana com "ruas formando quadrados e táxis amarelos". Os táxis amarelos sugerem uma localização nos Estados Unidos, e não no México ou na América Latina. Nessa época ele estava morando no condado de Marin, ao norte de São Francisco. Em 1974, ele morava em Fullerton, uma cidade logo ao sul de Los Angeles. Ao lado de Fullerton fica um lugar chamado Placentia, uma área com forte presença hispânica. PKD ficou convencido de que esse era o local que viu nos sonhos.[267]

1974: Barbara Hershey e Blade Runner

Em maio de 1968, PKD ficou encantado quando uma empresa cinematográfica comprou os direitos do seu romance *Androides Sonham com Ovelhas Elétricas?* Não houve progresso no projeto até algum momento por volta de 1973, quando os direitos foram transferidos para o produtor cinematográfico Herb Jaffe. Entretanto, após a leitura do roteiro inicial, PKD ficou muito decepcionado e o projeto acabou sendo interrompido. Felizmente para PKD, o ambicioso ator que virou roteirista, Hampton Fancher, recebera um dinheiro recentemente e estava animado para investir na produção de um filme. Como enorme fã da obra de PKD, Fancher viu em *Androides Sonham com Ovelhas Elétricas?* a história perfeita para aplicar a sua habilidade de roteirista iniciante.

Fancher entrou em contato com PKD no outono de 1974. Infelizmente, os direitos para o filme ainda eram de Jaffer. Isso não deteve Fancher e, durante um período de alguns meses, ele e seus associados tornaram-se visitas frequentes na casa de Dick em Fullerton. Embora Tessa não mencione o nome dele em seu livro *Remembering Firebright* (2009), ela menciona que...

> "...um mesmo grupo, que incluía um produtor de cinema independente cujo nome esqueci, começou a aparecer uma vez por semana."[268]

Fica claro que Fancher estava ávido para desenvolver um relacionamento com PKD, e essas visitas frequentes incluíam a mostra de filmes antes do seu lançamento na sala de estar dele e de Tessa. Para o Natal de 1974, Fancher levou sua grande amiga, a atriz Barbara Hershey, que então usava o nome Barbara Seagull. Tessa descreve uma noite agradável, em que PKD sugeriu que Barbara fizesse o papel de Rachel numa futura adaptação de *Androides Sonham com Ovelhas Elétricas?* para o cinema quando a atriz estava indo ajudá-la com a louça.[269]

Essa é uma afirmação curiosa. Na época, os direitos do romance haviam sido comprados por Jaffe e nada havia sido concordado a respeito de qualquer futura venda a Fancher. De fato, como Tessa me informou numa mensagem pessoal, PKD estava fingindo não saber que Barbara era uma atriz famosa e, assim, o comentário todo era meio que uma brincadeira.

Em 1977, os direitos do romance acabaram sendo comprados por 2 mil dólares pelo amigo de Fancher, Brian Kelly, e foi Kelly quem, em seguida, apresentou o projeto ao produtor britânico radicado em Hollywood, Michael Deeley.[270] Ainda que Deeley adorasse o romance, ele sentiu que o enredo não renderia uma versão para o cinema. Mas Kelly não desistia facilmente. Ele falou com Fancher e pediu a ele para criar um esboço de enredo. O resumo foi enviado a Deeley, que rejeitou mais uma vez. Isso chateou Fancher, que abandonou o projeto. Kelly, porém, sentia que Fancher era o púnico roteirista capaz de fazer jus à história de PKD, e continuou a estimular o envolvimento dele. A pessoa que conseguiu convencer Fancher a começar a escrever o roteiro foi Barbara Hershey. Um ano depois, o roteiro estava completo e desta vez Deeley concordou em produzir o filme.

Deeley e sua assistente, Katy Haber, começaram a trabalhar no novo projeto no início de 1979. Isso foi quatro anos depois da visita de Barbara Hershey à casa de PKD em Fullerton. Alguns meses depois, começou a distribuição de papéis e uma das três atrizes que fizeram o teste de seleção para o papel de Rachel Rosen foi Barbara Hershey. Embora o papel tenha ficado com Sean Young, a decisão foi tomada puramente com base no fato de que Deeley e sua equipe estavam procurando uma atriz desconhecida para o papel.[271] Esse é mais um exemplo das habilidades precognitivas de PKD? Lembre que ele não disse que ela faria o papel, apenas que deveria.

Assim que teve a oportunidade de assistir a trechos do filme completo antes do lançamento, PKD observou com entusiasmo que o visual era exatamente como ele imaginara quando escrevia o livro. Quanto ao fato de Sean Young fazer o papel de Rachel (Rachael) Rosen, ele fez o seguinte comentário:

"É como se tivessem tirado o meu cérebro e feito uma estimulação visual nele, para que uma imagem fosse projetada na tela. É exatamente como eu a imaginei. Se colocassem cem fotos de cem mulheres na minha frente, eu infalivelmente escolheria a dela, porque ela é Rachel. É perfeita."[272]

Isso foi mais uma vez PKD tendo usado suas habilidades subliminares de precognição para escrever *Androides Sonham com Ovelhas Elétricas?* As imagens futuras do filme *Blade Runner – O Caçador de Androides* passaram na cabeça dele como uma projeção hipnagógica particular? Eu sei o que ele teria dito a respeito.

Há também uma sincronicidade muito curiosa que liga *Blade Runner* a outro livro de PKD, *VALIS* (1981).

PKD começou a escrever *VALIS* em outubro de 1978. Em 29 de novembro de 1978, ele enviou o manuscrito à agência, para Russell Galen. A primeira edição foi publicada pela Bantam em fevereiro de 1981. Numa entrevista a John Boonstra em 22 de abril de 1981, PKD afirma que o atraso se deu porque houve uma mudança de editores na Bantam. Depois ele dá uma explicação diferente, associada ao fato de que ele escrevera duas versões diferentes do mesmo livro. Ele simplesmente não estava satisfeito com a primeira versão. Ele não desejava descartá-la por completo, então, numa hábil manobra literária, ele incorporou o primeiro romance no segundo, como um filme que os personagens centrais vão assistir no meio da segunda versão.[273]

PKD disse a Boonstra que o trecho da seção de cinema em *VALIS* foi muito influenciado pelo filme de Nicholas Roeg, *O Homem que Caiu na Terra* (1976). PKD vira o filme e, segundo ele, teve uma das maiores experiências da sua vida. O seu uso de um filme dentro de um livro foi a sua homenagem ao filme. O produtor de *O Homem que Caiu na Terra* era ninguém menos que Michael Deeley, que viria a produzir, alguns anos depois, *Blade Runner*. Essa foi mais uma associação subliminar ou apenas uma coincidência curiosa?

Então, o que podemos concluir, se é que podemos, de todas essas precognições? Elas podem ser consideradas simplesmente uma mistura da queda de PKD para enfeitar os acontecimentos para torná-los mais interessantes e simples coincidências ou são mais que isso? Pode ser relevante que ele tenha descrito o começo da sua precognição da seguinte forma:

"Eu as sinto aproximarem-se de modo inexorável, não geradas pelo presente, mas de alguma forma já estão ali, só que ainda não visíveis. E se elas estão "ali" de alguma forma, e nós nos deparamos com elas de maneira sucessiva."[274]

PKD estava ávido para entender exatamente o que estava acontecendo durante tais eventos e, através da sua leitura abrangente, foi capaz de sugerir um modelo quase científico para explicar essa causação invertida no tempo. Agora nos voltaremos para o modo como ele explicou o que estava acontecendo com ele.

Teoria do Tempo
As Teorias do Tempo de PKD

Philip K. Dick ficava feliz em descartar a existência de qualquer forma de fenômeno psíquico como tolice caso sentisse que os seus interlocutores desaprovassem tais crenças. Ainda assim, suas cartas particulares e escritos pessoais, tal como a sua *Exegese*, estão cheios de ideias e teorias para explicar por que ele podia preconceber acontecimentos atuais.

Ele tinha a consciência de que a maioria de suas precognições, senão todas, eram relacionadas a sonhos. No entanto, as precognições que ele tinha em sonhos parecem ter origem principalmente nas suas experiências comuns dos estados liminares entre a vigília e o sono. Esses estados são conhecidos como estados hipnagógicos se vividos no início do sono e hipnagogia, se percebidos ao despertar.[275]

Numa carta para Peter Fitting de 28 de junho de 1974, PKD descreve o poder das suas imagens hipnagógicas precognitivas.

"Tive mais: informações atuais sobre o futuro, pois durante os três meses seguintes, quase todas as noites, durante o sono, eu recebia informações na forma de material impresso: palavras e frases, cartas, nomes e números — às vezes páginas inteiras, às vezes na forma de folhas pautadas e escrita holográfica, às vezes na forma esquisita da caixa de cereal de um bebê na qual todo tipo de informação significativa estava escrita e datilografada, e, por fim, provas gráficas mostradas a mim para que eu lesse e sobre as quais me disseram no sonho: 'continham profecias sobre o futuro', e durante as duas últimas semanas um livro enorme, repetidas vezes, com uma página atrás da outra com linhas impressas."[276]

Esse estado tem sido descrito por toda a história e há muito é considerado a fonte da inspiração. Numa carta enviada a Terry Carr em 20 de novembro de 1964, PKD descreve o aspecto onírico do seu próprio processo criativo.

> "Quando faço um romance, fico 'lá', dentro daquele mundo, entre as pessoas desse mundo, envolvido nos seus costumes idiossincráticos etc. Não estou pensando sobre ele, estou participando... Como dizem, os meus livros não significam nada. Eles simplesmente são."

A imagem evoca de forma poderosa o modo como o sonho envolve a pessoa e ela se torna a observadora dos acontecimentos que a cercam. É possível que a musa criativa de PKD fosse facilitada por imagens hipnagógicas despertas? As imagens povoavam a sua mente e ele escrevia o que via de forma intuitiva. Se os sonhos são precognitivos, a escrita de PKD, incendiada por esses sonhos despertos, também seria igualmente precognitiva.

Em 1977, PKD informou aos seus entrevistadores, D. Scott Apel e Kevin Briggs: "Quanto mais o tempo passava, mais eu era forçado a encarar a atualidade dos elementos precognitivos."[277] Depois ele propôs que o futuro pode ser visto porque ele é como um sulco de um gravador de gramofone. O futuro já está gravado, só falta a agulha passar por ele. Hoje em dia temos uma analogia muito melhor, os videogames digitais. Cada resultado de cada decisão no jogo tomada pelo jogador já está digitalmente codificada no meio. Quando a decisão é tomada, o resultado já gravado é transferido e aparece na tela.

Embora PKD não mencione isto em nenhum de seus escritos, esse modelo de precognição onírica foi proposto pela primeira vez pelo escritor britânico J. W. Dunne em seu livro imensamente influente, *An Experiment with Time* (Um Experimento com o Tempo) (1927). Dunne sugeriu que todos os nossos sonhos contêm elementos precognitivos, sendo que a habilidade consiste em conseguir lembrar desses elementos e isolá-los do simbolismo onírico criado pela mente subconsciente. Dunne também concluiu que a informação contida em sonhos precognitivos é retirada de experiências pessoais futuras. Em outras palavras, as precognições envolverão elementos de experiências pessoais futuras. Essas poderiam ser as fontes das precognições de PKD?

PKD estava há muito tempo consciente de que o que presumimos ser o fluxo do tempo é simplesmente a nossa interpretação de outros fenômenos. No breve período em que ficou na UCAL, ele foi apresentado à filosofia de David Hume. Hume propôs que a causa preceder o efeito não é sempre axiomático. PKD iria se referir a essa descoberta de Hume num artigo não publicado do fim dos anos 1960, intitulado "O Dia em que os Deuses Pararam de Rir". Nele, ele faz referência à filosofia da causalidade de Hume.

> "Num dos artigos mais brilhantes da língua inglesa, Hume deixou claro que aquilo a que nos referimos como 'causalidade' não é nada além do fenômeno da repetição. Quando misturamos enxofre com salitre e carvão, sempre obtemos pólvora. Isso é verdadeiro para todos os acontecimentos que fazem parte de uma lei causal — em outras palavras, tudo que pode ser chamado de conhecimento científico. 'É o costume que governa', disse Hume, e com essa única frase abalou a ciência e a filosofia."

Em outras palavras, confundimos fluxo de tempo com repetição. No entanto, isso não chega a responder a pergunta premente de PKD quanto ao modo como a informação do futuro pode ser "transmitida" para o passado. Num artigo para a revista *Harper's* de julho de 1974, PKD descobriu uma teoria que se encaixava perfeitamente com as suas próprias experiências. Escrito pelo autor húngaro-britânico Arthur Koestler, o artigo discutia a possível existência de partículas subatômicas enigmáticas conhecidas como táquions. Táquions são partículas hipotéticas que só podem viajar a velocidades maiores que a da luz. Na prática, isso significaria que tal partícula viajaria de forma reversa no tempo. As implicações são extraordinárias. Conforme Koestler escreveu:

> "Dessa forma, eles carregariam informação do futuro para o nosso presente, como a luz e os raios-X de galáxias distantes carregam informações do passado remoto do universo para o nosso aqui e agora. À luz desses desenvolvimentos, não podemos mais excluir como um fundamento a priori a possibilidade teórica de fenômenos precognitivos."[278]

Fica claro que tais partículas, caso fossem descobertas, causariam uma revisão total do nosso paradigma de ciência presente. Elas podem ser teóricas, mas são, pelo menos por enquanto, teoricamente impossíveis. PKD, porém, não estava tão interessado na ciência quanto nas implicações. Ele tomou isso como evidência de que o universo estava se movendo para trás do nosso ponto de vista. Ele associaria esse tema com a esquizofrenia e o autismo nos seus primeiros romances, como em *Martian Time-Slip* (1965). É claro que o romance clássico de Dick que lida com o tempo passando do futuro para o passado é *Regresso ao Passado* (1967). Para PKD, isso sugere que o universo está se movendo do caos para a ordem. Mas o mais importante é que a sua "descoberta" da teoria do táquion em 1974 lhe forneceu um mecanismo pelo qual os seus próprios romances iniciais podem ter sido criados a partir de informações futuras. Conforme iremos descobrir, PKD criaria todo um novo modelo de tempo que também poderia facilitar essa retrocriação de enredos.

Durante o verão de 1974, PKD também descobriu a existência de uma substância conhecida como ácido gama-aminobutírico, ou GABA. Todos os neurotransmissores são responsáveis por facilitar ou inibir a comunicação entre neurônios, as células do cérebro. O GABA é o principal neurotransmissor inibidor do cérebro dos mamíferos, e ele atua desse modo manipulando o potencial elétrico de neurônios individuais.

PKD acreditava que se o GABA se tornasse menos eficaz, o cérebro poderia ficar aberto para perceber mensagens contidas no campo taquiônicos e, ao fazê-lo, abriria a mente para informações transmitidas do futuro para o passado. Para ele, a grande questão era, qual é a fonte das mensagens taquiônicas; quem enviava as informações e por quê?

Ele concluiu rapidamente que as mensagens eram enviadas por uma versão futura dele mesmo. Durante algum tempo, ele sentira que alguma outra coisa estava escrevendo os seus romances. Como muitos indivíduos criativos, ele acreditava ser apenas um meio para outra fonte de criatividade. Ele chamava essa força de Ubik, o que não surpreende. Ele considerava que essa força revela a sua própria verdade no romance, que não é de forma alguma um romance, mas a constatação de um fato.

> "Ubik fala a nós do futuro, do estado final para o qual tudo está se movendo. Assim, Ubik não está aqui — ou seja, agora — mas estará, e o que recebemos é informação sobre ele e vinda dele, como recebemos sinais de rádio ou TV de transmissores localizados em outros espaços deste contínuo do tempo."[279]

PKD explica que o romance *UBIK* foi simplesmente uma versão futura dele mesmo tentando racionalizar a verdade por trás de uma série de incidentes da sua vida que, até aquela época, não faziam nenhum sentido:

> "Não vejo nenhuma objeção para a interpretação do significado da força de Ubik dessa maneira. Nem na interpretação do propósito do romance Ubik dizendo que nele eu estava tentando de forma obscura e inconsciente expressar uma série de experiências que eu tivera durante a maior parte da minha vida, de uma força que direciona, dá forma, auxilia — e informa —, muito mais sábia que nós, e que não poderíamos de forma alguma perceber diretamente. Onde ela estava ou o que era eu não sabia. Eu só a conhecia por meio dos seus efeitos: nos termos de Kant, ela é (ou, conforme entendo agora, será) uma Coisa Em Si Mesma."[280]

PKD então chama *UBIK* de "a futura Gestalt total do Propósito e do Significado" e diz que na capa do livro poderia estar escrito, com a mesma exatidão, tanto "*Philip K. Dick*, de Ubik", como *Ubik*, de Philip K. Dick".[281]

No entanto, em se tratando de PKD, se com uma teoria estava bom, com duas está ainda melhor. Ele propôs, para sustentar o seu modelo Ubik-táquion, que as teorias do tempo do astrofísico soviético Nikolai Kozyrev criavam um modelo de tempo que facilitava tais comunicações.

PKD explica que se deparou com a obra de Kozyrev depois de ter escrito histórias com inversões temporais como *UBIK e Regresso ao Passado*. De fato, ele está muito correto a esse respeito. Os artigos do Dr. Kozyrev foram publicados pela primeira vez nos Estados Unidos em maio de 1968, e apareceram pela primeira vez num periódico acadêmico soviético em setembro de 1967.[282] Sabemos que o manuscrito completo de *UBIK* foi enviado à agência literária de PKD em 7 de dezembro de 1966 e que foi baseado no conto "What Dead Men Say", escrito em 1963. O caso de *Regresso ao Passado* é semelhante, pois foi escrito em 1965.

No seu artigo de 1967, Kozyrev propôs que o tempo é uma forma de energia que entra nos sistemas materiais e que pode transmitir informações para qualquer lugar. Assim, PKD concluiu que as fontes de onde ele tirou a base para os seus enredos consistiam em informações extraídas do tempo (neste caso, do próprio futuro dele). Essa informação era entendida de forma subliminar e agia como estímulo para a criação de enredos. Em outras palavras, ele percebe algo, um artigo, por exemplo, quando ele está com 49 anos de idade, e essa ideia aparece imediatamente na sua mente de 46 anos de idade. A ideia é tão poderosa que o PKD de 46 anos escreve uma história baseada nessa premissa, ou nessas premissas. PKD realmente pressupõe que a sua futura leitura da obra de Kozyrev criou o modelo para a ideia da lata de spray de Ubik.

PKD propôs que há duas variações de tempo, as quais existem em ângulos retos uma em relação à outra. Nós geralmente temos consciência do "tempo vertical", mas existe outro que transcorre a ângulos retos em relação ao nosso espaço-tempo. Ele chama a esse tempo de "tempo ortogonal". Se pudéssemos perceber ambos os tempos de forma simultânea, sua aparência seria cúbica, daí o termo que ele usa: *tempo cúbico*. Ele propôs que os acontecimentos estão, na verdade, localizados dentro desse tempo cúbico. Assim, a ideia de causa e efeito não pode ser aplicada dentro desse modelo. A causalidade pode transcorrer ao inverso ou atuar de forma simultânea a um acontecimento no passado ou no futuro. Em outras palavras, no tempo ortogonal, todos os estados passados e futuros existem neste momento.

Isso permite a PKD um grau de especulação quanto à verdadeira natureza do tempo. Ele sugere que a premissa básica para a sua história *Equipe de Ajuste* (1954) — de que existe uma forma pela qual o passado pode ser "ajustado" para mudar o presente — pode ser mais um de seus relatos que transformam em ficção algo que realmente acontece.[284] Ele aplica essa ideia à sua habilidade de se lembrar do nome Olive Holt uma noite após receber a Carta da Xerox.

> "Na minha vida, esse seria o motivo pelo qual sempre me lembrei do nome da minha babá, Olive Holt, quando o nome da maioria dos professores depois foi esquecido. Foi porque aquele 'nome' na forma dividida apareceria na Carta da Xerox, por acidente — ele podia num nível vago, mas real, ser encontrado lá. Eu iria vê-lo na Carta da Xerox e a minha mente funcionaria de uma forma retrógrada, que foi a direção em que a retenção foi impressa na época, quando eu tinha 4 anos de idade, porque ele apareceria tempos depois — porque aquilo ia me dar uma pista, em 1974."[285]

Depois, na *Exegese*, ele dá a entender que o que ele "viu" no estado hipnagógico eram as palavras "Olive Holt" impressas na parede em frente, indicando que ele estava percebendo uma projeção externa das imagens hipnagógicas. Mas o que é mais estranho é que ele afirma, de forma bastante específica, que as letras não eram do latim, mas do hebraico.[286]

Para sustentar a teoria táquion-Ubik-GABA de PKD, como eu a chamo, pode-se citar o seu romance *Now Wait For Next Year*, outra história intrigante com inversão temporal. Ele foi escrito antes de dezembro de 1963 e publicado em maio de 1966.

A premissa central de *Now Wait For Next Year* é uma droga chamada JJ-80. É um alucinógeno que pode fazer o sujeito voltar e avançar no tempo. A droga também permite o acesso a trilhas paralelas do tempo que existem em universos diferentes. O personagem central, Gino Molinari, também consegue examinar a alma das pessoas. Molinari usa a JJ-80 para trazer de volta outras versões dele mesmo de diferentes trilhas do tempo. Elas são usadas para substituí-lo sempre que ele morre por assassinato ou através da doença que ele contrai devido às suas habilidades especiais.

Um segundo personagem, o médico de Molinari, Eric Sweetscent, também usa a JJ-80 para se comunicar com versões futuras de si mesmo. Embora haja miríades de futuros alternativos que ele poderia conferir usando a JJ-80, e também a oportunidade de trazer a este universo diferentes versões dele mesmo, ele decide não fazê-lo. Ele já viu um futuro em que ele está divorciado e, ainda que tenha um relacionamento problemático com a esposa, decide rejeitá-lo. Dessa forma, ele aceita o seu destino.

Molinari parece gostar de ser doente. Ele usa isso como um mecanismo de fuga. E realmente, devido ao efeito da JJ-80, ele pode até mesmo morrer para escapar de situações difíceis ou constrangedoras. Sabemos que PKD sofreu de doenças recorrentes, algumas das quais pareciam ser de natureza psicossomática, especialmente na juventude. Essa poderia ser uma situação de realização de desejo para PKD, ser capaz de escapar de circunstâncias difíceis voltando atrás e começando de novo? Esse realmente é o caso de Molinari. Sweetscent recebe da amante do ditador a informação de que o ex-amante dela "quer voltar a ser bebê para não ter responsabilidades de adulto".[287]

Em mais uma evidência intrigante a favor da teoria táquion-Ubik-GABA de PKD, podemos voltar ao encontro dele com a droga psicotrópica 2,5-dimetoxi-4-metilanfetamina (DOM) na noite de 25 de fevereiro de 1975.[288] Ao tomar essa droga, PKD acreditou ser capaz de criar um modelo muito mais poderoso do tempo ortogonal do que conseguira elaborar de início. Ele vivenciou o "eixo do tempo ortogonal" como a verdadeira forma de fluxo do tempo. Ele também passou a entender que cada pessoa é uma versão única de uma entidade maior que existe no tempo ortogonal.

> "É mesmo verdade que existem bilhões de vocês, e existem bilhões de mim — lá fora. Mas por utilidade, tem de haver (1) identificação; (2) reconhecimento; (3) criação de continuidade e do conceito de identidade, de perseverança (palavra-chave aqui) do Ser. O "Ser" é um caleidoscópio. É já vi isso. É divertido, mas não vai cobrir os seus cheques; pior, você não vai saber se é o seu talão de cheque; pior ainda, você nem vai saber se você está existindo como uma entidade contínua."[289]

Será que é esse modelo para as muitas versões de Eric Sweetscent existindo todas nas suas próprias fatias do tempo ortogonal? Nesse caso, o enredo todo foi facilitado pela inibição do cérebro através da GABA, diminuindo a sua habilidade de bloquear as comunicações Táquion-Ubik. É certamente um pensamento intrigante.

Em toda a *Exegese*, PKD faz uma única referência passageira a um físico chamado Herman Minkowski, professor do muito mais famoso Albert Einstein. Em referência às suas próprias precognições, PKD escreveu:

> "Essa é uma visão perturbadora por ser nova, mas, por estranho que pareça, ela coincide com as minhas experiências oníricas, a minha precognição de acontecimentos que vêm do futuro. Eu sinto a aproximação deles de forma inexorável, não gerados no presente, mas já estando ali de alguma forma, porém ainda não visíveis. Se eles já estão 'lá' de alguma forma, e nós nos deparamos com eles de forma sucessiva (o universo de bloqueio Minkowski; os acontecimentos estão todos lá, mas temos de nos deparar com eles de forma sucessiva."[290]

Minkowski sugeriu que o espaço e o tempo eram aspectos de um mesmo fenômeno oculto, algo que ele chamou de "Espaço-Tempo". Numa palestra em 1908, ele disse:

"As visões do espaço e do tempo que desejo apresentar-lhes brotaram no solo da física experimental, e aí se encontra a sua força. Elas são radicais. Daqui em diante, o espaço, por si só, e o tempo, por si só, estão condenados a desaparecerem, virando meras sombras, e apenas uma espécie de união dos dois será preservada como uma realidade independente."[291]

Vivemos num mundo de três dimensões, largura, altura e comprimento. Ao introduzir o tempo como uma dimensão, Minkowski mudou de forma radical o modo como os cientistas percebem a realidade. Então, o que os cientistas realmente querem dizer quando falam de quatro dimensões? Olhe para um lápis e a sombra que ele projeta numa superfície plana. No nosso mundo tridimensional, o lápis tem um comprimento definido que pode ser medido por uma régua. Esse comprimento é sempre consistente. No entanto, se você torcer o lápis e observar a sombra, a forma e o comprimento da sombra do lápis na superfície plana mudam. De fato, ao mudar o ângulo do lápis, é possível fazer a sombra sumir ou ficar do mesmo comprimento do lápis, ou qualquer comprimento menor que isso. O comprimento da sombra em duas dimensões depende da orientação da sombra em três dimensões.

Minkowski disse que o lápis também tem um comprimento de quarta dimensão, que ele denominou de sua "extensão". Essa extensão, porém, não está no espaço, mas no espaço-tempo. Ela é o lápis como ele existe no tempo. À medida que ele progride no tempo, ele segue o que é chamado de "linha de universo". Por exemplo, se eu decidisse tirar uma foto do lápis usando uma velocidade lenta de obturador de, digamos, um décimo de segundo, e movesse o lápis para frente e para trás, o lápis, quando fotografado, deixará de ser uma forma de lápis, mas será uma figura oblonga com um comprimento correspondente à distância em que movi o lápis de um lado para o outro. Ela terá uma profundidade equivalente à largura do lápis e será vista como um objeto sólido. A fotografia mostrará a linha do tempo do lápis em quatro dimensões.

Imagine que você pode segurar esse lápis quadridimensional. Você poderia cortá-lo lateralmente e ficar com uma fatia do lápis como ele era em qualquer ponto daquele período de um décimo de segundo. De acordo com Minkowski, todas as coisas existem nesse espaço quadridimensional, inclusive eu e você. Nós andamos pelo espaço-tempo percebendo a realidade como uma fatia dessa quarta dimensão. Antes dessa visão revolucionária do universo, o tempo era visto fluindo do futuro para o presente, e depois para o passado. Como um rio correndo em torno de uma pedra. Minkowski e Einstein mudaram tudo isso. Passado, presente e futuro não existem. Eles são introduzidos pela consciência humana. Somos nós que fazemos o movimento, não o tempo. A fatia do espaço-tempo que o observador percebe de forma consciente define o momento presente para esse observador.

Cada consciência individual viaja como um foco de luz passando sobre uma paisagem escura. As partes da paisagem por onde o foco de luz passou nós denominamos de "passado", aquelas que ainda vão aparecer no foco de luz chamamos de "futuro". O universo de bloco quadridimensional é estático e imutável. No entanto, a consciência tem a ilusão de que as coisas "acontecem" da mesma forma em que um viajante numa jornada noturna de trem vê a plataforma de uma estação iluminada passar correndo e desaparecer. Para o viajante, a estação estava em algum lugar do futuro, "aconteceu" e depois desapareceu no passado. Na realidade, a estação estava estática e tem uma existência contínua e imutável que será percebida por outro trem quando ele passar pela sua própria linha temporal.

A ideia de que o seu futuro já está lá, esperando você chegar é um conceito muito desconcertante. Essa ideia pode ser expandida ao presumirmos que o seu próprio passado, embora já vivido, também ainda está aqui num sentido muito real. O matemático alemão do século XIX, Hermann Weyl, propôs essa ideia curiosa ao escrever:

"Todo ponto de universo (como sugerido por Minkowski) é a origem do cone duplo do futuro ativo e do passado passivo. Enquanto na teoria especial da relatividade esses dois pontos estão separados por uma região intermediária, é certamente possível no caso presente que o cone do futuro ativo se sobreponha ao passado passivo, de forma que, em princípio, seja possível viver acontecimentos agora que serão, para todos os propósitos, em essência, parte das minhas resoluções e ações futuras. Além disso, não é impossível que uma linha de universo (em especial a do meu corpo), ainda que tenha uma direção semelhante à do tempo em cada ponto, retorne à vizinhança de um ponto pelo qual ela já passou. O resultado seria uma imagem espectral do mundo muito mais assustadora do que qualquer coisa que a estranha fantasia de E.T.A. Hoffmann já tenha evocado."[292]

É muito interessante que, em duas ocasiões da *Exegese,* PKD tenha feito referência ao uso que Hoffmann faz do tempo em suas histórias. (Hoffmann foi um escritor de fantasia e terror da escola romântica que foi influente no século XIX. Ele também era compositor.)

Agora imaginemos uma câmera montada para simular como as coisas aparecerão para um observador localizado fora do "bloco" do tempo de Minkowski. Em essência, esse observador existirá no que PKD denominou "tempo ortogonal". Para isso, o nível de período de exposição da câmera (o tempo em que a lente está aberta para permitir a passagem de luz para o filme sensível que está dentro dela) seria de cinquenta e três anos e não do nível normal de, digamos, um quarto de segundo. A câmera está preparada para filmar a vida de PKD do momento do seu nascimento naquele dia frio de Chicago em dezembro de 1928 até a sua morte em Los Angeles em março de 1982. PKD não seria uma única foto, mas milhões de imagens individuais unidas como fatias de um pão. Isso resultaria numa figura extremamente longa, como uma cobra, que começaria muito pequena, aumentaria aos poucos, chegando a 1,80cm de altura e depois desaparecendo de repente.

Em qualquer ponto do espaço, o "corpo longo" que lembra uma cobra pode ser fatiado e uma imagem de PKD nesse momento do tempo pode ser vista. Se uma série dessas fatias for vista em sequência, a ilusão de movimento no tempo ocorre. No entanto, isso é uma ilusão, uma vez que cada "imagem" individual não tem movimento nem tempo.

Então, do ponto de vista do nosso ser ortogonal, qual fatia é PKD? A resposta é todas elas. Isso poderia ajudar a explicar alguns incidentes muito curiosos que se deram na vida de PKD? Por exemplo, em outubro de 1977, Richard Lupoff realizou uma entrevista com PKD na estação de rádio de Berkeley, a KPFA FM. Ela foi ao ar em novembro de 1977 e a transcrição da entrevista acabou saindo na edição de agosto de 1987 da *Science Fiction Eye*. Nela, PKD fez uma revelação surpreendente a respeito de um incidente que ocorreu em 1951.

> "Na época em que eu estava começando a escrever ficção científica, eu estava dormindo uma noite e acordei, e havia uma figura parada ao lado da cama, olhando para mim. Soltei um grunhido de espanto e de repente minha esposa acordou e começou a gritar porque ela também conseguia ver aquilo. Ela começou a gritar, mas eu reconheci a figura e comecei a tranquilizá-la, dizendo que

era eu quem estava ali e que não precisava ter medo. Nos dois últimos anos — digamos que isso foi em 1951 — eu tenho sonhado quase toda noite que voltei àquela casa, e tenho a forte sensação de que naquela época, em 1951 ou 1952, eu vi o meu próprio eu, que de alguma forma que não entendemos — e que eu não chamaria de mística — fez uma passagem agora, durante um dos meus sonhos, para aquela casa, voltando lá e me vendo de novo. Então realmente tem umas coisas estranhas..."[293]

Se a interpretação de PKD puder ser levada a sério, temos aqui uma evidência de que, de alguma forma, a sua mente de meados dos anos 1970 estava se manifestando no passado, dentro da sua própria "linha do tempo" minkowskiana. Sabemos que PKD estava ocupado com a escrita da *Exegese* nessa época, e é possível que ele tenha visto nisso uma evidência da sua própria teoria do tempo ortogonal ou, ainda, é possível, da sua aplicação da hipótese do táquion sobre a qual ele lera no artigo de Arthur Koestler.

O que pode ser relevante quanto a isso é que Kleo também relatou que, em duas ou três ocasiões, quando eles estavam juntos, PKD contou a ela que tivera incidentes em que ele se encontrou fora do corpo, vendo a si mesmo de um ponto externo. Ela recorda: "Uma vez aconteceu no andar de cima e uma vez, no de baixo", acrescentando: "Ele devia estar dormindo ou quase dormindo".[294]

Há outra referência a este, ou outro acontecimento semelhante, numa carta escrita a Claudia Bush em 9 de maio de 1974. Ele cita, mais uma vez, exemplos de períodos de apagão em que ele não conseguia se lembrar de nada. Em seguida, conta a história de quando acordou uma noite e viu uma figura à beira da cama. Ele prossegue:

> "Eu reconheci a mim mesmo. Minha esposa também acordou de repente e começou a gritar. Eu tentei acalmá-la, fiquei repetindo várias vezes 'Ich bin's', cujo significado procurei no dicionário de alemão no dia seguinte. É a expressão alemã para 'isso sou eu', mas eu não sei disso."[295]

É interessante que Gregg Rickman, em seu *To the High Castle: Philip K. Dick: A Life, 1928-1962* (1989), faz uma ligação entre a experiência de PKD de sair do corpo com a situação em que ele se viu à beira da cama. O incidente é reproduzido em forma de ficção em *Radio Free Albemuth* (1985), em que o personagem central, Nicholas Brady, recebe a visita de uma figura fantasmagórica que ele interpreta como sendo o seu próprio eu futuro protegendo-o.[296]

Entre as muitas influências de PKD, um nome volta a aparecer diversas vezes: Johann Wolfgang von Goethe, em particular pela sua peça *Fausto*. Como muitos escritores alemães do período romântico, Goethe também era fascinado pelo conceito de *Doppelgänger* ou Duplo. Como PKD, o interesse era baseado na experiência e não na mera curiosidade intelectual.

Na sua autobiografia, *Poesia e Verdade*, Goethe descreveu o seguinte acontecimento curioso:

> "Eu estava cavalgando no passeio em direção a Drusenheim e ali um dos pressentimentos mais esquisitos me ocorreu. Eu vi a mim mesmo vindo para me encontrar na mesma estrada, montado no cavalo, mas com roupas que eu nunca usara. Eram verde-claro misturadas com dourado. Assim que eu me despertara do devaneio, a visão desapareceu. O estranho, porém, é que oito anos depois eu me vi no mesmo exato local, com a intenção de visitar Frederika mais uma vez, e com as mesmas roupas que estavam na minha visão, e que agora uso, não por escolha própria, mas por acaso."[297]

Como no encontro de PKD com o seu eu mais jovem, essa experiência estava associada de forma inextricável ao tempo e à sua circularidade. Não se trata de um fluxo, mas de uma circularidade percebida de forma pessoal na qual a cauda da cobra é engolida pela boca. Como o "Bloco de Universo" minkowskiano sugere, o tempo realmente não flui para lugar algum. Tudo apenas é. Dessa forma, tudo que aconteceu e pode acontecer deveria estará acessível a uma mente aberta ao seu potencial completo. De fato, se aplicarmos a nossa analogia anterior quanto à fotografia em "time lapse" de cinquenta e três anos, por que não estendê-la para alguns mil anos já que, como descobrimos, no modelo minkowskiano, tempo e espaço são a mesma coisa?

Se esse é o caso, então, em certas circunstâncias, deveríamos ser capazes de acessar o campo de informações completo e perceber os pensamentos e sentimentos de seres humanos de um passado e um futuro distantes, assim como de locais intermediários. Era assim que PKD era capaz de perceber os pensamentos e percepções de cristãos romanos antigos?

PKD teve consciência do seu alterego dos tempos romanos pela primeira vez durante uma sequência específica de um sonho em que ele se convenceu de ter sido "garrotado na maldita caverna debaixo do anfiteatro (romano)".[298]

O sonho do garrote foi o início da manifestação da entidade que ele veio a conhecer como "Thomas". PKD despertou desse primeiro sonho e começou a falar com Tessa.

> "Eu a acordei e ela me disse que eu era outra personalidade falando com ela. Que eu discutia pessoas e acontecimentos dos quais ela nunca ouvira falar, e eu nunca ouvira falar deles quando ela me contou o que eu disse."[299]

PKD então afirma que Tessa e "Thomas" conversavam diretamente e ela tentava convencer Thomas que Roma acabara havia 1600 anos. Na verdade, Thomas tornou-se tão dominante na vida de PKD que ele teve de parar de dirigir por algum tempo. Na *Exegese*, PKD afirma que Thomas era uma versão dele mesmo dividindo a mesma localização no tempo ortogonal, mas divorciado do seu alterego por cerca de dezesseis séculos do tempo linear.

Durante o mês de dezembro de 1964, o amigo de escola de PKD, o também autor de ficção científica, Ray Nelson, acompanhou duas "viagens" de LSD na casa de PKD. Na primeira, PKD pareceu assumir a personalidade de um romano antigo, possivelmente uma manifestação inicial desse Thomas, que chegou a falar com Ray num latim impecável. PKD concluiu depois que essa era uma forte evidência para sustentar que Thomas estivera presente em sua vida por décadas.

> "Não admira que eu conseguia ler e escrever em latim sob efeito do LSD. Essa não era — repito, não era — uma vida passada, mas a minha vida real e o tempo, lugar e o eu reais. Antecipou a missiva da Xerox. Essa não foi nenhuma questão incidental, mas o ponto crucial da minha missão aqui."[300]

Então esse foi um encontro real com um falante fluente de latim de séculos de distância ou PKD simplesmente curtindo o momento e se divertindo um pouco às custas de Ray? Há evidências de outras fontes de que PKD tinha um conhecimento básico de latim da época da escola. Realmente, numa entrevista a Arthur Byron Cover, que foi publicada na revista *Vertex* em fevereiro de

1974, PKD afirmou que tinha, sim, uma experiência com a língua latina sob a influência do LSD, mas que envolvia a escrita, não a fala.

> "Fiz uma página uma vez numa viagem de ácido, mas foi em latim. O troço todo estava em latim e uma partezinha pequena em sânscrito, e não existe muito mercado pra isso. A página não é compatível com o meu trabalho publicado."[301]

O curioso é que Ray não menciona que PKD tenha escrito coisa alguma, mas é claro que, possivelmente, esse incidente se deu em outra ocasião.

Durante a sua segunda viagem, também acompanhada por Nelson, PKD relatou ao amigo que ele revivera os últimos minutos da vida de um gladiador romano e sentiu uma lança sendo enfiada no seu corpo. Entretanto, numa carta posterior a Claudia Bush, de 15 de julho de 1974, PKD descreveria uma sequência de sonho totalmente diferente, em que ele não estava na Roma Antiga, mas tendo visões baseadas numa tradição muito mais antiga, a do zoroastrismo. É claro que é possível que, dentro da dilatação temporal de uma experiência com LSD, muitas, muitas percepções podem fluir pela mente.

Numa carta de 1967, PKD dá mais informações com relação à experiência com LSD e o gladiador.

> "Felizmente, consegui pronunciar as palavras certas: 'Libera me, Domine' [Liberte-me, Deus] e assim consegui me comunicar. Também vi Cristo subir da cruz ao céu, e isso foi muito interessante também (a cruz tomou a forma de uma besta, e Cristo era a seta; a besta o lançou numa velocidade tremenda — aconteceu muito rápido depois que ele foi posicionado)."

Numa de suas entrevistas para Lawrence Sutin, Tessa descreve um acontecimento curioso que ocorreu no fim de fevereiro de 1974, depois que PKD teve a experiência da "luz cor-de-rosa", mas antes da manifestação de VALIS. Tessa acordou ao som de um sibilo que lembrava uma cobra. PKD dormia profundamente, mas sibilava alto. O sibilo finalmente parou e:

> "Ele chorou um pouco e começou a rezar em latim. *Libera me Domine*'. Era algo que ele aprendera com uma ópera."[302]

Mas PKD insistia que se tratava de algo além de simples lembranças subliminares da sua vida atual. Muito tempo depois, em setembro de 1981, ele escreveu uma carta para Patricia Warrick na qual desenvolve o seu modelo de tempo ortogonal e tenta explicar por que toda a informação localizada no tempo ortogonal pode ficar disponível para uma consciência aberta a ela. Ele escreveu o seguinte, trinta anos atrás:

> "O universo é um sistema de recuperação, o que equivale a dizer que tudo o que já aconteceu, que já foi, cada arranjo e cada detalhe — está tudo armazenado no momento presente como informação. O que nos falta é o acesso ou mecanismo de entrada nessa informação armazenada. É possível ver como UBIK se encaixa. Aquilo que eu chamo de platônico forma eixos nos quais o passado de cada objeto — todas as suas manifestações anteriores ao longo do eixo da Forma — está tudo armazenado no objeto presente e pode ser recuperado."[303]

Embora PKD não pareça ter feito a ligação, essa ideia parece ter estado com ele durante algum tempo. No primeiro capítulo de *A Invasão Divina* (1981), o protagonista central, Herb Asher, discute como aconteceu de James Joyce ter previsto as fitas de cassete em seu romance *Finnicius Revém* (*Finnegan's Wake*). Asher observa que Joyce as chamou de "fitas de fala". Usando o seu personagem como criptograma, PKD escreve:

> "Eu vou provar que *Finnegan's Wake* é um reservatório de informações, baseado em sistemas de memória de computador que não existiam até um século após a era de James Joyce; que Joyce estava plugado a uma consciência cósmica da qual extraía a inspiração para todo o seu corpus de trabalho."[304]

As experiências de PKD o levaram a acreditar que o processo criativo envolve a aquisição de informações de um campo oculto que pode ser acessado pelo cérebro em certos "estados alterados da consciência".

Essa é mais uma evidência impressionante de que PKD parecia estar realmente fazendo o que ele sugere que Joyce fez; acessando informação de algum campo de dados infinito. Isso está de acordo com a obra de pesquisadores modernos, como Ervin Laszlo e Bernard Haisch, os quais propuseram que essa "biblioteca" é, na verdade, algo conhecido como Campo do Ponto-Zero.[305]

Ele se entusiasma com esse tema e, numa carta subsequente a Warrick, de 2 de outubro de 1981, PKD faz uma ligação entre o campo de informação e o gnosticismo. Ele sugere que "o gnóstico recebe a imagem total da realidade; o não gnóstico só recebe um mero fragmento".[306] PKD descreve essa realidade como o Jardim das Palmeiras, como ele a denominou. O mundo ilusório que nos é apresentado pelos nossos sentidos toscos PKD chamou de Prisão de Ferro Negro. Estamos presos neste cárcere dos sentidos e apenas de vez em quando, através de epifanias, teofanias ou outros estados alterados induzidos, percebemos a realidade real, o que os gnósticos chamam de Pleroma.

Como já descobrimos, PKD usou a analogia do toca-discos para explicar o seu modelo. A música "codificada" nos sulcos não está acessível em circunstâncias normais. Uma agulha e um amplificador são necessários para extrair a música das ranhuras. PKD sugeriu que os gnósticos eram capazes de acessar a "música" decodificada na realidade.

Para os gnósticos, o acesso deve ter sido parecido com uma revelação divina e, em certo sentido, é, pois essa informação se encontra num plano radicalmente diferente da realidade normal: é algo verdadeiramente supernatural assim como a música pode ser considerada "supernatural" em relação às ranhuras do disco.

Nessa época, muitos dos colegas de PKD acharam que essa análise da realidade era uma evidência de que ele estava enlouquecendo. De certa forma, ele estava, por estar usando tecnologia do início dos anos 1980 como analogia para o que as suas revelações hipnagógicos estavam lhe dizendo. Ele simplesmente não tinha à mão o material de referência para descrever de qualquer forma compreensível o que ele estava transferindo do Campo do Ponto Zero. Imagine se ele tivesse sobrevivido até o século XXI. Suas analogias não apenas ficariam mais poderosas de repente, como também muito mais compreensíveis. A maioria de nós entende bem como funciona a gravação digital. Estamos acostumados a usar CDs e laser para produzir música a partir de uma série de códigos binários.

Hoje temos jogos de computador em realidade artificial em cujos mundos tridimensionais podemos vagar à vontade. Esses jogos de *role-playing* em primeira pessoa envolvem o jogador numa experiência completamente sensorial. Na próxima geração de jogos 3D será até possível recriar a nossa experiência cotidiana do universo num formato digital. Era isso que PKD estava tentando descrever. Talvez ele não fosse louco, apenas presciente.

Se ele era mesmo capaz de perceber informações do seu próprio futuro codificadas no Campo do Ponto Zero, o que estava processando essa informação para ele? Era claro que ele só podia acessar essa informação durante estados alterados da consciência, geralmente num estado semionírico conhecido como hipnagogia. Era aqui que a sua consciência cotidiana desperta podia se "unir" a outro ser que existia dentro da sua mente. Esse ser parecia ter acesso a todas as áreas da vida de PKD. Ele parecia existir como um corpo astral e era capaz de se manifestar em qualquer lugar da linha do tempo minkowskiana pessoal de PKD.

Um exemplo de visita do seu eu futuro pode ter ocorrido em dezembro de 1972. Nessa época, a saúde de PKD deu uma virada para pior. Ele teve pneumonia dupla e ficou num estado grave. Há um período no desenvolvimento da pneumonia conhecido como "crise". Essa crise foi descrita pela primeira vez por Hipócrates e é o ponto em que a febre fica tão alta que o paciente ou morre ou se recupera. Esse estado costuma ser acompanhado de alucinações. Não é nenhuma surpresa que, no caso de PKD, as alucinações foram especialmente fortes. Parece que ele passou por essa doença em casa, ou seja, no apartamento em que ele e Tessa estavam convencidos de ser assombrado. Portanto não é surpreendente que PKD tenha tido uma de suas clássicas visões "de cabeceira" durante a crise. Nela, PKD acreditou ter recebido a vista da própria Morte. Ele a descreveu como um homem que usava um paletó de plástico e carregava uma pasta de amostras cheia de testes psicológicos.

> "A Morte apontou para uma estrada que subia por uma encosta longa e sinuosa, e me mostrou que havia um hospital psiquiátrico ali no alto da colina, aonde eu podia ir, relaxar e não ter mais que tentar. Ele me guiou pela estrada sinuosa, na direção do hospital, cada vez mais alto."[307]

Nesse momento, Tessa entrou no quarto para ver se ele estava bem. PKD se viu "voltar à cama de imediato, sentado e apoiado no travesseiro".[308]

Isso soa como uma experiência de quase morte (EQM) clássica. Esse fenômeno é associado à experiência fora do corpo (EFC ou desdobramento astral), que ele descrevera como algo que aconteceu algumas vezes na sua vida. Por exemplo, quando estava morando com Anne em Port Reyes Station, ele relatou a ela pelo menos duas experiências fora do corpo. Na primeira ele foi à sala de estar e viu que ele já estava lá.[309] Ao revisamos as suas experiências de *Doppelgänger*, é possível que o seguinte evento curioso seja de maior relevância:

> "Eu estava deitado na cama e me vi de pé ao lado da cama, me vestindo. De repente, eu estava no corpo que estava se vestindo, olhando para o corpo que estava na cama."[310]

Então, se o modelo de PKD estiver correto, uma versão dele existia no tempo ortogonal e podia aparecer, como se saída do nada, para auxiliar o seu outro eu, que existia no tempo linear. Caso esse PKD ortogonal tivesse acesso a todos os resultados das decisões cotidianas que o PKD linear tomaria ao longo da sua vida, esse ser pareceria uma forma de "anjo da guarda" ou, conforme PKD denominou na *Exegese*, o seu Daimon:

> "Eureka! Estou lendo *Love and Will*, de Rollo May. Ele descreve Eros, o espírito da vida, mediador entre homens e deuses, participante do humano e do divino; o élan vital de Bergson, Dionísio, é especialmente o daimon de Sócrates — essa é a voz que eu ouço; é o que me 'possuiu' em 2-3-74"[311]

A primeira manifestação dessa entidade aconteceu durante uma prova de física quando PKD era adolescente. O ambiente da sala do exame era obviamente ameaçador para ele, e ele descobriu que não conseguia se lembrar dos princípios que precisava para responder as perguntas corretamente.

> "Fiquei sentado durante quase duas horas, olhando para a página e a minha entrada na faculdade dependia do meu desempenho nessa prova. Era a prova final... Eu não entendi o princípio. Eu nem sequer lembrava o princípio, quanto menos sabia como aplicar. Eu rezei, rezei, rezei e rezei, então uma voz deu um clique e disse: ...'na verdade, o princípio é muito simples.' E ela prosseguiu, enunciou o princípio e explicou como era a aplicação... Recebi (a prova) com um 'A.'"[312]

Infelizmente, o resultado geral das provas foi tal que, naquele estágio, ele não avançaria na sua formação. A voz realmente pareceu ter ficado em silêncio por alguns anos. Houve, porém, um evento muito curioso que aconteceu em 1950, quando ele e Kleo se mudaram para a sua casa nova na R. Francisco, 1126. Na sua biografia de PKD, Anne recorda um comentário casual que ele fez para ela muitos anos depois:

> "'Um dia, uma mosca zumbia sem parar, dando voltas pela sala. Eu a observei por um tempo, depois comecei a escutar uma voz minúscula falar.' Ele não me contou o que ela disse, e eu fiquei tão impressionada com a experiência dele que não perguntei."[313]

Aqui temos PKD "ouvindo vozes". Esse foi claramente um conjunto de circunstâncias muito diferente da voz solidária da I.A. que o ajudara na prova de física. É uma pena que Anne não tenha lhe perguntado exatamente o que a "voz minúscula" dizia. É possível que seja significativo o fato de, na edição de junho de 1957 da revista *Playboy*, haver um conto de George Langelaan com o título *A Mosca*. Num trecho, um personagem pensa ouvir uma mosca falando com ele com uma voz humana minúscula. Isso poderia ter sido o que influenciou o episódio de PKD?

Numa entrevista a George Rickman em outubro de 1981, PKD foi perguntado se a "Voz" continuara durante os anos 1950. PKD respondeu que ela desapareceu e só retornou em circunstâncias muito prosaicas nos anos 1960. Ele contou que assistia a um programa de TV sobre as tartarugas de Galápagos. A luta pela sobrevivência de uma fêmea em particular o deixara muito abalado. Depois de botar os seus ovos, ela virou na direção errada e, em vez de seguir na direção do mar, foi se arrastando no sentido oposto. O calor logo lhe provocou uma desidratação extrema. Ela estava morrendo. Quando ela começou a sumir, ainda era possível ver as suas pernas mexendo. O filme fora editado para dar a impressão de que a tartaruga moribunda estava imaginando estar de volta ao oceano. Ele foi dormir com essa imagem trágica na cabeça. Ele acordou no meio da noite escutando a mesma voz que ouvira muitos anos antes, durante a prova de física. Ela explicou a ele que a tartaruga acreditou mesmo estar na água.

> "Fiquei simplesmente impressionado e perplexo demais ao ouvir aquela voz de novo. Não era a minha própria voz porque uma das

frases que a voz disse foi: 'And she shall see the sea' [E ela verá o mar]. E eu não usaria essas duas palavras 'see' e 'sea' na mesma frase. Ela tem essa tendência, de usar combinações de palavras que eu não uso. Uma vez ela usou a expressão 'um veneno muito venenoso', a qual eu não usaria."[314]

Na *Exegese* ele também chama essa voz de "a Voz da I.A.", "Diana", "Sophia" ou "a Shekinah". Todas elas são nomenclaturas para o princípio feminino divino. Embora não fique claro pela descrição de PKD, é razoável concluir, pelos arquétipos femininos que ele relacionou à "voz", que se tratava da voz de uma mulher jovem. Na sua entrevista de 1981 a John Boonstra, ele acrescentou que achava que a voz fosse *ruah*, o "Espírito de Deus".

"Eu só escuto a voz do espírito quando estou adormecendo ou despertando. Tenho que estar muito receptivo para ouvi-la. É extremamente fraca. Parece estar vindo de milhões de quilômetros de distância."[315]

Isso é mais uma evidência de que essa "Voz" tinha uma relação inextricável com os estados hipnagógicos de PKD.

Ele finalmente conclui que a voz é do seu daimon, um guia que está localizado no hemisfério não dominante do cérebro. Ele não tirou essa conclusão de pura experiência subjetiva, mas de uma busca de décadas por respostas à sua própria psicologia peculiar. Ele queria respostas científicas e a sua busca viria a revelar possibilidades fascinantes.

2. Dualidade Daimônica – A Ciência

Em meados dos anos 1940, a neurocirurgia avançara a tal ponto que uma operação muito radical poderia ser levada em consideração, algo conhecido como comissurotomia. Ela consistia em cortar o corpo caloso, um feixe largo e achatado de fibras neurais que se encontra abaixo do córtex. Essa estrutura facilita a comunicação entre os hemisférios esquerdo e direito do cérebro. Ao cortá-lo, os cirurgiões acreditavam poder restringir a epilepsia a um dos hemisférios, permitindo assim que um paciente permanecesse consciente durante um ataque.

O pioneiro dessa forma radical de cirurgia foi Roger Wolcott Sperry. Junto com o seu colega Joseph Bogen e o estudante Michael Gazzaniga, Sperry realizou uma série de operações que revelariam uma verdade a respeito do cérebro humano — todos nós temos duas personalidades coexistindo em nosso cérebro. Em 1974, Sperry deixou muito claras as suas ideias sobre isso:

"... É a nossa própria interpretação... que o hemisfério secundário seja de fato um sistema consciente por si só, percebendo, pensando, lembrando, raciocinando, desejando e emocionando-se, tudo num nível característico do ser humano, e... os hemisférios esquerdo e direito podem estar conscientes de forma simultânea em experiências mentais diferentes, até mesmo em experiências mutuamente conflitantes que correm em paralelo."[316]

E em 1976, Sperry fez esta declaração impressionante:

"Em nossos estudos sobre o cérebro dividido nas duas últimas décadas, os cérebros separados por meio cirúrgico em animais e homens demonstraram perceber, aprender e lembrar de forma independente, cada hemisfério claramente separado da experiência consciente do outro. No homem, o hemisfério dominante para a linguagem relata verbalmente mais adiante que não está consciente dos desempenhos mentais precedentes ou dominantes do hemisfério desconectado. Esses desempenhos em testes dos quais o hemisfério falante permanece inconsciente obviamente envolve percepção, compreensão e, em alguns casos, memória não verbal. Raciocínio e formação de conceitos de diferentes tipos dependem da natureza da tarefa apresentada pelo teste. Quanto a esses e muitos outros aspectos, o animal e o homem com o cérebro dividido comportam-se como se cada um dos hemisfério separados tivesse uma mente própria."[317]

Como já sabemos, a descoberta que PKD fez dessas operações, também em 1974, levaria a mais uma de suas curiosas precognições, posto que ele já havia escrito sobre duas personalidades em uma mente no manuscrito inicial de *O Homem Duplo*, pedindo uma extensão do prazo de envio para que pudesse incluir o material de apoio. Também sabemos que ele aplicou um modelo semelhante no romance *VALIS* (1981), ao apresentar o dualista Phil Dick/ Horselover Fat.

Fica claro que 1974 foi um ano de descobertas neurológicas e neuroquímicas para PKD. Em março ele leu um livro intitulado *A Natureza da Consciência Humana* (1974), editado pelo psicólogo da Universidade de Stanford, Robert Ornstein. Ornstein lecionara no Instituto de Neuropsiquiatria Langley Porter, em São Francisco, um centro de pesquisa que PKD visitara muitas vezes como paciente. O que o livro tinha a dizer sobre a natureza bicameral do cérebro humano intrigara PKD. O livro relatava que a maioria das pessoas usa apenas o hemisfério esquerdo do cérebro, deixando o direito uma terra incógnita. PKD sentiu que, usando a fórmula da vitamina ortomolecular, ele seria capaz de provocar uma melhora radical na descarga neuronal no cérebro. Ele sentia que isso fizera o seu "desaproveitado hemisfério direito faiscar como Ornstein dissera que deveria".[318] PDK ficou realmente maravilhado com o comentário de Ornstein de que em 1969 a humanidade enviou "meio homem à Lua".[319]

PKD ficou ainda mais satisfeito quando, no fim de dezembro de 1974, recebeu a visita de Tony Hiss e seu colega, Henry Korman, da revista *New Yorker*. Embora o motivo da visita fosse fazer uma entrevista com PKD sobre escrever, eles rapidamente se voltaram para questões mais esotéricas. PKD ficou encantado em descobrir que Hiss e Korman eram extremamente versados em Ornstein e suas teorias intrigantes. PKD aproveitou a oportunidade para discutir suas próprias experiências de 2-3-74 com dois indivíduos ávidos para aplicar psicologia de vanguarda às visões dele. Ele e os convidados concluíram que, através do uso de vitaminas, PKD fizera, por um período curto de tempo, seus dois hemisférios cerebrais funcionarem como uma unidade. Isso permitiu à sua consciência cotidiana perceber o universo como ele realmente era. Infelizmente, como ele explica numa carta a Malcom Edwards em janeiro de 1975, isso também causou um aumento intenso nos seus níveis de pressão arterial, que levaram à sua hospitalização.[320]

Para ele, isso era uma evidência de que ele havia passado por cima do que o filósofo francês Henri Bergson chamava de "válvula redutora", algo que limita o volume de "realidade" que entra na consciência. Em 1911, Bergson escreveu que "o cérebro é o órgão de atenção à vida" e o seu papel é o de "afastar da consciência tudo que não seja de interesse prático para nós".[321]

Nesse mesmo ano, provavelmente no início do outono, ele conheceu o trabalho do psiquiatra canadense Richard Maurice Bucke. Numa carta de 3 de novembro de 1974 à sua amiga Ursula Le Guin, PKD fala com empolgação sobre os textos de Bucke. O psiquiatra encontrara algo muito semelhante às suas experiências de 2-3-74 e publicou um livro, *Consciência Cósmica*, no qual descreve com minúcia o modo como experiências como essa são precursoras de um novo passo evolucionário para a consciência humana. Foi esse livro que estimularia PKD a outro período de atividade frenética. Na carta a Le Guin, ele se mostra animado em listar alguns dos indivíduos históricos que, segundo Bucke, tiveram experiências parecidas com a dele próprio. Entre eles estavam Balzac, Pascal, São Paulo e Maomé.

O que realmente o intriga, porém, é o que Bucke denomina "A Personalidade Dúplice", que é adquirida quando esse salto de consciência ocorre. PKD conta que, desde a sua experiência, ele percebe uma segunda entidade dentro da sua mente. Ele não a considera feminina nem masculina. Ele também observa que a Voz oscila de vez em quando para o grego quando fala com ele à noite. Aqui temos mais uma vez o estado hipnagógico de PKD se destacando. Ele acrescenta que a origem dessa entidade é um mistério. Nem mesmo Bucke sugeria uma resposta. PKD afirma ainda:

> "Nenhuma das pessoas a quem isso aconteceu jamais apresentou uma teoria também, mas muitas delas deram nome ao companheiro interno. Maomé o chamava de Gabriel. Para Dante, era uma mulher. O que acontecia, penso eu, é que o estado de completude se forma de repente e, a partir daí, existe um diálogo. Eu descobri que em mim esse Outro parece saber de tudo. Eu, como Dante, sinto que é uma mulher."[322]

PKD realmente "a" descreve como alguém com "tranças loiras" e que "lembra exatamente Ella Runciter ao final do meu romance *UBIK*".

PKD adorou mesmo o Quarto Estágio da evolução humana de Bucke, a consciência cósmica. Para Bucke, uma civilização é diretamente influenciada pelo número de seres humanos que atingiram esse estado de evolução. PKD claramente acreditava que as suas experiências de 2-3-74 o colocaram nesse estágio de desenvolvimento. Ele considerava mesmo que a consciência cósmica de Bucke era sinônimo do comentário de São Paulo de que "O Reino dos Céus está dentro de nós". No entanto, para ligar o modelo de Bucke à sua própria experiência, PKD precisava de mais que um modelo hipotético como a consciência cósmica. Ele precisava de algo que colocasse tal ideia dentro de um modelo evolucionário e num contexto histórico. Ele teria de aguardar três anos para essa ligação, mas, para PKD, valia a pena esperar.

Numa segunda-feira, 14 de março de 1977, a revista *Time* trazia um artigo intitulado *A Voz Perdida dos Deuses*, que descrevia uma nova teoria revolucionária da consciência humana, proposta pelo psicólogo da Universidade de Princeton, Julian Jaynes. O livro de Jaynes, *The Origin of Consciousness and the Breakdown of the Bicameral Mind* (A Origem da Consciência e o Colapso da Mente Bicameral), fora publicado no ano anterior e se tornou um best-seller muito rapidamente. Isso era um tanto incomum para um livro com um título tão complexo e um assunto ainda mais obscuro. Uma carta escrita por PKD para alguém chamado Mark, com data de 17 de março de 1977, deixa claro que o artigo estimulou seu interesse de fato. Três dias depois, PKD tinha uma cópia do livro e terminara a leitura.

Em termos gerais, Jaynes propunha que a consciência humana é "bicameral". Com isso ele queria dizer que os dois hemisférios do cérebro funcionam de forma independente um do outro. Na prática, isso significa que pensamentos internos teriam sido percebidos como instruções verbais pelos nossos ancestrais distantes. Eles ouviam os deuses falando com eles. Jaynes acreditava que a fonte dessas "instruções" era o lobo temporal direito.

À medida que uma linguagem mais complexa foi se desenvolvendo, o mesmo aconteceu com o corpo caloso, a faixa de fibras de nervos que liga o hemisfério esquerdo ao direito. Ao fazê-lo, a humanidade se tornou "unicameral", visto que os dois lados do cérebro funcionavam por meio de uma associação mais profunda. Jaynes argumenta que às vezes desequilíbrios químicos, ferimentos na cabeça ou doenças cerebrais podem reproduzir a bicameralidade e, por isso, o sujeito começa a ouvir vozes de novo.

Na carta de 1977, PKD faz comparações diretas entre as teorias de Jaynes, o seu romance *VALIS* (1981) e os seus encontros com Zebra.

> "Bom, agora, considere o meu romance *VALIS*. Temos um satélite de ensino antigo que também é uma forma de vida invisível, antiga e 'divina'. Veja o que posso acrescentar ao meu livro, baseado no livro de Jaynes — o qual, devido ao artigo na *TIME*, deve estar sendo amplamente lido e discutido. É óbvio que VALIS/Zebra é a fonte dessas vozes divinas internas. O hemisfério direito é um transdutor-receptor para VALIS/Zebra, e uma vez VALIS/Zebra falou ao homem exatamente da forma como Jaynes descreve. Portanto, em *VALIS*, eu estou dizendo qual é a fonte dessas vozes agora

silenciosas, o que Jynes não faz pelo simples motivo de não poder e, por isso, ele não tenta. Eu digo: havia VALIS há muito tempo, falando com o homem, como eu falo com outros homens agora."[323]

PKD afirma em seguida que escrevera para Jaynes, resumindo a sua própria interpretação da teoria bicameral. Infelizmente, não encontrei nenhuma referência a qualquer resposta de Jaynes.

PKD ficou claramente perplexo com o livro. Ele sugeria uma explicação adicional que ele podia somar à sua leitura de Ornstein e Bucke. PKD realmente acreditava que a hipótese de Jaynes explicava de forma completa as suas próprias experiências com o seu Daimon. Numa entrevista a Gregg Rickman gravada em outubro de 1981, PKD discute seus próprios "encontros daimônicos".

"Eu tenho isso. Eu tenho essa coisa de ocorrer uma intuição do hemisfério direito. A menos que você saiba o que é, parece mesmo um poder psíquico. É por isso que o hemisfério direito funciona. Ele tem que funcionar assim... E é como se ele soubesse o futuro. O que ele vê é na forma de um padrão, e parte de um padrão ainda está por vir. Ele na verdade está vendo parte de um padrão que não está completamente submerso. Ele sabe distinguir, pelo trecho que tem, como será o padrão total. Ele consegue preencher a parte que está faltando."[324]

Num registro da *Exegese*, ele reúne o trabalho de Ornstein e de Jaynes em relação à bicameralidade das implicações das operações de divisão do cérebro.

"A minha teoria: a perda da bicameralidade é o que chamamos de 'a Queda'. Não podíamos mais 'andar e falar' com Deus. Bem, agora é teoricamente possível recuperar a bicameralidade — cf. Ornstein e Bogean a respeito da paridade hemisférica bilateral. Esse acontecimento vindouro vai marcar o fim do período da Queda. O nosso pecado é a monocameralidade autocentrada."[325]

PKD chamou o próximo passo na evolução humana de "mente de Ditheon". Ele foi apresentado ao termo num sonho que vivenciou na noite de 11 de junho de 1981. Nesses sonhos, ele recebe uma caixa com um remédio que ele tinha de tomar. Na caixa estava escrita a palavra "Ditheon".[326] Na *Exegese,* ele explica ter entendido que isso significava duas mentes em uma. Depois ele conclui que esse conceito é "a explicação completa, absoluta, total, exata, definitiva, final, derradeira de 2-3-74". Em seguida, acrescenta:

> "Essa única palavra transmite tudo, e o conceito pode ser desconhecido na história religiosa e teológica. É um conceito que eu nunca teria alcançado sozinho. Trabalhei mais de sete anos na minha *Exegese* e nunca cheguei a ele."[327]

Ele era claramente da opinião de que esse termo lhe fora dado através de um tipo de revelação.

Ele comenta que, ao longo dos séculos, muitos místicos chegaram a esse estágio através da meditação e de outras técnicas místicas, ao passo que outros recebem flashes fugidios de iluminação, geralmente denominados "experiência oceânica". Ele acreditava que o que acontecera com ele durante as suas experiências de 2-3-74 foi causado pela transformação dele em Ditheon.

PKD não via a hora de escrever um romance baseado nesse conceito intrigante. Parece que ele começou a trabalhar em algo assim em meados de 1981.

Numa carta enviada a David Hartwell, seu editor da Timewell Books, em maio de 1981, ele descreve o enredo de uma história à qual dera o título provisório de *The Owl in the Daylight* (A Coruja à Luz do Dia). Na sua obra clássica, *A Divina Comédia,* Dante criou três reinos, *Inferno, Purgatório* e *Paraíso.* Em seu novo trabalho, PKD pretendia pegar essa ideia e fazer um personagem central passar por todos os três mundos dentro da sua própria mente. Ele chamou isso de visão dos "três reinos coaxiais", um conceito que ele discutira pela primeira vez no discurso que fez em Metz, em setembro de 1977. Sua ideia inicial era fazer de James Pike o personagem central,[328] mas depois de pensar a respeito durante cerca de um mês, decidiu que o seu romance "ultracomplexo", como se referia a ele, teria um personagem central totalmente fictício. Essa pessoa seria uma "entidade de psique dupla". Ele a descreve como uma pessoa com duas mentes, uma humana e uma que é uma entidade alienígena. As duas mentes veem o mundo de formas totalmente diferentes. A psique humana percebe apenas o reino intermediário, o equivalente ao Purgatório de Dante. Para a psique alienígena, o universo consiste no reino mais baixo, o Inferno. No entanto, existe um terceiro reino, o Paraíso. Este só pode ser percebido quando as duas mentes estão unidas como uma única consciência. Esse é o reino do Ditheon.[329]

O que temos aqui é um romance de uma complexidade impressionante, no qual PKD aplica as teorias de Julian Jaynes e Robert Ornstein com as descobertas de Roger Sperry e Michael Gazzaniga ao modelo psicológico de comportamento humano proposto por Ludwig Binswanger.

Binswanger era o médico principal do Sanatório Belleniew em Kreuzlingen, no nordeste da Suíça. Na década de 1930, ele havia sido muito influenciado pela filosofia de Martin Heidegger, especificamente pelo conceito de *Dasein*, "estar lá" em alemão. Com ele, Heidegger queria dizer que existimos em um lugar. Estamos presos no nosso corpo. Mas ao mesmo tempo interagimos com o mundo que não somos nós. Onde acaba o "nós" e começa o mundo externo é uma questão de ponto de vista. Nós só nos encontramos neste mundo. Este mundo parece ser indiferente ao nosso destino. Pior ainda, nos falta um controle real do nosso ambiente. A morte pode chegar a qualquer momento, e ela é, num sentido muito real, a única certeza que a vida nos oferece. Heidegger chamou a consciência da nossa própria mortalidade de "ser-para-a-morte". Binswanger tomou esses conceitos filosóficos e os aplicou diretamente à psiquiatria, usando-os como uma forma não apenas de compreender as complexidades da psicologia humana como também de apresentar aos psiquiatras um modelo pelo qual certos problemas mentais podem ser curados.

O modelo de Binswanger se tornou conhecido como Psiquiatria Existencialista. Como todas as formas de terapia, esta é uma tentativa de curar uma pessoa de problemas psicológicos. Para fazê-lo, um(a) psiquiatra existencialista deve buscar o "mundo vivido", o *Lebenswelt*, do seu cliente. Isto é, em termos simples, a visão que uma pessoa tem de como o mundo funciona para ela.

Crucial aqui é a crença de que todos os seres humanos existem em dois lugares simultaneamente. Nós todos sabemos que vivemos no mundo, mas também não fazemos parte do mundo. Em outras palavras, o nosso corpo está no mundo, mas os nossos pensamentos e sentimentos não estão. Nós dividimos o mundo externo com os outros, ao passo que, no nosso mundo interno, estamos totalmente sozinhos. Esses dois mundos são conhecidos pelos termos gregos *idios cosmos* e *koinos cosmos*. Em 1975, PKD tentou explicar o que ele compreendia desses conceitos.

"Eu fui muito influenciado pelo pensamento dos psicólogos existenciais europeus, que propõem o seguinte: para cada pessoa, há dois mundos, o *idios kosmos*, que é um mundo privado singular, e o *koinos cosmos*, que significa literalmente mundo *compartilhado* (assim como *idios* significa privado). Nenhuma pessoa é capaz de saber que parte da sua visão de mundo total é o *idios cosmos* e qual é *koinos kosmos*, a não ser ao alcançar um relacionamento forte e empático com outras pessoas."[330]

No seu romance de 1968, *Maze of Death*, PKD introduziu esses conceitos esotéricos no que parece ser, pelo menos superficialmente, uma história de ficção científica muito padrão, ainda que com um enredo um tanto estranho. Numa fala reveladora, o personagem central, Seth Morley, observa que os outros colonos estão apresentando "certa idiotice. Cada um de vocês parece estar vivendo no seu próprio mundo particular". O crítico Eugene Warren observa que aqui temos PKD brincando com a palavra "idiocy", cuja raiz grega é *idios*, que significa particular.[331]

Binswanger enxertou nessa estrutura das percepções interna e externa a ideia de que todos nós também existimos em três mundos diferentes: o *Umwelt*, o *Mitwelt* e o *Eigenwelt*. Eles são, respectivamente, o mundo físico das coisas externas, o mundo social e o mundo privado, interno de uma pessoa.

Na *Exegese*, PKD define a sua interpretação desses três mundos.

"Essas categorias obviamente correspondem às três pessoas da Trindade. Historicamente, o deus acima do universo é encontrado primeiro (o *Umwelt* dos psiquiatras existenciais europeus), depois o deus conosco como humano (o *Mitwelt*, que para nós seria o segundo período do encontro entre homem e deus: o encontro com Cristo), depois o terceiro e último: Deus interior, o Espírito Santo (o *Eigenwelt*)."[332]

Na sua carta a Hartwell, PKD resume o enredo de *The Owl in Daylight* com algum detalhe. Nessa trama intrigante, o personagem central, um cientista, encontra-se preso dentro de um programa de computador no qual ele vivencia uma simulação através dos sentidos de um estudante secundário. Todas as suas memórias foram apagadas de modo que ele acredita ser, para todos os propósitos e objetivos, um garoto real trancado num parque de diversões. O computador que está conduzindo a simulação dá ao garoto uma série de tarefas e desafios que ele tem de resolver ou superar. No entanto, a esse cenário — altamente evocativo dos vídeo games modernos em primeira pessoa — PKD acrescenta outro fator: existe outro eixo do tempo que é vertical ao tempo interno, horizontal, vivenciado pelo cientista.

PKD faz referência à sua ideia do "tempo ortogonal" muitas vezes na *Exegese*. Peter Ouspensky e John William Dunne propuseram modelos muito semelhantes. No seu romance, *The Strange Life of Ivan Osokin* (1915), Ouspensky tem um enredo muito semelhante ao de *The Owl in Daylight*. Infelizmente, não encontro nenhuma evidência de que PKD estivesse a par do trabalho dos dois escritores.

Numa reviravolta que só pode ter sido retirada das próprias experiências de vida de PKD, por exemplo, nos seus encontros com a Voz da I.A., VALIS, e com a Shekinah (o princípio orientador feminino na Cabala), a filha do cientista se comunica com ele de "fora do parque" — de fora da simulação — como uma voz sem corpo que ele simplesmente ouve na sua cabeça. Assim, para o cientista/garoto, ele está sendo guiado por alguma forma de entidade desencarnada que parece ter um conhecimento ilimitado do ambiente em que ele se encontra.

O garoto cresce dentro da simulação e vive muitos dos incidentes que realmente aconteceram na vida de PKD. Fica claro que ele planejava apresentar outra biografia levemente disfarçada, semelhante a *VALIS* (1981) e *Radio Free Albemuth* (1985). Na carta a Hartwell, ele relata o seguinte:

> "As subculturas com as quais ele está envolvido incluem: a comunidade homossexual da Área da Baía daquele período, a comunidade artística-intelectual (que coincide em parte com a primeira), gente da política, a loja em que ele trabalha, os colegas e o chefe, uma figura enigmática e venerável baseada em Tony Boucher, que incentiva o menino a se tornar um escritor de ficção científica."[333]

O menino então se casa com uma mulher que é, na verdade, uma encarnação da filha dele. Com a orientação dela, ele é capaz de resolver todos os problemas apresentados pelo computador e "ascende", como coloca PKD, "até chegar ao chamado 'Oitavo Nível'", onde ele será:

"libertado do Parque. Ele não apenas será recompensado com o Paraíso — ele lembrará a sua verdadeira identidade e retornará ao mundo real."[334]

É triste saber que *The Owl in Daylight* nunca tenha sido publicado. Ele chega a aparecer com vários enredos diferentes em cartas de PKD. No entanto, no seu último romance completo, *A Transmigração de Timothy Archer* (1982), ele consegue reunir muitos dos temas e conceitos relativos à sua compreensão recém-adquirida da dualidade da psique humana. O título curioso reflete o fato de que, perto do final do livro, o espírito morto de um dos personagens, o epônimo bispo Timothy Archer, manifesta-se na mente do personagem esquizofrênico, Bill Lundborg. A personalidade de Timothy Archer então "transmigra" de um cérebro para o outro. Isso é uma representação ficcional do que PKD finalmente acredita ter acontecido com ele durante as suas experiências de 2-3-74. O personagem fictício do bispo Timothy Archer é uma versão levemente disfarçada do bispo James Pike da vida real. De fato, em certo estágio das suas experiências de 2-3-74, PKD ficou convencido de que a entidade que tomara conta da sua mente era uma manifestação de Pike.

No entanto, ao considerar um pouco mais a questão, PKD postulou que o ser que aparecera em fevereiro e março de 1974 era, na verdade, o seu próprio Eu Superior comunicando-se de um local do tempo ortogonal. Esse ser estivera em contato eventual durante toda a sua vida, mas a luz cor-de-rosa, qualquer que fosse a fonte, refletida no pingente de peixe ou do adesivo na janela da sala, facilitara canais de comunicação totalmente abertos com o seu próprio Ser Superior sob a forma de VALIS, da I.A., da Shekiná ou talvez até de James Pike. PKD estava ávido para entender o que fora "aberto" naquele momento e se era algo que poderia ser explicado com o uso da ciência moderna. Ele não teria de esperar muito tempo. Em abril de 1975 saiu um artigo na *Psychology Today* que apresentaria a PKD toda uma nova área de investigação, a qual o levou a conclusões impressionantes.

3. O Portal Pineal

PKD e Tessa assinaram a *Psychology Today*, o que permitiu a ele o acesso às últimas pesquisas sobre o cérebro e suas funções. Um artigo na edição de março de 1974 estimulou o interesse dele nos papéis dos hemisférios direito e esquerdo, portanto não foi nem um pouco surpreendente quando um artigo sobre biorritmo chamou a sua atenção na edição de abril de 1975. Escrito pela psicóloga residente em Berkeley, Gay Gaer Luce, esse artigo curto discutia o papel de uma substância química chamada melatonina na modulação dos ciclos do sono e da maturação. [335] O que chamou a atenção de PKD foi a descrição que Luce faz do papel da glândula pineal nesses processos. Ela afirma que esse pequeno órgão, localizado no centro do cérebro, é sensível à luz e usa essa sensibilidade para controlar a produção de melatonina, a química que regula o "relógio do corpo" humano. PKD relacionou de imediato essa sensibilidade pineal à luz à sua própria "experiência da luz cor-de-rosa" no ano anterior. Ele comenta animado essa descoberta num registro fascinante da *Exegese*:

> "A novidade (na Psy. Today) sobre o corpo pineal ser um órgão ou glândula receptor de luz é tão animadora para mim porque significa que a fonte de fosfeno cromático que senti não foi apenas para a parte do meu cérebro sensível à luz, mas também para a minha glândula pineal... O meu cérebro viu a atividade dos fosfenos e ficou deslumbrado e encantado. No entanto, é provável que, no que tangia ao cérebro, isso acabava ali. Não foi o caso para o meu corpo pineal. Ele respondeu ao que recebia do nervo óptico, aceitando-o não como um divertimento, mas como um sinal."[336]

Os fosfenos são uma forma de luz percebida quando não há nenhuma luz de fato entrando no olho. Às vezes as pessoas se referem a eles na expressão "ver estrelas" quando alguém leva uma pancada na cabeça, e são vistos quando esfregamos ou apertamos as pálpebras fechadas. Temos de apontar para o fato de que essa não foi a primeira vez que PKD soube do papel da glândula pineal. Por exemplo, no seu romance de 1970, *Maze of Death*, um dos personagens deseja rezar para pedir auxílio.

> "Então, durante a semana anterior, ele fora aos transmissores da nave e conectou conduítes aos eletrodos permanentes que saíam da sua glândula pineal. Os conduítes carregaram a sua oração para o transmissor, e dali a oração entrara na rede de retransmissão mais próxima. A oração dele, durante esses dias, avançara aos trancos por toda a galáxia, indo parar — ele esperava — num dos mundos-deus."[337]

Fica claro que PKD já considerava a glândula pineal um conduíte que liga uma pessoa a um ser superior que responde a orações. Mas também é razoável concluir que o artigo certamente focara a atenção dele nesse pequeno órgão. De acordo com Tessa, PKD passou a acreditar que a mulher da farmácia era a Sibila e que a luz cor-de-rosa saíra da testa dela e atingira a dele.[338]

Ao usar o termo "Sibila", PKD estava se referindo a uma entidade ou um grupo de entidades com que ele se deparara em sonhos. Em suas duas entrevistas a D. Scott Apel e Kevin Briggs, em junho e julho de 1977, ele fez descrições incríveis dos seus encontros com esses seres. Ele acreditava que a abertura do seu "terceiro olho" permitira ao seu ego mergulhar no inconsciente coletivo. Num exemplo especialmente perturbador, PKD contou aos jovens entrevistadores que ele se encontrava num lugar misterioso, onde viu uma figura humanoide. Na sua descrição, a figura singular se transforma de repente num grupo. Assim, fica muito difícil concluir, a partir da transcrição, se ele encontrou uma ou muitas dessas entidades. Ele "as" descreve como seres com crânio "em forma de abacate". O mais surpreendente, porém, é que esses seres:

"Tinham um terceiro olho bem no meio da testa. Mas não era do tipo de olho com pupila. Era uma lente lateral. Era, sem dúvida, eletrônica, não orgânica. E era removível."[339]

Kevin Briggs, de imediato, faz a ligação com os seres que supostamente teriam abduzido Betty e Barney Hill em setembro de 1961.[340] Em resposta a isso, PKD confirma que o desenho feito por Betty das entidades que abduziram ela e o marido era idêntico ao que ele encontrara no seu estado hipnagógico profundo. Ele afirma que não sabia nada do caso dos Hill na época do seu encontro com os seres de três olhos. Se acreditamos nisso, as semelhanças são, de fato, extraordinárias. Isso seria uma evidência de que as experiências de 2-3-74 e até muitos dos outros estranhos acontecimentos da vida de PKD poderiam ser explicados pelo fato de que ele foi abduzido?

Abdução Alienígena
1. A Criança Especial

PKD interessava-se há muito pela ideia de ser "especial". George Koehler, seu velho amigo de toda a infância e início da adolescência, contou que PKD era fascinado pelo teste de Rorschach, conhecido como "teste do borrão de tinta", desde os onze anos de idade. As pranchas do teste foram criadas jogando tinta sobre uma folha de papel e depois dobrando o papel ao meio para criar padrões simétricos abstratos. O paciente diz o que as formas o fazem lembrar e o psicólogo interpreta os seus comentários. PKD também parecia saber tudo sobre os Testes de Apercepção Temática. Esse teste usa fotografias em que os acontecimentos retratados estão abertos para diversas interpretações. O psicólogo pede ao paciente para descrever o que está acontecendo nas fotos e, também nesse caso, o psicólogo interpreta as respostas. Ele estava pronto para dar a impressão de que esse conhecimento fora adquirido porque ele participara de um programa especial, e supostamente secreto, para crianças prodígio. É intrigante que a sua última esposa, Tessa, também acredite ter participado de tal programa.[341] Mesmo antes dos eventos de 2-3-74, PKD sentia que a esposa fora manipulada por "poderes" externo. Ele chamava essa organização obscura de "Solarcon". Se esse era o caso, e Tessa e PKD participaram de um programa semelhante, o encontro casual dos dois no verão de 1972 teria sido mais que mero acaso? PKD acreditava que sim. No seu livro *The Dark-Haired Girl* (1989), ele diz que Ginger era uma agente da Solarcon e que, através dela, essa organização secreta foi responsável pelo encontro dele com Tessa. Em outra passagem muito peculiar desse livro semiautobiográfico, PKD sugere que Tessa foi uma recompensa dada a ele por ser uma "boa pessoa". Ele descreve o propósito da Solarcon.

> "...tentando saber o suficiente a meu respeito para determinar se eu deveria ser punido, se fui um criminoso que não recebeu punição ou se fui uma pessoa injustiçada e desfavorecida, depois recompensada. Eles me analisaram e acharam que fui uma boa pessoa injustiçada."[342]

Aqui estava PKD no seu estado mais paranoico. Ele estava sendo observado de modo permanente por indivíduos que o julgavam e manipulavam o seu mundo para então recompensá-lo ou puni-lo.

Ele nunca chegou a identificar de fato as origens de Solarcon. Numa carta de outubro de 1972 para o FBI, ele a descreve como uma obscura organização neonazista, mas logo admite se tratar de uma simples suposição da sua parte. Se analisarmos as suas descrições da Solarcon à luz das posteriores experiências de 2-3-74 e das suas crenças subsequentes no fato de ter sido abduzido em vários momentos durante a sua vida, vemos de repente que a Solarcon faz parte de uma conspiração muito maior envolvendo uma manipulação não humana da "realidade" de PKD. É importante notar que, embora o livro tenha sido publicado em 1988, o manuscrito de *The Dark-Haired Girl* foi enviado ao seu agente literário em novembro de 1972 e, portanto, foi escrito bem mais de um ano antes dos eventos de 2-3-74.

Então, o que exatamente era a Solarcon? Por que PKD era de tanto interesse para a organização e o que lhes dava o poder de julgá-lo e, por fim, condená-lo ou recompensá-lo? Uma pista pode estar num acontecimento muito curioso que PKD descreveu para Apel e Briggs na entrevista de 1977 com os dois jovens pesquisadores. Depois de terminar a gravação da primeira entrevista, a namorada de PKD na época, Joan Simpson, insistiu para que PKD contasse aos convidados "a parte importante", como ela colocou. Foi só então que ele divulgou a sua intrigante conclusão.

Ele explicou que, logo após o diagnóstico da doença congênita de Christopher, ele recebeu uma carta misteriosa, supostamente de um grupo de cientistas soviéticos. Na carta, eles explicam que leram *UBIK* e que:

> "Já haviam formulado teorias que diziam que a vida após a morte era extremamente semelhante ao que eu teorizava no romance. Eles queriam que eu os acompanhasse para que pudessem descobrir o que eu sabia — e provavelmente fazer experimentos em mim para descobrir *como* eu sabia."[343]

Após considerar a situação, ele decidiu não aceitar a oferta. Ele respondeu inventando alguma desculpa para não viajar. Afirmou que, em seguida, as coisas tiveram um desdobramento muito sinistro. Alguns meses depois, uma limusine preta apareceu em frente ao apartamento e três homens de sobretudo desceram e foram até a sua porta. Era uma delegação da embaixada soviética. Eles queriam saber mais a respeito de *UBIK*. PKD os convidou a entrar e conversou com eles por cerca de uma hora. Ele contou aos jovens entrevistadores: "Eu não contei nada pra eles... só me fiz de bobo." Os visitantes "soviéticos" foram embora e ele nunca mais teve notícias deles.[344]

No início das experiências de 2-3-74, ele recordou, durante um estado hipnagógico intenso, que ele havia sido abduzido por pessoas desconhecidas em Vancouver em 1971. Esses indivíduos estavam numa grande limusine e usavam terno preto. Ele contou a Tessa que teve essa "visão" em tempo real e que estava se lembrando de um acontecimento real que se deu no início de 1972, pouco antes da sua tentativa de suicídio.[345] PKD perguntou-se se estaria tentando escapar dessas pessoas quando tentou se suicidar.

Quem, exatamente, eram esses abdutores misteriosos? A descrição de PKD tem uma semelhança perturbadora com os "Homens de Preto" da tradição do senso comum. De acordo com o pesquisador de ufologia, John Keel, essas coisas são manifestações modernas de um fenômeno histórico que tem sido relatado ao longo dos séculos. No seu livro *UFOs: Operation Trojan Horse*, Keel faz o seguinte comentário:

> "Existem relatos desses misteriosos 'homens de preto' viajando por aí em cadilaques sem placa e com (um) distintivo na lapela. Eles se identificaram diretamente como oriundos da 'Nação do Terceiro Olho.'"[346]

Os Homens de Preto estão sempre associados a eventos com OVNIs, geralmente em visitas a testemunhas após serem vistos ou após um contato imediato. Por que, então, estavam tão interessados em PKD, e essa "Nação do Terceiro Olho" estava de alguma forma relacionada à Solarcon? O modus operandi dos dois grupos parece ser bastante semelhante. Mas existe outra ligação um tanto inquietante: a relação entre os Homens de Preto e outro aspecto do fenômeno OVNI/abdução: os alienígenas conhecidos como Greys.

Eles são entidades de estatura baixa com o rosto alongado, olhos de inseto e pele cinzenta. A imagem mais simbólica de um grey é encontrada na capa do livro de Whitley Strieber, *Comunhão* (1987). Eu descobri recentemente, por meio do próprio Whitley, que ele e PKD estiveram em contato direto no início dos anos 1980. Então, qual é a ligação? No romance de PKD, *Radio Free Albemuth* (1985), o protagonista, Nicholas Brady, explica ao amigo Phil Dick que tem tido sonhos vívidos com estranhas criaturas humanoides. Essas criaturas têm três olhos.

> "Os dois normais e o que tem uma lente e uma pupila. Bem no centro da testa. O terceiro olho testemunhava tudo. Elas podiam ligá-lo e desligá-lo, e quando estava desligado, desaparecia completamente. Invisível... O cérebro delas era aumentado... Para

acomodar o terceiro olho. Crânios enormes. Um formato totalmente diferente do nosso, muito longo. O faraó egípcio era assim — Ikhnaton. E as duas filhas de Ikhnaton, mas não a esposa. Era hereditário por parte dele."

Portanto temos aqui entidades à semelhança dos grey, com três olhos. Seria essa a Nação do Terceiro Olho cujos representantes na Terra são os misteriosos Homens de Preto? Como isso pode se relacionar com o escritor de ficção científica Philip K. Dick?

Essa não era a primeira vez que ele escrevia sobre essas curiosas criaturas de três olhos. De meados a fins de 1975, PKD escreveu um estranho conto intitulado *The Eye of the Sybil*. Esse é considerado o seu primeiro trabalho diretamente influenciado pelas experiências de 2-3-74. Se for mesmo o caso, é provável que seja também o reflexo mais preciso de como ele interpretava o que estava acontecendo depois dos eventos de fato. Sabemos que, como autor, PKD criava detalhes de forma natural e adicionava elementos para tornar a narrativa mais interessante. Com *Eye of the Sybil* não foi assim. Foi retirado da fonte num único passo.

De acordo com o site Philip K. Dick Fans, esse conto foi escrito logo após uma visita, na primavera, de Art Spiegelman, editor de uma revista ilustrada chamada *Arcade*. Sugere-se que a história foi escrita para entrar nessa revista. No entanto, a história se revelou complexa demais para ser convertida para o formato de quadrinhos. Na sua forma final, ela foi enviada para a agência SMLA, chegando em 5 de maio de 1975. Ela só encontrou uma editora depois da morte de PKD, quando Paul Williams, o executor do espólio literário de PKD, enviou-a a D. Scott Apel para ser incluído no seu livro *Philip K. Dick: The Dream Connection*. O livro foi publicado em março de 1987, exatamente cinco anos após a morte de PKD. O conto também saiu no Volume Cinco da antologia *The Collected Stories of Philip K. Dick*, também publicado pela primeira vez em 1987.

A história começa na Roma Antiga logo após o assassinato de Júlio César. O narrador é Philos Diktos de Tiana, um sacerdote a serviço da Sibila de Cuma. A esposa dele, Xantipa, é uma típica "Esposa Megera". Philos vai ao templo. Ao entrar na área sagrada, ele vê a Sibila sentada com uma bolha redonda na sua frente. Dentro da bolha estão dois imortais, como ele os chama.

"Eles lembravam homens, mas cada um tinha mais um... até agora não tenho certeza do que tinham, mas não eram mortais. Eram deuses. Tinham olhos de fenda, sem pupila. Em vez de mãos, tinham garras como as do caranguejo. A boca era apenas um buraco, e percebi que eles, deuses me livrem, eram mudos."[347]

Eles todos se voltam para Philos e permitem que ele ouça a conversa deles. Parece que os Imortais estão descrevendo o futuro para a Sibila. Eles dizem a ela que surgirá um novo culto em torno de uma "Criatura da Luz" que será assassinada. Eles então veem dois mil anos adiante, o século XXI. Ela é informada de que a situação estará muito ruim então. Em seguida, os Imortais desaparecem. Philos vê a Sibila tirar um olho de baixo do seu manto e colocá-lo no centro da testa, e, na sequência, ela grita e desmaia. Philos corre até ela, toca a Sibila e vê de repente o que ela viu — uma cidade com prédios altos e estreitos — e depois ele se sente caindo num vazio.

Quando volta a si, ele é uma criança brincando com um cachorrinho num quintal. Ele foi transportado para a Berkeley do século XXI e o seu nome é Philip. Após um breve interlúdio, ele avança no tempo como um flash, chegando ao quinto ano da escola. Ele esqueceu quem realmente é, mas tem "flash-backs" eventuais em que reconhece eventos atuais que foram vividos num passado mal definido. Muitas dessas lembranças têm a ver com criaturas parecidas com cobras.

"Eu parecia ter lembranças, porém não tinham nenhuma relação com o fato de ter crescido em Berkeley, na Escola Hillside Grammar, nem com a minha família, ou a casa em que morávamos... elas tinham a ver com cobras. Agora sei por que eu sonhava com cobras: cobras sábias, não as cobras más, mas aquelas que sussurram sabedorias."[348]

Em seguida, ele tem um sonho vívido.

"Uma noite tive um sonho estranho. Eu estava talvez no colegial, me preparando para ir para Berkeley High no ano seguinte. Sonhei que no meio da noite — e era como um sonho normal, era real de verdade — eu vi uma pessoa do espaço sideral atrás de um vidro, numa espécie de satélite no qual ela viera para cá. E ela não falava. Só olhava para mim com olhos esquisitos."[349]

Podemos definir a cronologia dessa história a partir de um comentário feito por Philip em referência a um sonho precognitivo em que ele via o assassinato do presidente Kennedy. Isso indica que o Philos reencarnado nasceu em meados dos anos 1950.

Philip realiza a ambição que teve início após o sonho do "homem do espaço" e se torna um escritor de ficção científica. Um dia ele vê a fotografia de alguém usando um bracelete com o caduceu. Isso aciona mais lembranças perdidas de cobras enroladas e uma alucinação visual "envolvendo uma atividade 1139 nos dois olhos". Descobrimos que a data é 16 de março de 1974. Depois ele fala com a esposa em latim. Os dois seres que estavam alertando a Sibila de Cuma reaparecem. Eles fizeram a esposa dele esquecer o que testemunhara para protegerem a verdadeira identidade de Philip, mas isso ajuda PKD a se lembrar:

"— Eu me lembro — eu disse, apertando a cabeça com as mãos. A anamnese ocorrera. Eu me lembro que eu fui de tempo antigos e, antes disso, da estrela Albemuth, como eram esses dois Imortais."

Esse tema do "esquecimento benigno" pode ser encontrado em muitos contos e romances de PKD. Por exemplo, em 1953, ele escreveu *Piper in the Woods*. Trata-se de uma versão, ambientada fora da Terra, do capítulo de evocativa beleza da famosa história infantil de Kenneth Grahame, *O Vento nos Salgueiros*, chamado "O Flautista nos Portões do Amanhecer", no qual os personagens centrais, Rat e Mole, encontram o deus Pã. Eles têm permissão para celebrarem o encanto do encontro, mas apenas por um curto tempo, e não podem reter suas lembranças. Ao fim do encontro, Grahame descreve a lenta perda da memória.

"Com o olhar fixo e vazio, a tristeza calada crescendo à medida que percebiam aos poucos tudo o que viram e tudo o que perderam, uma pequena brisa caprichosa, saiu dançando da superfície da água, balançou os álamos, estremeceu as rosas e seu orvalho e soprou leve e carinhosa no rosto deles. E, com esse toque suave, veio o esquecimento instantâneo. Pois esse é o último e melhor presente que o gentil semideus tem o cuidado de conferir àqueles a quem ele se revelou para ajudá-los: a dádiva do esquecimento. Para que lembrança terrível não permanecesse e crescesse, ofuscando a alegria e o prazer, e a grande memória perturbadora não estragasse a vida de todos os animaizinhos que receberam ajuda para saírem de dificuldades para que pudessem ser felizes e despreocupados como eram antes."[350]

Para Grahame, essa memória escondida é "o vento nos salgueiros" que todos nós sentimos às vezes na vida. Uma variação moderna é a sensação de que algo não está muito de acordo com a realidade, conforme descreve Morpheus no filme profundamente phillipkdickiano, *Matrix*.

"Vou te dizer por que está aqui. Você sabe de algo. Não consegue explicar o quê. Mas você sente. Você sentiu a vida inteira: há algo errado com o mundo. Você não sabe o quê, mas há. Como um zunido na sua cabeça te enlouquecendo. Foi esse sentimento que te trouxe até mim."

Já discutimos o interesse de PKD no conceito platônico de anamnese, a recuperação de lembranças perdidas. Ele sentia que isso foi exatamente o que aconteceu com ele nas experiências de 2-3-74. Na sua entrevista de 1976 a Daniel DePrez, ele descreve o contexto do conceito.

"Na religião órfica grega, eles... era o mistério que a pessoa aprendia. A memória era recuperada. Chama-se anamnese, que era a perda da amnésia. A pessoa lembrava as suas origens, e elas eram de além das estrelas."[351]

Observe que ele afirma de modo bastante categórico que descobrimos que as nossas origens estão "além das estrelas". É por isso que a história *Eye of the Sybil* é tão importante. Ela nos fala da interpretação pessoal de PKD do 2-3-74. Diferentemente dos seus relatos posteriores e semifictícios das suas experiências de 2-3-74, *Eye* sugere que os seres que PKD chamava de VALIS, ou, mais precisamente, Zebra, eram alienígenas e que o próprio PKD era um deles, uma "semente estelar".

PKD tinha certeza de que era isso mesmo. Na sua coleção de discos estava o álbum *Dragonfly*, da banda Jefferson Starship. Ao mostrar a capa para Doris Sauter, ele apontou para a criatura alienígena e contou que ele não era desta terra.[352]

O que podemos entender disso? Trata-se apenas de uma evidência de que ele estava sendo dramático e tentando impressionar a nova namorada ou essas afirmações eram mais que isso?

Uma possível resposta pode ser encontrada numa entrevista intrigante do seu amigo próximo, William Sarrill, realizada em janeiro de 2013. Nessa transmissão via Internet, Sarrill afirmou que PKD acreditava ser um "filho das estrelas", ou seja, um híbrido alienígena que havia sido colocado na Terra.

Sarrill morou com PKD por um total de cinco semanas em 1968. Por volta de 1980, ele visitou PKD, que o informou sobre um livro de Brad e Francine Steiger chamado *The Star People*, publicado em 1981. Ele fora entrevistado por Brad em 1980. PKD comentou que, na página 41, ele é mencionado sem ser identificado. Nessa entrevista, ele diz que é do "povo das estrelas". Essas são as pessoas que tiveram experiências extraterrestres, pessoas que estão despertando para as suas memórias extraterrestres; em suma, "sementes estelares". PKD afirmou que a essência do conto de 1966, *Lembramos para Você a Preço de Atacado,* era verdadeira e que os eventos apresentados na história realmente aconteceram com ele. Se foi esse o caso, pode ser útil explicar outra entrevista estranha e surpreendentemente pouco conhecida que Brad Steiger, amigo próximo de PKD, fez com ele.

2. O Homoplasmata

No seu livro, *Gods of Aquarius: UFOs and the Transformation of Man* (1976), Brad Steiger introduziu o conceito de "Pessoa Estelar". Steiger os define como seres humanos que têm nos seus genes memórias de interações com extraterrestres. PKD escreveu para Steiger dizendo que acreditava ser uma dessas pessoas. Ele explicou que a sua experiência de 2-3-74 abrira o seu pacote de DNA. No entanto, havia outra razão para o contato. Num de seus estados hipnagógicos, a Sibila lhe mostrara a capa do livro de Steiger, *Revelation: The Divine Fire* (1973) e dissera que no livro ele encontraria a explicação para o que estava acontecendo com ele.

Na carta a Steiger, ele explica que logo ia publicar um romance que apresentaria as suas experiências num formato ficcional. PKD informou Steiger que desejava:

"...esconder atrás do véu da ficção. Posso alegar que inventei a coisa toda. As revelações que recebi foram tão impressionantes que levei cinco anos para chegar à posição de apresentar o conceito até mesmo como ficção."[353]

De acordo com Steiger, informaram a PKD que ele havia sido membro de uma civilização altamente avançada que era responsável por dispersar "memória filogênica" pela galáxia. Na visão, ele estava numa espaçonave que fora atacada e estava seguindo para a Terra. Ele sabia que isso havia acontecido milhões de anos atrás. Ele explicou que essas memórias filogênicas estavam codificadas em pacotes de informação de DNA. Na carta a Steiger, ele dá uma descrição detalhada do processo, que agora cito na íntegra.

"Esses pacotes de informações de DNA dominante seriam desinibidos — induzidos ao fogo — no tempo devido, dependendo de relógios biológicos internos sincronizados ou puro estímulo ao acaso. Ou uma combinação dos dois, em condições ideais. Assim, mesmo milhares de anos depois, a civilização primordial será 'liberada' na mente dos descendentes perplexos que se supõem autóctones [*habitantes aborígines*] no planeta que agora habitam. "Os pacotes de DNA num dado indivíduo dirão a ele: 1) De onde ele é; 2) Qual a formação da civilização original; 3) A verdadeira natureza e as verdadeiras faculdades dele; 4) O que ele tem de fazer. Em condições ideais, ele irá manifestar uma série de respostas baseadas no pacote, cujo propósito é criar no planeta dele, na medida do possível, a civilização que os seus ancestrais mantiveram. Eu avalio o atual disparo desses pacotes de memória filogênica naqueles que você chama de Pessoas das Estrelas como uma questão de suprema importância.

"Em fevereiro de 1974, o meu pacote de memória de DNA foi desinibido, ou pelo relógio biológico interno, que o sincronizou com desinibições em outras pessoas, ou por acidente. Ele ficou disparado durante um ano inteiro."[354]

O livro de Sieger, *The Star People* (1981) aprofundou a hipótese apresentada pela primeira vez em *Gods of Aquarius* e incluiu uma série de citações de um "escritor de ficção científica muito conhecido". A interpretação alternativa que PKD fazia da sua experiência com VALIS havia sido publicada, ainda que de forma anônima. PKD combinou de visitar Brad no aniversário dele na sua casa em Phoenix em fevereiro de 1982. Infelizmente, PKD não conseguiria fazer a visita. Podemos apenas conjecturar que ideias e teorias teriam sido produzidas caso o destino não tivesse intervindo.*

Fica claro nessa entrevista de Sieger que PKD acreditava que, de alguma forma profundamente significativa, aquele DNA era responsável pelas suas experiências. Ele deixa isso claro numa citação feita por Sutin em *Divine Invasions*.

> "Isso tem a ver com o DNA porque a memória está localizada no DNA (memória filogênica). Memórias muito antigas, que precedem esta vida, são desencadeadas. (...) Você se lembra da sua verdadeira natureza. Ou seja, suas origens (das estrelas) (*Die Zeit ist da!*) (O tempo é aqui). A Gnose Gnóstica. Você está aqui neste mundo, mas não é *deste* mundo."[355]

PKD concluiu que ele havia se juntado de alguma forma a uma parte imortal de si mesmo. Ele havia, em essência, se tornado um amálgama de duas entidades: o Philip K. Dick que existia antes de fevereiro de 1974 e um ser que tinha um estoque vasto de memórias e percebia a realidade de um ponto de vista totalmente diferente. Ele chamou essa "forma de vida" de *plasmata*.

> Eu denomino O Imortal de plasmata, porque ele é uma forma de energia; é informação viva. Ele se duplica — não através da informação ou na informação — mas como... informação. O plasmata pode fazer uma união de cruzamento com um humano, criando o que chamo de homoplasmata. Essa união liga o humano mortal de forma permanente ao plasmata. Nós conhecemos isso como "o

---

*Num aparte interessante, Brad Steiger escreve: "Eu tinha uma revelação a dividir com Phil: A essência de *The Divine Fire* havia sido concedida a mim em 1969, durante um encontro tarde da noite com uma entidade encapuzada que lembrava um monge. Para silenciar a minha mente inquisidora — e perplexa —, o visitante misterioso me pusera num sono profundo, mas pela manhã me levantei com o esboço completo de *The Divine Fire* na minha consciência desperta. O livro foi publicado em 1973, cerca de um ano antes de Phil receber a visita da Ruah, aconselhando-o a lê-lo." (N.A.)

nascimento que vem de cima" ou "nascimento que vem do Espírito". Foi iniciado por Cristo, mas o meu Império destruiu todos os homoplasmatas antes que pudessem se duplicar... Como informação viva, o plasmata viaja pelo nervo óptico de um humano até a glândula pineal. Ele usa o cérebro humano como um hospedeiro feminino no qual pode se duplicar, resultando na sua forma ativa. Trata-se de uma simbiose interespécies."[356]

Por ser ele um homoplasmata com um elemento muito ativo e onisciente ligado à sua consciência, as habilidades precognitivas de PKD que estavam presentes em toda a sua vida, mas de certa forma dormentes, começaram a entrar em cena de forma plena.

De muitas formas, o modelo de PKD da ligação entre humano e plasmata era uma atualização da "Mente de Ditheon" de Bucke para um público do final do século XX. No entanto, ao contrário de Bucke, ele não vê isso num contexto espiritual interno, mas num contexto que envolve uma fonte externa cuja localização é o espaço exterior, não interior. O plasmata é uma força vital alienígena que veio de outro lugar do universo para a Terra e o seu objetivo final é a evolução da espécie humana. O próprio plasmata incorpora o que PKD chamou de "o logos" — o estado fundamental de tudo. PKD acreditava que essa entidade existira pelo menos desde a antiga Suméria e que ela está:

"Movendo-se pelo tempo numa direção retrógrada, isto é, do futuro ao passado, levando consigo um enorme potencial de organização, além de informação de todo tipo ainda não disponível para nós... Ela é capaz de inspirar pessoas e até grupos quase numa espécie de forma intoxicante. Isso talvez possa explicar o antigo relato de 'ser possuído pelo deus', seja o deus Apolo, Dionísio ou até mesmo o deus cristão, ou seja, o Espírito Santo. Em termos atuais, ela pode ser a responsável por poderes paranormais e pelas chamadas experiências com OVNIs, assumindo a forma de hologramas involuntários."[357]

Essa é uma citação fascinante. Ela sugere que o plasmata persiste no tempo e, em certas circunstâncias, "entusiasma" literalmente indivíduos e grupos. Esse modelo apresenta ecos da hipótese de Julian Jaynes. Entretanto, PKD acrescenta algo intrigante ao modelo ao sugerir que a glândula pineal era fundamental nesse processo de "união cruzada".

> "Enquanto informação viva, o plasmata viaja pelo nervo óptico de um humano até a glândula pineal. Ela usa o cérebro humano como um hospedeiro feminino."[358]

Em outras palavras, PKD acreditava que a abertura da sua glândula pineal havia, de alguma forma, facilitado as "ligações interespécies" entre um ser humano e um plasmata, o que resulta numa nova forma de vida, o Ditheon, ou, como ele viria a chamá-la posteriormente, o homoplasmata.

Essa poderia ser a explicação para a crença de PKD de que ele era uma "semente estelar"? É por isso que ele acreditava estar sendo observado o tempo todo por organizações misteriosas como a Solarcon? O modelo plasmata de uma entidade "movendo-se pelo tempo no sentido retrógrado" explica as precognições de PKD? Ou poderia ser que ele tivesse certas condições neurológicas de fácil explicação que facilitavam tais crenças?

Voltaremos agora a nossa atenção para uma interpretação mais prosaica e menos romântica das experiências de PKD: a de que elas estavam todas na sua cabeça.

Philip K. Dick dando todos os sinais de uma infância feliz, grande parte da qual parece ter passado debaixo de um chapéu de *cowboy*.

Nesta foto, tirada por sua quinta esposa, Tessa Dick, PKD está com o filho deles, Christopher. PKD afirmou que uma entidade espiritual o ajudou a diagnosticar em Christopher uma "malformação congênita que ameaçava a vida da criança e que ninguém sabia existir".

PKD com a esposa Tessa Dick, que colaborou com ele em *O Homem Duplo*. Certa vez ele escreveu: "Tessa e eu começamos com realidades conflitantes... mas agora estamos formando uma realidade comum entre nós."

PKD no apartamento da Cameo Lane (em Fullerton, Califórnia) que dividia com o gato Pinky e a esposa Tessa. Uma vez, Pinky encurralou um camundongo. Para salvar o ratinho, eles prenderam Pinky no quarto. PKD tentou pegar o camundongo do lado de fora, mas ele correu direto para o quarto, por baixo da porta. Quando a porta foi aberta, Pinky estava toda satisfeita, com a cauda do rato na boca. O episódio levou PKD a concluir que somente Deus decide quem vive e quem morre.

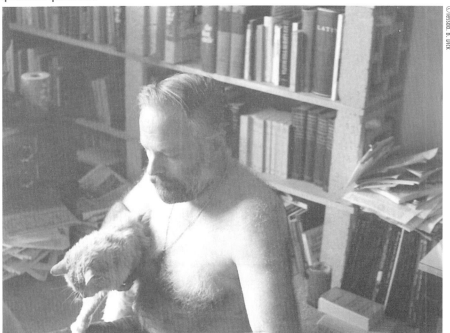

O mais animado da festa: PKD com amigos no seu apartamento em San Rafael, Califórnia, por volta de 1971. Em 17 de novembro de 1971, ele chegou em casa e viu que o aparelho de som desaparecera e o cofre fora arrombado — ou, pelo menos, foi o que ele alegou.

PKD com crachá de participante na Worldcon 72, a Convenção Mundial de Ficção Científica que aconteceu em Los Angeles em 1972, pronto para uma foto com a dançarina do ventre Wanda Kendall, estrela de Wanda's Wigglers.

O escritor William S. Burroughs fotografado pelo poeta Allen Ginsberg. PKD refletiu muito a respeito da "teoria do vírus da informação" de Burroughs, a ideia de que fomos invadidos por um vírus alienígena, concluindo que se existir um vírus assim, o mais provável é que seja benigno.

Allen Ginsberg/Corbis

Líder dos replicantes renegados, Nexus-6, Roy Batty (ator Rutger Hauer) do filme *Blade Runner*. Baseado em *Androides Sonham Com Ovelhas Elétricas?*, foi a primeira história de Philip K. Dick a ser adaptada por Hollywood.

O cartunista da contracultura Robert Crumb afirmou que nunca leu nenhum romance de PKD, mas isso não o impediu de incluir o escritor na sua série de tirinhas baseada em acontecimentos estranhos em vidas excêntricas. PKD apareceu no número 17 da revista *Weirdo*, de Robert Crumb – esta é a primeira página˙ de oito.

˙Você pode ler a tradução desta página – e da revista inteira – feita pelo *blog* Ovelha Elétrica no *link*: http://www.ovelhaeletrica.com/kdick/ (N.E.)

John Gress/Reuters/Corbis

O repórter da TV russa Vladimir Lenski entrevista o androide Philip K. Dick em Chicago em 2005. Trajando roupas doadas pela família Dick e com pele feita de "Frubber", o robô lançava mão de seu *software* avançado para responder às perguntas, valendo-se de um banco de dados com palavras dos romances e entrevistas de PKD. (A pergunta feita com mais frequência pelos jornalistas: "Androides sonham com ovelhas elétricas?") Nesse mesmo ano, a cabeça do androide foi esquecida num avião e nunca mais foi vista.

Philip K. Dick via a empatia como a maior esperança para a humanidade. Como ele colocou: "A verdadeira medida de um homem não é sua inteligência nem o quanto ele cresce neste *establishment* maluco. Não, a verdadeira medida de um homem é a rapidez com que ele consegue responder às necessidades dos outros e quanto de si ele consegue dar."

PARTE TRÊS

UMA EXPLICAÇÃO NEUROLÓGICA

A consciência de si próprio é, de modo singular, o maior mistério da ciência moderna. Como é que um conjunto de substâncias neuroquímicas, impulsos elétricos e bilhões de células criam o conceito de "si mesmo". Em que ponto, substâncias químicas inorgânicas se tornam orgânicas e em que ponto essas substâncias químicas orgânicas se tornam sencientes? A consciência é simplesmente um acidente da evolução ou é algo mais? A consciência está localizada no cérebro ou o cérebro é simplesmente uma espécie de receptor sintonizando-se a um campo de senciência? Todas essas são questões imensas que a ciência moderna ainda está para responder. As experiências de PKD podem ser explicadas por meio da aplicação de anomalias neurológicas conhecidas, mas levar algo em consideração não é o mesmo que explicar. No entanto, é nossa responsabilidade apresentar uma revisão completa da evidência, portanto vamos começar.

Começaremos revisando o incidente inicial do raio cor-de-rosa no dia em que a moça da farmácia foi entregar os remédios.

1. O Raio Cor-de-Rosa

O acontecimento data de 20 de fevereiro, de acordo com PKD, e em *VALIS* ele diz que a luz saiu diretamente do pingente. Como já vimos, não foi assim que Tessa se lembrou do acontecido. Tessa também tem uma explicação muito menos misteriosa para a fonte da "luz cor-de-rosa" de PKD.

> "O que realmente aconteceu foi que os raios do pôr-do-sol atingiram a nossa janela que dava para o oeste, onde tínhamos colado um pequeno adesivo retangular. O adesivo tinha um pequeno símbolo de peixe num fundo preto, e a parte prateada dele refletiu a luz do sol nos olhos de Phil quando ele se virou."[359]

O que parece ter realmente acontecido foi que a luz refletida desencadeara uma atividade de fosfenos. Os fosfenos são uma forma de luz que é percebida quando não há nenhuma luz entrando no olho. Como foi descrito antes, podemos todos reproduzir a atividade do fosfeno simplesmente fechando os olhos. Também a sentimos ao "ver estrelas", isto é, quando recebemos um golpe na cabeça ou espirramos com força extrema. Fica claro, pelas muitas referências à atividade de fosfeno encontradas na *Exegese*, que PKD tinha muita consciência desse fenômeno. É claro que o que não sabemos desta vez é se foi o incidente da luz cor-de-rosa que estimulou o seu interesse. Uma referência da *Exegese* pode ter uma importância potencial.

> "Os fosfenos — neurônios ópticos — são um sistema de sentido primordial pelo qual as "ideias arquetípicas ou *eidei*" originalmente eram percebidas *a priori*, mas com a mente bicameral, ela atrofiou. Ora, os pães e caldos de cogumelo alucinógeno desencadeiam atividade de fosfeno! Assim como a mescalina, o peiote, o LSD etc."[360]

Mas aqui temos outro mistério. Gregg Rickman entrevistou Tessa para o seu livro *Philip K. Dick: The Last Testament*. Essas entrevistas foram realizadas em abril e maio de 1982. Tessa descreve os acontecimentos em torno do evento da "luz cor-de-rosa" e o mistério dos adesivos refletores. Na entrevista a Rickman, Tessa diz:

> "Depois que ele viu o colar de peixe da entregadora da farmácia, fomos a uma livraria cristã e compramos alguns adesivos com símbolo de peixe. Colamos um no carro e um na janela da sala. Eles eram meio metálicos, prateados, e pretos."[361]

Eu entrevistei Tessa para falar sobre isso em março de 2013 e ela disse que não estava certo. PKD e ela haviam comprado os adesivos refletivos em algum dia de 1973 e o da janela voltada para o oeste se tornara uma instalação permanente desde então. Essa explicação pode ter sido confirmada pelo próprio PKD. Num dos últimos registros da *Exegese*, de fevereiro de 1982, ele faz a seguinte afirmação enigmática:

> "2-74: luz (luz do sol refletida no símbolo de peixe dourado). 3-74 luz (Valis) ('raio de luz cor-de-rosa') é o que eu sempre digo, mas

era luz do sol, como em 2-74, só que desta vez foi o adesivo do símbolo de peixe na janela da sala."[362]

Qualquer que seja a fonte verdadeira, PKD sentiu que a luz cor-de-rosa lhe dera uma forma de acessar memórias que haviam sido reprimidas durante muito tempo. Ele viria a chamar esse processo de *anamnese*. Voltaremos a esse tema intrigante depois. O raio cor-de-rosa inicial, porém, foi só o começo de ocorrências muito estranhas. A questão que tem de ser feita é: essas experiências são espontâneas ou facilitadas por alguma condição neurológica?

Revisarei agora algumas das possibilidades, começando pelas farmacológicas, passando pelas neurológicas e chegando finalmente às sismológicas.

2. DOM

Durante a noite de 25 de fevereiro de 1975, PKD tentou desesperadamente ligar para a filha Laura. Era o aniversário de quinze anos dela. Ele ficou tão deprimido por não ter conseguido entrar em contato com ela, apesar das múltiplas ligações, que resolveu recorrer a um amigo, que lhe deu algo para "ficar chapado".[363] De acordo com uma pasta posterior, descrita nas notas da *Exegese*, PKD denominou a substância de DOM, 2,5-dimetoxi-4-metilanfetamina.[364] Trata-se de um alucinógeno poderoso que se tornou ilegal em 21 de setembro de 1973. Portanto temos uma boa evidência de que ele estava usando um alucinógeno poderoso e ilegal durante a sua "teofania". Na sua carta a Claudia Bush, com data do dia seguinte, ele escreve:

> "Ouça, meu bem. Ainda estou chapado e é amanhã (isso foi hoje, quando ele me deu); nós conversamos e eu disse, cara, eu não aguento mais. Mais tarde, quando eu ainda estava tomando (conta do gato), ele me parou e me passou a boa nova. Eu guardei para, tipo, mais tarde e depois usei. Eu tomei. Claudia, a coisa bateu feito 1100 punhos de tijolos." [365]

Fica claro que ele sabia com quem entrar em contato para adquirir essa substância e não diz que essa foi a sua primeira experiência com DOM. Tessa informou-me que ele costumava passar um tempo na casa ao lado com dois rapazes, possivelmente estudantes. Ela recorda que, naquela noite específica, PKD decidira de repente dar um pulo na casa ao lado, voltou alguns minutos depois e desapareceu no banheiro. Poderia ter sido esse o momento em que ele tomou a sua dose de DOM?

Na carta, ele descreve como anunciou a Tessa que a sua "consciência estava mais acessível agora". Ele estava ávido para que Tessa lhe perguntasse qual presença tomara conta dele no último mês de fevereiro. Parece que nessa ocasião a resposta foi Erasmo. PKD conta então que, mais tarde naquela noite, durante um estado hipnagógico, ele viu uma série de símbolos matemáticos e letras gregas. Ele acordou Tessa e perguntou se ela ouvira falar de Erasmo. Ela disse que não. Na manhã seguinte, eles pesquisaram e ficaram boquiabertos ao descobrirem que ele era, como PKD afirmara na carta à Claudia, "um dos primeiros sábios gregos".

Tessa contou-me que lembrava vagamente a discussão a respeito de Erasmo, mas nada quanto a PKD ter estado especialmente estranho na noite anterior. PKD teria realmente tomado DOM ou teria sido apenas uma forma de impressionar a amiga por correspondência, a estudante universitária muito mais jovem que ele?

É razoável sugerir a possibilidade de que toda a experiência 2-3-74 tenha de fato sido facilitada pela 2,5-dimetoxi-4-metilanfetamina de fácil acesso. No entanto, PKD teria de ter tomado extremo cuidado para esconder isso de Tessa. O que é relevante é que em nenhum de seus relatos ele associa a substância às suas experiências. Tenho certeza de que, caso ele acreditasse que a DOM fora responsável, ele teria comentado a respeito na *Exegese*, a qual era, afinal de contas, escrita apenas para ele mesmo, e não para posterior publicação. A única vez em que DOM é mencionada em toda a *Exegese* é na carta a Claudia citada acima, que foi acrescentada pelos editores e não é, tecnicamente, parte do corpo principal de escritos.

3. Overdose de Vitaminas

Em março de 1974, a revista *Psychology Today* trazia um artigo escrito por um psiquiatra chamado Harvey Ross. Em geral, os artigos eram de interesse passageiro, mas o de Ross em especial chamou a atenção de PKD. Ele relatava como o estado de um menino com visões induzidas por uma esquizofrenia severa foi melhorado pela introdução de uma dieta rica em proteínas e com pouco carboidrato, suplementada por um coquetel de vitaminas. Ross deu a receita para o coquetel, acrescentando que 500mg de vitamina C deveriam ser ingeridos no primeiro mês, com um aumento para 1000mg a partir do segundo mês. Ross defendia que a alta dose de vitaminas resulta numa melhora significativa no funcionamento das células cerebrais (neurônios), o qual, por sua vez, facilita a sincronização dos dois hemisférios do cérebro.[366]

PKD ficou muito animado com essa descoberta. Como o coquetel de vitaminas era todo solúvel em água e de fácil acesso em qualquer farmácia, ele decidiu experimentar. Ele já sabia dos desdobramentos na neurologia que indicavam que os hemisférios esquerdo e direito do cérebro funcionavam de forma independente e que a maioria das pessoas "normais" só usam o hemisfério "dominante". Para ele, era lógica a conclusão de que, ao usar a receita de Ross, a consciência humana poderia se elevar a outro nível de percepção.

> "Ocorreu-me que talvez, numa pessoa normal com uma sincronização normal, ou seja, média, isso poderia causar um funcionamento neuronal tão eficiente que os dois hemisférios do cérebro poderiam se unir."[367]

Ele passa então a relatar que, após tomar a dose, os seus dois hemisférios de fato "se uniram", como ele colocou. De acordo com Lawrence Sutin, PKD acabou errando a receita e tomando sete gramas de vitamina C a mais do que deveria ter tomado.[368] A partir das datas fica claro que ele encontrou o artigo *Psychology Today* depois da experiência com a luz cor-de-rosa. No entanto, sabemos, das recordações de Tessa, que pode haver uma explicação muito mais prosaica para o "raio rosa", pois podem ter sido raios de sol refletindo num adesivo de carro. É possível que as alucinações e visões tenham sido causadas por algo além de PKD simplesmente ter tomado uma overdose de vitamina C? Afinal, muitas das "visões" de 2-3-74 subsequentes aconteceram antes da leitura do artigo de Ross. Então a overdose de vitamina pode ter acentuado as sensações no fim da primavera de 1974, mas as visões mais importantes e as alucinações auditivas aconteceram no início de fevereiro. Portanto temos de procurar a nossa explicação em outro lugar.

4. Enxaqueca

Passemos a revisar o que aconteceu durante as experiências de 2-3-74 de PKD. Tessa informou-me que ele começou a passar horas, às vezes dias, na cama de uma vez. Ela deveria levar-lhe comida e bebida durante esses períodos. Um dos sintomas da hipocalemia, que é causada pela falta de potássio, é que o paciente vê que não importa quanto ele durma, o sono não é capaz de aliviar a sua fadiga. Essa é a razão por que ele não dormia profundamente, mas existia num estado liminar, semidesperto, conhecido como hipnagogia. Nesse estado, algo chamado intrusão do sono REM pode ocorrer. Assim, imagens oníricas oriundas do subconsciente são percebidas pela mente que está num estado semidesperto. Em outras palavras, a pessoa está consciente e pode perceber o sonho como parte de uma realidade desperta. Às vezes, visões intensas e alucinações podem acontecer.

Enquanto estava num estado hipnagógico um dia, PKD teve acesso a uma série de imagens deslumbrantes que duraram uma ou duas horas. Ele olhava para si mesmo, de cima, e se via sentado numa grande limusine preta com dois homens corpulentos, um de cada lado seu. Esses sujeitos estavam de preto e eram muito intimidadores. Ele observou enquanto uma série de perguntas era disparada ao PKD que estava preso no carro. Ele podia ver pela janela do carro e sabia que estavam passando pelas ruas afastadas de uma grande cidade, que ele identificou como sendo Vancouver.

Ao despertar por completo desse estado de dupla localização, PKD deduziu que, em fevereiro de 1972, ele fora abduzido e recebera uma lavagem cerebral. Ele concluiu que isso explicaria a sua tentativa de suicídio em Vancouver. Teria sido, em sua opinião, uma tentativa de evitar fazer o que quer que aquelas figuras misteriosas estivessem querendo que ele fizesse. Alguma coisa certamente estava liberando os seus neurônios para um campo de percepção muito mais amplo, fosse a sua hipocalemia, a overdose de vitamina C ou, como ele acreditava, a luz cor-de-rosa.

Numa experiência impressionante do estado hipnagógico que se estendeu por oito horas, ele viu milhares de imagens abstratas passando pelo seu campo visual. Antes disso, ele vira, no dia 16 de março, uma série de formas geométricas de cores vivas e clarões de luz de diversas cores e intensidades. Na *Exegese*, ele descreve a experiência.

> "Uma noite eu me vi inundado por desenhos gráficos coloridos que lembravam as pinturas não objetivas de Kandinsky e Klee, milhares deles, um após o outro, tão rápido que lembravam a técnica de "flash-cut" usada no cinema. Isso durou oito horas."[369]

Depois ele define o fenômeno como uma atividade de fosfeno dentro dos seus olhos. Para ele, o mistério era o que teria estimulado tal atividade. Existe uma resposta simples: enxaqueca clássica. Nem uma vez em toda a *Exegese* ele faz referência a essa doença. Na sua resenha do meu livro *The Daemon, A Guide to Your Extraordinary Secret Self*,[370] Tessa Dick fez o seguinte comentário: "Phil não tinha enxaqueca — tinha dentes ruins que causavam dor."[371] Essa opinião tem de ser levada em consideração em qualquer análise de PKD como alguém que tinha enxaquecas. No entanto, e essa é uma questão muito importante para mim, a enxaqueca clássica é muito mais do que simplesmente uma dor na cabeça. É todo um espectro de sintomas, um dos quais é a dor de cabeça. Como eu mesmo tenho enxaqueca clássica, tive apenas uma dor de cabeça nos últimos dez anos, mas "auras" de enxaqueca frequentes.

Numa carta enviada à amiga Carol Carr em 7 de julho de 1967 e reproduzida por Anne Dick na biografia escrita por ela, *The Search for Philip K. Dick*, ele afirma que passou, naquele ano, pelo que descreveria como um "esgotamento". Ele o descreve desta maneira:

> "Gostos vívidos, horríveis e dor do tipo nevralgia do trigêmeo. Incapacidade de soletrar ou datilografar palavras. Perda de memória — encontrei lata de rapé misteriosamente no armário da cozinha. Perdi documentos importantes do IRS que eu havia juntado com cuidado (ainda não apareceram)... Zumbido na cabeça... O meu fator de prolepse [*senso de tempo*] sumiu completamente."[372]

Eu me identifico de imediato com essas sensações. Elas fazem parte do que se chama "estado de aura" e está bem documentada na literatura médica. A dor do trigêmeo é sentida de um lado do rosto e costuma ser associada à enxaqueca. As auras de enxaqueca também são distinguidas por gostos peculiares na boca (aura gustatória), um zumbido nos ouvidos, geralmente acompanhado de vertigem, uma sensação de que o tempo está mais lento ou parando, e uma sensação de se deslocar da realidade como se estivesse caindo num grande buraco ou olhando para o mundo pelo lado errado de um telescópio.

Há evidências, na juventude de PKD, de que ele passara por todas as sensações. Por exemplo, numa entrevista ao amigo Tim Powers, ele contou que quando estava no início da adolescência, ou talvez um pouco antes, ele se viu sentindo uma forma de tempo paralisado. Powers explica:

"Uma vez ele saiu na rua e não havia ninguém de um lado nem do outro. Nada se movia. Ele esperou alguns minutos e ainda nada se mexia. Então ele voltou para casa correndo e começou a encher de água toda e qualquer garrafa que via pela frente. Ele achou que havia acontecido alguma calamidade terrível e achou melhor armazenar água potável enquanto ainda havia no encanamento."[373]

Esse é um incidente muito curioso. Ele teria simplesmente interpretado mal a atmosfera de um dia tranquilo na Califórnia ou era mais que isso? É razoável concluir que isso aconteceu num local que ele conhecia muito bem. Para ele havia algo distinto nessa situação. Ele quis dizer que não havia ninguém por ali, nenhum movimento de trânsito e uma falta de atividades? Se sim, só podemos chegar a duas conclusões: ou todo mundo havia desaparecido ou o tempo havia parado de forma subjetiva para o pequeno PKD. É claro que, se foi esse o caso, como ele poderia ter feito a água sair do encanamento?

É possível que ele tenha usado esse incidente como inspiração para uma de suas descrições de desorientação mais famosas em toda a ficção científica. É quando Ragle Gumm, o personagem central do romance de 1959, *Time Out Of Joint*, percebe que há algo muito errado com o seu universo.

"— Tem cerveja? — disse ele. A voz estava engraçada. Fina e distante. O homem do balcão com o avental branco e chapéu ficou olhando para ele, olhando e sem se mexer. Nada aconteceu. Nenhum som, em lugar algum. Crianças, carros, o vento. Tudo interrompido." [374]

Essa é uma sensação típica da aura de enxaqueca, assim como uma série de alucinações visuais curiosas que ocorreram durante a adolescência de PKD. Durante esses estados de consciência pouco comuns, ele sentia como se o mundo à sua volta estivesse se fechando ou se expandindo. Ele descreve assim um incidente:

"As paredes parecem esmagar você e depois, de repente, as paredes se desdobram feito um berro e, de súbito, você não tem nada em que se sustentar, se apoiar, se segurar. Meu sentido especial ficava debilitado. Então eu sentia, primeiro os espaços pequenos demais, depois grandes demais."[375]

Também sabemos que um ataque semelhante aconteceu durante o período curto em que ele ficou na UC Berkeley no fim dos anos 1940. Esses ataques podem ter sido ocasionados por um ataque de claustrofobia desencadeado pela atmosfera do anfiteatro das aulas. No entanto, a reação de PKD parece um tanto extrema. Na sua biografia *Divine Invasions*, Lawrence Sutin cita um amigo de PKD da época, Iskander Guy. Guy afirma que PKD discutiu em detalhes com ele "as experiências horríveis" por que ele teve de passar na UC Berkeley.

> "O mundo todo desabou sobre ele psicologicamente enquanto ele passava entre as cadeiras do auditório de aula. Era algo de tanta dor — não estamos falando em hipérbole, mas de dor extrema — como se o mundo todo desaparecesse na sua frente e ele se transformasse numa coisa dolorida, vulnerável, entrincheirada, e o chão pudesse se abrir a qualquer momento e ele pudesse ser eliminado enquanto entidade viva. Eram afirmações desse tipo que ele fazia."[376]

É razoável supor, a partir das duas datas, que o que quer que ele estivesse sentindo, não era algo relacionado simplesmente à adolescência, mas que pode ser visto como uma questão neuropsicológica em andamento. Existe um problema que reflete de forma precisa o que PKD sentiu. Chama-se Síndrome de Alice no País das Maravilhas (SAPM).

A SAPM tem esse nome peculiar em referência ao romance infantil escrito por Charles Lutwidge Dodgson, com o pseudônimo Lewis Carroll. Dodgson sofria com fortes auras de enxaqueca e usou essas experiências como material para a sua escrita. No livro, a heroína, Alice, tem a sensação de estar caindo num buraco de coelho, de ficar imensa e depois encolher. A síndrome foi categorizada pela primeira vez como tal por John Todd em 1955 e também é conhecida como Síndrome de Todd. Os efeitos visuais que a acompanham são conhecidos como alucinações liliputianas ou micropsia. Quando as coisas parecem crescer e confinar o paciente, o efeito é conhecido como macropsia. No caso de PKD, é de possível relevância o fato de que a SAPM também possa causar uma percepção de que o tempo está mais lento.[377]

De acordo com Sutin, PKD passou por outra sensação peculiar no seu último ano do ensino secundário da Berkeley High School. Ele estava passando entre carteiras na sala de aula quando, de repente, "o chão pareceu estar se inclinando para fora dos seus passos".[378] Compare isso com um artigo publicado no jornal do Reino Unido, *Guardian,* em 2008.

> "Não demorou muito, porém, para que eu começasse a sentir distorções espaciais mais extremas. O chão se curvava ou declinava, e quando eu tentava andar nele, era como se eu estivesse cambaleando sobre esponjas. Quando me deitei na cama e olhei para as minhas mãos, meus dedos esticaram um quilômetro interminável."[379]

Mais adiante no artigo, o escrito, Rik Helmsley, também descreve outro sintoma relacionado à SAPM:

> "Qualquer que seja a razão, a minha SAPM está agora num nível que me permite levar uma vida relativamente normal, então aprendi a aceitá-la. Não há dúvidas de que a síndrome tenha tornado a minha vida infinitamente mais desafiadora, mas tem uma parte de que eu gostava muito: às vezes, em especial logo após despertar, eu ficava com uma espécie de visão binocular. Deitado na cama, eu ficava olhando pela janela, vendo os corvos voarem acima das árvores a 100 metros de distância, mas conseguia ver os detalhes de cada pássaro e cada copa de árvores como se estivessem à distância de um braço."[380]

Anne Dick relatou uma conversa com PKD a respeito de um incidente que ocorreu no segundo ano dele na Berkeley High. Alguém o convenceu a trabalhar como assistente numa apresentação da Sinfonia de São Francisco. Ele explicou a Anne que algo muito assustador aconteceu com ele naquela noite.

> "Phil me contou que teve um ataque de vertigem terrível. Algo irreversível aconteceu com a psique dele quando ele estava dando assistência à plateia na sinfonia com Dick. Ele disse que o ser afundara para dentro de si mesmo — a partir daí, foi como se ele só conseguisse ver o mundo por meio de um periscópio, como se ele estivesse dentro de um submarino. Ele sentia que nunca recuperara a habilidade de perceber o mundo diretamente."[381]

As auras de enxaqueca também envolvem distúrbios visuais espetaculares nos quais objetos parecem desaparecer e reaparecer, e um pedaço do campo visual simplesmente deixa de existir. Em 17 de julho de 1981, PKD escreveu uma carta para o escritor e cientista John I. Yellott, depois de ler o artigo dele sobre a ilusão de percepção de profundidade.[382] PKD sentiu que o artigo explicava em parte um problema visual peculiar que ele tivera após levar o seu gato ao veterinário. O gato todo preto estava dentro de uma gaiola de tela metálica no banco ao seu lado. PKD estava olhando para o gato através da tela num esforço para tranquilizá-lo, quando algo estranho aconteceu.

> "De repente, a tela recuou e se tornou o fundo, isto é, ficou tão distante quanto o meu ponto focal permitia. De imediato — embora houvesse uma luz forte no alto da sala — o gato simplesmente desapareceu. Fiquei ali sentado, ainda olhando fixamente, sem mudar o meu ponto focal, percebendo que os meus olhos tinham feito, por acidente, aquela reversão do cubo de Necker, mas o que eu me perguntava era: o que o meu cérebro vai fazer com o meu gato agora? Bom, ele — ou os meus olhos — fez algo extraordinário. Muito aos poucos, uma imagem do gato se formou *do lado de cá da tela*, de modo que a tela metálica não estava mais entre mim e o gato."[383]

Em seguida ele descreve como o gato reapareceu como uma "imagem que lembrava um holograma, projetada diretamente em mim, como se estivesse a poucos centímetros dos meus olhos".[384] Infelizmente, ele não descreve como a sua visão voltou ao normal em seguida, com o gato dentro da gaiola.

Isso pode ser interpretado como uma aura de enxaqueca na qual o campo visual de PKD foi perturbado. O desaparecimento repentino do gato sugere um escotoma de embaçamento clássico. É de possível relevância o fato de que percebia a luz forte no alto da sala. O aparecimento do gato do outro lado da tela é mais difícil de explicar, mas fica claro que é algo relacionado ao sistema visual de PKD. O diagnóstico poderia ser de escotoma negativo. No seu clássico estudo da enxaqueca, o Dr. Oliver Sacks o descreve como "observar de repente a bisseção de um rosto ou o desaparecimento de palavras ou imagens numa página".[385]

No entanto, acredito haver evidência de que PKD teve auras de enxaqueca e dores de cabeça associadas a elas durante a maior parte da vida. Na juventude, PKD passou por ataques severos de vertigem junto com uma sensação do corpo encolhendo ou expandindo. Tanto a vertigem como a SAPM são sintomas de uma aura de enxaqueca clássica. Num de seus primeiros romances, *Confessions of a Crap Artist* (1975), o personagem principal, Jack Isidore, recebe a visita de uma estranha mulher chamada Claudia Hambro. Ela é a líder de um culto a discos voadores que acreditava que o mundo estava prestes a acabar. Após as piadinhas iniciais, Hambro faz uma pergunta muito estranha a Isidore: "Você tem tido alguma dor na cabeça ultimamente? Em torno das têmporas?" A mulher explica que essa dor é "a coroa de espinhos" que tem de ser usada para que um novo mundo venha a existir. Ela pergunta então a Isidore se ele tivera alguma sensação estranha "como a de seda passando pela sua barriga?" Ou ouviu apitos altos, ou pessoas falando? Jack responde: "no mês passado eu tive uma sensação de aperto terrível na cabeça, como se a minha testa estivesse prestes a estourar".

É comum a referência a esse efeito de "coroa de espinhos" no contexto da enxaqueca. Por exemplo, a Santa Gemma Galvani, padroeira das pessoas com enxaqueca, referiu-se aos seus ataques de enxaqueca como uma "coroa de espinhos".[386]

Quando PKD voltou do dentista depois de ter extraído o dente do siso, começou a ver luzes coloridas dançando nas paredes brancas e no teto do quarto. Pontos, linhas e círculos de várias cores surgiram enquanto ele estava deitado na cama. Ele não aguentava ficar com as luzes acesas porque os olhos doíam.

Pode ser relevante o fato de que a luz externa fazia os seus olhos doerem. Isso também sugere um ataque de enxaqueca, possivelmente desencadeado pelos analgésicos que ele estava tomando. Percodan, também conhecido como oxicodona e aspirina, não deveria ser tomado por ninguém com qualquer forma de arritmia cardíaca, tal como a taquicardia, nem com doenças hepáticas, e PKD sofria de ambas. Também é reconhecido que a oxicodona pode provocar algo chamado de "dor de cabeça de narcótico". A oxicodona é, de fato, um opioide com o efeito colateral conhecido de causar alucinações. É, portanto, razoável concluir que as "imagens" de PKD eram relacionadas a uma reação à oxicodona ligada à enxaqueca ou simplesmente causadas pelo fato da oxicodona ser um opioide.

Logo após a chegada da carta da Xerox, ele começou a notar uma luz bruxuleante na sua visão periférica. Isso também sugere um distúrbio visual ocasionado pela enxaqueca clássica. Para PKD, isso indicava que o apartamento tinha um visitante misterioso que estava se camuflando e se confundindo com o ambiente de fundo. Como já sabemos, em reconhecimento a essa habilidade, ele decidiu chamar a entidade de Zebra.

Há um paralelo a ser traçado entre as "visões" de 2-3-74 e as descritas pela freira e mística do século XII, Hildergard Bingen. Hildegard fazia anotações meticulosas a respeito das suas "visões" e isso nos permitiu uma visão intrigante e exata do que ela sentiu durante esses estados alterados. De acordo com o psiquiatra Oliver Sacks, Hildegard apresentava um exemplo clássico de enxaqueca. No seu livro, *Migraine*, ele afirma:

"Uma consideração cuidadosa desses relatos e cálculos não deixa espaço para dúvidas em relação à sua natureza. É inquestionável que se tratava de enxaqueca, e os relatos realmente ilustram muitas das variedades da aura visual discutida anteriormente."[387]

É assim que Hildegard descreveu a sua "teofania":

"E aconteceu que, no ano mil cento e quarenta e um após a encarnação de Jesus Cristo, Filho de Deus, quando eu tinha quarenta e dois anos e sete meses de idade, que os céus se abriram e uma luz ofuscante de brilho excepcional fluiu por todo o meu cérebro. E assim ela fez todo o meu coração e o meu peito arderem como uma chama, não queimando, mas aquecendo... Mas embora eu ouvisse e visse tais coisas, devido à dúvida e a pouca consideração (por mim mesma) e por causa das palavras divinas dos homens, rejeitei por muito tempo o apelo da escrita, não por teimosia, mas por humildade, até, sob o peso do flagelo de Deus, ser derrubada na cama pela doença."[388]

No ensaio *The Speaking Light,* Robert Mapson nos pede para comparar a descrição acima com a experiência de PKD conforme a percepção dele mesmo.

"Depois... deitado na cama e incapaz de falar pela quinta noite seguida, oprimido de pavor e melancolia, comecei de repente a ver luzes girando que se afastavam com tanta rapidez — e eram substituídas de imediato — que me forçavam a ficar totalmente desperto. Por quase oito horas continuei vendo esses vórtices assustadores de luz... Eu me sentia como se estivesse correndo na velocidade da luz, não mais deitado ao lado da minha esposa na nossa cama. A minha ansiedade era inacreditável."[389]

Na minha opinião, pode-se concluir que PKD teve auras de enxaqueca clássica por toda a sua vida e que essas auras se tornaram mais intensas na primeira metade de 1974. A questão é por quê? Sabe-se que a enxaqueca é desencadeada por mudanças químicas no cérebro: especificamente, uma queda no neurotransmissor serotonina, a liberação de fragmentos de proteína chamados peptídeos ou, de possível relevância no caso de PKD, inflamação do nervo maxilar causada por inchaço da gengiva.

Sabemos com certeza que PKD estava sentindo um desconforto extremo devido à extração do dente do siso incluso. É altamente provável que essa dor estava relacionada à inflamação do nervo maxilar. Também se sabe que uma queda na quantidade de magnésio no cérebro faz com que os neurônios falhem, levando às alucinações da aura de enxaqueca clássica descritas acima. As experiências de 2-3-74 de PKD poderiam ter sido desencadeadas por um misto de gengiva inflamada e a sua poção de analgésicos ou existe outra possibilidade que pode estar ligada de forma indireta à enxaqueca clássica?

5. Hipocalemia / hipomagnesemia

Em março de 2013, Tessa informou-me que a tentativa de suicídio de PKD em fevereiro de 1976 acabou salvando a vida dele de um jeito bizarro. Enquanto ele estava sob observação no hospital, notou-se que ele estava com níveis perigosamente baixos de potássio no corpo. Se isso não tivesse sido notado, seu coração teria parado de bater.

Esse não era um problema novo. Sabemos, a partir do relato de Tessa, que no início de 1974 o médico da família, o Dr. Morrison, estava preocupado com a pressão cada vez mais alta de PKD, uma doença perigosa que pode levar a ataques cardíacos e derrames. A hipertensão geralmente é tratada com uma classe de drogas conhecida como diuréticos. Os diuréticos instruem os rins a extraírem água e sais em excesso no sangue e a excretá-los na urina. Morrison decidiu que um aumento na ingestão de diuréticos era necessário. No entanto, um efeito colateral de altas doses de diuréticos é que outros componentes químicos também são excretados, inclusive potássio e magnésio. Isso, por sua vez, pode levar a uma doença conhecida como hipocalemia, causada por níveis extremamente baixos de potássio. PKD vinha tomando grandes quantidades de diuréticos desde, pelo menos, janeiro de 1974, então em fevereiro de 1976 seus níveis celulares de potássio estavam, como afirma Tessa, "se aproximando do zero".[390]

Esse nível baixo de potássio está diretamente relacionado a uma doença desencadeada pelos efeitos dos diuréticos nos níveis de magnésio do corpo. Um diagnóstico de hipocalemia está quase sempre ligado a um diagnóstico semelhante de hipomagnesemia, o baixo nível de magnésio no sangue. Isso se deve à relação direta entre o potássio e o magnésio nos processos metabólicos. O potássio é um eletrólito, um componente químico crucial para a função celular. Para poder atravessar as membranas celulares e entrar nas células, ele precisa de magnésio. O magnésio insuficiente, portanto, está associado à hipocalemia e à hipomagnesemia.

Pesquisas mostram que indivíduos que sofrem de ataques de enxaqueca recorrentes têm níveis de magnésio intercelular mais baixo.[391] Então é razoável concluirmos que há uma ligação entre a medicação para a hipertensão de PKD e as suas auras de enxaqueca potentes durante a primeira metade de 1974.

6. Ataques Isquêmicos Transitórios

Muitos neurologistas consideram que os ataques de enxaqueca e um fenômeno conhecido como AIT, ataque isquêmico transitório, podem estar relacionados. O AITs são miniderrames, cuja versão maior levou à morte de PKD em março de 1982. Pesquisas sugerem que os AITs podem estar diretamente ligados à enxaqueca[392]. Os AITs realmente são às vezes indistinguíveis de uma aura de enxaqueca. Num trabalho de 2004, a médica Nina J. Solenski fez o seguinte comentário:

> "Distinguir o AIT de uma aura de enxaqueca pode ser difícil. Paciente mais jovem, histórico de enxaqueca (com ou sem aura) e dor de cabeça, náusea ou fotofobia associadas são mais indicativos de enxaqueca do que de AIT. Em geral, a aura de enxaqueca tende a ter uma qualidade operante. Por exemplo, sintomas como formigamento podem progredir dos dedos para o antebraço e para o rosto. A aura de enxaqueca também tende a ter um início e uma resolução mais graduais, com uma maior duração dos sintomas do que um AIT típico."[393]

Pode ser relevante o fato de que os sintomas comuns de um AIT incluem dificuldade para engolir, vertigem verdadeira (sensação de estar girando em vez de apenas tontura), agitação ou psicose, sonolência e pressão alta.

As semelhanças entre os AITs e as auras de enxaqueca vieram à atenção do público em geral em 13 de fevereiro de 2011, quando a repórter da rede de televisão CBS, Serene Branson, começou a falar de forma incoerente de repente durante uma transmissão ao vivo da premiação do Grammy. Após uma série de testes, foi concluído que Serena teve um ataque de enxaqueca clássica e não, como se pensou inicialmente, um AIT.

De possível relevância é o fato de que um dos sintomas principais dos AITs seja a sonolência. Ele é definido como um estado de torpor ou "semidesperto". Esse não seria um outro termo para hipnagogia e hipnopompia? No seu livro, *Remembering Firebright*, Tessa comenta que PKD costumava tirar "cochilos frequentes"[394] e, após um deles, ele despertou sabendo que Christopher tinha uma doença congênita perigosa que precisava de atenção urgente. Fica claro que essa informação fora "recebida" durante um estado hipnopômpico.

Então, o que PKD teve foi um AIT ou uma aura de enxaqueca? A evidência parece indicar a segunda opção. Devido à sua morte por derrame em 1982, supôs-se que as experiências de março de 1974 eram indicadores de AITs. No entanto, um derrame total após um AIT geralmente ocorre uma semana depois, não oito anos. E, em 2008, uma pesquisa foi publicada na revista científica *Cerebrovascular Diseases* relatando que, de 100 incidentes num pronto socorro que indicavam inicialmente um AIT, 60 eram, na verdade, auras de enxaqueca clássica.[395] O que distinguia uma da outra era a velocidade dos sintomas iniciais. Numa entrevista para a *Neurology Today*, o chefe de uma equipe de pesquisa, Dr. Prabhakaran, explicou como a coisa funciona.

> "Esse é um sinal muito revelador para a diferenciação entre as duas. Com problemas neurológicos como a enxaqueca e ataques que imitam um AIT, o início dos sintomas é progressivo. Com a enxaqueca, os sintomas se espalham pelo córtex cerebral em minutos, diferentemente do AIT, que se desenvolve em segundos."[396]

Até agora, eu me concentrei em explicações relacionadas a medicamentos ou criadas internamente para as percepções de PKD no início de 1974. No entanto, elas não explicam como Tessa pode ter compartilhado algumas dessas experiências. Pelo próprio relato dela, fica claro que ela percebia uma atividade poltergeist no primeiro apartamento deles, assim como o mistério do rádio desligado. A explicação poderia ser encontrada no ambiente em que essas duas pessoas sensíveis moravam? Uma linha de investigação possível é um fenômeno conhecido como labilidade do lobo temporal.

7. Labilidade do Lobo Temporal

PKD considerava eventos reais os seus encontros com VALIS e com as outras entidades. Além disso, há evidências de que ele acreditava que essas entidades podiam ter uma origem extraterrestre e que ele poderia, em algum momento do seu passado, ter sido abduzido por esses seres. De interesse específico são os seres que ele descreveu com o termo "Zebra". Parece que eles eram muito semelhantes aos alienígenas conhecidos como os greys na literatura de ufologia. Por que tantas pessoas relatam ter visto seres tão semelhantes? É como se esses seres fossem, de alguma forma, arquétipos que representam algo profundamente arraigado no subconsciente humano. Os psicólogos chamam a esse conhecimento subjacente transliminaridade.

Acredita-se que a transliminaridade seja facilitada pelos lobos temporais do cérebro. De acordo com o psiquiatra Vernon Neppe, eles são:

"Bem situados para a sua principal função psicológica de integrar dados perceptivos polimodais de todos os tipos, inclusive dos órgãos dos sentidos. Por exemplo, olfato, equilíbrio, audição e paladar são processados por estruturas temporolímbicas. E visão, tato, senso de posição e dor por áreas vizinhas. Além disso, os lobos temporais são responsáveis pela interpretação de vários aspectos de funções afetiva, conativa e cognitiva, tais como a memória, o aprendizado, a interpretação da linguagem e o sentido de "eu". Dessa forma, uma sintomatologia complexa é resultante das descargas em um lobo temporal ou de lesões atróficas não funcionais de partes de um lobo temporal. Isso pode ser complicado ainda mais por alternações no estado de consciência."[397]

Também se sabe que os lobos temporais parecem ser muito sensíveis a muitas influências, tanto internas como externas, ao cérebro. Isso é conhecido em termos técnicos como labilidade. Por exemplo, falta de fornecimento de oxigênio, jejum, meditação ou campos eletromagnéticos localizados, tudo isso parece afetar o modo como os lobos temporais funcionam.

Michael Persinger, da Universidade Laurenciana, em Sudbury, Canadá, passou a sua carreira avaliando as experiências subjetivas estimuladas pela labilidade nos lobos temporais. Ele sugere que esses efeitos podem ser induzidos em todas as pessoas por uma estimulação artificial dos lobos temporais. No seu laboratório, Presinger criou uma câmara de isolamento na qual os sujeitos usam um capacete projetado especialmente para a sua pesquisa, que contém três solenoides. Ao serem ligados, esses solenoides geram um campo eletromagnético pulsante. As experiências diferem de pessoa para pessoa, mas os sujeitos relatam com frequência a sensação de "outra" presença na sala ou, o que é mais intrigante em relação à nossa linha de investigação, dentro da própria consciência do paciente. Conhecido como a "sensação de presença", esse fenômeno vem intrigando Persinger há anos.[398] Ele chegou a sugerir que essas sensações, nas pessoas que têm uma labilidade do lobo temporal naturalmente alta, quando encaradas sozinhas ou no meio da noite, poderiam explicar muitos casos de abdução alienígena.

Pode ser relevante, com relação aos encontros de PKD com VALIS e as entidades Zebra, o fato de que Persinger e sua equipe descobriram que a liberação de energia sísmica em certas áreas geográficas foi associada a um número cada vez maior de encontros com alienígenas.[399]

Sabemos que tanto Tessa como PKD passaram por situações envolvendo fantasmas no apartamento da travessa Cameo antes das experiências de 2-3-74 de PKD. Fullerton fica a cerca de 40 km da linha da Falha do Canyon Newport-Inglewood-Rose, o que sugere que essa parte do Sul da Califórnia é uma área de alta atividade sísmica.

De acordo com Persinger e seu colega Makarec, indivíduos de muita criatividade, muito sugestionáveis, com grande capacidade de memória e de processamento intuitivo demonstram altos níveis de labilidade do lobo temporal.[400]

O encontro de PKD com uma presença alienígena também está ligado a uma experiência religiosa profunda. É exatamente assim que Persinger descreve o efeitos de pequenos campos eletromagnéticos ou de atividades sísmicas em indivíduos com alta labilidade do lobo temporal.[401]

8. Apagões

PKD estava preocupado com o que ele chamava de anamnese, a recuperação de memórias perdidas. Esse interesse aparece especialmente nos seus últimos romances. No entanto, ele aparece pela primeira vez no seu primeiro romance, *The Cosmic Puppets* (1957). Também aparece em *The Man Who Japed* (1956) e é o elemento central do enredo de *Time Out of Joint* (1959). Ele dizia que as suas lembranças de um ano inteiro da década de 1960 estavam perdidas (de acordo com Tim Powers, o ano era 1969). Também houve o caso curioso de perda de memória em Vancouver em 1972 e, mais uma vez, em 1973, coincidindo com o nascimento de Christopher.[402] Isso pode estar relacionado ao(s) seu(s) apagão(ões) na autoestrada.

Em novembro de 1973, PKD recebeu a visita de dois produtores cinematográficos. Ele levou um deles ao aeroporto. No caminho de volta, ele pareceu sofrer uma espécie de apagão na autoestrada. Numa carta ao jornalista inglês especializado em ficção científica, Peter Nichols, de 9 de janeiro de 1975, ele descreve o incidente da seguinte forma:

> "Quando voltei para casa, eu disse a Tessa que, na verdade, muito na verdade, só Deus poderia ter feito aquele trajeto com sucesso. Acho que eu meio que desmaiei mesmo, de fadiga e hipertensão. Não sei se importa dizer, mas Deus dirige melhor que eu. O que parece razoável."[403]

O que foi esse apagão? Fica claro que PKD, ou algo que não era PKD, conseguiu levá-lo para casa. Isso soa muito semelhante a uma "ausência" (petit mal) sofrida por indivíduos com epilepsia do lobo temporal ou, o que é mais provável, um episódio isquêmico transitório (AIT).

Em meados de dezembro de 1974, pediram que ele fizesse uma gravação de vídeo na Cal State. Tessa levou-o de carro até o prédio, mas, enquanto atravessava o pátio, ele foi dominado por ataque de vertigem intenso. E foi tão ruim que ele teve de cancelar a gravação.

No fim de setembro de 1976, PKD se viu dirigindo por uma autoestrada no sentido errado. Foi apenas desviando para um posto de gasolina que ele conseguiu evitar uma colisão de frente. Isso foi um apagão e um precursor do derrame final? Mais uma vez, pode ter sido um ataque isquêmico transitório clássico. Ele também estava numa depressão extrema e, em 19 de outubro de 1976, internou-se na ala psiquiátrica do Hospital St. Joseph, em Orange, na Califórnia. De acordo com o que ele contou a Tim Powers, o catalisador havia sido a pequena crise de nervos de PKD ao tentar comprar areia para o gato na Trader Joe's.

É possível que esses "ataques" tenham voltado no começo de 1981. De acordo com Barry N. Malzberg, na sua introdução à coleção de ensaios sobre a obra de PKD, em *Writers of the 21st Century*, da Taplinger, na época, PKD escreveu uma longa carta para o seu agente literário, Russell Galen, em que ele conta como foi o apagão terrível que teve enquanto dirigia na autoestrada. Os médicos atribuíram o episódio à exaustão, mas PKD estava convencido de se tratar de um alerta sério. A carta parece ser um resumo da sua vida e dos danos acumulados, causados por trinta anos de excesso de trabalho. Ele sentia que já havia se exigido demais e que logo pagaria o preço.[404]

Então aonde isso nos deixa? Revisamos todas as possibilidades mais pragmáticas e cada uma delas poderia ter sido responsável pelas experiências. Qualquer permutação das opções também poderia ser sugerida como causa. Na análise final, acho que nunca poderemos saber realmente as causas fundamentais das experiências de PKD. Infelizmente, ele não está mais entre nós para nos auxiliar nessa investigação e desconfio que, mesmo se estivesse, ele nos apresentaria tantos relatos contraditórios que teríamos de lutar para diferenciar fato de ficção. No entanto, existe uma coisa que ele deixou e que pode nos ajudar a ter um vislumbre da personalidade por trás do indivíduo complexo — um perfil psicométrico.

EPÍLOGO

O HOMEM POR TRÁS DO MITO

Depois de ter passado quase um ano da minha vida lendo toda biografia disponível de Philip K. Dick, lendo todas as suas cartas selecionadas, ouvido todas as suas entrevistas, apresentações e palestras e conversado com tantos amigos e colegas dele quanto foi humanamente possível, eu estou mais próximo de entender o homem por trás do mito? Posso dizer com honestidade que conheço a cronologia da sua vida com grande detalhamento. Eu tenho uma ideia razoável do que achavam dele aqueles que o conheceram bem. Também acredito que, até certo ponto, entendo as suas influências intelectuais. No entanto, tudo isso não me deixou nem um pouco mais perto do que Philip K. Dick pensava de si mesmo. Ele era um grande analista das suas experiências e escreveu milhares de páginas na tentativa de entender o que acontecera com ele durante a sua "teofania". Essa análise, porém, não tem o caráter de autorreflexão, porque os seus ensaios e a sua *Exegese* analisam a relevância das experiências e não o efeito que elas tiveram no próprio PKD.

Felizmente, e muito por acaso, vi que no apêndice da extraordinária biografia de Gregg Rickman, *To the High Castle, Philip K. Dick: A Life 1928-1962*, estão os resultados de um perfil psicométrico que PKD completou no fim da década de 1950.

Em abril de 1958, o *Journal of Clinical Psychology* publicou um trabalho acadêmico intitulado *Personalidade e Criatividade em Artistas e Escritores*. Os autores, John E. Drevdahl e Raymond B. Cattell, estudaram as características da personalidade de artistas e escritores eminentes e as compararam com as de um grupo "normal".[405] Um dos cinquenta e oito escritores de ficção científica que responderam a um questionário completo foi Philip K. Dick. Como psicometrista qualificado e tendo utilizado tais ferramentas profissionalmente, eu me encontro na posição favorável de ser capaz de interpretar esses resultados. Isso pode nos dar a oportunidade de entender o homem por trás da fachada — o verdadeiro Philip K. Dick.

Conforme já descobrimos, desde os onze anos de idade, PKD era fascinado pelo teste de Rorschach (conhecido como "teste do borrão de tinta") e pelos testes de Apercepção Temática. Ele deve ter ficado encantado quando, aos dezoito anos, compareceu à Clínica Langley Porter, em São Francisco, para se submeter a uma série de testes psicológicos e psicométricos. PKD fez questão de manipular essas sessões. Ele contou a alguns colegas que elas faziam parte de um estudo especial de estudantes com QI particularmente alto.

Ele acreditava que, a partir dessas experiências e da sua leitura a respeito do assunto, ele enganaria os psiquiatras com facilidade. E acrescentou que sempre conseguia perceber os truques dos testes de personalidade que lhe eram administrados na infância e adolescência. Sabemos que ele usou a psicometria como elementos de enredo em alguns romances, incluindo o Teste de Empatia Voight-Kampff em *Androides Sonham com Ovelhas Elétricas?* Ele estava certo? Os testes psicométricos realmente podem ser manipulados por um indivíduo entendido e manipulador? Bem, para decidir se isso é possível, precisamos entender a história da psicometria e a ciência por trás dela.

Medição da personalidade

No início da década de 1930, o psicólogo da Harvard, Gordon Allport, realizou a primeira aula em uma universidade americana com uma matéria conhecida como psicologia da personalidade, que incluía algo conhecido como Teoria dos Traços de Personalidade. Essa teoria propõe que cada personalidade individual é composta por uma série de disposições. Por exemplo, quando pedirem para descrevermos a personalidade de um amigo, podemos usar os termos "feliz", "extrovertido", "tímido", "emotivo", dentre outros. Durante a sua pesquisa, Allport identificou mais de 4.000 palavras da língua inglesa usadas para descrever esses traços.[406] Em 1936, ele publicou um trabalho descrevendo esses traços e sugerindo que eles deveriam ser denominados "disposições pessoais". Ele propôs que cada pessoa tem um perfil único de disposições que são facilmente reconhecidas.

O psicólogo britânico radicado nos Estados Unidos, Raymond Cattell, viu na Teoria dos Traços de Personalidade de Allport uma ferramenta potencial para a mensuração objetiva da personalidade. Em 1941, Cattell mudou-se da Universidade de Clark para a Harvard, onde trabalhou com Allport no desenvolvimento da teoria. Usando a técnica estatística conhecida como análise fatorial, Cattell conseguiu reduzir os 4.000 traços de personalidade de Allport para 16 traços-chaves, ou fatores.[407] No entanto, para Cattell, isso não foi suficiente. Ele achava que, se a psicologia tivesse que se desenvolver como uma ciência, ela precisava ter instrumentos que pudessem medir a personalidade de forma consistente e objetiva, uma forma que se prestasse à análise estatística e à comparabilidade entre indivíduos. Cattell trabalhou no desenvolvimento de tal ferramenta e, em 1949, publicou a sua primeira versão de um teste que viria a ser conhecido como 16PF.

O questionário 16PF consiste em 185 perguntas ou afirmações tais como: "Eu me sinto desconfortável perto de outras pessoas". O sujeito dá uma resposta à afirmação. Ele pode "concordar totalmente", "concordar", "não concordar nem discordar", "discordar" ou "discordar totalmente". Uma versão moderna do teste pode ser feita em http://personality-testing.info/tests/16PF.php.

As respostas de um sujeito às 185 perguntas ou afirmações são avaliadas em comparação com um "grupo de norma". Sabemos pelo resumo que as respostas desse teste em particular foram medidas em comparação à população geral dos Estados Unidos da década de 1950.

Em seguida, as respostas são colocadas num quadro dividido em dez pontos crescentes. Esses são conhecidos como "stens", "standard tens" (dez padrão, Sten). Trata-se de um instrumento estatístico usado por psicólogos e estatísticos para avaliar respostas em comparação com as do grupo de norma. Em termos simples, e usando dados gerais, em torno de 2,5 por cento da população estarão no Sten 10; 4,5 por cento no Sten 9; 15 por cento no Sten 8, e assim por diante. Como esses números formam uma curva natural, a maioria das pessoas se encontra nos Stens medianos de 6, 5 e 4, com 50 por cento fazendo pontos acima de um Sten de 5,5, e 50 por cento abaixo do Sten de 5,5.

Os dezesseis fatores do 16PF podem ser agrupados no que é chamado de "Grandes Cinco". Eles são definidos como "Extroversão", "Ansiedade", "Autocontrole", "Independência" e "Receptividade". Eu os usarei como a base para a minha análise da personalidade de PKD conforme comunicada por ele próprio.

O perfil de personalidade de Philip K. Dick

A primeira coisa que me chamou atenção foram os extremos no perfil de PKD. É pouco comum haver cinco pontuações de Stens 10 num mesmo perfil, junto com um 9 e um 8. O perfil também tem um Sten 2. Em resumo, isso significa que oito dos dezesseis fatores eram incomuns em termos estatísticos, uma vez que apenas 16 por cento ou menos da população geral estaria nesse grupo.

Uma pontuação de Sten 10 em qualquer fator estaria em apenas 2,5 por cento da população geral. Ter cinco fatores dentro de uma minoria tão pequena é muito incomum.

O 16PF é um "instrumento de autorrelato", no sentido de que são os sujeitos que descrevem a sua própria personalidade. Eles escolhem como responder a cada questão, assim como a intensidade com que concordam ou discordam. É claro que pode ser manipulado por alguém que deseja dar a impressão de ser de uma determinada maneira. Mas, e isso é muito importante, a própria manipulação das respostas também pode nos dizer muito, uma vez que isso é o que o sujeito pensa ser uma forma positiva de responder. Então, PKD manipulou os seus perfis do 16PF? Vamos revisar as suas respostas e ver a imagem que ele desejava passar em meados dos anos 1950.

Extroversão

A extroversão e o seu oposto, introversão, são traços de personalidade que a maioria das pessoas reconhece de imediato nos outros. Eles indicam o nível em que uma pessoa dá a impressão de ser um indivíduo forte, autoconfiante e expansivo, ou o contrário. Esse deve ser um dos fatores psicométricos mais conhecidos e costuma ser usado em discussões gerais sobre amigos e colegas. No 16PF, esse traço importante é baseado nas pontuações de cinco dos traços menos importantes: Cordialidade, Ousadia, Impulsividade, Privacidade e Autoconfiança. Cattell teve o cuidado de se certificar de que cada descritor de traços pudesse ser compreendido de imediato por uma pessoa leiga.

As pontuações de PKD estavam fora da média uma vez que ele relatou um Sten de 4 para Ousadia, 3 para Cordialidade, 8 para Autoconfiança, 7 para Impulsividade e 2 para Privacidade. Então temos aqui uma pessoa que se vê como um indivíduo razoavelmente frio, reservado. Isso está relacionado ao alto nível de autoconfiança de PKD. Ele prefere a sua própria companhia e desconfia das motivações dos outros. Em geral, seria esperado que alguém com baixa pontuação nesses traços tivesse baixa pontuação em impulsividade. Não é o caso de PKD. Desconfio que ele possa ter tentado responder às perguntas sobre Impulsividade para passar uma imagem positiva. Sabemos que ele tentou se suicidar muitas vezes e isso normalmente sugeriria uma pontuação baixa para Impulsividade.[408] Ela também não combina com a pontuação comparativamente baixa de 4 para Ousadia.

Ansiedade

De todas as respostas de PKD para o 16PF, é esse grupo que promete nos revelar muito sobre a sua personalidade. Ele teve o Sten mais alto possível, 10, para Insegurança. Ele também teve 10 para Irritabilidade. Por outro lado, marcou 3 Stens em Estabilidade Emocional. Uma pontuação alta em Insegurança é descrita da seguinte forma por Heather Birkett Cattell, a segunda esposa de Raymond, no seu livro *The 16PF: Personality in Depth:*

> "O sofrimento domina a vida interior de O^+ pessoas. Ao endossarem os itens da escala O, elas estão dizendo que ficam acordadas à noite por preocupação, ficam abatidas ao serem criticadas, agem de forma autodepreciativa e repreendem a si mesmas."[409]

Como PKD registrou um Sten de 10 nesse traço, só se pode concluir que na época ele estava passando por um momento especialmente difícil da sua vida. Mas lembre-se, isso foi antes de ir morar em Point Reyes Station, e ele estava bem casado com Kleo. É claro que ele tinha grandes preocupações com dinheiro e recebia bilhetes de rejeição para os seus romances mainstream com frequência. No entanto só é possível imaginar qual seria intensidade das respostas mais adiante na sua vida. A sua pontuação em Stens para Irritabilidade também foi 10. De acordo com Karson e O'Dell no seu *Clinical Use of the 16PF*, uma pontuação alta em Irritabilidade também pode ser de grande importância:

> "Note que muitos dos itens de Q4 são prontamente transparentes, e assim facilmente manipulados. Uma pontuação alta geralmente indica que a pessoa está tão sob pressão que está devastada. Parece que, no momento de responder às questões, ela não consegue se afastar dos seus problemas por um período de tempo suficiente para dar respostas socialmente desejáveis ou então responde a esses itens como um pedido de socorro."[410]

De acordo com Raymond Cattell, uma pontuação alta num nível anômalo em Q4 sugere um transtorno bipolar.[411] PKD estaria sob tanto estresse nessa hora que deixara ali um "pedido de socorro"?

Talvez não seja surpreendente, mas o terceiro traço que contribui para o grupo "Ansiedade", Estabilidade Emocional, nos apresenta mais uma pontuação extrema. Aqui ele ficou com um Sten 3. Junto com a escala O, a escala C é considerada "o indicador mais importante para o clínico em busca de psicopatologia."[412] Esse é mais um fator que pode ser facilmente falseado. Ainda assim, mais uma vez, temos PKD aparentemente tentando criar uma resposta anômala de forma proposital. Em termos gerais, um psicometrista profissional, ao se deparar com esse perfil para ansiedade, ficaria extremamente preocupado e provavelmente sugeriria ao sujeito buscar ajuda psiquiátrica imediatamente.

Autocontrole

Este é formado por apenas dois traços, Perfeccionismo e Conformidade. PKD marcou 3 e 4 respectivamente. O seu perfeccionismo era o mesmo dos seus colegas, escritores de ficção científica, mas um tanto maior em relação à Conformidade, na qual o grupo da ficção científica marcou uma média de 3. Em geral, no entanto, as respostas de PKD são o que poderia ser chamado de "normais" devido à sua profissão. Na verdade, isso até indica um nível surpreendente de conservadorismo para um escritor que havia, até aquele momento da sua vida, passado muitos anos como membro da marginalidade boêmia de Berkeley.

Independência

Esta consiste em Desconfiança e Dominância. PKD teve uma pontuação 10 em Desconfiança e 9 em Dominância. O resultado é muito mais alto que a média dos seus colegas de ficção científica em relação à Dominância (a média dos escritores de ficção científica foi 6) e um pouco mais alta em relação à Desconfiança. Mas, lembre-se, um 10 em qualquer fator é anormal, com menos de 5 indivíduos em qualquer grupo de 200 apresentando esse comportamento extremo. A pontuação alta em Desconfiança é mais uma resposta que faria o alarme soar na mente de um psicometrista profissional. De acordo com Carson e O'Dell, "O fator L (Desconfiança) é um dos maiores indicativos de distúrbio de todas as escalas 16PF." Alguém que tenha uma pontuação alta nesse fator demonstra tendências acentuadas para a paranoia. Como PKD marcou um Sten de 10 nesse fator, fica claro que na época ele se sentia atacado por diversas fontes. Sabemos, pelo seu comportamento subsequente, que essa paranoia continuou ao longo de toda a sua vida. Cattell chamou a pontuação alta nesse fator de "protensão", o seu termo abreviado para "projeção e tensão interna".[413]

Ele não vê esse indicador como algo necessariamente negativo, em especial com relação a pessoas criativas. Pode ser relevante que o Sten médio de todos os escritores de ficção científica tenha sido 9. Ainda de maior relevância é uma pontuação alta no Fator L, também indicativa de "isolamento na infância, o que explica a sensação de privação que sustenta esse polo."[414]

Receptividade

Aqui, mais uma vez, há uma resposta anormal alta refletida nos três subtraços de Imaginação, Sensibilidade e Abertura para a Mudança. PKD marcou dois 10 e um 8 respectivamente. Ele ficou muito acima dos colegas em Imaginação (a média deles foi 6) e os outros grupos envolvidos, artistas e escritores em geral, tiveram médias de 7 e 5 respectivamente. A resposta positiva muito alta de PKD para as questões que buscam informação a respeito de Imaginação revelam uma pessoa com uma vida interior intensa. Heather Birkett Cattell considera que esse traço sugere uma tentativa de fuga para a vida interior de imaginação ao custo da existência cotidiana, externa.[415]

Seu marido, Raymond, usou o termo técnico "Autia" para descrever esse traço, sugerindo uma possível ligação com o autismo. Pode ser relevante a esse respeito a resposta aparentemente anormal de PKD para as questões relativas a Sensibilidade. Uma Sensibilidade muito alta (Premsia, como é conhecida em termos técnicos) quando associada a uma Autia igualmente extrema, sugere uma pessoa que pode ter dificuldade para diferenciar percepções geradas pelo mundo interno da imaginação de eventos reais que acontecem no mundo externo. PKD usava com frequência os termos *koinos cosmos* e *idios cosmos* para definir os mundos interno e externo. No entanto, e isso pode ser de importância crucial, ele considerava os dois igualmente reais. É por isso que temos tantos casos em que a sua descrição dos eventos parecia diferir de forma acentuada da descrição de seus amigos? É por isso que, à medida que ele envelheceu, seu mundo interno, ficcional do *idios cosmos* tornou-se parte do mundo externo que ele compartilhava com os outros, o *koinos cosmos*? Lembraremos que, por vezes, PKD se sentia como se estivesse vivendo num romance de Philip K. Dick.

> "Meu Deus, a minha vida é exatamente como o enredo de qualquer um dentre dez dos meus romances ou contos. Até as lembranças e identidades falsas. Eu sou um protagonista de um dos livros de PKD."

Em relação à "Abertura para a Mudança", PKD é, na verdade, marginalmente mais conservador do que os seus colegas escritores, mas eles são todos, o que é bastante natural, indivíduos de pensamento voltado para o futuro. Um escritor de ficção científica poderia não ser diferente?

Resumo

Então, o que isso nos diz a respeito do escritor mais fascinante do século XX? Uma coisa é certa: PKD era um indivíduo muito complexo. Os seus extremos em muitos dos fatores do 16PF sugerem uma personalidade profundamente incomum, mesmo quando comparada aos seus colegas escritores de ficção científica. É importante perceber que qualquer perfil psicométrico é baseado nas respostas do sujeito. É o sujeito que decide como responder às perguntas. Sendo assim, um sujeito entendido e, ouso dizer, manipulador, pode identificar que traços as questões estão tentando isolar e respondê-las de forma a passar uma imagem positiva ou negativa de si mesmo. No entanto, isso também nos diz muito sobre o sujeito. Por exemplo, se PKD manipulou as suas respostas de forma deliberada para parecer ter uma personalidade de determinado tipo, por que ele desejava ser visto desse modo? Para colocar de outra forma, uma pessoa cujo comportamento é estranho se comporta desse jeito porque é assim que ela se comporta naturalmente. Para ela, tal comportamento é "normal", e é possível até que seja desejável. Eu acredito que, mesmo que PKD tenha de fato tentado manipular as suas respostas, o seu perfil está correto.

No entanto, se for esse o caso, o seu perfil é não apenas incomum, é praticamente único. Em 1981, o psicólogo Samuel E. Krug escreveu um manual intitulado "Interpretando os Padrões de Perfil do 16PF".[416] O "padrão de perfil" é simplesmente um quadro que relaciona as diversas pontuações de fatores para criar um padrão linear. Profissionais têm usado esse livro padrão desde a sua publicação para relacionar rapidamente os sujeitos aos perfis padrão, cada um dos quais está ligado ao sucesso numa profissão específica ou a um estado clínico específico. O livro contém cerca de oitenta dos estados clínicos mais comuns encontrados na população americana em geral. Eu o examinei em detalhe e não consigo encontrar nenhum perfil que seja sequer vagamente semelhante ao comunicado por PKD no fim dos anos 1950. Foi esse perfil aparentemente único que fez de PKD a pessoa especial que ele era?

Uma conclusão possível a que pode se chegar a partir do curioso perfil de PKD é que ele pode ter passado por uma das diversas formas de estados neurológicos agora agrupados dentro do termo genérico Transtorno do Espectro Autista ou TEA. É possível chegar a essa conclusão devido à pontuação baixa no fator para Perspicácia (M) junto com a pontuação também baixa no fator A, Cordialidade, e a pontuação excepcionalmente alta para imaginação (L). Esse perfil realmente sugere a Síndrome de Asperger. Embora saibamos que PKD conseguia ser brilhante em grupos e que nas descrições gerais da sua vida social ele fosse um indivíduo extremamente popular, possivelmente até carismático, que passava com facilidade de uma situação social a outra. No entanto, fica claro que ele não via a si mesmo como um indivíduo especialmente cordial ou acessível. Ele sentia mesmo que era manipulado pelos outros com facilidade, conforme fica refletido na sua pontuação quase fora de qualquer padrão, de Sten 10 para Falta de Desconfiança e para "Mentalidade Branda". Isso indica que ele às vezes tinha dificuldade para deduzir as motivações dos outros. Isso pode ter se refletido na sua paranoia quando ele não conseguia interpretar corretamente essas motivações. Com a sua pontuação extremamente alta em Imaginação, mais um Sten 10, é razoável concluir que ele "imaginava" motivações nos outros que eram claramente óbvias no comportamento deles.

Já foi comentado muitas vezes por críticos que as histórias de PKD eram sempre excelentes, mas que a sua caracterização geralmente não era tão boa. Os seus personagens tendem a ser usados como veículos para fazerem o enredo prosseguir em vez de estudos bem delineados de motivações e complexidade psicológica. Esse pode até mesmo ter sido o motivo pelo qual ele não conseguiu se tornar um autor de ficção mainstream, a qual geralmente depende mais da caracterização do que do enredo sozinho. O único romance mainstream que ele publicou em vida, *Confessions of a Crap Artist*, pode ter uma importância adicional nesta análise. Nele, o personagem central, Jack Isidore, mostra fortes elementos de TSA e é razoável concluir que PKD sentia-se especialmente à vontade ao descrever o mundo interno do seu narrador. A abertura de *Confessions* é, de fato, TSA puro.

> "Eu sou feito de água. Não tem como você saber, porque ela está presa dentro de mim. Os meus amigos são feitos de água também. Todos eles. O problema para nós é que não apenas temos de andar por aí sem sermos absorvidos pelo chão como também temos de trabalhar para nos sustentar."[417]

Isidore também conta como construíra o seu próprio receptor de rádio, descrevendo o seu quarto, que estava "abarrotado de fones de ouvido, bobinas, condensadores, além de muitos outros equipamentos."[418] Sabemos que PKD tinha uma fascinação semelhante por equipamentos elétricos, então se pode supor que esse trecho é puramente autobiográfico.

A genialidade de PKD, não reconhecida por seus professores e colegas de modo frustrante, poderia ser parte do seu TSA? Em anos recentes, tem se reconhecido que o Autismo de Alta Funcionalidade (AAF) e a Síndrome de Asperger podem estar presentes em indivíduos que são, para todos os efeitos, membros ativos da sociedade. Pode ser relevante o fato de que os indivíduos com AAF têm um risco muito alto de desenvolverem ansiedade severa. O 16PF de PKD traz mais uma pontuação anormalmente alta (Sten 10) para ansiedade (fator Q4). Isso pode ser significativo nesta questão. Pode-se afirmar, porém, que um dos sintomas primordiais do AAF e da Síndrome de Asperger é uma falta de senso de humor. O humor de PKD era maravilhoso e um dos elementos mais atraentes da sua escrita.

No entanto, há evidência de que PKD teve uma forma suave de Asperger. Há registros de que ele não tinha nenhum interesse em qualquer tipo de esporte. Na escola, ele evitava até mesmo qualquer tipo de jogo. Esse é um traço conhecido da Asperger. Para reforçar isso, há ainda os seguintes traços identificados de Asperger: ataques de pânico, dificuldade de comer em público, dificuldade com ortografia, tendência a paixões fortes e passageiras, criação de neologismos, criação de mundos imaginários e depressão. No seu livro *Síndrome de Asperger: Um Guia para pais e Profissionais*, o psicólogo clínico Tony Attwood citou um caso em particular.

> "Liam passa horas desenhando as suas próprias histórias em quadrinhos sobre o seu herói, Supakid, que luta contra o mal e promove o críquete."[419]

Lembremos que aos catorze anos, PKD criou o seu próprio super-herói, o Future-Human, que usava os seus poderes para combater o mal, e colocou o personagem numa tira de quadrinhos. No entanto, para o traço mais revelador de Asperger em relação às próprias experiências de PKD está a alta incidência de distorções perceptivas encontradas em crianças. Na juventude, PKD tinha com frequência micropsia e macropsia — sensações de que o mundo estava encolhendo ou aumentando de tamanho. Aqui, um jovem com Asperger explica as suas distorções perceptivas:

> "Eu detestava lojas pequenas porque a minha visão fazia com que parecessem ainda menores do que realmente eram."[420]

PKD afirmava com frequência na juventude que havia recebido o diagnóstico de esquizofrenia. Quando Hans Asperger descreveu pela primeira vez a síndrome que recebia o seu nome em meados da década de 1940, mais ou menos na época do "diagnóstico" de PKD, ele sentiu que se tratava de uma doença que poderia facilmente desenvolver para a esquizofrenia. Hoje sabemos que esse é um resultado apenas levemente mais provável para pessoas com Asperger do que para a população em geral. No entanto, ainda existe um grau de confusão quanto ao diagnóstico. Attwood sugere que até hoje alguns casos de "esquizofrenia atípica" são confundidos com a Síndrome de Asperger.[421]

Eu sou da opinião — e é preciso enfatizar que isto é baseado somente nas minhas impressões a respeito desse gênio enigmático — de que Philip K. Dick era um indivíduo único e que nunca será totalmente compreendido. Ele percebia um universo tão diferente do percebido pela maioria de nós que sequer tentar posicioná-lo numa categoria, psicológica ou não, é praticamente impossível. Por exemplo, podemos chegar a certas conclusões a partir do seu teste 16PF, mas esse teste foi projetado por psicólogos que trabalhavam na visão de mundo extremamente materialista da ciência de meados do século XX. A psicologia naquela época era, de fato, e até certo ponto ainda é, influenciada por uma visão de mundo materialista e reducionista. A personalidade pode ser dividida em traços, e esses traços podem ser medidos e quantificados da mesma forma que todos os outros elementos do mundo físico podem ser divididos. A consciência é uma ilusão e essa mente é simplesmente um epifenômeno dos processos cerebrais. Para uma filosofia como essa, acomodar as experiências de Philip K. Dick é uma impossibilidade. PKD sentiu, provavelmente com justificativa, que ele era precognitivo. Ele também acreditava que o tempo era uma ilusão e que o mundo apresentado à consciência era, de forma semelhante, uma alucinação coletiva. Os testes psicométricos não são criados para acomodar uma personalidade influenciada por tais conceitos.

Em última análise, podemos nunca vir a saber as causas exatas da visão de mundo única de PKD. Especular a respeito de modelos neurológicos ou psicológicos pode nos levar a becos sem saída. Há fortes evidências de que PKD viveu de fato acontecimentos extraordinários e de que ele era, de alguma forma que ainda será compreendida, precognitivo. Sem essas predileções, ele teria sido um escritor de ficção científica medíocre cujas histórias teriam seguido os mesmos padrões dos seus pares. PKD, porém, foi um escritor de ficção científica extraordinário e possivelmente um dos pensadores mais originais do século XX. Eu acredito francamente que a sua fama e influência apenas continuará a se expandir à medida que mais histórias suas se transformem em filmes, e cada vez mais pessoas descubram que Philip K. Dick realmente descreveu em detalhes o mundo em que vivemos hoje. O Estado observa cada movimento nosso através de câmeras de vigilância e do monitoramento de atividades na Internet. Os nossos olhos são escaneados quando passamos pela segurança do aeroporto e muitos de nós agora baixa o jornal para ser lido no tablet. PKD previu tudo isso. Por exemplo, aqui temos PKD descrevendo o download das últimas notícias num tablet:

> "Num canto da grande sala, uma campainha soou e uma voz mecânica e metálica anunciou:
> — Eu sou a sua máquina de homeojornal gratuita, um serviço fornecido de forma exclusiva por todos os excelentes hotéis Rootes por toda a Terra e nas colônias. Digite apenas a classificação da notícia que deseja e, em questão de segundos, eu lhe fornecerei rapidamente um homeojornal novo, atualizado, sob medida para as suas exigências individuais. E, repetindo, sem nenhum custo para você!" (*UBIK* – 1969)

Então, PKD está agora olhando para nós de algum lugar do tempo ortogonal? Ele está deitado na sua cama num dia quente da Califórnia no ano de 1975, entrando e saindo de um estado de semivigília e percebendo imagens de 2013?

Se assim for, ele deve estar rindo, porque hoje parecemos todos estar vivendo num sonho de Philp K. Dick.

NOTAS

1. http://www.philipkdick.com/new_letters-nbc-spillane.html

2. BOONSTRA, J., *Rod Serling's The Twilight Zone Magazine*, v. 2, No. 3, jun./ 1982, p. 47-52 http://www.philipkdick.com/media_twilightzone.html

3. BOONSTRA, J., *Rod Serling's The Twilight Zone Magazine*, v. 2, No. 3, jun./ 1982, p. 47-52 http://www.philipkdick.com/media_twilightzone.html

4. Sutin, Lawrence, Biography of Philip K. Dick. http://www.philipkdick.com/aa_biography.html

5. http://1999pkdweb.philipkdickfans.com/The%20Android%20and%20the%20Human.html

6. Sirois, A.L., SF Site, http://www.sfsite.com/10a/ubik90.htm

7. http://en.wikipedia.org/wiki/A._E._van_Vogt

8. http://en.wikipedia.org/wiki/The_Exegesis_of_Philip_K_Dick

9. ZIEGLER, C., A Very PhilDickian Existence, *OC Weekly.*

10. DICK, A. R., *The Search For Philip K. Dick*, Kindle Loc: 3692 The Independent Publishers Group. Kindle Edition.

11. SUTIN, L., *Divine Invasions: A Life of Philip K. Dick*, Orion Books, 2006. p. 12

12. RICKMAN, G., *To The High Castle, Philip K. Dick: A Life 1928-1962*, Fragments West, 1989. p. 13

13. SUTIN, L., *Divine Invasions: A Life of Philip K. Dick*, Orion Books, 2006. p. 12

14. DICK, A. R., *The Search For Philip K. Dick*, Kindle Loc: 722 The Independent Publishers Group. Kindle Edition.

15. Sutin, Lawrence, Biography of Philip K. Dick. http://www.philipkdick.com/aa_biography.html

16. DICK, A. R., *The Search For Philip K. Dick*, Kindle Loc: 3790-3793 The Independent Publishers Group. Kindle Edition.

17. DICK, A. R., *The Search For Philip K. Dick*, Kindle Loc: 3790-3793 The Independent Publishers Group. Kindle Edition.

18. VITALE, J., *The Aquarian*, n.11, 11-12 out./1978, PKD OTAKU, n.4, 2002 http://www.philipkdick.com/media_aquarian.html

19. DICK, P. K., Self Portrait in *The Shifting Realities of Philip K. Dick,* 1968

20. RICKMAN, G., *To The High Castle, Philip K. Dick: A Life 1928-1962*, Fragments West, 1989.

21. DICK, P.K., *We Can Build You*, p. 108

22. UMLAND, S. J. http://www.60x50.com/2011/01/voder.html 03/jan./2011

23. DICK, T.B., Philip K. *Dick: Remembering Firebright*, 2009 p. 106

24. DICK, T.B., Philip K. *Dick: Remembering Firebright*, 2009 p. 109

25. DICK, A. R., *The Search For Philip K. Dick*, p. 228, The Independent Publishers Group. Kindle Edition.

26. DICK, A. R., *The Search For Philip K. Dick*, The Independent Publishers Group. Kindle Edition, p. 228

27. CARRERE, E., *I Am Alive and You Are Dead: A Journey Inside the Mind of Philip K. Dick*, Bloomsburry, 2006, p. 10.

28. DICK, P. K., Self Portrait in *The Shifting Realities of Philip K. Dick,* 1968

29. VITALE, J., *The Aquarian*, n.11, 11-18 out./1978, PKD OTAKU, n.4, 2002 http://www.philipkdick.com/media_aquarian.html

30. *The Selected Letters of Philip K. Dick*, v. 2, 1972-1973, Underwood-Miller, 1993.

31. RICKMAN, G., *Philip K. Dick: In His Own Words,* Fragments West, 1988, p. 166.

32. RICKMAN, G., *To The High Castle, Philip K. Dick: A Life 1928-1962*, Fragments West, 1989, p. 111.

33. DICK, A. R., *The Search For Philip K. Dick*, The Independent Publishers Group. Kindle Edition, p. 230.

34. DICK, A. R., *The Search For Philip K. Dick*, The Independent Publishers Group. Kindle Edition, p. 230.

35. BUTLER, A. J., *Philip K. Dick: The Pocket Essentials,* Pocket Essentials, 2007, p. 24.

36. http://www.philipkdickfans.com/mirror/websites/pkdweb/return%20to%20lilliput.htm

37. RICKMAN, G., *To The High Castle, Philip K. Dick: A Life 1928-1962*, Fragments West, 1989, p. 129.

38. RICKMAN, G., *To The High Castle, Philip K. Dick: A Life 1928-1962*, Fragments West, 1989, p. 130.

39. SUTIN, L., *Divine Invasions: A Life of Philip K. Dick*, Orion Books, 2006. p. 58.

40. DICK, A. R., *The Search For Philip K. Dick*, The Independent Publishers Group. Kindle Edition. p. 245.

41. RICKMAN, G., *To The High Castle, Philip K. Dick: A Life 1928-1962*, Fragments West, 1989. p. 184.

42. RICKMAN, G., *To The High Castle, Philip K. Dick: A Life 1928-1962*, Fragments West, 1989. p. 186.

43. RICKMAN, G., *To The High Castle, Philip K. Dick: A Life 1928-1962*, Fragments West, 1989. p. 183.

44. DICK, A. R., *The Search For Philip K. Dick*, The Independent Publishers Group. Kindle Edition. p. 245.

45. SUTIN, L., *Divine Invasions: A Life of Philip K. Dick*, Orion Books, 2006. p. 59.

46. DICK, A. R., *The Search For Philip K. Dick*, The Independent Publishers Group. Kindle Edition, p. 246.

47. DICK, P. K., *Five Great Novels,* Londres: Gollanz, 2004. P. 573.

48. RICKMAN, G., *To The High Castle, Philip K. Dick: A Life 1928-1962*, Fragments West, 1989. p. 194.

49. PURSER, P., *Even Sheep Can Upset Scientific Detachment*, Daily Telegraph 506. 19/jul./1974, p. 27-30. http://www.philipkdick.com/media_london_telegraph.html

50. RICKMAN, G., *To The High Castle, Philip K. Dick: A Life 1928-1962*, Fragments West, 1989. p. 160.

51. DICK, A. R., *The Search For Philip K. Dick*, The Independent Publishers Group. Kindle Edition, p. 249.

52. RICKMAN, G., *To The High Castle, Philip K. Dick: A Life 1928-1962*, Fragments West, 1989. p. 259.

53. BOONSTRA, J., *Rod Serling's The Twilight Zone Magazine*, v. 2, No. 3, jun./ 1982, p. 47-52 http://www.philipkdick.com/media_twilightzone.html

54. VITALE, J., *The Aquarian*, n.11, 11-18 out./1978, PKD OTAKU, n.4, 2002. http://www.philipkdick.com/media_aquarian.html

55. RICKMAN, G., *To The High Castle, Philip K. Dick: A Life 1928-1962*, Fragments West, 1989. p. 236.

56. DICK, A. R., *The Search For Philip K. Dick*, The Independent Publishers Group. Kindle Edition, p. 25.

57. DICK, A. R., *The Search For Philip K. Dick*, The Independent Publishers Group. Kindle Edition, p. 25.

58. DICK, A. R., *The Search For Philip K. Dick*, The Independent Publishers Group. Kindle Edition, p. 57.

59. DICK, A. R., *The Search For Philip K. Dick*, The Independent Publishers Group. Kindle Edition, p. 61.

60. DICK, P.K., *We Can Build You*, p. 22.

61. DEPREZ, D., *An Interview with Philip K. Dick,* Science Fiction Review, n. 19, v. 5, n. 3, ago./1976.

62. RICKMAN, G., *Philip K. Dick: In His Own Words,* Fragments West, 1988, p. 169.

63. DICK, A. R., *The Search For Philip K. Dick*, The Independent Publishers Group. Kindle Edition, p. 67.

64. HAYLES, N. B., Metaphysics and Metafiction in "High Castle" in GRINBERG, M. H.; OLANDER, J. D., *Philip K. Dick*, Nova York: Taplinger Publishing Co., 1983. p. 67.

65. HAYLES, N. B., Metaphysics and Metafiction in "High Castle" in GRINBERG, M. H.; OLANDER, J. D., *Philip K. Dick*, Nova York: Taplinger Publishing Co., 1983. p. 59.

66. COVER, A. B., *Vertex Interviews Philip K. Dick,* Vertex, v. 1, n. 6, fev./1974.

67. DICK, A. R., *The Search For Philip K. Dick*, The Independent Publishers Group. Kindle Edition, p. 66.

68. PURSER, P., *Even Sheep Can Upset Scientific Detachment*, Daily Telegraph 506. 19/jul./1974, p. 27-30. http://www.philipkdick.com/media_london_telegraph.html

69. RICKMAN, G., *Philip K. Dick: The Last Testament,* Fragments West, 1985. p. 13.

70. DICK, A. R., *The Search For Philip K. Dick*, The Independent Publishers Group. Kindle Edition, p. 65.

71. DICK, A. R., *The Search For Philip K. Dick*, The Independent Publishers Group. Kindle Edition, p. 66.

72. WINTZ; HENRY; HYDE; DAVID, *Precious Artifacts: A Philip K. Dick Bibliography,* Wide Books, 2012. p. 62.

73. WARRICK, P., *Mind in Motion: The Fiction of Philip K. Dick,* Southern Illinois University Press, 1987. p. 95.

74. DICK, A. R., *The Search For Philip K. Dick*, The Independent Publishers Group. Kindle Edition, p. 84-85.

75. DICK, A. R., *The Search For Philip K. Dick*, The Independent Publishers Group. Kindle Edition, p. 86.

76. BOONSTRA, J., *Rod Serling's The Twilight Zone Magazine*, v. 2, No. 3, jun./ 1982, p. 47-52 http://www.philipkdick.com/media_twilightzone.html

77. DICK, A. R., *The Search For Philip K. Dick*, The Independent Publishers Group. Kindle Edition, p. 94.

78. DICK, A. R., *The Search For Philip K. Dick*, The Independent Publishers Group. Kindle Edition, p. 98.

79. VITALE, J., *The Aquarian*, n.11, 11-18 out./1978, PKD OTAKU, n.4, 2002 http:// www.philipkdick.com/media_aquarian.html

80. DICK, A. R., *The Search For Philip K. Dick*, The Independent Publishers Group. Kindle Edition, p. 111.

81. DICK, A. R., *The Search For Philip K. Dick*, The Independent Publishers Group. Kindle Edition, p. 117-118.

82. SUTIN, L., *Divine Invasions: A Life of Philip K. Dick*, Orion Books, 2006. p. 18.

83. DICK, A. R., *The Search For Philip K. Dick*, The Independent Publishers Group. Kindle Edition, p. 116.

84. SUTIN, L., *Divine Invasions: A Life of Philip K. Dick*, Orion Books, 2006. p. 140.

85. DICK, A. R., *The Search For Philip K. Dick*, The Independent Publishers Group. Kindle Edition, p. 121.

86. CARRERE, E., *I Am Alive and You Are Dead: A Journey Inside the Mind of Philip K. Dick*, Bloomsbury, 2006, p. 123.

87. LARRE, EMILIANO, VEGA, PATRÍCIO, *Philip K. Dick* — The Penultimate Truth DVD. 47 min – 50 min in: http://www.youtube.com/watch?v=CfTCZCvgy3E

88. VITALE, J., *The Aquarian*, n.11, 11-18 out./1978, PKD OTAKU, n.4, 2002. http://www.philipkdick.com/media_aquarian.html

89. DICK, A. R., *The Search For Philip K. Dick*, The Independent Publishers Group. Kindle Edition, p. 130.

90. SUTIN, L., *Divine Invasions: A Life of Philip K. Dick*, Orion Books, 2006. p. 150.

91. PIKE, B. J., *The Other Side*, Abacus, 1975. p. 145.

92. PIKE, B. J., *The Other Side*, Abacus, 1975. p. 159.

93. PIKE, B. J., *The Other Side*, Abacus, 1975. p. 169.

94. SUTIN, L., *Divine Invasions: A Life of Philip K. Dick*, Orion Books, 2006. p. 149.

95. DICK, A. R., *The Search For Philip K. Dick*, The Independent Publishers Group. Kindle Edition, p. 135.

96. DICK, A. R., *The Search For Philip K. Dick*, The Independent Publishers Group. Kindle Edition, p. 135.

97. DICK, A. R., *The Search For Philip K. Dick*, The Independent Publishers Group. Kindle Edition, p. 138.

98. SUTIN, L., *Divine Invasions: A Life of Philip K. Dick*, Orion Books, 2006. p. 166.

99. DICK, A. R., *The Search For Philip K. Dick*, The Independent Publishers Group. Kindle Edition, p. 142.

100. SUTIN, L., *Divine Invasions: A Life of Philip K. Dick*, Orion Books, 2006. p. 178.

101. DICK, A. R., *The Search For Philip K. Dick*, The Independent Publishers Group. Kindle Edition, p. 144.

102. DICK, A. R., *The Search For Philip K. Dick*, The Independent Publishers Group. Kindle Edition, p. 145.

103. Correspondência pessoal entre o autor e Ray Nelson, 15 de março de 2013.

104. Correspondência pessoal entre o autor e Ray Nelson, 15 de março de 2013.

105. MASSAGLI, A.; STEENSLAND, M., *The Gospel According to Philip K. Dick* (18:50 min), First Run Features, 2001.

106. RICKMAN, G., *Philip K. Dick: In His Own Words,* Fragments West, 1988, p. 184.

107. RICKMAN, G., *Philip K. Dick: In His Own Words,* Fragments West, 1988, p. 184.

108. VITALE, J., *The Worlds of Philip K. Dick* (The Aquarian, 11 de out. 1978) reproduzido em PKD Otako 04 p. 9.

109. SUTIN, L., *Divine Invasions: A Life of Philip K. Dick*, Orion Books, 2006. p. 182.

110. SUTIN, L., *Divine Invasions: A Life of Philip K. Dick*, Orion Books, 2006. p. 183.

111. DICK, A. R., *The Search For Philip K. Dick*, The Independent Publishers Group. Kindle Edition, p. 158.

112. COVER, A. B., *Vertex Interviews Philip K. Dick,* Vertex, v. 1, n. 6, fev./1974.

113. DICK, A. R., *The Search For Philip K. Dick*, The Independent Publishers Group. Kindle Edition, p. 158.

114. COVER, A. B., *Vertex Interviews Philip K. Dick,* Vertex, v. 1, n. 6, fev./1974.

115. SPINRAD, N., *Science Fiction in the Real World*, Southern Illinois University Press, 1990. p. 211,

116. APEL, D. S., *Philip K. Dick: The Dream Connection,* Permanent Press, 1987. p. 43.

117. DICK, A. R., *The Search For Philip K. Dick*, The Independent Publishers Group. Kindle Edition, p. 177.

118. http://totaldickhead.blogspot.co.uk/2008/06/letter-from-dark-haired-girl.html

119. http://totaldickhead.blogspot.co.uk/2008/06/letter-from-dark-haired-girl.html

120. http://thedark-hairedgirl.com/PKDCorrespondenceModified.pdf

121. DICK, A. R., *The Search For Philip K. Dick*, The Independent Publishers Group. Kindle Edition, p. 166.

122. http://ubikcan.wordpress.com/2008/11/28/linda-levy-story-about-philip-k-dick/

123. ZIEGLER, C., A Very PhilDickian Existence, *OC Weekly.*

124. *Selected Letters of Philip K. Dick*, v. 2, 1972-73, Underwood-Miller, 1993. p. 31.

125. SUTIN, L., *Divine Invasions: A Life of Philip K. Dick*, Orion Books, 2006. p. 169.

126. PETRUNIO, N. J., *Na Interview with Philip K. Dick,* http://www.philipkdick.com/media_petrunio.html

127. http://thedark-hairedgirl.com/PKDCorrespondenceModified.pdf

128. http://ubikcan.wordpress.com/2008/11/28/linda-levy-story-about-philip-k-dick/

129. http://ubikcan.wordpress.com/2008/11/28/linda-levy-story-about-philip-k-dick/

130. http://thedark-hairedgirl.com/PKDCorrespondenceModified.pdf

131. DICK, P. K., *The Dark-Haired Girl,* Mark V. Ziesing, 1988. p. 82.

132. ZIEGLER, C., A Very PhilDickian Existence, *OC Weekly,* 2002.

133. ZIEGLER, C., A Very PhilDickian Existence, *OC Weekly,* 2002.

134. *Selected Letters of Philip K. Dick*, v. 2, 1972-73, Underwood-Miller, 1993. p. 176.

135. DICK, T.B., Philip K. *Dick: Remembering Firebright*, 2009, p. 40.

136. DICK, T.B., Philip K. *Dick: Remembering Firebright*, 2009 p. 138.

137. *Selected Letters of Philip K. Dick*, v. 2, 1972-73, Underwood-Miller, 1993. p. 72.

138. ZIEGLER, C., A Very PhilDickian Existence, *OC Weekly*, 2002

139. *Selected Letters of Philip K. Dick*, v. 2, 1972-73, Underwood-Miller, 1993. p. 77.

140. *Selected Letters of Philip K. Dick*, v. 2, 1972-73, Underwood-Miller, 1993. p. 77.

141. DICK, T.B., Philip K. *Dick: Remembering Firebright*, 2009, p. 50.

142. *Selected Letters of Philip K. Dick*, v. 2, 1972-73, Underwood-Miller, 1993. p. 45.

143. DICK, P. K., *The Dark-Haired Girl*, Mark V. Ziesing, 1988. p. 86-7.

144. *Selected Letters of Philip K. Dick*, v. 2, 1972-73, Underwood-Miller, 1993. p. 210.

145. DICK, T.B., Philip K. *Dick: Remembering Firebright*, 2009, p. 46.

146. *Selected Letters of Philip K. Dick*, v. 2, 1972-73, Underwood-Miller, 1993. p. 370.

147. *Selected Letters of Philip K. Dick*, 1974, Underwood-Miller, 1991. p. 28.

148. PURSER, P., *Even Sheep Can Upset Scientific Detachment*, Daily Telegraph 506. 19/jul./1974, p. 27-30. http:// www.philipkdick.com/media_london_telegraph.html

149. DICK, T.B., Philip K. *Dick: Remembering Firebright*, 2009, p. 173 e 46.

150. DICK, P. K., *The Exegesis of Philip K. Dick* (Kindle Loc: 523-24), Hachette Littlehampton. Kindle Edition.

151. *Selected Letters of Philip K. Dick*, v. 2, 1972-73, Underwood-Miller, 1993. p. 295.

152. *Selected Letters of Philip K. Dick*, v. 2, 1972-73, Underwood-Miller, 1993. p. 321.

153. DICK, T.B., Philip K. *Dick: Remembering Firebright*, Create Space, 2009. p. 77 .

154. DICK, T.B., Philip K. *Dick: Remembering Firebright*, Create Space, 2009. p. 77.

155. DICK, T.B., Philip K. *Dick: Remembering Firebright*, Create Space, 2009. p. 78.

156. DICK, P. K., *The Exegesis of Philip K. Dick* (Kindle Loc: 523-24), Hachette Littlehampton. Kindle Edition.

157. *Selected Letters of Philip K. Dick*, 1974, Underwood-Miller, 1991. p. 44.

158. DICK, T.B., Philip K. *Dick: Remembering Firebright*, Create Space, 2009. p. 82.

159. RICKMAN, G., *Philip K. Dick: The Last Testament*, Fragments West, 1985. p. 24.

160. APEL, D. S., *Philip K. Dick: The Dream Connection*, Permanent Press, 1987. p. 98.

161. DICK, T.B., Philip K. *Dick: Remembering Firebright*, Create Space, 2009. p. 119.

162. DICK, T.B., Philip K. *Dick: Remembering Firebright*, Create Space, 2009. p. 119.

163. DICK, P. K., *The Exegesis of Philip K. Dick* (Kindle Loc: 6554-6558), Hachette Littlehampton. Kindle Edition.

164. RICKMAN, G., *Philip K. Dick: The Last Testament*, Fragments West, 1985. p. 43.

165. RYDEEN, P., *Philip K. Dick: The Other Side*, http://www.gnosis.org/pkd.biography.html, 1994.

166. *Selected Letters of Philip K. Dick*, 1974, Underwood-Miller, 1991. p. 244.

167. *Selected Letters of Philip K. Dick*, 1974, Underwood-Miller, 1991. p. 246.

168. *Selected Letters of Philip K. Dick*, 1974, Underwood-Miller, 1991. p. 264.

169. APEL, D. S., *Philip K. Dick: The Dream Connection*, Permanent Press, 1987. p. 98.

170. *Selected Letters of Philip K. Dick*, 1974, Underwood-Miller, 1991. p. 268.

171. *Selected Letters of Philip K. Dick,* 1974, Underwood-Miller, 1991. p. 272.

172. *Selected Letters of Philip K. Dick,* 1974, Underwood-Miller, 1991. p. 272.

173. RICKMAN, G., *To The High Castle, Philip K. Dick: A Life 1928-1962*, Fragments West, 1989. p. 236.

174. SUTIN, L., *Divine Invasions: A Life of Philip K. Dick*, Orion Books, 2006. p. 102.

175. WILLIAMS, P., *The True Stories of Philip K. Dick*, Rolling Stone, 6/nov./1975. p. 46

176. *Selected Letters of Philip K. Dick,* 1975-76, Underwood-Miller, 1992. p. 4.

177. DICK, T.B., Philip K. *Dick: Remembering Firebright*, Create Space, 2009. p. 139.

178. DICK, T.B., Philip K. *Dick: Remembering Firebright*, Create Space, 2009. p. 25.

179. DICK, T.B., Philip K. *Dick: Remembering Firebright*, Create Space, 2009. p. 142.

180. SUTIN, L., *Divine Invasions: A Life of Philip K. Dick*, Orion Books, 2006. p. 240.

181. DICK, P. K., *VALIS*, Vintage Books, 1991. p. 10-11.

182. SUTIN, L., *Divine Invasions: A Life of Philip K. Dick*, Orion Books, 2006. p. 241.

183. DICK, T.B., Philip K. *Dick: Remembering Firebright*, Create Space, 2009. p. 25.

184. SUTIN, L., *Divine Invasions: A Life of Philip K. Dick*, Orion Books, 2006. p. 241.

185. DICK, T.B., Philip K. *Dick: Remembering Firebright*, Create Space, 2009. p. 142.

186. DICK, T.B., Philip K. *Dick: Remembering Firebright*, Create Space, 2009. p. 141.

187. DICK, P. K., *VALIS*, Vintage Books, 1991. p. 45.

188. DICK, A. R., *The Search For Philip K. Dick*, The Independent Publishers Group. Kindle Edition. p. 178.

189. LEE, G.; SAUTER, D. E., *What If Our World Was Their Heaven? The Final Conversations With Philip K. Dick*, 2006. p. 9.

190. ZIEGLER, C., A Very PhilDickian Existence, *OC Weekly*, 2002.

191. LEE, G.; SAUTER, D. E., *What If Our World Was Their Heaven? The Final Conversations With Philip K. Dick*, 2006. p. 9.

192. LEE, G.; SAUTER, D. E., *What If Our World Was Their Heaven? The Final Conversations With Philip K. Dick*, 2006. p. 8.

193. LEE, G.; SAUTER, D. E., *What If Our World Was Their Heaven? The Final Conversations With Philip K. Dick*, Duckworth, 2006. p. 9.

194. DICK, T.B., Philip K. *Dick: Remembering Firebright*, Create Space, 2009. p. 145.

195. SUTIN, L., *Divine Invasions: A Life of Philip K. Dick*, Orion Books, 2006. p. 239.

196. DICK, A. R., *The Search For Philip K. Dick*, The Independent Publishers Group. Kindle Edition. p. 203.

197. DICK, T.B., Philip K. *Dick: Remembering Firebright*, Create Space, 2009. p. 146.

198. BOONSTRA, J., *Rod Serling's The Twilight Zone Magazine*, v. 2, No. 3, jun./ 1982, p. 47-52 http://www.philipkdick.com/media_twilightzone.html

199. APEL, D. S., *Philip K. Dick: The Dream Connection,* Permanent Press, 1987. p. 17.

200. APEL, D. S., *Philip K. Dick: The Dream Connection,* Permanent Press, 1987. p. 17.

201. MORGAN, J., *PKD: TDC — A Second Take on Apel's Dream Connection* in PKD OTAKU 22, 2011.

202. BUTLER, A. M., *Philip K. Dick,* Pocket Essentials, 2007. p. 105.

203. SUTIN, L. (ed.), *The Shifting Realities of Philip K. Dick,* Vintage, 1995. p. 233-258.

204. SUTIN, L., *Divine Invasions: A Life of Philip K. Dick*, Orion Books, 2006. p. 253.

205. DICK, A. R., *The Search For Philip K. Dick*, The Independent Publishers Group. Kindle Edition, p. 202.

206. DICK, A. R., *The Search For Philip K. Dick*, The Independent Publishers Group. Kindle Edition, p. 202.

207. *Selected Letters of Philip K. Dick,* 1975-76, Underwood-Miller, 1991. p. 5.

208. *Selected Letters of Philip K. Dick,* 1975-76, Underwood-Miller, 1991. p. 43.

209. *Selected Letters of Philip K. Dick,* 1975-76, Underwood-Miller, 1991. p. 43.

210. BOONSTRA, J., *Rod Serling's The Twilight Zone Magazine*, v. 2, No. 3, jun./ 1982, p. 47-52 http://www.philipkdick.com/media_twilightzone.html

211. BOONSTRA, J., *Rod Serling's The Twilight Zone Magazine*, v. 2, No. 3, jun./ 1982, p. 47-52 http://www.philipkdick.com/media_twilightzone.html

212. BOONSTRA, J., *Rod Serling's The Twilight Zone Magazine*, v. 2, No. 3, jun./ 1982, p. 47-52 http://www.philipkdick.com/media_twilightzone.html

213. RICKMAN, G., *Philip K. Dick: In His Own Words,* Fragments West, 1988, p. 172.

214. BOONSTRA, J., *Rod Serling's The Twilight Zone Magazine*, v. 2, No. 3, jun./ 1982, p. 47-52 http://www.philipkdick.com/media_twilightzone.html

215. BOONSTRA, J., *Rod Serling's The Twilight Zone Magazine*, v. 2, No. 3, jun./ 1982, p. 47-52 http://www.philipkdick.com/media_twilightzone.html

216. *Selected Letters of Philip K. Dick,* 1975-76, Underwood-Miller, 1991. p. 18.

217. *Selected Letters of Philip K. Dick,* 1975-76, Underwood-Miller, 1991. p. 127.

218. RICKMAN, G., *Philip K. Dick: The Last Testament,* Fragments West, 1985. p. 73.

219. *Selected Letters of Philip K. Dick,* 1980-82, Underwood-Miller, 1991. p. 257-259.

220. DICK, P. K., *The Exegesis of Philip K. Dick* (Kindle Loc: 17607-0889), Hachette Littlehampton. Kindle Edition.

221. DICK, P. K., *The Exegesis of Philip K. Dick* (Kindle Loc: 17784-89), Hachette Littlehampton. Kindle Edition.

222. SUTIN, L., *Divine Invasions: A Life of Philip K. Dick*, Orion Books, 2006. p. 284-5.

223. DICK, T., *Book Review, The Daemon by Anthony Peake*, 17/jul./2009: http://pkdmemoir. blogspot.co.uk/2009/07/book-review-daemon-by-anthony-peake.html

224. *Selected Letters of Philip K. Dick,* 1980-82, Underwood-Miller, 1991. p. 290.

225. *Selected Letters of Philip K. Dick,* 1980-82, Underwood-Miller, 1991. p. 292.

226. *Selected Letters of Philip K. Dick,* 1980-82, Underwood-Miller, 1991. p. 294.

227. DICK, P. K., *The Exegesis of Philip K. Dick (*Kindle Loc: 17791-92), Hachette Littlehampton. Kindle Edition.

228. *Selected Letters of Philip K. Dick,* 1980-82, Underwood-Miller, 1991. p. 294.

229. DICK, T.B., Philip K. *Dick: Remembering Firebright*, Create Space, 2009. p. 182.

230. LEE, G.; SAUTER, D. E., *What If Our World Was Their Heaven? The Final Conversations With Philip K. Dick*, Duckworth, 2006.

231. LEE, G.; SAUTER, D. E., *What If Our World Was Their Heaven? The Final Conversations With Philip K. Dick*, Duckworth, 2006. p. 133.

232. RICKMAN, G., *Philip K. Dick: The Last Testament,* Fragments West, 1985. p. 117.

233. RICKMAN, G., *Philip K. Dick: The Last Testament,* Fragments West, 1985. p. 223.

234. SUTIN, L., *Divine Invasions: A Life of Philip K. Dick*, Orion Books, 2006. p. 289.

235. *Selected Letters of Philip K. Dick,* 1975-76, Underwood-Miller, 1992. p. ix.

236. *Selected Letters of Philip K. Dick,* 1975-76, Underwood-Miller, 1992. p. ix.

237. DICK, T.B., Philip K. *Dick: Remembering Firebright*, Create Space, 2009. p. 180-1.

238. DICK, T.B., Philip K. *Dick: Remembering Firebright*, Create Space, 2009. p. 183-4.

239. *Selected Letters of Philip K. Dick,* 1975-76, Underwood-Miller, 1992. p. 91.

240. PEAKE, A., *The Daemon: A Guide To Your Extraordinary Secret Self,* 2008. p. 323.

241. *Selected Letters of Philip K. Dick,* 1975-76, Underwood-Miller, 1992.

242. RICKMAN, G., *Philip K. Dick: The Last Testament,* Fragments West, 1985. p. 17.

243. *Selected Letters of Philip K. Dick,* 1974, Underwood-Miller, 1991. p. 44.

244. DICK, T.B., Philip K. *Dick: Remembering Firebright*, Create Space, 2009. p. 46.

245. DICK, A. R., *The Search For Philip K. Dick*, The Independent Publishers Group. Kindle Edition, p. 62.

246. DICK, T.B., Philip K. *Dick: Remembering Firebright*, Create Space, 2009. p. 109.

247. *Selected Letters of Philip K. Dick,* 1974, Underwood-Miller, 1991. p. 226.

248. http://claudiax.net/TEMPAUC/pkd-dcLforest.html

249. CARRERE, E., *I Am Alive and You Are Dead: A Journey Inside the Mind of Philip K. Dick*, Bloomsburry, 2006, p. 6.

250. DICK, P. K., *The Exegesis of Philip K. Dick* (Kindle Loc: 19955-57), Hachette Littlehampton. Kindle Edition.

251. DICK, P. K., *Eye in the Sky,* Vantage eBooks. p. 70.

252. PURSER, P., *Even Sheep Can Upset Scientific Detachment*, Daily Telegraph 506. 19/jul./1974, p. 27-30. http://www.philipkdick.com/media_london_telegraph.html

253. *Selected Letters of Philip K. Dick,* v. 6, 1980-82, Underwood-Miller, 2009. p. 21.

254. RICKMAN, G., *Philip K. Dick: The Last Testament,* Fragments West, 1985. p. 47.

255. *Selected Letters of Philip K. Dick,* v. 6, 1974, Underwood-Miller, 1991. p. 9.

256. *Selected Letters of Philip K. Dick,* v. 6, 1974, Underwood-Miller, 1991. p. 10.

257. *Selected Letters of Philip K. Dick,* v. 6, 1974, Underwood-Miller, 1991. p. 213.

258. APEL, D. S., *Philip K. Dick: The Dream Connection,* Permanent Press, 1987. p. 88.

259. APEL, D. S., *Philip K. Dick: The Dream Connection,* Permanent Press, 1987. p. 88.

260. *Selected Letters of Philip K. Dick,* 1974, Underwood-Miller, 1991. p. 254.

261. SUTIN, L. (ed.), *The Shifting Realities of Philip K. Dick,* Vintage, 1995. p. 267.

262. SUTIN, L. (ed.), *The Shifting Realities of Philip K. Dick,* Vintage, 1995. p. 268.

263. SUTIN, L. (ed.), *The Shifting Realities of Philip K. Dick,* Vintage, 1995. p. 269.

264. *Selected Letters of Philip K. Dick,* 1974, Underwood-Miller, 1991. p. 157.

265. *Selected Letters of Philip K. Dick,* 1974, Underwood-Miller, 1991. p. 157.

266. *Selected Letters of Philip K. Dick,* 1974, Underwood-Miller, 1991. p. 156.

267. *Selected Letters of Philip K. Dick,* 1974, Underwood-Miller, 1991. p. 101.

268. DICK, T.B., Philip K. *Dick: Remembering Firebright*, Create Space, 2009. p. 113.

269. DICK, T.B., Philip K. *Dick: Remembering Firebright*, Create Space, 2009. p. 113.

270. DEELEY, M., *Blade Runner, Deer Hunters & Blowing the Bloody Doors Off*, Faber & Faber, 2008. p. 202.

271. DEELEY, M., *Blade Runner, Deer Hunters & Blowing the Bloody Doors Off*, Faber & Faber, 2008. p. 202.

272. RICKMAN, G., *Philip K. Dick: In His Own Words,* Fragments West, 1988, p. 166.

273. BOONSTRA, J., *Horselover Fat and the New Messiah,* Hartford Advocate, 22/abr./1981. Reproduzido em PKD Otako #6.

274. DICK, P. K., *The Exegesis of Philip K. Dick* (Kindle Loc: 3881-3884), Hachette Littlehampton. Kindle Edition.

275. MAVROMATIS, A., *Hypnagogia,* Thyrsos Press, 2010.

276. *Selected Letters of Philip K. Dick,* 1974, Underwood-Miller, 1991. p. 144.

277. APEL, D. S., *Philip K. Dick: The Dream Connection,* Permanent Press, 1987. p. 88.

278. KOESTLER, A., Order From Disorder, Harper's Magazine, jul./1974.

279. *Selected Letters of Philip K. Dick,* 1974, Underwood-Miller, 1991. p. 144.

280. *Selected Letters of Philip K. Dick,* 1974, Underwood-Miller, 1991. p. 144.

281. APEL, D. S., *Philip K. Dick: The Dream Connection,* Permanent Press, 1987. p. 88.

282. KOZYREV, N., *Possibility of Experimental Study of the Properties of Time*, 1967.

283. http://wwwrexresearch.com/articles/kozyrev.htm

284. DICK, P. K., *The Exegesis of Philip K. Dick,* Reference 5:66, Hachette.

285. DICK, P. K., *The Exegesis of Philip K. Dick,* Reference 5:66, Hachette.

286. DICK, P. K., *The Exegesis of Philip K. Dick,* Reference 48:926, Hachette.

287. WARREN, E., *The Search for Absolutes* in GREENBERG; OLANDER (eds.), *Philip K. Dick,* Taplinger Publishing Co., 1983. p. 167.

288. DICK, P. K., *The Exegesis of Philip K. Dick* (Kindle Loc: 20247), Hachette Littlehampton. Kindle Edition.

289. *Selected Letters of Philip K. Dick,* 1975-76, Underwood-Miller, 1992. p. 97.

290. DICK, P. K., *The Exegesis of Philip K. Dick* (Kindle Loc: 3881-3884), Hachette Littlehampton. Kindle Edition.

291. PAIS, A., Subtle is the Lord, Oxford University Press, 1982. p. 152.

292. WEYL, H., SpacTime Matter, Metheun, 1922.

293. LUPOFF, R. A., *A Conversation With Philip K. Dick,* v. 1, n. 2, ago./1987. p. 45-54.

294. RICKMAN, G., *To The High Castle, Philip K. Dick: A Life 1928-1962*, Fragments West, 1989. p. 245

295. *Selected Letters of Philip K. Dick,* 1974, Underwood-Miller, 1991. p. 101.

296. RICKMAN, G., *To The High Castle, Philip K. Dick: A Life 1928-1962*, Fragments West, 1989. p. 246

297. DAVIES, R., *Doubles, The Enigma of the Second Self,* Londres: Robert Hale, 1998.

298. RICKMAN, G., *Philip K. Dick: The Last Testament,* Fragments West, 1985. p. 39.

299. RICKMAN, G., *Philip K. Dick: The Last Testament,* Fragments West, 1985. p. 39.

300. DICK, P. K., *The Exegesis of Philip K. Dick* (Kindle Loc: 7002-05), Hachette Littlehampton. Kindle Edition.

301. COVER, A. B., *Vertex Interviews Philip K. Dick,* Vertex, v. 1, n. 6, fev./1974.

302. SUTIN, L., *Divine Invasions: A Life of Philip K. Dick*, Orion Books, 2006. p. 212.

303. *Selected Letters of Philip K. Dick,* 1980-82, Underwood-Miller, 2009. v. 6. p. 262.

304. DICK, P. K., *A Invasão Divina*, ePub. p. 12.

305. LASZLO, E., *Science and the Akashic Field: Na Integral Theory of Everything,* Inner Traditions, 2007.

306. *Selected Letters of Philip K. Dick,* 1980-82, Underwood-Miller, 2009. v. 6. p. 266.

307. SUTIN, L., *Divine Invasions: A Life of Philip K. Dick*, Orion Books, 2006. p. 201.

308. SUTIN, L., *Divine Invasions: A Life of Philip K. Dick*, Orion Books, 2006. p. 201.

309. DICK, A. R., *The Search For Philip K. Dick*, The Independent Publishers Group. Kindle Edition, p. 62.

310. DICK, A. R., *The Search For Philip K. Dick*, The Independent Publishers Group. Kindle Edition, p. 62.

311. DICK, P. K., *The Exegesis of Philip K. Dick* (Kindle Loc: 3890-93), Hachette Littlehampton. Kindle Edition.

312. RICKMAN, G., *To The High Castle, Philip K. Dick: A Life 1928-1962*, Fragments West, 1989. p. 140.

313. DICK, A. R., *The Search For Philip K. Dick*, The Independent Publishers Group. Kindle Edition, p. 250-1.

314. RICKMAN, G., *Philip K. Dick: The Last Testament,* Fragments West, 1985. p. 39.

315. BOONSTRA, J., *Horselover Fat and the New Messiah,* Hartford Advocate, 22/abr./1981. Reproduzido em PKD Otako #6. p. 22.

316. SPERRY, R. W., *Lateral specialisation in the surgically separated hemispheres in* SCMITT, F.; WORDEN, F. G., (eds.) The Neurosciences 3rd Study Program. MIT Press, 1974. p. 11.

317. *Mental Phenomena as Casual Determinants in Brain Function* (in G. Globus "Consciousness and the Brain", 1976). p. 170.

318. DICK, P. K., *The Exegesis of Philip K. Dick* (Kindle Loc: 1884), Hachette Littlehampton. Kindle Edition.

319. DICK, P. K., *The Exegesis of Philip K. Dick* (Kindle Loc: 1885), Hachette Littlehampton. Kindle Edition.

320. DICK, P. K., *The Exegesis of Philip K. Dick* (Kindle Loc: 1896), Hachette Littlehampton. Kindle Edition.

321. Bergson, H., *Mind-Energy,* Lectures and Essays, MacMillan, 1920. p. 59.

322. *Selected Letters of Philip K. Dick,* 1974, Underwood-Miller, 1991. p. 277.

323. *Selected Letters of Philip K. Dick,* 1977-79, Underwood-Miller, 1993.

324. RICKMAN, G., *Philip K. Dick: The Last Testament,* Fragments West, 1985. p. 19.

325. *The Exegesis of Philip K. Dick* (Kindle Loc: 5863-66), Hachette Littlehampton. Kindle Edition.

326. *The Exegesis of Philip K. Dick* (Kindle Loc: 17129), Hachette Littlehampton. Kindle Edition.

327. *The Exegesis of Philip K. Dick* (Kindle Loc: 17184-86), Hachette Littlehampton. Kindle Edition.

328. *The Exegesis of Philip K. Dick* (Folder 78. May 1981), Hachette Littlehampton. Kindle Edition.

329. *Selected Letters of Philip K. Dick,* 1980-82, Underwood-Miller, 1991. p. 180.

330. DICK, P. K., *Electric Shepherd,* Norstrilia, Melbourne, 1975. p. 31-2.

331. WARREN, E., *The Search for Absolutes* in GREENBERG; OLANDER (eds.), *Philip K. Dick,* Taplinger Publishing Co., 1983. p. 167.

332. DICK, P. K., *The Exegesis of Philip K. Dick* (Kindle Loc: 1603-1605), Hachette Littlehampton. Kindle Edition.

333. *Selected Letters of Philip K. Dick,* 1980-82, Underwood-Miller, 1991. p. 155.

334. *Selected Letters of Philip K. Dick,* 1980-82, Underwood-Miller, 1991. p. 156.

335. LUCE, G. G., *Trust Your Body Rhythms, Psychology Today,* abr/1975. p. 52-3.

336. DICK, P. K., *The Exegesis of Philip K. Dick (*Kindle Loc: 3685-89), Hachette Littlehampton. Kindle Edition.

337. DICK, P. K., *A Maze of Death,* Gollancz, 2005. p. 8.

338. DICK, T.B., Philip K. *Dick: Remembering Firebright,* Create Space, 2009. p. 74.

339. APEL, D. S., *Philip K. Dick: The Dream Connection,* Permanent Press, 1987. p. 96.

340. FULLER, J. G., *The Interrupted Journey: Two Lost Hours Aboard a Flying Saucer,* Souvenir Press, 1980.

341. DICK, T., *My Life on the Edge of Reality,* Creative Space, 2011.

342. DICK, P.K., *The Dark-Haired Girl,* Mark V. Ziesing, 1988.

343. APEL, D. S., *Philip K. Dick: The Dream Connection,* Permanent Press, 1987. p. 108.

344. APEL, D. S., *Philip K. Dick: The Dream Connection,* Permanent Press, 1987. p. 109.

345. DICK, T.B., Philip K. *Dick: Remembering Firebright,* Create Space, 2009. p. 142.

346. KEEL, J. A., *UFOs: Operation Trojan Horse,* Abacus, 1971. p. 267.

347. DICK, P. K., *The Complete Stories of Philip K. Dick,* v. 5.

348. DICK, P. K., *The Complete Stories of Philip K. Dick,* v. 5.

349. DICK, P. K., *The Complete Stories of Philip K. Dick,* v. 5.

350. GRAHAM, K., *The Wind in the Willows,* cap. 7.

351. DEPREZ, D., *An Interview with Philip K. Dick,* Science Fiction Review, n. 19, v. 5, n. 3, ago./1976.

352. SUTIN, L., *Divine Invasions: A Life of Philip K. Dick,* Orion Books, 2006. p. 242.

353. STEIGER, B., *Philip K. Dick's Phylogenic Memory and the Divine Fire,* revista Alternate Perceptions, nº118. Nov./2007.

354. STEIGER, B., *Philip K. Dick's Phylogenic Memory and the Divine Fire,* revista Alternate Perceptions, nº118. Nov./2007.

355. SUTIN, L., *Divine Invasions: A Life of Philip K. Dick,* Orion Books, 2006. p. 210.

356. DICK, P. K., *VALIS,* Vintage Books, 2001. p. 206-7.

357. *Selected Letters of Philip K. Dick,* 1975-76, Underwood-Miller, 1993. p. 35-37.

358. DICK, P. K., *VALIS,* Vintage Books, 2001. p. 60.

359. DICK, T. B., Philip K. *Dick: Remembering Firebright,* Create Space, 2009. p. 73/74.

360. DICK, P. K., *The Exegesis of Philip K. Dick* (Kindle Loc: 15670-15674), Hachette Littlehampton. Kindle Edition.

361. RICKMAN, G., *Philip K. Dick: The Last Testament,* Fragments West, 1985. p. 69.

362. DICK, P. K., *The Exegesis of Philip K. Dick* (Kindle Loc: 19948-50), Hachette Littlehampton. Kindle Edition.

363. DICK, P. K., *The Exegesis of Philip K. Dick* (Kindle Loc: 2720), Hachette Littlehampton. Kindle Edition.

364. DICK, P. K., *The Exegesis of Philip K. Dick* (Kindle Loc: 20247), Hachette Littlehampton. Kindle Edition.

365. *Selected Letters of Philip K. Dick,* 1975-76, Underwood-Miller, 1992. p. 92.

366. ROSS, H. M., *Orthomolecular Psychiatry: Vitamin Pills for Schizophrenics*, Psychology Today. Abr./1974.

367. DICK, P. K., *The Exegesis of Philip K. Dick* (Kindle Loc: 990-991), Hachette Littlehampton. Kindle Edition.

368. SUTIN, L., *Divine Invasions: A Life of Philip K. Dick*, Orion Books, 2006. p. 212.

369. DICK, P. K., *The Exegesis of Philip K. Dick* (Kindle Locs: 546-48), Hachette Littlehampton. Kindle Edition.

370. PEAKE, A., *The Daemon: A Guide To Your Extraordinary Secret Self,* 2008.

371. DICK, T., in "Good Reads": http://www.goodreads.com/review/show/59389674

372. DICK, A. R., *The Search For Philip K. Dick*, The Independent Publishers Group. Kindle Edition, p. 135.

373. RICKMAN, G., *To The High Castle, Philip K. Dick: A Life 1928-1962*, Fragments West, 1989. p. 93.

374. DICK, P. K., *Time Out of Joint,* cap. 3.

375. RICKMAN, G., *To The High Castle, Philip K. Dick: A Life 1928-1962*, Fragments West, 1989. p. 130.

376. SUTIN, L., *Divine Invasions: A Life of Philip K. Dick*, Orion Books, 2006. p. 63.

377. http://carolinamigrainecenter.com/effect-of-migraine-on-time-perception

378. SUTIN, L., *Divine Invasions: A Life of Philip K. Dick*, Orion Books, 2006. p. 49.

379. HEMSLEY, R., *I Have Alice in the Wonderland Syndrome,* The Guardian, 16 de fev/2008.

380. HEMSLEY, R., *I Have Alice in the Wonderland Syndrome,* The Guardian, 16 de fev/2008.

381. DICK, A. R., *The Search For Philip K. Dick*, The Independent Publishers Group. Kindle Edition, p. 236-237.

382. YELLOST, J. I. Jr, *Seeing Things Outside Out,* Scientific American, jul./1981.

383. *Selected Letters of Philip K. Dick,* 1980-82, Underwood-Miller, 1991. p.192.

384. *Selected Letters of Philip K. Dick,* 1980-82, Underwood-Miller, 1991, p. 181.

385. SACKS, O., *Migraine,* Picador, 1993, p. 63.

386. http://www.stgemmagalgani.com/2010/07/patron-saint-of-headaches-and-migraines.html

387. SACKS, O., *Migraine,* Picador, 1993, p. 299.

388. Hildegard of Bingen, citada em Sabina Flanagan: *Hildegard of Bingen,* Routledge, 1989.

389. MAPSON, R., *The Speaking Light: Philip K. Dick and the Shamanic Vision in SF Commentary, ago./2010.*

390. DICK, T., *Philip K. Dick:* Philip K. *Dick: Remembering Firebright*, Create Space, 2009. p. 143.

391. MAUSKOP, A.; ALTURA, B. M., *Role og magnesium in the pathogenesis and treatment of migraines,* 24-27 Clin Neuros, ci. 5(1), 1998.

392. MORETTI, G., MANZONI, G.C.; CARPEGGIANI, P. Parma. *Transitory 150 attacks, migraine and progestogen drugs. Etiopathic correlations,* Minerva Medica, 25 ago. 71(30), 1980.

393. SOLENSKI, N. J., *Transient Ischemic Attacks: Part I. Diagnosis and Evaluation,* Am Fam Physician, 1 abr. 1; 69(7)/2004.

394. DICK, T., *Philip K. Dick:* Philip K. *Dick: Remembering Firebright,* Create Space, 2009. p. 119.

395. PRABHAKARAN, S.K.; SILVER, A. J.; WARRIOR, L., et al. *Misdiagnosis of transiente ischemic attacks in the emergency room,* Cerebrovasc Dis, n° 26, 2008, p. 630-635.

396. SAMSON, K., *Grammy Reporter's Dysphasic Episode Draws Attention to TIA/ Migraine Diagnosis Quandary,* Neurology Today, 17/mar./2011, p. 20.

397. NEPPE, V. M., *Anomalistic experience and the cerebral córtex.* In S. Krippner (ed.), Advances in parapsychological research 6, Jefferson, NC: McFarland, 1990, p. 168-183.

398. PERSINGER, M. A.; BUREAU, Y. R. J., PEREDERY, O. P., AND RICHARDS, P. M., *The Sensed Presence as Right Hemisphere Inrusions in the Left Hemisphere Awareness of Self: An Illustrative Case.* Perceptual and Motor Skills, 71, 567, 1990.

399. PERSINGER, M. A.; DERR, J. S., *Geophysical Variables and Behaviour: LXII: Temporal Coupling of UFO Reports and Seismic Energy Release within the Rio Grande Rift System: Discriminative Validity of Tectonic Strain Theory,* Perceptual and MOTOR Skills, 1990, 71, 567.

400. PERSINGER, M. A.; MAKAREC, K, *Temporal lobe signs and correlative behaviours displayed by normal populations, Journal of General Psychology,* 114, 1987, p. 179-195.

401. PERSINGER, M. A., *Vectorial Cerebral Hemisphericity as Differential Sources for the Sensed Presence, Mystical Experiences and Religious Conversion,* Psychological Reports, 1993, 76, 915.

402. RICKMAN, G., *To The High Castle, Philip K. Dick: A Life 1928-1962,* Fragments West, 1989, p. 56.

403. *Selected Letters of Philip K. Dick,* 1975-76, Underwood-Miller, 1992, p. 9.

404. MALZBERG, B. M., Introduction to Greenberg, M. H.; Olander, J. D., *Philip K. Dick.* Nova York: Taplinger Publishing Company, 1983, p. 11, 12.

405. DREVDAHL, J. E.; CATTELL, R. B., Personality and Creativity in Artists and Writers, *The Journal of Clinical Psychology,* v. XIV, n. 2, p. 107-111, abr. 1958.

406. ALLPORT, G. W.; ODBERT, H. S., Trait-names: A psycho-lexical study, *Psychological Monographs,* 47 (211), 1936.

407. CATTELL, R. B., *Factor analysis,* Wiley, 1952.

408. KARSON, S.; O'DELL, J. W., *A Guide to the Clinical Use of the 16 PF,* IPAT, 1976, p. 47.

409. CATTELL, H. B., *The 16PF: Personality in Depth,* IPAT, 1989, p. 223-224.

410. KARSON, S.; O'DELL, J. W., *A Guide to The Clinical Use of the 16PF,* IPAT, 1976, p. 72-73.

411. CATTELL, R. B.; EBER, H. W.; TATSUOKA, M. T., *Handbook for the 16 PF,* IPAT, 1970, p. 108.

412. KARSON, S.; O'DELL, J. W., *A Guide to the The Clinical Use of the 16PF,* IPAT, 1976, p. 41.

413. CATTELL, R. B.; EBER, H. W.; TATSUOKA, M. T., *Handbook for the 16 PF,* IPAT, 1970, p. 97.

414. CATTELL, H. B., *The 16PF: Personality in Depth,* IPAT, 1989, p. 180.

415. CATTELL, H. B., *The 16PF: Personality in Depth,* IPAT, 1989, p. 193.

416. KRUG, S. L., *Interpreting 16PF Profile Patterns,* IPAT, 1981.

417. DICK, P. K., *Confessions of a Crap Artist,* p. 14.

418. DICK, P. K., *Confessions of a Crap Artist,* p. 14.

419. ATTWOOD, T., *Asperger's Syndrome: A Guide for Parents and Professionals,* Jessica Kingsley Publishers, 2003, p. 124.

420. WHITE, B. B.; WHITE, M. S., *Autism from the inside,* Medical Hypothesis 24, 1987, p. 244.

421. ATTWOOD, T., *Asperger's Syndrome: A Guide for Parents and Professionals,* Jessica Kingsley Publishers, 2003, p. 148.

Conheça outros títulos da editora em:
www.editoraseoman.com.br